西安交通大学 研究生创新教育系列教材

社会救助理论与实务

主 编 胡芳肖
副主编 杨 潇 王育宝 刘华平

西安交通大学出版社
XI'AN JIAOTONG UNIVERSITY PRESS

内容提要

本书以完善中国特色社会主义制度下社会救助为目标,以国际化视域,首先介绍了社会救助的一般理论,构建了社会救助的理论基础;然后运用理论与实务、宏观与微观相结合及国内外比较分析的方法,对生活社会救助、灾害社会救助、生产社会救助、医疗社会救助、教育救助、住房社会救助、法律援助等专项社会救助和特殊社会救助的基本理论与运行进行了分析,同时就中国各专项社会救助和特殊社会救助改革中的热点和难点问题进行了深入研究;最后就提高社会救助管理能力和水平进行了探讨。

本书内容全面,分析深入,理论与实务相结合,具有较强的研究性和教学实用性,前瞻性较强。本书既可作为高等院校相关专业研究生的教材,也可作为本科生课外拓展的参考书,同时为从事中国社会救助事业的学者和实际部门工作人员提供参考和指导。

图书在版编目(CIP)数据

社会救助理论与实务/胡芳肖主编.—西安:
西安交通大学出版社,2014.11(2021.3 重印)
西安交通大学研究生创新教育系列教材
ISBN 978 - 7 - 5605 - 6807 - 2

Ⅰ.①社… Ⅱ.①胡… Ⅲ.①社会救济-中
国-研究生-教材 Ⅳ.①D632.1

中国版本图书馆 CIP 数据核字(2014)第 247994 号

书 名	社会救助理论与实务	
主 编	胡芳肖	
责任编辑	史菲菲	

出版发行 西安交通大学出版社
　　　　　(西安市兴庆南路 1 号 邮政编码 710048)
网　　址 http://www.xjtupress.com
电　　话 (029)82668357 82667874(发行中心)
　　　　　(029)82668315(总编办)
传　　真 (029)82668280
印　　刷 西安日报社印务中心

开　　本 727mm×960mm 1/16 印张 24.5 字数 457 千字
版次印次 2015 年 1 月第 1 版 2021 年 3 月第 2 次印刷
书　　号 ISBN 978 - 7 - 5605 - 6807 - 2
定　　价 44.20 元

总　序

创新是一个民族的灵魂,也是高层次人才水平的集中体现。因此,创新能力的培养应贯穿于研究生培养的各个环节,包括课程学习、文献阅读、课题研究等。文献阅读与课题研究无疑是培养研究生创新能力的重要手段,同样,课程学习也是培养研究生创新能力的重要环节。通过课程学习,使研究生在教师指导下,获取知识并理解知识创新过程与创新方法,对培养研究生创新能力具有极其重要的意义。

西安交通大学研究生院围绕研究生创新意识与创新能力改革研究生课程体系的同时,开设了一批研究型课程,支持编写了一批研究型课程的教材,目的是为了推动在课程教学环节加强研究生创新意识与创新能力的培养,进一步提高研究生培养质量。

研究型课程是指以激发研究生批判性思维、创新意识为主要目标,由具有高学术水平的教授作为任课教师参与指导,以本学科领域最新研究和前沿知识为内容,以探索式的教学方式为主导,适合于师生互动,使学生有更大的思维空间的课程。研究型教材应使学生在学习过程中可以掌握最新的科学知识,了解最新的前沿动态,激发研究生科学研究的兴趣,掌握基本的科学方法,把以教师为中心的教学模式转变为以学生为中心、教师为主导的教学模式,把学生被动接受知识转变为在探索研究与自主学习中掌握知识和培养能力。

出版研究型课程系列教材,是一项探索性的工作,也是一项艰苦的工作。虽然已出版的教材凝聚了作者的大量心血,但毕竟是一项在实践中不断完善的工作。我们深信,通过研究型系列教材的出版与完善,必定能够促进研究生创新能力的培养。

西安交通大学研究生院

前　言

我国劳动与社会保障专业设立时间不长,劳动与社会保障专业教材建设和劳动与社会保障事业的快速发展相比总体上较为滞后。为及时地反映社会保障现实热点和难点问题,提高高等院校劳动与社会保障专业高层次人才的培养水平,加强劳动与社会保障专业高水平教材建设就很重要。社会救助课程是劳动与社会保障专业本科生和研究生培养的核心课程。但目前的社会救助教材却存在着理论体系不系统,对我国社会救助现实热点问题的研究不深入,特别是教材的平面化现象较为严重,缺乏对实际操作层面的探索等问题。教材建设的滞后导致学生通过学习发现不了学科发展和生活中存在的问题,提不出解决实际问题的政策建议,严重影响学生创新意识及创新能力的培养。恰逢西安交通大学"985"三期项目和研究生教学改革项目的支持,我们试图通过编写一本既有理论深度,又有实务操作,并尽可能地追踪国内外热点问题,反映该领域最新研究成果的社会救助研究生教材,让研究生通过阅读和学习既能掌握扎实的社会救助理论,又能对社会救助操作层面的知识了解和掌握,进而提高学生的创新意识及创新能力。

本教材共分十二章。第一章和第二章介绍社会救助的一般理论,构建了社会救助的理论基础。第三章到第九章,分别介绍和分析了生活社会救助、灾害社会救助、生产社会救助、医疗社会救助、教育救助、住房社会救助、法律援助等专项社会救助的理论与运作实务,分析揭示了中国特色社会主义制度下各专项社会救助改革中存在的问题,并提出了完善思路。第十章和第十一章对特殊社会救助包括特殊人群救助和社会互助进行了探讨。第十二章以国际化视域,从理论与实务相结合的角度深入分析了社会救助管理问题。

本教材有以下三个特色:

第一,理论与实务相结合。每一章都先从一般理论概述开始,介绍基本理论,然后介绍运行层面的知识,如社会救助的行为主体及主要职能部门、中国城乡最低生活保障制度及其运行、灾害救助制度的运行、中国医疗社会救助制度的运行等,通过这些运行层面的分析,增强教材的立体感和实践性。此后,在对国内外相关社会救助实践经验进行对比分析的基础上,提出中国存在的问题并给出完善思路。这进一步增强了本书理论与实务相结合的特色。

第二,内容的适度创新性。与现已出版的相关教材相比,本教材除具有体系的完备性、研究方法的科学性等特色外,还不拘泥现有的研究和分析范式,努力从教

1

材内容上进行创新和突破。突出表现在以相关理论为基础,以问题为导向,重视对典型案例的剖析,在深入分析中国社会救助制度存在问题的基础上,借鉴国际经验,提出中国社会救助制度改革和完善的具有创新性的基本方向的措施。当然,在分析介绍过程中,为了进一步启发学生思考和研究的热情,对提出的一些问题教材并没有给出确定的答案,而是将问题的研究思路展现给大家,如第六章医疗救助与医疗保险的衔接问题,就是如此。这一安排,对提高学生的独立分析问题和解决问题的能力具有重要指导意义。

第三,强调案例分析。教材的相关章设计了相关的案例问题研究,以案例的形式深化操作层面和现实热点问题的研究。

本教材由胡芳肖(西安交通大学)担任主编,杨潇(西安交通大学)、王育宝(西安交通大学)、刘华平(西北政法大学)担任副主编。具体编写分工如下:第一章、第二章、第三章、第八章和第十二章,由胡芳肖撰写;第五章、第十章和第十一章,由杨潇撰写;第七章、第九章由王育宝撰写;第四章、第六章由胡芳肖、刘华平撰写。西安交通大学公共政策与管理学院社会保障专业硕士研究生张美丽参与了第三章、第七章的撰写,李蒙娜参与了第四章、第六章、第九章、第十二章的撰写,罗红荣参与了教材部分章节文献资料的搜集整理工作。

教材在编写过程中参考了国内外大量的研究成果,在此对这些文献的作者和相关机构表示由衷的感谢!教材的出版得到了西安交通大学研究生教改项目和公共政策与管理学院"985"三期项目的大力支持,西安交通大学公共政策与管理学院院长朱正威教授、张思锋教授、毛瑛教授、温海红副教授等同事给予教材编写以支持和鼓励,西安交通大学出版社史菲菲编辑为本书的出版付出了辛勤的劳动,在此也一并致谢!

编者

2014.10

目　录

第一章　社会救助概述

　　社会救助是当今世界各国保障低收入家庭和居民基本生存权的重要手段。虽然在中国和西方的一些国家,很早以前就有了"救灾济贫"的思想,但这种"救灾济贫"活动从一种民间行为转化为国家行为,却经历了一个较长的历史阶段。随着社会救助实践的深入,社会救助理论也得到不断发展和完善。本章介绍了社会救助的含义、特征及功能,从中国和国外两个方面介绍了社会救助产生和发展的历史,并从理论层次揭示了社会救助与社会保险、社会保障等的区别和联系,为深入学习社会保障理论与应用奠定基础。结合我国的实际,对社会救助的行为主体进行了系统的分析。

第一节　社会救助的含义、内容、特征及功能

一、社会救助的基本内涵

　　"社会救助",是从传统的贫民救济和社会救济这一对范畴中演变而来的。西方国家在 20 世纪以前习惯于使用"贫民救济"一词,英国 1601 年颁发的《伊丽莎白济贫法》是西方最早以法律形式确定的社会救助保障。中国则把古代至 1949 年前的一切贫民赈济措施称之为"社会救济",并一直沿用到今天。无论是"贫民救济"还是"社会救济",都是对宗教慈善事业、国家政府救济以及民间其他互济行为的概括。

　　"社会救助"一词最早见于 1909 年英国的一个皇家专门委员会的报告中,这个报告要求废除惩戒性的济贫法,而代之以合乎人道主义精神的社会救助。不过,这个建议直到 20 世纪 30 年代才被采纳。把社会救助纳入社会保障体制的,则首推美国 1935 年通过的《社会保障法案》,这部立法把对老人、孤儿、盲人、伤残者和病人的"社会救助"列为社会保障的三大部分之一。第二次世界大战之后,"社会救助"一词在全世界被普遍接受。

　　是否依据法律进行救助,是现代社会救助制度与传统社会救济的重要区别之一。历史上的社会救助表现为对救济者的施舍和恩赐,使受惠者受到人格和尊严的损害,如君主对臣民的恩赐、富人对穷人的恩赐,或者"救世主"对芸芸众生的恩赐。中国古籍中的"赐田""施舍""施粥"等记载足见其居高临下的恩赐性。穷人和

灾民为了得到恩赐,不得不接受丧失人格尊严的惩罚,在中世纪的英国,接受救济者同时要受到鞭打、切耳、关进牛栏等惩罚;现代社会救助由专门的政府机构实行,有严格的科学管理制度,由专门技术人员按照法律规定的标准实行救助。在救助动机方面,历史上的救灾济贫与现代社会救助也存在明显区别,前者仅仅是为了维护统治秩序,往往不到危及统治阶级的统治秩序之时,统治者就不会对贫民与灾民进行救助;现代社会救助制度下享受救助是公民生存的基本权利,消灭贫困,保障低收入阶层和各种不幸者的基本生活是政府不容推卸的责任。现代社会救助的范围也比以前的济贫范围要广得多,凡在一国规定的最低生活标准以下的相对贫困者都可享受救助,而且社会救助的标准按国家经济发展水平而不断调整。历史上的社会救济基本上是临时性、随意性较强的救灾济贫活动,并未形成一种经常性的社会救助制度。

综上所述,现代意义的社会救助(social relief /succour)是社会保障制度的有机组成部分和基本手段之一,是指通过立法由国家或者政府对由于失业、疾病、灾害等原因造成收入中断或者收入降低并陷入贫困的人员或者家庭实行补偿的一种社会保障制度。

社会救助有以下几层具体含义:

第一,社会救助的实施主体是国家,是由国家通过立法保护贫困人员,这意味着实施社会救助是国家义不容辞的责任和义务。

第二,社会救助的对象是贫困人员。虽然任何人或者任何一个家庭只要其家庭人均收入水平低于国家规定的某一贫困线,就可以享受社会救助待遇,但实际上只有有限的人群才可以享受到社会救助待遇,这是与社会保险、社会福利等其他社会保障制度不同的地方,因为后者的实施对象具有广泛性,往往包括所有社会成员。

第三,享受社会救助的条件不是缴费而是低于贫困线,但对是否低于贫困线需要经济状况调查,通过核实以后才可以享受。

社会救助制度是社会进步和社会文明的重要标志。随着社会、经济、文化以及政治等要素的发展,社会救助的内涵和外延也在不断变化。由于各国或某一国家在不同时期的社会经济、价值观念和文化传统上的差异,社会救助的内涵和外延也有所不同。

二、社会救助的主要内容

从各国的情况看,社会救助的内容主要包括以下几类:自然灾害救助、贫困救助、特殊对象救助、失业救济和扶贫。从社会救助的内容来看可称其为:生活社会救助、医疗社会救助、住房社会救助、生产社会救助、教育社会救助和灾害社会救助。有些国家还实行丧葬社会救助、护理社会救助、法律社会救助等。其中,生活社会救助在整个社会救助制度中处于核心地位,其他社会救助项目对生活社会救助起补充作用。虽然这些社会救助项目仅仅是针对某一个方面而言的,但有时会具有重叠性,即某一些或者某一个家庭可能同时会享受其中的几项社会救助待遇。

(一)生活社会救助

生活社会救助指的是解决贫困人员吃、穿等温饱问题的一种社会救助项目。这里所谓的生活是一个狭义上的概念,并不包括居住、医疗、教育等方面的内容。因此,生活社会救助主要解决温饱上面临困难的一些贫困人员的生活问题。

(二)医疗社会救助

医疗社会救助是指对低收入者患病时给予一定医疗费补助的一种社会救助项目。一般地,在实行基本医疗保险制度的国家中,参保者患病和看病时虽然可以享受一定的医疗保险待遇,但同时又要承担一定比例的自负费用。如果低收入者自负费用达到国家规定的标准时,政府给予他们一定的医疗救助,即他们的自负费用可以全部或者按照一定比例向政府有关部门申请报销,以便减轻他们在医疗费用上的负担。有些国家对即使没有加入基本医疗保险制度的人员也给予一定的医疗社会救助,这里可以分为以下两种情况:一种是某一些成员没有被纳入基本医疗保险制度或者根本没有基本医疗保险,国家对其高额医疗费用给予一定的补助;另一种是一些人虽然被纳入了基本医疗保险制度的实施范围,但由于某种原因没有缴纳医疗保险费,结果无法享受基本医疗保险待遇,即使缴纳了医疗保险费,但由于收入水平低而无法承担高额医疗费用的这些人因患病时承担了高昂的医疗费用而陷入了贫困,这时,国家往往也会给予一定的医疗社会救助。

(三)生产社会救助

生产社会救助是指政府给低收入者提供生产上帮助的一种社会救助项目。由于陷入贫困或者成为低收入者虽然都是一些文化层次低和劳动技能低以及没有资金积累的人员,但他们基本上都有劳动能力。他们陷入贫困的主要原因是缺乏资金或者缺少劳动技能,如果政府能对他们在生产上给予帮助的话,他们很容易摆脱贫困,改善生活质量。

(四)住房社会救助

住房社会救助是指国家对低收入者在住房上给予一定帮助的一种社会救助项目。

(五)教育社会救助

教育社会救助是指政府帮助贫困学生完成学业的一种社会救助项目。教育社会救助的对象是贫困家庭的学生,既包括中小学生,也包括大学生甚至研究生。教育社会救助的主要方式有现金救助和实物救助两种。现金救助又有给予学费减免、发放特别奖学金等形式;实物救助包括免费发放学习用品、校服等。

(六)灾害社会救助

灾害社会救助是指政府对受灾者及其家庭提供物质、精神帮助的一种社会救助项目。某些人遇到各种各样的灾害,受到重大财产损失或者由于丧失劳动能力而失去收入来源,最终导致生活陷入困境。如果政府不给予一定帮助的话,他们难以依靠自身力量渡过难关,这时就需要政府给予其物质上的帮助。这里的灾害既包括自然灾害,也包括各种人为的灾难。

灾害社会救助与生活救助和住房救助等不同,它往往是一种临时性救助。灾害社会救助的方式主要有现金救助和实物救助,其中实物救助在灾害社会救助中占有重要地位,这也是它与其他社会救助项目的不同之处,因为其他社会救助项目主要是现金救助。

另外,有些国家还实行丧葬社会救助和护理社会救助。丧葬社会救助是指政府对死者家属给予物质上帮助的一种社会救助项目。护理社会救助是指政府对需要护理的人员提供现金和实物上帮助的一种社会救助项目。由于人口的老龄化等原因,需要护理的人数大量增加,他们的护理费用往往很高,依靠自身力量难以承担,因此政府对这些人提供护理社会救助。护理社会救助的主要支付方式有现金支付和实物支付,其中实物支付包括免费提供适合被护理人员需要的床、拐杖等特殊生活用品。

三、社会救助的基本特征

(一)权利与义务的不对等性

社会救助是对社会成员最低生活需求的保障,是对公民基本生存权利的保障。当某一些人或者一部分家庭依靠自身力量无法应付或者解决各种风险而陷入贫困时,通过社会救助手段向他们提供物质上的帮助是国家和政府不可推卸的义务。享受社会救助待遇的人员和家庭无需尽自己的义务或者尽少量的义务就可以享受待遇,也无须支付任何费用。因此,在社会救助中就存在一个权利与义务不对等的属性。社会保险强调先缴费后享受,即只有缴纳了保险费(尽义务),才可以领取各种保险金(享受权利);社会福利中虽然没有像社会保险那样强调权利与义务的对等,但在许多社会福利项目中,必须事先支付一定的费用,才能享受相应的社会福利待遇。

在许多国家,享受社会救助待遇的人员和家庭不需尽任何的个人义务就能够享受待遇;但也有些国家开始实行享受社会救助需要尽少量的义务,即必须参加公共活动如义务劳动等。

(二)资金来源的单一性

社会救助资金来源具有单一性。社会救助资金的主要来源是国家财政,这里既包括中央财政也包括各级地方财政,只有通过财政支出才能保证社会救助资金来源的充分性和及时性,才能让贫困人员不需要支付任何相关费用就能够领取社会救助金。

从目前世界各国的实施情况来看,相当多的国家虽然实行中央财政与地方财政分担的方式,但往往中央财政负担比例比地方财政高一些。这样可以保证各地贫困人员在享受标准上的统一和公平。当然,除了国家财政支出以外,社会救助资金来源的另一途径是社会的各种捐款,但这种捐款并不是社会救助资金的主要来源,在整个社会救助资金中仅占一部分。

(三)享受对象的有限性

虽然社会救助的实施具有普遍性,任何个人和家庭只要符合了家庭人均收入低于国家法定贫困线以下的条件,就可以享受社会救助待遇,因而任何一个社会成员都有可能成为社会救助的实施对象。但实际上,由于符合条件有资格享受社会救助待遇的人员和家庭在整个社会中往往仅是一小部分,从这个意义上来说,社会救助待遇享受对象具有有限性。

社会保险制度的实施范围具有广泛性,一般包括所有劳动者。有些国家实行了全民的社会保险制度,即社会保险制度覆盖到所有的社会成员,比较典型的是基本医疗保险制度。社会福利制度的实施范围也具有普遍性,社会福利可以分为以特殊对象为实施范围的社会福利(如妇女儿童社会福利),以及以一般社会成员为实施对象的社会福利(如公共社会福利)。

(四)保障水平的低层次性

社会救助的目标是应付灾害和克服贫困,而非改善或提高福利和生活质量,从而处于现代社会保障体系的最低或最基本的层次,社会救助提供的是满足最低生活需求的资金或物资,救助金的发放标准也在一定时期社会的平均生活水平、平均收入水平之下,目的是在公平与效率之间寻求适度平衡。它既体现了人道主义精神,在最低生活水平线上拉起了最后一道安全网,使每一个公民不至于生计断绝时处于无助的困境,同时,对申请救助者只提供满足最低生活需求的资金和实物,避免其产生依赖心理乃至不劳而获的思想。因此,社会救助又被称作社会的"最后一道防护网"。社会保险制度是保障国民的基本生活水平,社会福利制度是保障国民较高的生活水平,因此后两者的保障水平都要比社会救助高得多,社会救助、社会保险和社会福利三者的保障水平是逐步递进的。

目前各国对最低生活水平的理解和解释是不同的,因此产生了对社会救助支付标准确定上的差异。有的国家如一些发达国家认为,最低生活水平除了维持生存以外还应该包括一些精神文化娱乐活动,即不仅维持贫困人员的最低物质生活水平,还应该保证最低精神文化生活质量。而发展中国家中的最低生活水平概念一般不包括精神文化娱乐方面的内容,仅仅指维持物质上的最低生活水平。由于对最低生活水平的理解不同,各国社会救助的保障水平的实际含义也有所不同。

(五)资格审查的严格性

贫困人员在享受社会救助待遇之前,首先向当地社会救助相关管理部门提出申请,当地管理部门对申请材料进行审查和核实,然后对经审核属实的申请材料提交给高一级社会救助行政管理部门作进一步检查。对申请材料审查和核实的主要内容是,申请人员是否符合国家规定的法定贫困线这一条件,经核实和批准后,才给予发放社会救助金。

对申请人员的审查一般需要经过当地社会救助管理部门(如社区的社会救助中心等)和高一级社会救助行政主管部门(如区县级社会救助政府管理部门)这两个程序,能否享受社会救助待遇的决定权则掌握在后者手里。因此,对是否具有社会救助待遇享受资格的审查是非常严格的。

在其他社会保障制度尤其在社会保险制度中,一般没有像社会救助那样进行严格的资格审查。例如,在社会保险制度中,只要符合一定的领取条件就可以自动享受待遇,不需要事先向有关管理部门提出申请。在许多社会福利项目中也没有这么严格的资格审查,享受者只要支付了一定费用或者出示了相关证件后就可以马上享受。这也是社会救助与社会保险和社会福利的最大区别之一。

四、社会救助的基本功能

(一)社会救助是最后一道社会安全网

社会稳定是一个社会进步和发展的重要标志和条件,社会稳定首先表现为各种社会关系,特别是作为社会的主体——人的关系的稳定与和谐,这种稳定与和谐是以社会收入分配的公平和社会成员生存权利的保证为条件的。在现代社会,由于人们占有社会财产数额的不同,自身的劳动能力和就业机会也存在差异,市场分配机制又是以人们对资本量和劳动能力的付出为依据来确定收入数额的,这就容易产生分配中效率对公平的排斥,一部分社会成员由于各种原因而无法从市场上获得维持其生存所需要的收入,从而使其生存的基本权利得不到保障,成为社会不稳定的因素。国家和社会通过社会救助为低收入和无收入的社会成员提供最低生活保障,解决其生活上的困难,使其法定的基本生存权利得到维护,起到协调社会关系、稳定社会的作用。

(二)社会救助是劳动力再生产的重要条件

劳动力的再生产是以劳动者的物质消费和精神消费的形式来实现的。在现代经济条件下,社会再生产呈现周期性的运行特征,当经济萧条时,就业岗位减少,多余的劳动力会暂时退出劳动领域;而在经济复苏和经济高涨时,随着经济发展速度的逐渐加快,就业岗位逐渐增加,社会生产需要处于失业状态的劳动者回到生产领域。社会再生产的这种周期性运行特征要求暂时处于失业状态的劳动者作为劳动力后备军进行正常的再生产。社会救助在劳动者处于失业状态,失去劳动收入的情况下为其提供最低生活保障,为劳动力的正常再生产创造了必要的物质条件。

(三)社会救助是国家宏观调控的重要工具

社会救助制度是一种收入再分配制度,也是一种收入调节制度,它会影响社会需求的总量和结构,成为国家调节社会需求,进而调节经济运行的重要手段。因此,在现代社会,社会救助不仅具有保障社会成员最低生活需求的功能,而且还具有作为国家宏观调控政策工具的功能,它对经济运行有一种"自动稳定器"的功能和作用。具体表现为:在社会需求不足,经济衰退时,就业岗位减少,失业人口增加,享受社会救助的人口自动增加,政府的社会救济金支出自动增加,进而使社会需求通过社会救助支出的增加而保持一定规模,减缓社会供求之间的矛盾,推动经济增长;反之,在社会需求膨胀,供给相对不足,经济发展过热的情况下,就业岗位增加,失业人口减少,享受失业救济金的人口自动减少,客观上起到了收缩社会需求,稳定经济发展速度的作用。

第二节　社会救助的产生和发展

社会救助是社会保障制度中最古老的项目。一般认为,它起源于原始社会末期人类出于恻隐之心或宗教信仰而对贫困者施以援手的慈善事业。虽然中国早在2000多年前的春秋战国时期就出现了济贫的各种说法,国家介入济贫方面也比西方发达国家更早,但受儒家思想的影响,我国一直没有把得到国家和社会救助看做是人民的基本权利。即使在20世纪50—70年代,这种格局还没有根本改变。21世纪以来,国家逐步把享受社会救助作为人民的基本权利。而作为现代意义上的社会救助制度——社会救助成为国家行为和人民的基本权利的思想,则出现在17世纪的英国。此后,其他各国也逐步建立起了社会救助制度。

一、中国社会救助的产生和发展

(一)中国古代、近代的社会救助制度

中国的济贫思想可谓源远流长。追溯历史,可以在 2000 多年前的春秋战国时期的百家争鸣中,找到诸子百家对济贫的各种说法,最为著名的是儒家的"民本"、"仁政"(主张政府积极介入)和"大同"思想(提倡民间互助互济)。《尚书》论述道:"德惟善政,政在养民。"《礼记》则曰:"以保息养万民,一曰慈幼,二曰养老,三曰振穷,四曰恤贫,五曰宽疾,六曰安富。"《礼记》中又说:"大道之行也,天下为公。……故人不独亲其亲,不独子其子。使老有所终,壮有所用,幼有所长,鳏寡孤独废疾者皆有所养。"《孟子》中也说:"人饥己饥,人溺己溺""出入相友,守望相助,疾病相扶持,则百姓亲睦"。在济贫方面,儒家是主张政府积极介入和提倡民间互助互济的。但是,显而易见,其目标重在社会控制。

除了儒家以外,墨家的"兼爱"思想也广为流传。墨子主张"兼相爱、交相利",提倡"天下之人皆相爱,强不执弱,众不劫寡,富不侮贫,贵不敖贱,诈不欺愚""有力者疾以助人,有财者勉以分人,有道者劝以教人。若此则饥者得食,寒者得衣,乱者得治。若饥则得食,寒则得衣,乱则得治,此安生生"。墨家"兼爱"思想的重点是建立在"爱心"基础上的互助互济,是最具"社会性"的济贫思想。而道家则主张"无为而治"。老子说:"故圣人云:我无为而民自化,我好静而民自正,我无事而民自富,我无欲而民自朴。"庄子则说:"上必无为而用天下,下必有为为天下用,此不易之道也。"在济贫方面,道家实际上主张政府不要干预,宁愿以天地为宗,听其自然,标榜以"道德"治天下。

中国自汉朝以来一千多年的封建社会历史中,儒家思想是处于正统地位的,所以它对中国济贫制度的影响很深。国家的积极介入是中国古代济贫实践的一个显著特点。在当时的自然经济条件下,济贫思想的实践主要是"以丰补歉"的储粮度荒。从汉朝开始,中国就有了由朝廷兴办、名为"常平仓"的仓储制度;到了隋朝,又有了以地方劝募为主的"义仓";到了南宋年间,出现了主要由社区管理,居民普遍加入,带有一定社会保险意义的"社仓"。除了仓廒制度之外,中国古代还有济贫、养老和育幼等慈善事业。最早可追溯到南北朝的"六疾馆"和"孤独园"。更为著名的则是唐宋年间的"悲田养病坊",这种慈善机构最初为佛教寺院所兴办,所以采用佛教名词"悲田"命名。后来采取在官方补助下由佛教寺院办理的形式,得到较大的发展。最后逐渐完全转到官府手中,由官方委托地方名人管理,改称"福田院"或"居养院"。在宋朝年间,出现了完全由民间乃至个人兴办,而且没有宗教背景的慈善事业,最著名的有范仲淹的"义田"和刘宰的"粥局"。前者是一个以庇护和造福宗族为宗旨的"家庭扩大化"模式的慈善事业;而后者则以社区居民为对象,以社区

组织的方式进行慈善活动。这些组织主要为乡绅所掌握,并得到官府的认可和支持。到明朝年间,出现了最早的以民间互助为主的慈善社团——同善会。

上述种种济贫思想和实践在中国一直延续到现代,儒家的国家积极干预思想一直得到贯彻。从时间上看,中国历史上的国家介入济贫发端于汉朝,比英国的伊丽莎白济贫立法要早 1000 多年。中国古代的济贫实践在传统上较为注重运用政府行政手段,而没有采用立法手段,注重的是社会整体和国家控制,而较少强调个人权利和国家义务。

到了近代,中国的福利思想一方面承继了儒家思想的传统,另一方面又受到资产阶级民主革命和西方福利思想的影响,逐渐形成了一种独特的中国式的"补救型"社会福利思想。"补救型"社会福利思想将社会福利看成是一种在常规的社会机制不能正常运转或者不能满足一部分社会成员某些较为特殊的社会需求时而采取的应急措施,因此,社会福利的目标被锁定为"为社会弱者服务",即济贫。在这种思想的指导下,中国近代史上的国家济贫制度形成于 20 世纪初,"中华民国"建立后的第四年(1915 年),政府便仿照英国的《伊丽莎白济贫法》颁布了《游民习艺所章程》。1928 年,政府又颁布了《管理各地方私立慈善机构规则》,翌年,颁布了《监督慈善团体法》。1930 年政府在全国推行救灾准备金制度。这些立法显示,中国政府已经开始尝试用法律手段来规范济贫行为。1943 年《社会救济法》公布实施,这是中国历史上第一部国家济贫大法。《社会救济法》规定,社会救济的对象为:"一、年在六十岁以上精力衰耗者。二、未满十二岁者。三、妊妇。四、因疾病伤害残废或其他精神上身体上之障碍不能从事劳作者。五、因水旱或其他天灾事变致受重大损害或因而肆业者。六、其他依法令应予救济者。"《社会救济法》规定的"救济方法"有十二种:"一、救济设施处所内之留养。二、现款或食物衣服等必需品之给予。三、免费医疗。四、免费助产。五、住宅之廉价或免费供给。六、资金之无息贷予。七、粮食之无息或低息贷予。八、减免土地赋税。九、实施感化教育及公民训练。十、实施技能训练及公民训练。十一、职业介绍。十二、其他依法所定之救济方法。"国外教会和慈善机构也曾在中国开办了一些慈善活动。教会组织中最有代表性的是基督教青年会。在 20 世纪 30—40 年代,美国的一些慈善组织,如红十字会、救世军等,也来华进行了较大规模的赈灾活动。他们一度雄心勃勃,试图以善举解决中国的社会问题。但是不久以后他们就发现,中国的问题非常复杂,不是外国慈善家们能够管得了的。综上所述,在旧中国始终是"剩余型"思想占据主导地位。因为处在政府腐败、战争频发、灾荒连年的历史环境下,即使是"剩余型"的济贫也无法实现。

(二)新中国成立以来到改革开放前的社会救助制度

中国共产党从成立之初就将劳动人民的社会福利问题放在一个重要的地位

上。在1922—1948年间,中国共产党领导召开的历次全国劳动大会上,都将救灾救济作为党的重要政策提出,并在当时的革命根据地、抗日根据地或解放区政府颁布了有关法令,贯彻落实这些政策。1945年7月,在延安召开的中国解放区人民代表会议筹备会上通过决议,成立了以周恩来、董必武为首的中国解放区临时救济委员会(简称"解救",1946年改称中国解放区救济总会,简称"救总"),并制定了《解放区临时救济委员会组织和工作条例》。救总的任务主要是调查和统计抗日战争时解放区所受的损失,接收和分配联合国的救济物资,并且与宋庆龄领导的中国福利基金会相配合,为解放区的灾民和战争难民提供了大量的救济款项和物资。

1949年中华人民共和国刚刚成立,中国就遭受了遍及长江、淮河、汉水、海河流域16省区的特大洪水灾害,受灾人口达4500多万人。针对当时的严重灾情,1949年11月负责救灾救济的内务部召开了各重灾省区救灾汇报会,提出了"不许饿死人"的口号和"节约救灾,生产自救,群众互助,以工代赈"的救灾方针。同年12月,政务院发出了《关于生产救灾的指示》,内务部发出《关于加强生产自救劝告灾民不往外逃并分配救济粮的指示》。1950年2月,成立了以董必武为主任,包括内务部、财政部等12个有关部委的中央救灾委员会。4月又在北京召开了中国人民救济代表会议,成立了中国人民救济总会。建国之初,中国有数以百万计的城市贫困户。在各大中城市,街巷中满是灾民、难民和散兵游勇,失业人员和无依无靠的孤老残幼比比皆是。尽管当时国家财政还十分困难,但仍拨出大量经费和粮食,开展了大规模的城市社会救济工作。据不完全统计,在解放后一年多时间里,武汉、广州、长沙、西安、天津等14个城市紧急救济了100多万人。1952年,全国152个城市常年得到定期救济的人口达120多万,得到冬令救济的约达150多万。有的城市享受社会救济的人口竟达20%～40%。为了帮助城市贫民从根本上解决生活问题,"生产自救"摆在一个很重要的位置。首先是以工代赈,组织大批失业贫民参加市政建设。其次是帮助烈军属和贫民从事手工业和小型工业生产。大规模的城市社会救济和生产自救迅速稳定了社会,恢复了秩序,使城市社会生活走上了正常轨道。

20世纪50年代中期,中国农村实现了合作化后,农民的生、老、病、死就基本上依靠集体经济力量来给予保障。对无依无靠无劳动能力的孤寡老人、残疾人和孤儿,则由集体实行"五保"供给制度,即"保吃、保穿、保住、保医、保葬(保教)"。上述种种措施最早在1956年的《高级农业生产合作社示范章程》中得到了确认。到50年代后期,中国与计划经济相配套的传统社会救济制度框架基本确立。从整个社会保障制度的设计安排看,在城镇,以充分就业为基础,将绝大部分城镇人口组织到全民所有制和集体所有制单位之中就业,社会保障是随着就业而生效的,职工、干部连同他们的家属的生、老、病、死都靠着政府和单位。在农村,随着农业合作化的层次越来越高,范围越来越广,到1958年建立人民公社,几乎所有农民都成了社员,他们可以享受集体保障。即使是孤寡老人和孤儿也可以吃"五保",有集体供养。综上所述,在城市的国家保障和农村的集体保障这两张安全网中,已经网罗了中国绝大部分人口,漏在网外面的或者挂在网边上的人是极少数。可见,传统的社会救济制度主要是针对特殊群体的救济,只有这些边缘群体才是吃"政府救济"的,而且在这一阶段,救济与民政福利混合,形成中国特有的救助性社会福利制度。

中国传统的济贫或社会救济制度是在儒家思想的影响下发展起来的,虽然在国家介入济贫方面中国其实比西方发达国家更早,但受儒家思想的影响,制度的立足点还是在国家或政府这一边,而没有把得到国家和社会的救助看做是人民的基本权利。即使在20世纪50—70年代,这种基本思路和基本格局还是没有根本改变,所以在本书中一直将这些制度称为"济贫"或"社会救济"制度,以示其与现代社会救助制度的区别。

(三)中国社会救助制度的改革与发展

1978年以来,伴随着改革开放的进行和经济体制改革的深入,中国的城乡贫困问题逐渐突显。而主要面向"三无"人员等特殊群体的传统社会救济制度无法应对经济转型时期的中国贫困问题,因此改革传统社会救济制度,探索适合中国实际的社会救助制度成为必然。中国社会救助制度的改革从解决农村贫困开始,逐渐发展到解决城市新贫困问题上来。

改革开放以来,作为世界上最大的发展中国家,中国的贫困问题引起了国内外的普遍关注。在整个20世纪80年代,讨论得比较多的是中国农村的贫困问题,中国社会救济制度改革的重点也主要放在农村。这些改革努力一直延续到90年代中期,其中大多数政策措施目前也还在实行。70年代末,中国农村处于绝对贫困状态的贫困人口有2.5亿。改革开放以后,通过推行家庭联产承包责任制等一系列"富民政策",中国农村的贫困人口急剧减少。1985年,为了实施大规模的扶贫开发活动,确定了人均年收入200元为贫困线。当时,在贫困线以下的贫困人口仍有1.25亿。经过政府和全社会的共同努力,到80年代末上述贫困人口已经减少到3000万。1991年,考虑到物价指数和生活费用指数的变化,为了更实事求是地研究和解决中国农村的贫困问题,将贫困线提高到300元,按这样的口径统计,当时中国的农村贫困人口为6000万人。到1993年制定"八七"扶贫攻关计划时,又再次将贫困线提高到400元。按照这个标准,中国农村贫困人口为8065万人。在整个计划实施期间,扶贫攻关成效卓著,1996年中国农村的贫困人口已经减少到6000万,到1998年又减少到5000万,到1999年底中国的农村贫困人口已经减少到3000多万。21世纪以来,中国农村的贫困线不断提高,2010年全国农村贫困人口为2688万,贫困发生率为2.8%。

城市的贫困问题长期没有引起社会的关注,但是随着经济体制的转轨和国有企业的改革,城市居民收入差距扩大,还出现了下岗失业现象,特别是在通货膨胀的影响下,一部分城市居民的收入和生活水平相对大幅下降,再加上农村流入城市的低收入群体,城市居民的贫困问题日益突出。在临时救济和定期定量救济的基础上,各地开始探索适合城市贫困群体的社会救助制度。1993 年 6 月上海市率先建立城市居民最低生活保障制度,开始了解决城市贫困问题的探索。随后民政部肯定了上海的经验,部署在东部沿海进行试点,并号召将这项制度推向全国。1999年 9 月 28 日发布并于 10 月 1 日施行的《城市居民最低生活保障条例》规定:"持有非农业户口的城市居民,凡共同生活的家庭成员人均收入低于当地城市居民最低生活保障标准的,均有从当地人民政府获得基本生活物质帮助的权利""对无生活来源、无劳动能力又无法定赡养人、扶养人或抚养人的城市居民,批准其按照当地城市居民最低生活保障标准全额享受""对尚有一定收入的城市居民,批准其按照家庭人均收入低于当地城市居民最低生活保障标准的差额享受"。至此城市低保制度转变为中共中央、国务院的一项重要决策,成为解决城市贫困人口生活问题的基本制度安排。截至 2008 年底,城镇居民最低生活保障人数 2334.6 万人,保障户数 1111.1 万户,低保平均标准每人每月 205.3 元,人均支出水平每人每月 141元,年累计支出 385.2 亿元,有效保障了城市困难居民的基本生活。

与此同时,农村经过大规模扶贫开发后剩余贫困人口中的大部分以"小分散、大集中"的形态分布在一些自然条件极为恶劣、交通极为不便的山区,其中残疾人、孤寡老人、长期慢性病患者占了绝大多数,这一部分人通过扶贫和自身努力摆脱贫困的希望很小,且成本很高。为了彻底解决农村剩余贫困人口的基本生存问题,从 1992 年开始,山西省左云县率先进行了农村最低生活保障制度的试点。1994 年,民政部决定在农村初步建立起与经济发展水平相适应的社会保障制度,随后全国多数省份开展了农村社会保障体系建设的试点工作。2004 年《中共中央、国务院关于促进农民增加收入若干政策的意见》重申"有条件的地方,要探索建立农民最低生活保障制度",农村低保制度重新得到重视。党的十六大报告提出有条件的地方要探索建立农村最低生活保障制度,民政部对推行农村最低生活保障制度进行了部署。2007 年,《国务院关于在全国建立农村最低生活保障制度的通知》发布,对农村最低生活保障制度的具体运行和管理作了部署。这标志着农村低保制度作为解决农村贫困居民基本生活问题的制度安排,由试点地区扩展到全国,进入全面发展完善阶段。截至 2008 年底,农村最低生活保障人数 4284.3 万人,保障户数 1966.5 万户,低保平均标准每人每月 82.3 元,人均支出水平每人每月 49元,年累计支出 222.3 亿元。

中国独特的地理环境造成自然灾害发生频繁,特别是近年来的洪水灾害、冰冻灾害和地震灾害,给经济和人民生活造成巨大的困难。民政部相继颁布《中华人民共和国公益事业捐赠法》《民政部应对自然灾害工作规程》《国家自然灾害救助应急预案》《救灾捐赠管理办法》等法律法规,灾害救助制度日益完善,较有效地解决了灾民的生产和生活问题。医疗、教育、住房救助制度发展之初是作为最低生活保障制度的配套措施实施的,但是随着经济的发展和对民生问题的关注,专项救助制度的独立发展已经成为趋势。

伴随着城乡最低生活保障制度的建立和各项专项救助制度的发展,中国社会救助理念发生了转变:①从强调恩赐向权利保障转变,获得社会救助已经成为每个公民应得的权利,政府有责任更有义务为贫困人群设立制度保障。②社会救助由特殊主义转向普遍主义,保障对象不再仅限于没有劳动能力的"三无"人员,而是普遍地面向所有低收入家庭进行保障。③从强调效率转向社会公平。公平与效率都是社会保障追求的目标,但是具体到不同的社会保障制度,公平与效率的关系需要进一步分析。社会救助制度作为一种最低层次的社会保障,应该从民生的角度考虑问题,社会公平是其应有之义,因此在公平与效率的选择上往往倾向于公平优先。纵观中国社会救助制度的发展,首先重视和解决的是效率问题。计划经济条件下大部分居民的生活问题得到城镇单位和农村集体经济的保障,社会救助制度解决的仅仅是"三无"人员和特殊对象,起到的是拾遗补缺的功能,发挥的是社会控制的作用,无所谓公平或效率。社会救助制度改革的最初原因却是为了解决改革开放和市场经济带来的贫困问题,保证经济发展的效率,并不是从公平的角度出发给予贫困人员制度保障。随着中国经济实力的增强和市场经济失灵造成的社会问题普遍引起关注,社会救助制度逐渐从为经济发展服务,转向真正为贫困人口服务,从强调效率转向更加关注社会公平。最低生活保障制度已经从城市扩展到农村,覆盖所有社会成员,更加注重社会公平和制度保障。④从强调生存转向可持续发展消除贫困。社会救助需要区别收入贫困和能力贫困的差异,将社会救助的目标从克服收入贫困上升到消除能力贫困,救助与发展相结合,提升救助对象的社会参与能力,协助他们自立、自强。随着低保制度和教育、医疗、住房等专项救助制度的发展,可持续发展的理念日益被社会接受和重视。低保制度已经建立了随物价上涨而调整的制度,并在保障低保对象基本生存的同时,开始关注贫困人口的可持续发展问题,对有劳动能力的救助对象提供就业培训和指导,促使其积极就业。针对因病致贫、因教育致贫的家庭实施相应的医疗救助、教育救助等专项救助措施,目的在于打破贫困的恶性循环,增强贫困人口的可持续发展能力,帮助其实现自力更生和独立自主。

(四)中国社会救助制度的健全和完善

社会救助制度从计划经济时期面向特殊群体的"剩余模式"发展到覆盖全体社

会成员的权利保障制度,救助理念发生了转变,制度体系不断发展完善,有效保障了贫困人口的基本生活。但是中国仍然处于社会转型过程中,社会救助制度还需要适应经济、社会制度转型的需要不断调整和完善。

1. 完善最低生活保障制度

最低生活保障制度是中国社会救助体系的核心和基础。低保制度的发展水平不仅关系到广大贫困人口的基本生活和社会稳定,而且关系到整个中国社会救助体系的发展和完善程度。城镇低保制度以《城镇居民最低生活保障条例》的颁布为契机,走上了法制化、规范化的道路;农村低保制度也于2007年进入全面发展完善阶段,制度在全国普遍建立。虽然城乡低保制度已经在全国普遍建立,但是由于发展的时间不长,经验不多,无论在制度上还是在操作中,都有不少实际问题和薄弱环节,需要认真研究、积极解决。第一,建立和完善城乡低保水平与物价变动挂钩的动态补贴机制。虽然低保制度已经考虑到与物价上涨的关系,但是低保水平的上涨主要是临时的行政措施,没有形成动态的机制,因此要建立和完善动态补贴机制,让低保对象享受经济发展成果。第二,合理确定城乡低保标准和低保补助标准。低保标准要处理好与最低工资标准、失业保险金标准的关系,积极促进就业;补助标准则应适合不同年龄、不同需求的救助对象,实现低保制度动态管理。第三,正确处理低保制度与低保边缘群体的救助问题。低保边缘群体与低保制度相伴而生,其家庭人均纯收入略高于最低生活保障线,不能被低保制度覆盖,从而遭遇生活困境而无力摆脱。低保边缘群体救助需求的累积直接造成低保制度的不堪重负,解决低保边缘群体的社会救助问题,减轻低保制度的压力,是低保制度可持续发展需要解决的重要问题之一。

2. 发展专项救助制度

医疗救助、教育救助、住房救助、灾害救助等专项救助制度是中国社会救助体系的补充和保证。各专项救助制度的发展不仅直接有利于社会救助体系的完善,而且有利于城乡低保制度的健康可持续发展。但是各专项救助制度刚刚建立,还处于起步阶段,需要进一步发展。第一,促进各专项救助制度的发展。除灾害救助制度具备了较为成熟的法律法规,救助工作能够独立开展并日益发展成熟外,医疗救助、教育救助、住房救助主要是作为低保制度的配套措施发展起来的。从各地的实践来看,这些专项救助制度的实施主要依托低保制度,虽然为救助工作提供了方便,但是救助对象主要是低保对象,救助范围狭窄。低保对象不一定需要专项救助,非低保对象可能更需要专项救助,而专项救助制度与低保制度的捆绑实施,不仅阻碍了专项救助制度的独立发展,而且提高了低保制度的含金量,增加了低保制度的压力。因此,实现专项救助制度的独立发展,面向所有需要救助的低收入群体是专项救助制度发展的应有之义。第二,正确处理专项救助制度与最低生活保障制度的关系。低保制度与专项救助制度的功能是不同的,低保制度主要解决的是基本生活需要,而专项救助制度解决的则是低收入人口的特殊需要。因此,专项救助制度不仅涵盖低保对象,更是面向所有的低收入人群。当然专项救助制度可以实现与低保制度的有效衔接,特别是救助信息资源的共享。通过专项救助解决非低保对象如低保边缘群体的特殊需要,减轻低保制度的压力,有效实现低保制度的动态管理。

3.探索建立一体化社会救助体系

一体化社会救助体系的建立是中国经济社会一体化发展的要求,也是社会保障制度完善的体现。但是如何探索建立适应中国经济社会发展的一体化社会救助体系,需要从多方面研究和设计。考虑到中国经济社会的发展和社会救助制度的现实,首先需要考虑两方面问题:第一,城乡社会救助一体化。由于中国特殊的城乡二元体制的存在,中国社会救助制度长期存在的特殊主义倾向和为经济效率服务的观念,城乡社会救助发展不平衡,农村居民的社会救助权利长期被忽视和剥夺。《中共中央关于推进农村改革发展若干重大问题的决定》指出,中国总体上已经进入着力破除城乡二元结构、形成城乡经济社会发展一体化新格局的重要时期。因此,如何实现城乡社会救助制度的衔接和融合,实现城乡一体化是目前研究和解决的重点问题。第二,一体化的救助体系建设。社会救助是国家和社会共同奋斗并协调推进的社会系统性工程,在实现了低保制度与各专项救助制度的有效衔接和资源共享的条件下,如何加强社会救助的体系建设则需要给予关注。虽然社会救助主要是国家和政府的责任,但是社会力量并不是无所作为。引导政府救助为主,政府与社会共同参与救助,充分发挥其他社会组织如社会团体、民间组织、非营利性机构和慈善机构在各自领域和空间的救助作用,共同促进社会救助事业的发展,是一体化社会救助体系发展的必然选择。

纵观中国社会救助制度的发展,在中国经济发展特别是改革开放过程中,社会救助所扮演的角色比社会保险更重要。在计划经济时期,社会救助解决了制度外"三无"人员的生活问题,有效保证了社会稳定;经济转型过程中,社会救助又保障了市场经济改革造成的贫困人口的基本生活,弥补了不完善的社会保险制度的漏洞,有效保障了经济社会和谐发展。社会救助制度在中国这样的发展中国家仍将长期受到重视,发挥巨大的作用。

二、国外社会救助制度的产生和发展

(一)社会救助制度的产生(1601—1882 年)

社会救助制度发源于实现工业化最早的英国。它是以社会救济形式出现的,其原因在于英国当时发生了两件大事。一是从 16 世纪至 17 世纪,在农村,地主贵族通过大规模的圈地运动剥夺农民土地,使大批农民背井离乡沦为乞丐和流浪者,其中相当一部分农民进入了城市。而在城镇,由于工作机会有限,流入城镇的农民中相当一部分没有找到工作,结果沦为贫困者。圈地运动使大批农民成为贫困者,在促进了英国资本主义经济发展的同时,使许多人变成了无产者并被抛向劳动力市场。二是在城镇发生了产业革命,大机器生产代替了手工业生产,由于两者之间在技术、劳动生产率等方面存在着巨大差异,手工业无法与大机器生产竞争,这样就造成了大量的手工业者失去了原来的工作。同时,这些手工业者又没有大机器生产所要求的技术,因此,其中相当多的手工业者无法从事大机器生产,从而使这些人失去了生活保障。

这些成为失业人员并沦为贫困人员的农民和手工业者聚在一起,对政府和社会极其不满,造成了抢劫、偷盗等一系列治安问题,这些都构成了对政府统治的威胁,并造成了社会的不稳定。国王为了将这些流浪者驱入资本主义工场、农场,使之接受资本主义的劳动纪律和剥削,维护社会安宁,一方面颁布一系列法令,对有劳动能力的游民一经捕获,则处以鞭打、烙印、割耳等酷刑,以致处死;另一方面又采取一些救济措施,以缓和被剥夺农民的反抗,防止动乱。1536 年颁布法令,让教区承担救助贫民的义务。1572 年开征济贫税,命令保安审判官任命负责救济事宜的管理人和监督员。1576 年和 1579 年又颁布两项法令,推广伦敦首先实施的感化院制度。1601 年颁布并实施了《伊丽莎白济贫法》,也称为旧《济贫法》。旧《济贫法》的主要内容包括以下几个方面:第一,为有劳动能力的人提供劳动机会;第二,资助老人、盲人等失去劳动能力的人,为他们建立住所;第三,组织贫困者和儿童学习技术;第四,建立特别征税机关,从比较富裕地区征税补贴贫困地区;第五,提倡父母与子女的社会责任。旧《济贫法》的实施缓解了部分贫民的贫困问题,但是以人为单位的救济原则很快带来了人口增长,还使民众对政府救济产生依赖,增加了政府的财政负担。

18 世纪,圈地运动经过英国议会批准成为合法化,使更多农民成为贫困人员。1723 年,为了减轻国家在社会救济上的财政负担,议会颁布法律并要求英国各地设立济贫院,同时也要求在济贫院外进行救济。19 世纪初期,随着产业革命的进一步发展,资产阶级的政治力量不断壮大,终于在 1832 年掌握了政权。由于旧《济贫法》已经不适应当时的发展形势,暴露出它的局限性,需要新的法律来代替它。

在这种背景下,英国议会根据 1817 年和 1832—1834 年《济贫法》调查委员会的报告,在 1834 年通过了《济贫法》修正案,通常把它称为新《济贫法》。新《济贫法》克服了旧济贫法中的一些流弊,如滥施救济、管理不善等,它还废除流行一时的斯皮纳姆兰制①。

新《济贫法》区分了值得同情的贫困和不值得同情的贫困,强调政府提供的帮助应根据受助者需要的不同而有所区别。对值得同情的贫困者只允许一种救济方式,即"院内救济"。贫民只有在进入"济贫院"后,方可获得食物救济。而该院实际上是"劳动院",工作繁重,待遇低下,食物很差,住宿拥挤。人们按年龄性别分居,这造成贫困者家庭被拆散,骨肉分离。没得到监工书面批准,不得外出或者接见来访者。这样,穷人除了万不得已,就不会来申请救济了。新《济贫法》以其"惩戒性""恩赐性"著称于世,它的实施不但没有使有劳动能力的贫民自力更生、自食其力,反而使他们沦为永久的贫民,引起了贫民的不满和反抗。当然,它的问世,也奠定了英国乃至欧美各国现代社会救助甚至是社会保障立法的基础,开创了用国家立法推动社会保障事业的先例。

在这一阶段,包括英国在内的工业化欧洲国家,都确立了以国家为责任主体的政府社会救助原则,同时政府在全国范围内普遍实行社会救助制度,从而在其实施对象上实现了普遍性。这样,以国家为责任主体和实施对象具有普遍性为基本特征的社会救助制度在世界上开始被确立起来。

(二)社会救助制度的发展阶段(1883 年—20 世纪 70 年代)

1883 年,德国颁布了《疾病社会保险法》,在世界上率先建立了社会保险制度。社会保险制度首先在德国创立并不是偶然的而是历史发展的必然产物,它是由当时德国的社会经济状况等因素所决定的。第一,德国工人运动的迅速发展。到 19 世纪中叶,随着资本主义市场经济的发展,劳动条件和环境日益恶劣。工人对此非常不满,从而加深了劳资矛盾。同时,随着马克思主义思想在工人中的广泛传播,工人运动迅速发展,当时德国已经成为欧洲的政治中心之一。当时德国的俾斯麦政权在镇压工人运动失败之后,转而采用胡萝卜的软化政策,以缓和劳资矛盾。第二,德国新历史学派的产生。当时在德国由于劳资矛盾已经成为最严重的社会经济问题,为了解决这个问题,德国新历史学派应运而生。它的基本思想是主张劳资双方合作和实行社会改良政策。该学派主张国家必须通过立法,实行包括社会保

---

① 即:当一加仑用二等面粉做成的面包值一先令的时候,凡能劳动的贫民每星期应有三先令来供其自己的需要,为了养活妻子和家庭的成员,每人还应有一先令六便士。当一加仑面包值一先令六便士的时候,他自己每星期应有四先令,他的家属每人应有一先令十便士。每当面包价格涨一便士时,对他自己就增加三便士,对他各个家庭成员就增加一便士。

险在内的一系列社会政策,自上而下地实行经济与社会改革。但是,该学派同时又认为,包括劳资矛盾在内的经济问题必须同伦理道德联系起来才能解决。俾斯麦政权认同并采用了该学派的基本政策主张。德国于 1884 年颁布了《工伤事故保险法》;1889 年又颁布了《老年和残疾社会保险法》。此后,奥地利、瑞典、匈牙利、丹麦、挪威、英国、法国等欧洲国家也先后实施了社会保险制度。瑞典于 1891 年开始实行疾病保险,英国于 1911 年制定了《国民保险法》等。英国的《国民保险法》是世界上第一部关于社会保险方面的综合性法律,它把英国以前实行的单项社会保险法律统一起来。

随着社会保险制度的建立,社会保障制度基本上由社会救助与社会保险构成,从此社会保险与社会救助在保障国民基本生活上有了明确的分工。具体来说,国民的基本生活首先通过社会保险机制来解决,尽量通过社会保险实施范围的扩大及其支付水平的提高,来保障国民的基本生活水平,满足他们的基本生活要求。而社会救助成为社会保险之外,由国家提供的最后的安全保护。社会保险制度产生以后,社会救助的保障功能相对来说有所弱化。

第二次世界大战以后,在资本主义各国,社会保障事业发展进入了一个崭新阶段,即黄金阶段,在此期间,社会救助也得到了迅猛发展。许多资本主义国家受到《贝弗里奇报告》的影响,开始完善本国的社会保障制度,其中西欧和北欧各国纷纷建立了以"福利国家"为特征的社会保障制度。《贝弗里奇报告》中提出,英国的社会政策应该以消灭贫困、疾病、失业、无知和陋隘(住房和环境)这五大祸害为目标,主张建立一个包括所有社会成员的社会保障制度,对每个公民提出了儿童补助、养老金制度、残疾津贴、失业救济、丧葬补助、妇女福利和贫困救济这七个方面的社会保障。并且,这份报告中还提出了根据公民需要建立社会保障制度的基本理念。

随着现代社会保障制度的发展,惩戒性的济贫行为逐渐被抛弃,贫民救济的概念逐渐被社会救助、社会援助所取代,保障机会均等、缩小贫富差距、保证最低所得等现代社会救助观念亦日益深入人心,并贯穿于各国的社会政策之中。

(三)社会救助制度的完善阶段(20 世纪 70 年代至今)

从 17 世纪初社会救助制度产生开始起,资本主义社会救助制度的发展基本上处于一个上升时期,无论是在保障项目上还是在支付标准上都在不断提高和完善。但从 20 世纪 70 年代末以后,资本主义各国开始对本国的社会救助制度进行改革或调整,使其进入了一个崭新的阶段。其改革或调整的原因有以下几个方面:

第一是"滞胀"的发生。20 世纪 70 年代的两次石油危机直接给主要发达资本主义国家带来了经济危机,而这一时期的经济萧条又是以经济发展停滞与通货膨胀并存为特征。这种经济萧条给整个资本主义世界在经济、社会以及政治方面带来了很大冲击。人们开始寻找产生这种经济萧条的根源,最终认为当时包括社会救助在内的社会保障制度是一个重要原因。这是由于当时过高的支付待遇以及过于充分的保障项目给国家财政、单位以及公众个人都带来了沉重负担。当时的社会保障制度已经阻碍了国民经济的发展，或者说这种社会保障制度已经超越了经济的承受能力。

第二是社会救助制度造成了人们劳动积极性的下降。由于过于完善的社会救助制度，助长了一些人所谓"人人为自己，国家为人人"的思想，直接造成了一部分人的懒惰行为。一部分人即使具有劳动能力并能够找到工作，其生活也较高地依赖于社会救助而非自己的劳动所得。这种状况给正在工作的人也带来了很大的负面影响，过于完善的社会救助制度使得国家财政不得不负担较重的费用来养活一批懒汉，这又使得现役劳动者对整个社会产生不满，结果导致他们劳动积极性的下降。这不仅加深了现役劳动者与依靠社会救助生活的人之间的对立情绪，而且对整个经济的发展也产生了非常消极的影响。

第三是社会救助管理效率低下。随着社会救助项目的增加和社会救助实施范围的扩大，参与社会救助管理的人数也在不断增多，社会救助管理机构规模也日趋扩大。这些都造成了用于社会救助管理费用的迅速增长。但另一方面，社会救助管理效率则逐步下降，社会救助管理人员的服务质量也在日趋恶劣。这种状况导致了整个社会的不满，人们要求改革社会保障管理体制的呼声日趋高涨。同时，这种状况又导致了人们对投资和储蓄热情的下降，加重了国内已存在的严重失业，加深了贫困问题；这反过来又要求增加社会救助支出，加重国家财政对社会救助费用的负担。这种恶性循环阻碍了国民经济的发展。

在这种形势下，改革社会救助的呼声在整个资本主义社会日趋高涨，无论是政府官员、学者、专家还是普通国民，都意识到社会救助制度已到了非改不可的地步。因此，许多资本主义国家为了摆脱经济萧条，恢复公众对社会救助制度的信任，对社会救助制度和政策进行了调整与改革。在这一改革浪潮中，英国和美国是其中比较典型的两个国家。1979年，撒切尔夫人上台执政以后，对英国的社会保障制度进行了大幅度的调整和改革，试图改变英国从前"福利国家"所带来的弊端。1981年，里根就任总统后，对美国的社会保障制度也进行了实质性改革，实施新联邦主义，实行联邦政府与地方政府分级管理的社会保障。在这一改革浪潮中，社会救助的发展具有以下几个特征：

第一，强调社会救助的保障水平要适应国民经济的发展。从17世纪社会救助制度诞生起，社会救助处于一个较快的上升时期，这主要是由经济的发展、政治体制的变革以及价值观念的变化等因素造成的。其中一个重要原因就是经济发展所带来的国民生活水平的提高，对国家提出了保障每个公民更高生活水平的要求。但在社会救助制度发展中，也忽视了社会救助与经济发展之间存在着相互依赖、互相促进的关系,尤其是忽略了社会救助对国民经济发展的阻碍作用,而仅仅偏重于社会救助对国民经济发展的促进功能以及国民经济发展对社会救助发展的促进作用。

第二次世界大战以后,资本主义各国纷纷加快完善本国的社会救助制度,社会救助的保障水平已经超越了国民经济发展水平,或者说超过了经济发展水平的承受能力。结果使国家财政在社会救助方面的负担很重,一定程度上阻碍了国民经济的发展。随着 20 世纪 70 年代滞胀的发生,人们进一步认识到社会救助的发展必须与国民经济发展相适应这一点。因此,在随后的社会救助改革中,注意纠正过去社会救助与经济发展不相适应的状况,具体措施表现为降低社会救助支付水平、严格社会救助享受条件等。

在美国,从里根、布什到克林顿都对社会保障制度进行了一系列改革。里根政府在 AFDC(Aid to Families of Dependent Children,未成年子女家庭补助计划或称家庭补助计划)等项目和食品券方面的削减是非常大的。经过严格的资格认定后,近 50 万家庭从 AFDC 的名单中被剔除,100 多万人失去了领取食品券的资格。而有资格领取的人其领取的标准也下降了。里根政府还刻意削减了失业和残疾人津贴,以诱使美国人接受并对低工资的工作感兴趣。克林顿政府废除了 AFDC 法案而代之以联邦政府向各州政府固定拨款而形成的限期收入支持计划和贫困家庭临时补助计划。该计划与 AFDC 计划相比,在资格条件享受时间方面更加严格。在英国,市政当局为体力劳动者和其他低收入家庭修建的住房遭到了重大削减,削弱了工会的作用,解除了最低工资制度。

第二,强调国家和个人两者负担,注重个人责任。关于国民的生活保障,在许多资本主义国家,过去比较偏重于国家责任,也就是说通过建立完善的社会救助制度,从国家财政中拨出大量的资金用于社会救助,来保障贫困人员一定的生活水平。正是基于这种认识,在许多资本主义国家,财政用于社会救助的资金,无论从绝对数额还是从相对份额都一直在增长。但随着人们对过高的社会救助水平会阻碍经济发展的清晰认识,在改革社会救助制度时,也开始更加注重个人在自己生活保障中的责任和作用,更加协调国家责任与个人责任之间的平衡,纠正过去两者之间的失衡状况。

第三节　社会保障体系中的社会救助

1935 年美国首先颁布了《社会保障法》。这部法律的诞生,不仅对美国,而且对整个世界社会保障的发展产生了重大而积极的影响。此后,社会保障制度进入了高速发展时期。这个时期,在社会救助和社会保险的基础上,社会福利制度诞生了。这样,社会保障制度由社会救助、社会保险和社会福利组成,现代社会保障制度的基本框架由此形成。这也就是说,社会救助制度在社会保障体系中具有基础性与独立性的地位,但社会救助不是一个孤立的社会保障制度,它与社会保险、社会福利和社会优抚等其他各种社会保障项目密切相关。社会救助与社会保险、社会福利和社会优抚等社会保障制度的这几个组成部分互相衔接、互相补充,构成一个相对完整的社会安全网络。

一、社会救助与社会保险

社会保险(social insurance)在现代国家中都具有明显的强制性,由劳动者及其工作单位或所在社区定期供款并且常常是有国家做后援的,用以帮助劳动者及其亲属在遭遇年老、疾病、工伤、残疾、生育、死亡、失业等风险时,防止收入中断、减少或丧失以及应付意外的经济支出,以保障其基本生活需求的社会保障制度。

社会保险与社会救助的共同之处在于,二者都属于社会保障体系中的一方面,存在先后衔接关系,先享受社会保险,不具备享受社会保险条件后,再享受社会救助。社会保险与社会救助的区别在于:①资金来源不同。社会救助享受者个人不出钱,资金主要来源于国家财政;社会保险基金则是由劳动者、用人单位和国家三方负担。②保障层次不同。社会救助是最低层次的保障,是我国居民的最后一道安全网;社会保险则是针对劳动者所面临的不同风险的保障措施。③追求目标不同。社会救助以公平优先;社会保险以效率优先。

二、社会救助与社会福利

社会福利(social welfare)是现代国家的社会立法或社会政策,通常是由国家或社会为立法或政策范围内的所有对象普遍提供的在一定生活水平的基础上尽可能提高生活质量的资金和服务的社会保障制度。

社会救助与社会福利都属于社会保障体系的一个方面,资金都主要来源于国家。这一相同之处使得社会福利与社会救助在保障内容上很容易互相混淆。如我国《统计年鉴》在列支国家对财政支出时,就称"社会救济福利费",将二者合并,而救灾支出本应属于社会救助的范围,《统计年鉴》中却将其单独列出;残疾人事业费应属于社会福利的范围,不应该单列于社会福利之外。特别是在针对诸如残疾人、流浪者、失业者等社会弱势群体时,社会救助与社会福利的内容经常也很难严格区分,这一现象也说明社会救助与社会福利在社会保障体系中密切相关。

社会福利是社会保障制度体系中最高层次的保障内容,目标是在保障其服务对象维持一定生活水平的基础上,尽可能提高他们的生活质量。社会福利的保障对象是立法或政策范围内的所有公民,社会救助只针对生活在贫困线以下的公民,享受社会福利不需像社会救助那样必须进行家庭经济状况调查。

三、社会救助与社会互助

社会互助是指在政府鼓励和支持下,社会团体和社会成员自愿组织和参与的扶弱济困活动。中共十四届三中全会通过的《中共中央关于建立社会主义市场经济体制若干问题的决定》中将社会保障体系的内容规定为社会保险、社会救助、社会福利、优抚安置、社会互助和个人储蓄积累保障六个方面,增加了社会互助和个人储蓄积累两项内容。

严格来说,社会互助并不能称其为一种社会保障制度,它表现为一种民间的非正式的社会支持网络,而社会救助则是一种正式的以国家为主体的安全网。需要注意的是,现代社会救助也提倡救助主体的多元化,如非政府组织的救助行为,企业与社会成员的一些慈善行为也经常被列入社会救助的途径之中。如我国社会救助体系建设的"十五"目标是,以最低生活保障制度为主体,临时救济为补充,社会互助和优惠政策相配套的资金来源多元化,保障制度规范化,管理服务社会化的社会救助体系。由此可见,临时性的社会互助并不能称为社会救助,只能说是社会救助的一个配套措施,但当这些社会互助行为被正规化、制度化之后(如我国的希望工程),社会互助也可以转化为社会救助。

四、社会救助与"三条保障线"

在我国社会保障领域,"三条保障线"是经常被论及的一个重要概念,它一般是指最低工资线、失业保险金和最低生活保障线。最低工资保障是政府、企业对职工劳动报酬权益的最基本保障,它是劳动者在付出了正常劳动的情况下,从企业单位所获得的最低工资数额,故被称为城市社会保障的"第一道防线"。失业保险金则是针对依法参加社会保险的劳动者,因失业而导致经济收入受到影响,按规定在法定时间内获得补贴以弥补其因失业而损失的部分经济收入,它被称为是城市社会保障的"第二道防线"。最低生活保障线是政府对城市贫困人口进行社会救助的一项重要依据,按最低生活保障标准进行差额救助是城市居民最低生活保障制度的基本原理,它也是我国社会救助中的一个重要组成部分。最低生活保障是城市社会保障的"最后一道防线"。

值得注意的是,除已建立最低生活保障的少数农村地区外,这"三条保障线"都是针对城市居民的。前两道防线一般来说是政府指导下的企业行为,是企业对单个职工的全额保障,而后者则是属于政府行为,是政府根据经济状况对贫困家庭的保障,是差额保障。"三道保障线"所保障对象在一定条件下相互转化:"第一道防线"所保障对象因失业退休可转化为"第二道防线"的保障对象;"第二道防线"保障对象因各种原因可转化为"最后一道防线"的保障对象。

"三条保障线"也是衔接的:"第一道防线"建立得好,运作有序,流入"第二道防线"的人数就少;同样,"第二道防线"体系比较健全,进入"最后一道防线"的人就得到控制。反之,"最后一道防线"的压力就非常大。从数量上看,"三条保障线"应相互衔接,最低工资标准应大于失业保险金,失业保险金应大于最低生活保障标准。

第四节　社会救助的行为主体

西方发达国家都经历了国家无责任阶段的慈善救济模式、国家有限责任的补济救助模式、国家强责任阶段的凯恩斯-贝弗里奇模式,目前,已形成了多元主体责任阶段,即参与社会救助的主要责任者,除了国家以外,还有非政府组织、企业和个人。在我国,自汉朝以来,佛教传入中国,与中国传统儒家思想中的仁义学说、道教的行善积德思想相融合,推动了我国封建社会政府救助的发展和民间慈善救助的兴盛。我国目前初步形成了一个多元主体参与的社会救助的制度框架。

一、社会救助的不同主体

社会救助的行为主体主要包括政府、非政府组织、企业和公民个人。

(一)国家和政府组织:公共救助

在传统社会,政府的公共管理职能主要以政治统治职能为中心,经济、文化在内的社会事务管理职能相对薄弱。在自由放任的资本主义时期,政府充当"守夜人"的角色,相对传统国家自由主义政府已经意识到,公共部门应该向社会提供某些类型的"公共商品"。20世纪30年代的世界经济大危机彻底宣告了自由放任经济理论的破产,导致了国家对市场的干预成为政府治理经济的主要手段。国家干预主义时期,政府权能体系迅猛扩张,"行政国家"取代"守夜人"成为各国政府职能体系发展的主流趋势,在经济与社会职能方面,各国普遍采取了积极干预的职能模式,与此相对应,政府公共救助理念也得到强化,对贫困成因的理论解释也从表面性社会现象转为从深层社会结构角度的制度性因素探讨。政府不仅有责任关心贫困者的生活,而且有责任从根源上消除贫困。同时,公民权利理论为全民福利制度的发展(包括公共救助)提供了直接的政治道德依据。如罗斯福新政时期美国国会通过的《社会安全法案》(Social Security Act)。这个法案的主要内容之一就是公共救助方案,它将妇女、儿童、老年退休、残疾与失业补偿纳入社会福利体系中,形成不同类别的救助体系。新古典自由主义时期,政府职能的对内统治职能尤其是暴力镇压职能相对弱化,而民主建设职能则进一步加强。经济社会管理职能在各国公共管理职能体系中所占地位日益重要,甚至成为政府的核心职能。

与此相对应,自 20 世纪 70 年代以来,在英、美等国掀起了一场以放松管制为核心的行政改革运动。放松管制作为政府的一种治理方式渐渐获得了更多人的认同。其中的重要趋势之一就是,由政府包办一切社会事务转为把市场自身能够解决的问题让市场去办,市场无法发挥作用的领域应由政府来完成,加强对公共物品供给的管理,向社会提供公共服务,做好环境保护、城市规划、市容美化、社会福利、消防救灾等工作。但和社会保障领域的其他一些制度一样,公共救助并没有因"政府再造"运动而被削弱,而是在"服务型政府"的转向中,作为公共产品与公共服务的一个重要内容得到进一步的强调。

在我国传统计划经济体制时期,在经济上实行高度中央集权,以阶级斗争作为整个公共管理部门的工作重心,政府的社会、文化职能由政府统包统揽,服务职能薄弱。在社会事务管理方面,主要由各级政府民政部门面向城乡的"三无"人员和农村特困户进行临时的社会救济。改革开放以来,我国政府公共管理职能体系由以阶级斗争为主、以专政职能为中心转向以经济建设为中心。进入 20 世纪 90 年代,随着城市经济体制改革的深化,城市社会结构发生了重大变化,贫富悬殊矛盾加剧,出现新的城市贫困群体:破产企业职工、半停工企业职工、失业和退休人员。针对城市贫困问题,我国政府实施了一系列的政策,如"送温暖活动"、"下岗职工基本生活保障"和最低生活保制度等,在促进社会公平、维护社会稳定方面发挥了重要作用。十六大以来,政府公共管理职能逐步转变为经济建设和社会发展并重。社会救助属于公共管理中的社会事务管理的重要工作内容。党和政府从全面建设小康社会角度,提出要关注弱势群体,随着越来越多的财政投入和不断提高的贫困标准,公共救助将在帮助弱势群体方面发挥越来越重要的作用。

政府作为社会救助的第一责任主体,其责任主要表现为三个方面:

第一,制度建设的职责,包括制度的设计、制定法律法规等。

第二,政府必须在社会救助所需经费的筹集上负主要责任。社会救助经费应主要来源于政府财政预算拨款,而政府也应该在收入预算中有稳定的专门的社会救济资金来源。

第三,政府必须在社会救助事务管理中负主要责任,包括社会救助的行政管理、业务管理和基金管理等。

由政府提供的公共救助具有以下特点:①它是政府主导的,政府管理社会、服务社会的一种持续、稳定的公共政策;②它具有纯粹的公共物品属性,其资金来源完全是公共财政支出;③机会均等性,尽管真正意义上的待遇享受者只是少数,但指向的目标对象却是全体社会成员,只要陷入贫困或急难中的,都可以享受到公共救助;④标准的统一性和相对性,同一时期一定区域中的救助对象都可以根据统一的保障标准领取差额救助金,但这种标准有地区的差异,而且也是随着经济与社会发展而不断调整的。

(二)社会团体和社会成员:社会互助

社会互助严格来说不属于社会保障内容,是一种非正式的社会支持网络。它具有自愿和非营利的特征,其资金主要来源于社会捐赠和成员自愿交费,政府往往从税收等方面给予支持。社会互助的主要形式包括:企业、工会、妇联等群众团体组织的群众性互助互济,民间公益事业团体组织的慈善救助,城乡居民自发组成的各种形式的互助组织等。

社会互助的一个重要内容就是慈善。慈善属于道德范畴,是一个历史概念。经典文化中的儒、佛、道思想深入民间,与乡土民众劝善去恶的意识构成民众意识的重要部分,从而在民间具有巨大的覆盖面。在西方,慈善救助的思想主要受宗教思想影响,但学者多用"慈善事业"统称慈善活动,以强调它是近现代才发展起来的非制度型的社会化公益事业。慈善可以是物质的(善款、善物等),也可以是精神的(义工服务、心理慰问等),它通过对社会资源的重新聚集和配置帮助社会弱势群体。

鉴于20世纪70年代后期西方福利制度出现的种种矛盾,20世纪80年代以来许多国家又推行公共福利事业"私有化""市场化"改革,这也是"政府再造"运动的一个趋势。如美国把部分政府在福利和救助方面的支出转为由私人企业和社会团体承担。英国也把政府责任逐渐向社会转移,通过政府补贴、税收优惠等措施,促进第三部门在社会救助领域的成长。同时,一些成功的企业经常做出通过人道主义的捐助来回报社会的举措。尽管企业的目的是创造财富,其目标、标准和思维均与政府和公益性组织迥然不同,但这并不意味着企业不需要道德层面上的运作。世界上大多数的非营利组织也是由成功的企业资助的,不少企业一直追求履行自己的社会责任并形成了"企业公民"的现代理念。企业慈善发展的动因不仅在于纯公益利他性动机,还取决于它对企业和社会是一种"双赢"的选择。对企业来说,参与慈善事业不仅可以直接回报其营业成绩,更可以降低赋税水平,提升社会形象和增强内部凝聚力,并最终与企业的营利性目的相一致。对社会来讲,企业参与慈善可以扩大慈善事业的发展资源,促进社区发展,并在全社会表达一种"关爱与和谐"的价值与信念。

社会互助在客观上又发挥了资源配置和社会稳定的作用。与国家在社会保障中充当第二次分配的角色相比,社会互助可谓是对各种社会资源(时间、金钱和社会资本等)的第三次分配,它能化解社会矛盾,安抚社会情绪,从而有助于社会稳定。此外,社会互助还有如下作用:①社会互助还具有一定的公共服务功能,能够填补政府救助的空白,弘扬优良的社会道德,能够在政府这个"大拇指"缺乏关注的社会领域发挥作用,分担社会责任,实现社会发展目标。②社会互助活动本身作为一种无私奉献行为,传达了人类社会最基本、最理想的道德规范,如责任心、同情心和博爱,引导着人们去克服困难,克服个人主义的弊端,使整个社会在物质财富日益充裕的同时也散发出旺盛的精神气质。③在开放的社会体系中,慈善组织、公益团体通过深入社会,能够了解社会最底层人们的需要,使分散的个体"声音"集合成强大的集体"声音",以合法的形式向国家表达弱势群体的愿望,推动社会立法,强化国家解决社会问题的能力;慈善救助在促进以信任和合作为基础的社会资本筹集,培养公民社会的诚信道德和责任等方面具有重要意义。

(三)国际社会组织:国际援助

在经济及社会各领域不断走向全球化的背景下,一些国家间政府合作机制与各种跨国组织的建立,特别是现代社会技术进步,在物资、技术上提供了国际援助的可能性。如交通和通讯技术取得突破性进展,人们之间的距离缩短,没有一个国家和民族可以游离于其他国家和民族之外。如政府开发援助或称官方发展援助(ODA),它是发达国家(经合组织国家)为发展中国家提供的,用于经济发展和提高人民生活的一种经济援助,已经成为一种国与国之间具有战略意义的经济性、政策性的政府行为。更重要的是,在现代社会,和平、互助的理念不断成为时代潮流,这一切都为国际援助规模的扩大提供了条件。

国际援助一般是指无偿或以很低的价格向某个国家提供资金、货物、劳役或其他的服务,如给水灾发生国免费提供粮食、药品等,它分为政府间的援助和非政府间的援助两种形式。政府间的援助处于援助国与被援助国的国家关系网络之中,援助问题处于政治与经济的交汇点,涉及国家关系的政治、外交、法律、安全、经济、金融、技术、文化等多个双边领域。现代国际援助具有以下几个特点:国际援助是以主权民族国家为基本行为主体,主要由发达国家向发展中国家进行的大规模、制度化、恒常性的资源转移,是在价值规律和市场体系以外,如非经济性因素作用下资金、技术、知识等生产要素在国家之间的配置、流动和转移,是以国家的政策行为对国际关系进行调整的产物。至于各国的外援政策基本都有三个目的:一是传递一种道义准则、一种形象;二是保证国家安全,因此对象选择很慎重;三是经济繁荣,外援其实是一种双向的经济动向,而非单向的。

另一类国际援助来自跨政府组织和非政府组织这两类援助提供机构。跨政府组织包括国际劳工组织、联合国粮农组织、联合国艾滋病规划署、联合国开发计划署、联合国教科文组织、联合国儿童基金会、联合国人口基金会、世界卫生组织等机构,这些组织用它们的资金、志愿者、发展的理念和眼光,为推进包括中国在内的一些发展中国家的经济与社会发展发挥了重要作用。非政府组织更为广泛,如在全世界的 21 个国家和地区开展活动的亚洲基金会,从 1979 年就开始在中国大陆开展项目,每年在中国的支出基本为 100 万至 150 万美元,而 2006 年的预算已经达到 300 万美元。在中国不少领域,我们都可以看到福特基金会的一些资助活动。一些国际非政府组织深入到中国各地,尤其是欠发达和贫困省区,开展形式多样的发展扶助项目。

二、我国社会救助主体结构存在的问题与完善思路

目前,我国已基本形成了以政府为主导的,非政府组织、企业和个人为补充的多元主体参与社会救助的主体结构。

首先,在我国社会救助体系中,政府救助的确发挥了主导作用。各级政府的财政支持成为社会救助资金的主要来源,政府部门承担了绝大多数的社会救助责任,例如提供常规救助的民政部门、提供教育救助的教育部门等。

其次,非政府组织、企业和个人积极参与社会救助,成为社会救助的一支重要的力量。慈善机构、扶贫机构、社会福利机构、社会救助团体等非政府组织已成为我国社会救助的又一重要主体,如中华慈善总会在筹集善款、扶贫济困、紧急救助、社会福利、社会公益、慈善援助等方面做了大量的工作。中国残疾人联合会作为从事残疾人事业的主要组织机构,在一定范围内积极从事面向残疾人的社会救助事业。中国青少年发展基金会是具有独立法人地位的全国性非营利性社会团体,发起了在中国极具影响力和感召力的希望工程,以结对资助失学儿童继续小学教育和捐款援建希望小学为主要内容。中国儿童少年基金会实施的"春蕾计划"累计救助失学女童上百万人次。中国妇女发展基金会发起了"母亲水窖"项目。在我国,企业、公民的扶贫济困捐赠行动已经成为一件常事。

然而,我国尽管形成了以政府为主导的,非政府组织、企业和个人为补充的多元主体参与社会救助的主体结构,但我国的救助主体结构还存在一些问题:

第一,尽管社会救助的职能主要集中于民政部门,但我国还形成了各级政府牵头,民政、社保、财政、教育、卫生、建设、司法、残联、妇联等多个职能部门和多个群众团体为成员的社会救助工作领导体系。这种多元型的救助体制,由于缺乏明确法律依据和存在部门利益阻隔,民政、财政、工会、妇联、企事业单位等多头实施社会救助,形成"多龙治水"的工作格局,这种多元型的救助管理体制,造成社会救助总体无序,增大了社会救助的管理成本,降低了社会救助工作的效率,既不现实也不利于社会救助对象需求的满足。

第二,社会救助主体单一,主要是政府部门提供社会救助,承担了绝大多数的社会救助责任,包括各级各地的政府部门,企业、非政府组织等其他社会力量参与严重不足。从实际情况来看,一些企业、非政府非营利组织以及公民个人等在部分社会救助中已经做出了显著的成绩,但是这些社会力量参与得仍不够充分,导致我国社会救助总体水平较低,社会救助形势十分严峻。以慈善事业为例,中国的慈善公益组织大约 100 个,而美国 1998 年税收减免的慈善公益机构有 120 万个。1998年,美国税收减免的慈善公益机构掌握的资金总额为 6214 亿美元,相当于美国国

民生产总值的 9%，而中国的同一指标不到 0.1%。慈善公益组织发展落后严重制约了其在社会救助领域的作用。

我国社会救助主体结构存在问题的原因：

一是我国现有的政策与制度设计存在问题。从社会救助政策设计上来看，我国没有很好地处理综合救助与专项救助的关系，在管理体制上没有理顺各职能部门的权责利关系。如我国《城市居民最低生活保障条例》规定，我国在对城市低保的社会救助体制上形成的是"中央民政部门统筹、地方政府负责、地方民政部门主管、其他部门协作、社会共同参与、基层予以落实"的运行机制。这样，办一件小事情，需要所有部门都来开会，开完会后，再层层传达，具体的执法工作最终还是得在基层落实。中间的信息传导层非常多，这样不但增加了成本，降低了行政效率，也滋生了行政执法中的官僚作风。

二是从历史的角度来看，在西方正式的社会保障制度建立之前，慈善救助承担了社会救助的主要责任，只是在近代工业化过程中，社会问题丛生，慈善救助能力有限，国家才逐步成为社会救助的主体，但民间力量也未曾削弱。与西方社会不同的是，中国封建社会的大一统格局使得国家一开始就在社会救助中成为责任主体，而且是唯一主体；真正意义上的民间救助只是在国家集权削弱（如民国）、社会经济文化多元化（如宋、明、清）、外来思想冲击下（清末民初）以及民族危难当头（抗日战争前期）等背景下，才从国家权力控制的夹缝中萌芽。或者更准确地说，由于中国历史社会没有形成一个脱离于国家权力的公共空间，中国社会这种国家与社会的胶合状态，是与西方社会的国家与社会逐渐分离甚至二元对立模式迥异的。这种状况决定了中国民间救助只是政府救助的"替补者"，没有充分发挥作用。新中国成立后，社会救助被纳入了高度集中的计划经济体制之下。我国政府以"高就业和低工资""统包统配"的计划经济形式为城市居民普遍提供了一道社会"安全网"，在农村则以"五保"供养制度为主。而慈善组织由于种种原因被取缔，直到建国 40 多年后才在市场经济体制改革中重新兴起。

三是政府对多元化主体参与社会救助的重要性认识不够，相关制度还不健全。我国政府管理观念陈旧落后，缺乏对企业、非政府非营利组织等其他社会力量的正确认识，没有意识到这些社会力量在社会生活中的重要作用，尤其在提供社会救助方面的巨大优势，缺乏完善的多元化主体参与社会救助的激励补偿制度。

针对上述问题，积极推进以政府为主导的，非政府组织、企业和个人为补充的多元主体参与社会救助格局，还需要做好以下工作：

第一，通过立法明确规定各部门各自的职责范围和职责分工。诸如财政部门依照每年的预算进行拨款；民政部门主持具体的管理服务工作；教育部门负责制定和实施受救助家庭的学杂费和书本费的减免工作；建设部门负责制定和实施廉租住房政策;劳动部门负责实施对有劳动能力的困难人群提供就业援助、职业介绍和职业培训等工作;卫生部门负责制定和实施医疗费用减免等政策;农业、扶贫、物价、审计、公安、司法、工商、税务等部门也应当在各自的职责范围内,做好协助工作。要做好这些部门的协调工作,民政部门作为主管部门,负责社会救助对象的审批工作,得到批准的社会救助对象,可发给其社会救助卡,并同时将其信息联网,形成在民政部门的牵头下,地方政府统一领导下,各部门各司其职,各负其责,积极配合,紧密协作,综合协调的社会救助管理体制。

第二,转变政府观念,重视发展多元化主体参与社会救助。为了保证我国社会救助事业的蓬勃发展,必须转变政府观念,高度重视发展多元化主体参与社会救助。适当地借鉴国外成功的多元化主体参与社会救助的经验,树立全新的管理观念,从中央到地方各级政府都高度重视政府与企业、非政府非营利组织等其他社会力量共同提供社会救助,充分发挥这些社会力量在提供社会救助方面的作用。

第三,营造良好的多元化主体参与社会救助的法律与制度环境。以非营利组织为例,国外非营利组织积极参与社会救助事务的原因,一是非营利组织的设立比较容易,非营利组织可以依法获得法人资格;二是政府制定了税收优惠政策,如美国法律规定,依法登记为法人的非营利组织可以享受法定免税等优惠待遇。我国对非营利组织实行严格的双重行政许可制度,未经许可而成立的非营利组织是非法组织,不受法律保护,而且应当被取缔。政府主管机关和登记机关均采取严格的控制措施,对准入资格设立了非常高的门槛。在税收激励方面,1999年6月28日颁布的《中华人民共和国公益事业捐赠法》是我国颁布的第一部直接规范捐赠行为、涉及有关优惠政策的社会捐赠法规。该法明确了要鼓励对包括非营利组织在内的社会公益事业的社会捐赠,规范捐赠和受赠行为,保护捐赠人、受赠人和受益人的合法权益。但是可接受捐赠的非营利组织需要财政局、国家税务总局以文件的形式加以特许,没有特许的非营利组织不能接受捐赠,捐赠方不能在税前扣除捐赠额而享受优惠。"特许制"进一步限制了非营利组织的发展和捐赠的积极性。营造良好的多元化主体参与社会救助的法律与制度环境至少包括两个方面:一是完善多元化主体参与社会救助的相关法律法规,鼓励和支持政府部门之外的企业、非营利组织等其他社会力量积极参与社会救助事业,保证其救助行为的合法性;二是建立健全多元化主体参与社会救助的激励制度,调动其参与救助的积极性。

理论探讨

我国社会救助制度改革的目标模式:建立适度普惠型社会救助制度

一、适度普惠型社会救助制度的特征

在由社会救助、社会保险和社会福利构成的我国社会保障制度中,社会救助是最后的"安全网",具有社会保险和社会福利所不具有的功能,是缓解贫困、推动社会公平的有效制度安排。20世纪90年代以来,我国社会救助制度得到快速发展,初步实现了定型化、规范化和体系化。

2007年我国提出"适度普惠"的社会政策,这不仅意味着中国社会福利的理念发生变化,也标志着中国社会福利制度正在从"补缺型"转向"普惠型"。

社会救助制度作为一项基本福利制度,其价值理念、目标定位、制度设计受到普惠型福利制度的影响,面临着进一步转型和发展。

从适度普惠型视角看,社会救助在未来发展中应具有以下特征:

一是在救助对象上,社会救助要达到合理覆盖面的要求,满足社会成员普遍性的需要,即实现城乡统筹和应保尽保。普惠型社会救助首先要使社会救助的对象覆盖全体社会公众,全体社会公众不论何人在何时何地,都能普遍享受同等质量的社会救助,从而实现社会救助的全民普惠和社会救助服务的均等化。

二是在救助内容上,建立多层次的救助体系,实现分类救助与综合救助相结合,建立适度普惠型的社会救助体系。社会救助体系就是根据我国宪法,为了维护公民生存和发展的基本权益,促进社会公平与和谐发展,国家和社会提供必要的物质条件、服务形态和组织保障的制度总和。社会救助体系建设就是以政府为主体,构建社会救助体系,并推进体系有效运行,保证社会救助体系实现制度功能的过程。

三是在责任主体上,明确国家作为社会救助的"第一责任人"的作用和责任,以保障社会成员的基本生活为目标,满足社会成员基本需要,真正落实公平正义的发展原则,真正实现社会成员的权利。社会救助体系建设是责任政府在构建和谐社会基础性安全网进程中的制度安排,核心是强调国家在社会救助中的主体作用和基本责任。

二、适度普惠型视角下我国救助制度的现状与问题

改革开放前,我国的社会救助制度主要包括城市救济制度、农村的五保户制度、企业单位的困难职工补助制度、灾害救济等,是一种面向城乡"三无人员"的"剩余模式",覆盖面很低。

改革开放后尤其是20世纪90年代以来,由于社会保险不健全和普惠型社会福利缺失,导致我国社会保障制度的保障功能发展比较缓慢,社会安全网出现较大漏洞。在政府的推动下,社会救助制度经历了一个快速发展期。以最主要的"低保"为例,1993年上海市开始试行最低生活保障制度。1997年国务院发布《关于建立城市最低生活保障制度的通知》,要求各地建立这一制度。1999年9月,国务院颁布《城市居民最低生活保障条例》,标志着城市低保制度成为解决城市贫困人口生活问题的基本制度安排。近十几年来,社会救助快速发展,初步形成综合性救助体系,其内容包括三部分:第一部分是基本生活救助制度,主要包括城乡最低生活保障制度(城市1999,农村2007)和农村五保供养制度(2006);第二部分是专项分类救助,包括医疗救助(农村 2003,城市 2005)、廉租住房救助(2007)、教育救助(2003,2007)、司法援助(2003)等;第三部分为临时应急类救助,包括自然灾害生活救助(2010)、流浪乞讨人员救助(2003)和其他临时救助。三部分共同构成社会救助制度的主要内容,并初步实现社会救助制度的定型化、规范化和体系化。社会救助制度建设的推进,有效保障了城乡困难群体的基本生活权益,有力地支持了市场经济体制改革,维护了社会稳定,促进了社会和谐,为我国经济社会发展作出了巨大的贡献。

尽管我国社会救助制度建设近年来有了很大发展,救助成效明显;但目前社会救助体系建设还处于发展阶段,与适度普惠的目标还存在一定的差距,具体表现在:

第一,社会救助制度框架初步建立,实现了城乡全覆盖,但托底性民生保障制度并不健全。我国已建立了以最低生活保障、农村五保供养为基础,以医疗、住房、教育等专项救助制度为支撑,以临时救助、慈善帮扶为辅助的社会救助制度体系,基本实现了制度全覆盖,但现有制度尚未覆盖的人群包括:①遭遇突发性、临时性生活困难的人群。②支出型贫困家庭。支出型贫困是指由于家庭成员出现重大疾病、子女就学、突发事件等原因,导致家庭财力支出远远超出承受能力而造成的绝对生活贫困。③长期人户分离的家庭等。有些制度并未发挥托底保障功能:医疗救助问题;特殊困难低保对象生活难以保障,以及教育、住房等专项救助制度还存在未覆盖到相应人群的现象。

第二,我国社会救助的区域与城乡发展不平衡,制度设计存在盲区。由于我国区域经济社会发展存在巨大的差异,东部地区经济发展水平高,贫困人口数量少,地方政府的财政支持能力强,相应的救助项目多,救助水平高。西部地区由于经济社会发展落后,贫困人口多,地方政府的财政能力弱,救助项目难以落实,救助标准偏低。长期以来,由于城乡制度设计的差异,我国城乡差距巨大,农村社会救助事业的发展也明显滞后于城市。农村社会救助无论是在救助资金投入、标准设立和救助人口比例上都远远低于城市。我国城乡救助制度相互独立,缺少衔接。根据户籍制度,我国城镇与农村长期实行了相互独立的社会救助制度。根据属地管理原则,城、乡救助制度各自发挥着维护城、乡居民基本生活的功能。伴随城市化进程的加快,相互独立、长期割裂的城乡救助体系已经不适应社会经济形势发展的客观要求。目前城乡救助制度的整合在我国大多数地区进展较慢,效果也不明显。

第三,救助项目之间分割严重,制度分散化特征明显。由于社会救助项目缺乏顶层设计,随着救助项目日益增多,特别是一些专项分类救助制度逐渐建立,社会救助呈明显的"分散化"特征。在现行体制下,社会救助涉及的部门较多,各部门分头监督管理,不仅信息共享机制不够健全,而且管理、协调与实施成本也较高。由于社会救助工作及管理体制的分散性和非系统性,使得众多管理部门之间职责不清和职能重叠,造成多头救助、重复救助、救助遗漏等无序状态,影响整个社会救助体系的功能发挥与效率提高。

第四,社会救助理念存在偏差,公平正义还未成为制度的价值追求。当前,社会救助理念中还存在施恩思想。中国传统社会救助作为一种慈善事业,是对穷人的一种施舍和恩赐。施恩论是个体主义贫困观的逻辑发展,实施者以仁者自居,总带有某种程度的优越感;受惠者显现一种感恩戴德的欠情心态,容易缺失自尊、自强、自立、自主的精神,渐渐衍生出等、靠、要的惰性心态。这种建立在怜悯和同情基础上的社会救助,是一种不平等的制度设计。对政府的责任本位和公民的权利本位强调不够、宣传不力,过多强调了政府的权利本位和公民的义务本位,并形成了一系列相应的行政观念和行政习惯。

社会救助理念的偏差对社会救助体系建设的不利影响主要表现在:一是不利于政府有效履行责任发挥政府的职能,自觉承担起社会救助的主体责任。二是不利于救助对象正确认识自身的权利和义务。有的救助对象在申请救助时,不能如实提供个人和家庭信息。这种不履行自己义务的行为,对社会救助必须的社会信任环境构成了损害。三是不利于社会救助工作人员形成正确的工作理念。有的社会救助工作人员,对贫困居民表现出一定的施舍心态,有的甚至采取高标准、严要求、多程序等故意刁难。

第五,社会救助法制建设严重滞后。迄今为止,我国在社会救助方面的法律层次还比较低,社会救助工作的制度来源主要是中央和地方各级政府所颁布的各种条例、决定和通知等,还没有一部规范、完整的社会救助法律,更未形成完整的体系结构和法律框架。社会救助法制化建设的相对滞后,严重阻碍了社会救助工作的正常开展。在缺乏法律规定的情况下,各级政府有关部门处理社会救助事务时常常无法可依,往往从本部门的角度出发去理解和实施社会救助行为,在一定程度上导致了社会救助工作上的随意性和多变性。因此,加快社会救助的立法是建设中国普惠型救助体系的当务之急。

第六,公共财政对社会救助的资金保障机制尚未建立。一是总量投入不足。近年来,虽然各级财政都不同程度地加大了救助资金的投入,但由于保障对象覆盖面的扩大,保障项目的拓展,新纳入对象的增加,救助资金投入不足问题仍然十分突出,社会救助投入占各级政府公共财政支出的比例过小。目前,我国财政用于社会救助方面的资金比例约占全部支出的 5.48%,而埃及是 11.97%,泰国是 7.24%,马来西亚是 7.20%。与发展中国家相比,我国财政用于社会救助方面的支出比例明显偏低。我国社会救助资金占 GDP 的比例更是不足 0.2%,低于越南、蒙古等周边发展中国家,属于世界上社会救助资金投入比例最低的国家之一。公共财政投入不足已成为制约社会救助事业发展的主要瓶颈,直接影响了救助政策的落实。二是救助经费的拨付不够及时。中央的预算要到每年三月人大通过后才可以实施,再经过省市两级,落实到区、县则要等到下半年。而在上级财政转移支付未到位的情况下,基层政府迫于地方财政压力,发放救助金就只能"打白条"。少数地方财政还存在列而少支或列而不支甚至救助经费被挪用现象。

第七,社会救助管理体制初具规模,日常管理日趋规范,但专业化、精确化、科学化程度不高,基层经办能力仍然较弱。

我国社会救助的基层人员配备和经费保障与快速发展的社会救助事业不相适应,人手紧、经费缺的矛盾相当突出;社会救助监管仍需进一步加强,关系保、人情保等违规现象以及低保固定化、平均化、保人不保户、应保未保、应退未退等问题时有发生;社会救助信息化程度低;基层人员流动快,培训机会少,业务素质提升难。这些问题的存在,导致我国社会救助政策执行水平低,甚至出现社会救助政策被扭曲现象,使社会救助难以做到规范化和精确化管理。

为了推动我国适度普惠型社会救助制度的建立,我国应进一步完善社会救助制度,全面推进临时救助制度;探索城乡统筹,继续开展重特大疾病医疗救助试点;落实差额补贴制度,探索对低保边缘群体的救助办法;推进社会救助制度的区域统筹与城乡统筹;针对条块分割、多头管理的实际情况,必须建立综合协调机制,理顺社会救助工作的管理体制,有效整合救助资源,促进社会救助工作的良性运行;强化政府的社会救助责任,把社会救助工作看做政府的一项基本职责。推进法制建设,如尽快制定《社会救助法》。加强经费保障,省级财政要优化和调整支出结构,切实加大最低生活保障资金投入;中央财政低保补助资金重点向保障任务重、财政困难地区倾斜。强化规范化管理,加强基层社会救助能力建设;加快推进信息化建设,全面部署全国最低生活保障信息管理系统;保障基层工作经费。

思考:

结合上述理论,谈谈你对不同社会救助模式的认识。

复习思考题

1. 现代社会救助与历史上的社会救济制度有何区别?

2. 改革开放以来,我国社会救助制度改革取得了哪些成就? 今后改革的方向如何?

3. 社会救助在社会保障中的作用是什么? 它和其他的社会保障项目有何联系与区别?

4. 社会救助有哪些行为主体? 我国社会救助行为主体的现状是什么? 应如何完善?

第二章　社会救助的理论基础

社会救助的理论基础就是要回答社会救助产生的缘由以及什么样的社会救助制度是合理的,福利经济学理论与市场失灵和政府失灵理论,可以为社会救助制度的存在提供一定的理论支持。负所得税理论是一个值得推敲和借鉴的理论,它为社会救助制度如何实施提供了一定的参考,而福利多元主义理论则是近年来西方国家兴起的一种理论思潮,它能够为社会救助主体的多元化趋势提供一定的理论解释。贫困与反贫困理论是社会救助制度存在的最直接的原因,本章对贫困的类型、衡量和原因进行了介绍。

第一节　福利经济学与社会救助

福利经济学是一门研究如何增进社会福利的西方经济学分支,主要研究如何进行资源配置以提高效率、如何进行收入分配以实现公平以及如何进行集体选择以增进社会福利。社会救助是指公民因各种原因导致难以维持最低生活水平时,由国家和社会按照法定的程序给予款物接济和服务,以使其生活得到基本保障的制度。社会救助制度的设计与实施,从福利经济学的角度来说,就是要在公平和效率的博弈中最大程度地改善穷人福利的问题。在福利经济学的历史演进中,我们要汲取思想营养,为社会救助制度的设计提供理论指导。

一、福利经济学历史演进中的主要思想

福利经济学思想可追溯到边沁的功利主义,而真正意义上将福利经济学作为一门独立的学科来看待,并首次建立了福利经济学理论体系的是庇古在 1920 年出版的《福利经济学》。二战结束后,一大批福利经济学家的出现和大量福利经济学文献的出版,极大地拓宽了福利经济学的研究领域与内容。因此,经济学界一般将福利经济学的发展分为新旧两派。旧派以英国庇古为代表,新派源于意大利著名经济学家帕累托,为英国的卡尔多、希克斯与美国的勒纳、萨缪尔森等所倡导。

(一)庇古及其边际效用价值论

庇古以边沁的功利主义哲学及马歇尔的基数效用论和局部均衡论为理论基础,以完全竞争为前提,系统地论述了福利概念及其政策应用。庇古认为,一个人的福利寓于他自己的满足之中,这种满足可因对财物的占有而产生,也可因知

识、情感、欲望等而产生,全部福利则应该是这些满足的总和。庇古指出,如此广泛的福利问题是难以计量与研究的。因此,他将福利的研究范围限定为可以直接或间接用货币单位计量的那部分福利,即经济福利。个人的福利可以用他所享受的物的效用来表示,并通过愿意支付的货币单位数量来测度效用的大小,将个人消费商品所获得的边际效用与愿意支付的商品价格对等起来,进而推导出需求曲线,整个社会的福利应该是所有个人效用的简单加总。庇古认为:①货币收入的边际效用呈递减规律。即穷人1英镑的效用比富人1英镑的效用大,当1英镑从富人转移给穷人时,穷人的得利大于富人的损失,则社会福利就增加了。②每个人获得的效用总计构成全社会效用的总和,即全社会的经济福利。根据上述两个理论,庇古提出了"收入均等化"有利于提高社会整体福利水平的观点,即国民收入分配越平均,社会福利越大;由政府而非市场把富人的一部分货币转移给穷人,即收入均等化能增加社会福利。③庇古认为衡量社会福利的标准,除了国民收入均等化外,还包括国民收入极大化。庇古认为这两个标准是福利经济学研究的主题。凡能增加国民收入总量而不减少穷人的绝对份额,或增加穷人的绝对份额而不影响国民收入的总量,都意味着社会福利的增进。④庇古还将马歇尔的外部经济理论应用于社会福利问题研究。马歇尔的外部性,原意是指某微观经济主体(厂商和居民)的经济活动对其他微观经济主体(厂商和居民)所产生的非市场性影响。其中有利的影响称为外部经济,不利的影响称为外部不经济。庇古将外部经济理论与社会福利增进问题联系在一起,指出若私人部门的经济活动存在外部利益,则应通过激励性政策加速其发展;若私人部门的经济活动使公共利益或其他经济主体利益受损,则应通过征税提高其成本,限制其发展。基于外部经济考虑的政府干预,有助于提高社会福利水平。

(二)帕累托及其最优理论

新福利经济学采用序数效用论和无差异曲线作为分析工具,否认个人间效用的可比性,排除旧福利经济学的收入均等化理论,消费者追求的并非最大满足的总量或最大效用的总量,而是最高的满足水平,即最高的无差异曲线。对于资源配置的评价以帕累托最优为标准。帕累托最优指的是这样一种状态:在这种状态下,不可能通过资源的重新配置,在其他人的效用水平至少不下降的情况下,使任何个别人的效用水平有所提高。

(三)补偿原理

西方福利经济学家们认为帕累托标准过于苛刻,在现实生活中很难达到,应予以改进与修补。卡尔多首先提出虚拟补偿原理,认为在一项社会变革中,如果受益者在补偿受损者后仍有剩余则这种变革应该肯定,因为其提高了社会福利。希克斯对卡尔多的评判标准又进行了补充和发挥，提出了假定补偿原理，认为判断社会福利的标准应该从长期来观察，政府的一项经济政策从长期来看能够提高全社会的生产效率，所有人的境况都会由于社会生产率的提高而"自然而然"地获得补偿。西托夫斯基对上述两种补偿原理的标准均不满意，认为这两种标准只进行了顺向检验，不能做出社会福利是否改善的结论，而要同时进行逆向检验。也就是说，只有当某项变革能增加福利，而再回到变革前不能增加福利或较少增加福利时，此项变革才可取。

(四)社会福利函数理论与不可能性定理

由伯格森最初提出，萨缪尔森极力推动的社会福利函数理论，是新福利经济学的一次全新尝试。萨缪尔森等人认为补偿原理将效率与公平对立起来是错误的，他们对此进行了进一步的阐述，形成了社会福利函数理论。萨缪尔森等人认为应从个人的主观感受出发，应该把福利最大化放在最适度条件的选择上，应将所有分配方面及其他支配福利的因素一并列入，编制一种"社会福利函数"，这个函数取最大值时，社会福利就达到了最大。他们认为在一定的收入分配条件下，社会福利的最大化在于个人对各种不同配给的选择，个人的自由选择是决定个人福利最大化的重要条件，而社会福利又总是随着个人福利的上升而上升。萨缪尔森等学者试图依据社会福利函数值对不同的社会经济状态进行投票和选择。

令人遗憾的是，阿罗于1951年提出的不可能性定理却最终证明，即便只存在三种具有争议的社会状态，企图通过个人偏好投票得出一致性社会选择结果的机制并不存在。这样，一个合理的公共产品决定只能来自于一个可以胜任的公共权力机关，要想借助于投票过程来达到协调一致的集体选择结果，一般是不可能的。阿罗的不可能定理意味着，在通常情况下，当社会所有成员的偏好为已知时，不可能通过一定的方法从个人偏好次序得出社会偏好次序，不可能通过一定的程序准确地表达社会全体成员的个人偏好或者达到合意的公共决策。

(五)阿马蒂亚·森与福利经济学的新发展

阿马蒂亚·森(Amartya Sen)认为传统福利经济学理论过分强调经济的一面，即认为财富的增长可以解决社会中出现的贫困、不公平等问题。而实际上经济增长之所以重要并不是因为增长本身，而是因为增长过程中所带来的相关利益。因此，经济学不应只研究总产出、总收入，而应关注人的权利和能力的提高。阿马蒂亚·森的能力福利理论试图把贫困与能力结合到福利经济学的框架中来，认为创造福利的不是商品本身，而是它所带来的那些机会和活动，而这些机会和活动是建立在个人能力的基础上，要形成达到最低可接受的基本生活水平的能力，可能需要有不同的最低充足收入来适应。

从福利经济学的发展历史来看,新旧福利经济学的差异不在于结论而在于剖析工具的不同,旧福利经济学即是以基数功效论为剖析工具,而新福利经济学则是以序数功效论作为剖析工具,两派都是以追求福利的最大化为目的,围绕着公平和效率两大主题展开争论。福利经济学在长期发展过程中形成的一些根本精神,如社会中的贫穷者需求救助、公民的生存与发展应该有所保证、社会的潜在风险应该扫除、由于非自我缘由的损坏应该得到补偿等,不只为人们普遍认可,也为社会救助制度的存在及不断完善提供了理论支持和可操作的建议,并且在理论中对社会救助政策的施行提供了价值标准。

二、福利经济学思想与社会救助

(一)旧福利经济学思想与社会救助

以庇古等为代表的旧福利经济学,以边际效用价值论为基础,采用了边际效用分析法,提出了如下政策主张:

一是增加必要的货币补贴,改善劳动者的劳动条件,使劳动者的患病、残疾、失业和养老能得到适当的物质帮助和社会服务。

二是国家通过征收累进税的方法把富人的一部分收入用来向低收入者增加失业补助和社会救济,以缩小贫富差距、增大普遍的社会福利。

三是普及养老金制度或按最低收入进行普遍补贴制度,通过有效的收入转移支付实现社会公平。虽然在当时的制度下不可能实现"收入均等化",但庇古提出的转移性支付及改革社会福利的思想,几经演变并广为流传,成为各国实行社会救助的思想基础之一。

以庇古等为代表的旧福利经济学的思想和政策主张,对世界各国以社会公平为出发点,实行有利于穷人的社会救助政策具有相当大的影响。在现代社会中,特别是在经济、社会转型的变革时期,从总体上看,造成贫穷的原因中社会要素大于个人要素,所以,对于国家和社会来说,社会救助是其不容推卸的社会义务,社会救助制度通常被视为纯粹的政府行为,是一种完全由政府运作的最基本的再分配或转移支付制度。因而,社会救助是每个公民应该享有的受法律维护的根本权益,受助者不应该遭到任何歧视和惩罚。

此外,庇古还对穷人享用富人转移的福利提出了一些原则请求,他以为,不管是直接转移收入还是间接转移收入措施,都要避免懒惰和浪费,以便做到投资于福利事业的收益大于投资于机器的收益。庇古反对对穷人实行无条件的补贴,认为最好的补贴是那种"可以鼓励工作和储蓄"的补贴,在实行补贴时应有以下条件,即先肯定受补者本人挣得生活费用的才能,再给予补贴。否则,那就会使某些有工作才能的人完全依靠救济。这些原则也是各国在设计社会救助制度和对传统社会救济措施进行变革时所追求的目的,为了避免养懒汉,社会救助制度提供的仅仅是满足最低生活需求的资金和实物,采用"需经家庭经济调查"的资格审查手段,审核申请救助的公民及其家庭的经济收入能否低于贫困线,使真正有需求的公民得到政府的救助,将有限的资源用到最需要的人身上而不被滥用。

(二)新福利经济学思想与社会救助

新福利经济学认为,最大福利的内容是经济效率,而不是收入均等化,即当通过市场竞争使资源达到最适度的配置时,才实现了帕累托最优,才能达到最大社会福利。而当市场失灵时,政府可以通过适当的收入分配政策进行有效矫正。其实质是,政府的某些措施或立法使一些人得益的同时另一些人受损,如果得利总额超过损失总额,则政府可使用适当政策向得利人征收特定税收,以补偿受损者,从而增进社会福利。

虽然新福利经济学更多的是关于效率问题的研究,但它与强调公平分配的社会救助不仅不矛盾,而且新福利经济学能从更为宏观的角度为社会救助提供理论支撑。以效率为目的,从宏观经济稳定和经济增长的角度来研究社会救助问题,进一步揭示了社会救助政策的经济意义。由于价值规律的作用及资源的稀缺性,在市场经济进程中及社会转型变革时期产生了收入分配不公、贫富的两极分化、贫穷等社会现象,并且市场在资源配置上强调物质资源的配置,而忽视了人力资源的配置,社会救助作为一种补救模式与手段是对帕累托最优状态的一种改良,能够补偿市场分配的缺陷,提供安全稳定的保障机制,对穷人实施帮助的社会救助对提高经济效率可以发挥独特的作用。因而,社会救助制度不只有助于实现收入再分配中的公平问题,而且还有助于提高经济发展中的效率问题。

另外,新福利经济学同样支持社会救助制度的设立应避免"养懒汉"和国家应当承担社会救助义务的思想。依据序数效用论,救助对象是否愿意退出社会救助,取决于救助对象对退出社会救助前后所能得到福利的比较,假如救助对象参加就业后并不能增加其福利或只能增加很少的福利,就会大大挫伤他们参加工作的积极性。因而,社会救助制度的设计应能避免受助者形成长期福利依赖的思想,鼓舞受助者自立。补偿原理认为在市场机制的作用下,会呈现一方得利、一方受损的现象,因此国家应通过赋税政策来予以调节,从受益者那里取走一部分补偿受损者。社会福利函数理论也以为,要使社会福利最大化,政府应当保障"合理的"收入分配。因而,补偿原理和社会福利函数理论均为国家通过经济干预措施来取得社会救助资金提供了理论根据。

(三)阿马蒂亚·森的福利经济思想与社会救助

根据阿马蒂亚·森对新福利经济学的发展,我们不仅能够分析出传统社会救助的缺陷,而且能为社会救助制度的变革提出新的原则。他认为传统的贫穷指数仅仅反映了多数人生活状态的平均数,忽视了贫穷群体内部的不同贫穷水平和福利分配的状态,难以科学地反映许多人依然一无所有的事实。依据他的见解,传统的社会救助制度既没有实现资源的有效配置,也没有遵照福利最大化的分配原则。因为这种制度针对的是一切生活在贫困线以下的穷人,但是最贫穷的穷人却无法从中收益。导致这种结果的主要原因是福利扩散了,而对最悲惨群体的救助却远远不足,因此,应该实行具有"选择性"和"瞄准性"的救助政策,对贫困实行更为直接的打击。由于消除贫困是社会救助的根本目的,而贫困的显著表现是收入的缺乏,因而以往消除贫困的社会救助政策也主要表现为各种方式的现金收入再分配,这种做法仅仅保证了救助对象的生存。现实中,贫困者的问题不仅仅是收入低下,他们还可能面临"许多其他的问题:一定水平上失去了决策自由,丧失了其他人能够享用的一些机会,包括经济和参与社会活动的机会;由于长期脱离工作形成技术生疏和自信心低下;体弱多病以至死亡;丧失积极性;人际关系及家庭生活损失;社会价值与责任感下降;等等"。而社会参与能力的下降实际构成了社会排挤,并有可能陷入长期的恶性循环。现金收入再分配只能维持现状,而不能打破贫穷的循环。因而十分有必要区别收入贫困与能力贫困,将社会救助的目的从克服收入贫困上升到消除能力贫困,救助与发展相结合,提升救助对象的社会参与才能,协助他们自立、自强,最终消除社会排挤,实现社会整合。

第二节　社会救助的一般理论

一、市场失灵和政府失灵理论

(一)市场失灵理论

自 1776 年亚当·斯密的《国富论》一书问世以来,经济自由主义便以其自然、协调的完美市场体系占据了经济学理论的最高统治地位。斯密在这部巨著中将利己主义作为研究经济世界的出发点,系统建立了一套社会经济哲学,对于个人谋求自身利益的行为如何导致整个社会丰裕的经济机制进行了详尽阐述。此后,市场这只"看不见的手"便成为了经济学家心中最神圣的图腾。从斯密到马歇尔的近一个半世纪,市场机制被不断发展完善为一套最精妙的调节体系,在微观经济学的完美世界中,只要任由市场机制进行资源配置,经济自然能够实现帕累托最优。然而,市场的这种完美调节机制是以一些较为苛刻的条件为前提的,这些条件包括:信息完全和对称;充分竞争;规模报酬不变或递减;不存在经济外部效应;交易成本为零或可以忽略不计;经济当事人完全理性;等等。经济学家逐渐发现,在现实经济生活中,这些条件难以具备或时常遭到破坏。

市场失灵是指由于市场机制本身的某些缺陷和外部环境的某种限制,而使得单纯的市场机制不能或难以实现资源的有效配置,也称"市场缺陷"。市场失灵这一概念还有狭义和广义之分。狭义的市场失灵是指由于完全竞争的市场条件无法实现,导致市场机制不能充分地发挥作用,从而经济资源配置无法达到帕累托最优的情况。广义的市场失灵范围更广,它不仅包括狭义的市场失灵,还包括即便市场机制能够充分发挥作用,社会福利仍然不能达到最大化的情况。

按照狭义的市场失灵的含义,完全竞争的市场条件无法实现的情况主要有四种:存在外部效应的情况;公共产品的提供;存在垄断的情况;信息不对称的情况。广义的市场失灵包含的类型有:①收入分配上的不平等。一般来说,市场能促进经济效率的提高和生产力的发展,但不能自动带来社会分配结构的均衡和公正。市场经济按照个人提供的生产要素进行分配,致使收入过于悬殊,产生贫富两极分化。因为在现实社会中,要素和财富的初始分配恰恰是不公平的,人们进入竞争的条件、实力、能力不同,这往往受家庭出身、家庭结构、遗产继承、性别等许多个人的自然禀赋和社会条件等不能左右的因素影响,造成了收入水平的差别,产生了事实上的不平等,而竞争规律往往具有贫者愈贫,富者愈富,财富越来越集中的"马太效应",导致收入在贫富之间、发达与落后地区之间的差距越来越大。②宏观经济领域的失灵。市场调节实现的经济均衡是一种事后调节并通过分散决策而完成的均衡,它往往具有相当程度的自发性和盲目性,由此产生周期性的经济波动和经济总量的失衡。在粮食生产、牲畜养殖等生产周期较长的产业部门更会发生典型的"蛛网波动"。此外,市场经济中个人的理性选择在个别产业、个别市场中可以有效地调节供求关系,但个人的理性选择的综合效果却可能导致集体性的非理性行为;再者,市场主体在激烈的竞争中,为了谋求最大的利润,往往把资金投向周期短、收效快、风险小的产业,导致产业结构不合理。另外,市场调节在对外贸易中存在缺陷。在经济越来越国际化、全球化的今天,各个国家必须努力保持国内经济的平衡及其与国际经济的平衡。在这方面,设置关税、限额、进出口许可证和其他一些壁垒,对发展对外贸易十分重要,而市场在这些方面是无计可施的。

正是由于上述市场失灵,特别是市场机制无法保障收入分配的平等,这就需要通过经济政策和社会政策来纠正市场的缺陷,实现社会经济的良性发展,社会救助制度正是用以解决市场无法解决的社会公平问题的手段之一。

(二)政府失灵理论

由于经济自由主义无法彻底解决市场失灵问题,干预主义逐渐兴起。1929 年到 1933 年,资本主义世界的经济危机同样使经济自由主义陷入了前所未遇的大危机。1936 年出版的《就业、利息和货币通论》标志着凯恩斯主义的诞生。资本主义国家纷纷放弃亚当·斯密和马歇尔的经济自由主义,转而采用凯恩斯主张的国家干预做法,运用财政政策和货币政策,直接或间接地干预经济。这种做法暂时缓和了资本主义的基本矛盾,使经济在后来的 20 多年出现了所谓"黄金时代"的快速发展。然而,20 世纪 60 年代末,美国开始出现严重的通货膨胀,后来进一步波及其他主要资本主义国家。20 世纪 70 年代初的石油危机又导致资本主义世界出现了严重的经济停滞。新出现的"滞胀"现象,使凯恩斯主义遭到了严峻挑战。政府干预似乎不再是万灵药,于是,一个新的问题——"政府失灵"逐渐成为经济学家所关注的热点问题。

政府失灵这一概念最早是由公共选择学派提出的。根据布坎南等人的思想,所谓政府失灵,是指政府在力图弥补市场缺陷的过程中,又不可避免地产生另外一种缺陷——政府活动的非市场缺陷。也就是说,政府为克服市场功能缺陷所采取的立法、行政管理以及各种经济政策手段,在实施过程中往往会出现各种事与愿违的结果和问题,最终导致政府干预经济的效率低下和社会福利损失。政府失灵主要表现在:①公共行政管理失误。公共选择主要是政府决策,政府对经济干预的基本手段是制定和实施公共政策。实际上,与市场决策相比,公共决策是一个更复杂的过程,存在着种种困难、阻碍和制约因素,使政府难以制定并执行合理的公共政策,导致整个干预经济的活动失效。这是因为,一方面,政府干预是人为的,因而往往并非服务于更好的解决市场失灵的问题,而是服务于经济以外的政治目的。政治家、官员等政策制定者本身也是理性的追求个人利益的人,他们在政治市场上就如在经济市场上一样,追求着自己利益的最大化。②官僚机构的低效和浪费。公共选择学派通过对官僚机构的细致考察,总结出这种低效和浪费的三个主要原因:一是政府部门的行为不可能以营利为目的,因而失去了追逐利润这一动机的政府官员不会把他们所提供的公共服务的成本努力压缩到最低限度,结果使社会支付的服务费用超出了社会本应支付的限度。二是政府部门往往倾向于提供超额服务,超出公众实际需要的程度来提供公共服务,导致公共服务的过剩生产。三是对政府官员行为的监督往往是无效的。此外,官员们为了扩大自己的权力,提高级别和个人待遇,增加俸禄享受,他们总是有不断扩大机构规模的动机,从而导致官僚机构臃肿。③寻租行为和腐败滋生。"租金是超过机会成本的收入。一切市场经济中的行政管制都会创造这样一种差价收入——租金,寻求租金无非是寻求利润的另一说法"(布坎南,1993)。寻租是政府干预的必然产物,只要存在政府干预的地方,租金形式的经济利益以及为这种利益进行的游说活动就会产生。由于这种非市场性活动往往需要投入大量的生产资源,却不能为社会创造新的财富,使得社会财富只能停留在原有基础上,在特殊集团中进行权力的再分配和利益的再调整,结果只是满足了特殊集团及某些个人的利益。另外,政府干预容易造成权力集中,独断专行,甚至导致国家垄断的出现遏制竞争,从而使得其调节效率反而低于市场调节。

20世纪70年代以前,许多国家在建立和发展社会保障制度的过程中,往往片面强调政府的作用而忽视市场的作用,导致政府失灵。在社会救助方面,政府失灵具体表现为政府对人们的生活领域干预过大、包揽过多,导致包括社会救助在内的整个社会保障的发展程度超越了经济发展水平,从而产生了对经济发展的消极影响。政府失灵理论在20世纪70年代以来的社会保障制度改革中越来越受到重视。基于此理论,许多国家在改革社会保障制度时,注重缩小政府在社会救助中的功能,同时重新强调市场在保障国民生活中的作用。具体政策措施表现为:第一,严格社会救助待遇的享受条件,取消部分不该享受社会救助待遇者的享受资格;第二,降低社会救助的享受待遇,将社会救助的功能局限于一部分的最低生活保障上;第三,重新强调市场或家庭的作用,在保障最低生活方面,让市场机制或家庭承担更多的责任。这种回归市场的趋向实际是更好地协调和平衡政府与市场之间关系的体现,说明在处理政府与市场在社会救助中的作用时更理性、成熟了。

二、负所得税理论

对贫困家庭的救助方式,世界各国主要采取以凯恩斯主义经济学所主张的差额补贴制度为主。其操作方案非常简单:

差额补贴额＝ 最低收入指标－实际收入额

也就是说,对于人均收入在贫困线以下的家庭来说,可以享受低保,享受的数额以上式计算结果为准,但是如果家庭人均收入在贫困线以上,则不能享受低保。我国目前所实施的最低生活保障制度就是采用了这一制度。

凯恩斯主义的差额补贴制度主要强调公平,它实际上是拉平了处于贫困线以下的家庭收入水平,使低收入人群能够维持基本的生活水平。正如弗里德曼所言,这一制度安排"实际上包含着对获得援助者的其他收入课以100％的税率,即相对于挣得的每一美元,他们的补助支付将减少一美元"。这一制度的缺陷就非常明显:即对于收入在贫困线以下的人们来说,增加一元的收入就意味着补贴直接减少一元。"干与不干一个样",对于理性的经济人来说,如果不能获得高于贫困线较多的收入,就很可能会放弃工作,直接接受补助,就会出现"养懒汉"或者"福利陷阱"现象。

针对凯恩斯主义的差额补贴制度,1962年,美国经济学家米尔顿·弗里德曼在其《资本主义与自由》一书中,首先提出了负所得税制度。这一制度通过政府向低收入者支付所得税金的方式,给予其基本生活的补助。所以称之为"负"所得税,它实际上是一种政府的补助支出,这种政府补助支出的一种重要形式就是社会救助支出。

负所得税制度主要有两种,一种采用单一税率,一种则采用累进税率。

以单一税率为例,其具体做法是:

$$负所得税额＝法定最低收入－(个人实际收入×负所得税税率)$$
$$个人可支配收入＝个人实际收入＋负所得税$$

假设最低收入指标为 210 元/月,负所得税税率为 30%,个人所得税起征点为 700 元/月,则我们可以将两种补助制度下各种收入水平家庭所获得的补助金额进行比较,见表 2-1。

表 2-1　负所得税制和差额补助制下可支配收入比较　　　单位:元

个人实际收入	负所得税制		差额补助制	
	负所得税额	该制度下的个人可支配收入	差额补助额	该制度下的个人可支配收入
0	210	210	210	210
50	195	245	160	210
100	180	280	110	210
150	165	315	60	210
200	150	350	10	210
210	147	357	0	210
250	135	385	0	250
700	0	700	0	700
	∑1182		∑550	

通过比较,我们可以看出,负所得税制度比较好地克服了差额补贴制度的缺点。在差额补贴制度下,个人实际收入越高,得到的差额补贴额越少,最后的个人可支配收入是一样的。但是在负所得税方案下,随着个人实际收入的提高,其所能得到的负所得税额虽然越来越少,但其最终个人可支配收入越来越多。这样,在负所得税制度下,人们就会有较大的动力去不断增加自己的实际收入,从而避免了"养懒汉"现象。

实行负所得税制度以后,可以把所得税延伸到低收入者及贫困家庭,通过负所得税向低于法定起征点的人和家庭转移支付,帮助他们提高生活水平,政府与纳税人之间的关系更加趋于公平。同时,相对于差额补贴制度来说,负所得税制度提高了经济运行的效率,通过这一制度,将所得税制度与社会保障制度有机地结合起来。

但是我们也要看到,负所得税制度并不是一个成熟的实践方案,美国尼克松政府在 1969 年提出的"家庭援助计划"和卡特总统任期内提出的"改善就业机会和收入计划"都包含了反映负所得税理论对福利制度改革的一些措施,但是这两个提案都没有获得国会的通过。最早实践负所得税理论的实际上应该是英国。目前负所得税制度实施比较广的是加拿大,其在对低收入者在儿童抚养、配偶补助、失业保险费、教育费、医疗费等项目均实行了负所得税制度。负所得税制度对劳动供给的激励作用并不确定。从国际经验来看,负所得税对劳动供给的激励作用也得不到很好的证明。我国由于低保水平很低,并不存在普遍的"养懒汉"的现象。国际经验表明,"养懒汉"现象大多出现在福利水平比较高的国家,如英国、瑞典等。由于这些国家福利制度所提供的保障水平比较高,是以维持正常生活水平为准。人们依靠福利制度就可以过上社会一般水平的生活。这样,对于偏好闲暇的人来说,当然会选择不工作。但是在我国,低保制度的保障水平很低,仅以能够维持最低生活水平为准。而且,由于制度的不完善,还存在一些应保未保的情况。这样,仅仅依靠社会保障制度,人们的生活就会比较艰辛,因此,对我国的低收入者来讲,工作机会及其带来的较高收入的吸引力还是很大的。我国目前所得税制还不健全,存在人们实际收入核定困难的问题。在负所得税制度下,必须有现代化的税收征管制度和技术来对个人实际收入进行合理的核定。如果不能合理核定个人实际收入,则负所得税制度就失去了存在的意义。负所得税制补贴水平高、范围大,会给国家财政造成巨大的压力,目前在我国用负所得税原理改革低保制度还是值得商榷的。

三、福利多元理论

福利多元主义是继古典自由主义、凯恩斯-贝弗里奇范式之后为解决福利国家危机,于 20 世纪 80 年代新兴的理论范式。它主张社会福利来源的多元化,既不能完全依赖市场,也不能完全依赖国家,福利是全社会的产物。它成为 20 世纪 80 年代以来社会政策研究的一个新范式。

(一)福利多元主义产生的背景

福利多元主义是在福利国家经历了四分之一个世纪的扩张,于 20 世纪 70 年代中期显露出危机问题以后产生的。

福利国家的发端往往要追溯到 1883 年德国健康保险,当时西方国家普遍开始工业革命,农业日益衰弱;城市化、工业化蓬勃兴起,因经济衰退周期导致的贫困家庭数量日益增加,在认识到有越来越多的人可能因疾病、老龄、死亡、工伤等原因不能再工作而面临长年难以忍受的贫困生活,执政者在社会保险中寻找答案,试图要在事前规避工业秩序中的风险而不是事后处理。不久大多数西欧国家纷纷效仿德国,在二战前后建立了健康、工伤、养老、失业保险等计划;而美国的国家保险计划直到 20 世纪 30 年代经济大萧条时才出台。社会保险的出现表明政府要承担新的保护性责任,政府被推到国家福利的前沿,私人机构和地方社区的作用被削弱了。

20 世纪中期,社会保险无论从覆盖人群还是保障水平都得到了很大发展,原先为解决特定人群的计划被放宽限制逐步扩展到全民,最初设定为接近最低生存标准线的援助水平也放宽到符合主流社会的合理标准水平。凯恩斯主义几乎在全球获得统治性地位,二战经济迅猛发展,强劲有力的经济发展为福利国家的成长提供了坚实后盾。这个过程产生的结果是将中产阶级纳入到福利国家的框架中。社会福利覆盖面的全民化,使几乎所有的收入群体都逐渐变得越来越依赖政府的帮助,政府在福利提供中扮演着越来越重要的角色。

20 世纪 60 年代到 70 年代中期,经济持续繁荣,人民生活水平稳步提高,社会观念自由开放,新政治选举提升了少数民族、妇女、残障人士和其他人的民权和社会权利,人们注意到了社会不公平问题的各个方面,经济的发展使人们也愿意支持福利计划以改善公民权利和就业机会。在这一时期,欧洲国家继续扩张福利计划,如通过职业培训、就业补贴以及放宽病假和工作法规等配套措施扩大了对失业或未充分就业人员的援助;美国尽管不愿采纳任何形式明确的社会福利理念,其福利扩张也是显而易见的,如美国的大社会计划(Great Society)包括职业培训、食品券、医疗保险和医疗救助、精神健康以及社会服务等,对少数民族、被社会排斥人群产生了积极影响。

从 20 世纪 70 年代中后期开始,石油危机的出现标志着战后经济发展的黄金时代已经终结,在经济出现滞胀的同时,对社会福利需求不断增加,主要是因为人口老龄化、失业问题严重。收入和财富分配不均状况不断扩大,阶级之间冲突扩大,税收和开支系统入不敷出。社会和经济上的失败给福利国家带来严重的政治后果,几乎所有福利国家都成了被批评的对象。以英美为代表的收缩派开始放弃了充分就业的承诺,尽管他们不敢公然放弃普及性社会服务承诺,但在行动上已明显开始缩小政府福利开支。福利国家在几十年的发展过程中,社会权利的理念已深入人心。政治压力等因素使收缩派不能将社会政策全面向右转。以瑞典和奥地利为代表的维持派尽管仍然维持战后福利国家的开支水平,实施充分就业的承诺,但在行动上福利开支也有所缩减。政府部门通过福利开支缩减的手段来减少福利国家的规模,将福利责任下放到地方或其他部门,从国家保障的单一主体发展成多元责任主体。福利多元主义就是在这样的背景下为解决福利国家危机问题而提出的一种新的理论范式。

(二)福利多元主义的内涵

在福利国家危机的背景下,在对福利国家的批评中,福利多元主义理论面世了。这种理论有时也称混合福利经济(the mixed economy of welfare),自 20 世纪 70 年代以来它在社会政策领域中扮演着越来越重要的角色。福利多元主义主要指福利的规则、筹资和提供由不同的部门共负责任,共同完成。

福利多元主义概念首先源于 1978 年英国《沃尔芬德的志愿组织的未来报告》,这份报告主张把志愿组织也纳入社会福利提供者行列,将福利多元主义运用于英国社会政策的实践。对福利多元主义有明确论述的应该是罗斯,他在《相同的目标、不同的角色——国家对福利多元组合的贡献》一文中详细剖析了福利多元主义的概念。

罗斯首先对福利国家概念予以澄清,认为福利国家是一个大家熟知但容易引起歧义的概念,特别是容易误认为福利完全是政府的行为。国家在提供福利上的确扮演着重要角色,但绝不是对福利的垄断。其次,他主张福利是全社会的产物,市场、雇员、家庭和国家都要提供福利,放弃市场和家庭,让国家承担完全责任是错误的。市场、国家和家庭在社会中提供的福利总和即社会总福利,用公式表示为:$TWS = H + M + S$。TWS 是社会总福利,H 是家庭提供的福利,M 是市场提供的福利,S 是国家提供的福利。国家是现今最主要的福利生产者,但并非唯一的来源;市场也是福利的来源之一,无论是个人还是家庭都要从市场中购买福利,工人通过雇佣劳动获得福利;从历史的角度看,家庭一直都是福利的基本提供者。再次,市场、国家和家庭作为单独的福利提供者都存在一定的缺陷,三个部门联合起来,相互补充,扬长避短。如国家提供社会福利是为了纠正"市场失灵",由于非市场的"政府失灵",国家垄断福利的提供会招致批评;而国家和市场提供社会福利是为了纠正"家庭失灵",家庭和志愿组织提供福利是为了补偿市场和国家的失灵。最后,混合福利社会就是当国家提供社会福利的增长并未完全排除由家庭和市场提供的社会福利时,三者共同提供福利服务时,这种混合社会(mixed society)就产生了。

在福利国家面临危机的年代,罗斯关于福利多元主义的理论因为强调国家以外的其他社会部门在福利方面的作用而受到重视,后来不少学者使用福利多元主义理论来建构他们的分析框架。

(三)福利多元主义的三分法与四分法

从罗斯关于福利多元主义的解析来看,他其实采用了三分法的方式,即福利的提供者由国家、市场和家庭组成。这种分析框架为德国学者伊瓦斯(Evers)所发展,在罗斯的研究基础之上,伊瓦斯提出了福利三角的研究范式。他认为罗斯关于福利多元主义的定义过于简单，应把福利三角分析框架放在文化、经济和政治的背景中，并将三角中的三方具体化为对应的组织、价值和社会成员关系。（市场）经济对应的是正式的组织，体现的价值是选择和自主；国家对应的是公共组织，体现的价值是平等和保障；家庭是非正式的私人的组合，在微观层面上体现的是团结和共有的价值。福利三角展示了三方的互动关系。（市场）经济提供着就业福利；个人努力、家庭保障和社区互助是非正规福利的核心；国家通过正规的社会福利制度将社会资源再分配。过分强调国家的作用，就会产生福利国家危机状态。国家并非是人民获得全部福利的提供者，在福利三角中，它和市场、家庭一样是人民获得福利的部分提供者。

伊瓦斯在其后来的研究中也对福利三角的研究范式给予修正，他采用了四分法的分析方式，认为社会福利的来源有四个：市场、国家、社区和民间社会。约翰逊也主张采用四分法的方式，他在福利三角国家、市场和家庭的基础上加入了志愿组织，强调福利多元主义暗含的福利供给的非垄断性，志愿组织、家庭等非正式组织在福利的提供上发挥着重要作用。吉尔伯特福利多元主义的观点与约翰逊一致，他认为福利多元主义结构有两个层面的含义：一方面，它可被视为由政府、志愿组织、非正式组织和商业组织四部门组成，社会福利通过这四个部门传送到需要帮助的公民手中；另一方面，这四个部门嵌入福利国家市场的公共和私人领域，尽管它们可以单独存在，但仍然与资本主义的经济市场相互重叠。吉尔伯特区别了经济市场和社会市场，这两者的不同在于指导福利分配的原则和动机不同。福利国家的社会市场主要是根据人类需求、依赖性、利他情结、社会义务、慈善动机和对公共保障的渴望来分配商品和服务。与此相反，资本主义社会的商品和服务是通过经济市场来分配的，理念上是以个人进取心、生产效率、消费者选择、支付能力和利润追逐为基础的。

（四）对福利多元主义理论的评价及其借鉴意义

尽管福利多元主义已成为西方社会政策的理论主流，但是西方对福利多元主义理论也存在分歧：

第一种观点是对福利多元主义的批评。以约翰逊为代表，他提出福利多元主义的社会政策发展具有潜在的危险和不平等。他从分析英国的福利政策出发，认为英国目前的福利政策正是一种多元模式，福利提供日益多元化。政府之所以对福利多元主义如此偏好是否隐含着政府期望摆脱自身的责任，将其本应承担的职责转给非正式的商业或志愿部门。由非正式部门提供的福利意味着家庭、亲属特别是家庭中的妇女对福利承担起责任。但目前人口老龄化的趋势渐渐明显，在未来将有更多的老年人需要照料，而照顾者人数减少，大量的妇女人群参与到雇佣劳动中，由家庭等非正式部门提供主要福利是不切实际的。福利多元主义有可能强化社会阶层结构,拉大两极分化,主要表现为社会福利提供的不均。如果社会福利的主要提供者是商业部门,其最主要的问题是可能形成地方垄断或行业的卡特尔。

第二种观点是对福利多元主义评论的中间路线。以平克为代表,他认为福利多元主义完全是自由主义和保守主义两种相互竞争的意识形态相互妥协作出的选择,自由主义者最终承认了国家干预的优点,并保有一定的社会福利支出水平,而保守主义者继续拥护集体计划,但也为市场留有一定自由发挥作用的空间。在这种情况下,福利多元主义被视为一种控制损失(damage control)的有效政策,各种不同的理论、意识形态相互吸引,取长补短。平克认为福利混合经济形式灵活,缺乏繁文缛节,各部门相互合作可以提供丰富的福利服务。

第三种观点是对福利多元主义的支持。以伊瓦斯和皮斯托弗为代表,伊瓦斯对福利多元主义的讨论及当代福利社会的发展作出了巨大贡献。他同意约翰逊关于福利多元主义发展暗示着国家在福利提供的作用下降,然而与约翰逊不同的是他认为这种转变是积极的。对伊瓦斯而言,通过分析福利三角和福利多元主义,最大的收获就是打破了长期以来在福利国家中存在的二元国家与市场对立的思想。皮斯托弗对福利多元主义的发展同样抱有乐观的态度。他的着重点是把福利多元主义与社会团结结合起来考虑,将社会团结划分为水平团结和垂直团结。垂直团结暗含着国家在资源转移过程中的积极卷入,将资源从一个社会群体转移到其他社会群体,中央政府通过做税收的收集人和社会项目的筹资者,加强了垂直团结。而水平团结暗含着更多的个人卷入,在福利服务的生产中有更积极的公民参与,政府介入较少。

福利多元主义是社会政策的一个宏观分析范式,它关注福利的多元来源、供给、传输的结构。在福利国家陷入困境之时,福利多元主义给社会政策吹来了一股新鲜的风。它纠正了过分强调国家提供福利的错误认识;提出国家、家庭、市场、志愿组织等多元福利提供者的职责并重;建立多元福利提供者的结构;从福利的国家提供转型到福利的多元提供模式。

福利多元主义理论对我国的社会救助制度改革无疑也是具有借鉴意义的。

首先,在建构中国的社会救助体系时,可以考虑充分调动和利用中国社会的各种资源。家庭是中国重要的社会组织。传统社会中以儒家伦理为核心的传统文化和治理结构赋予了家庭十分重要的位置。即使是自近代以来中国社会历经诸多变迁,但家庭仍然承担着许多重要的社会功能,特别是在农村。家庭及其亲属关系在中国社会联系中的重要作用以及在中国人文化心理中的地位,使得家庭成为中国人获取社会福利、救助和社会服务的重要来源之一。但同时,也应看到独生子女政策、夫妻双方就业、人口流动、婚姻变化、老龄化等因素使得家庭的福利救助功能受到不同程度的影响。对于福利多元主义所强调的公民社会部门,如社区组织、志愿组织在社会治理和社会服务中已经承担起部分过去由政府所负担的功能,但总体来说,它们在社会福利和社会服务提供中的作用仍然十分有限。政府应制定相应的法规和政策,培育、支持、规范这些组织的发展,并出台相应的措施鼓励这些组织发挥更多的福利功能。

其次,应重新思考政府对公民所负有的福利责任。既要避免国家在福利提供中过分地保障而产生的福利依赖问题,又要避免政府推掉自身所应承担的责任的错误倾向。

第三节　贫困和反贫困理论

长期以来,不管是发达国家还是发展中国家都存在着贫困问题。为了消除贫困,世界各国采取了各种各样的反贫困政策和措施,而其中社会政策尤其是社会救助政策被广泛地采用,并被视为反贫困最为有效的政策之一。贫困理论或者反贫困理论则是实施社会救助政策的重要理论基础之一。

一、贫困的含义和类型

各个国家在不同时期对贫困的认识和解释是不同的,具有不同文化背景和传统习惯的人们往往从不同的视角来认识和解释贫困,即使在同一个国家或者同一个民族,随着时间的推移,对贫困问题的认识和解释也是在变化的。贫困不仅是一个极为复杂的社会经济现象,同时还被认为是一个政治现象,因为政府的扶贫政策和一部分社会政策的目标受益群体定位为贫困人群,即穷人。科学地定义贫困就显得十分重要。

(一)贫困的含义

1.国外学者和国际社会的定义

从贫困的研究历史看,对贫困的定义首先是从绝对贫困开始的。贫困理论研究的先行者布思(Charles Booth)在19世纪80年代对伦敦贫困开展了大规模调查,随后朗特里(Seebohm Rowntree)(1889)对约克郡进行的类似调查,均把贫困指向绝对的物质匮乏或不平等(inequality)。他们认为,贫困就是家庭总收入水平不足以支付仅仅维持身体正常功能所需的最低数量的生活必需品,包括食品、衣服、住房和其他生活物品。这是基于生计维持的概念来衡量绝对贫困的首创性学术努力。"生计维持"是英文词 subsistence 的文雅译法,其准确的中文翻译应是"勉强活命"。长期以来,人们一直把贫困等同于勉强活命,亦即一种最低的生存状态。这样一种状态又被称为"绝对贫困"。

生计维持这一思路不仅把贫困限定为无法维持生计的最低物质性条件,而且倾向于认为这种最低条件是固定的、放之四海而皆准的,也不会随时间的改变而有所变化。20世纪60年代以来,基于生计维持理念来定义贫困的思路一直受到国际学术界的猛烈批评。根据英国研究贫困问题的权威之一汤森的总结,核心的批评意见主要包括:①生计维持的思路把人的需要简化为物质需要,也就是衣食住,而不是社会需要。在批评者看来,人是需要扮演各种角色的社会存在。他们不单单是各种物品的消费者,而且也是生产者,并且参与到与物品生产相关的社会活动之中。②哪怕我们就把人的需要简化为物质需要,甚至是食品,要计算出人们维持生计的最低需要依然是困难的。人们究竟吃多少食品、吃什么样的食品、花多少钱来吃饭,在很大程度上取决于他们所扮演的社会角色、当地社群的饮食习惯以及有关食品的可获得性和价格。因此,在所有社会中,食品消费都具有社会性,要确定整齐划一、一成不变的基本食品需要是困难的。

自20世纪70年代起,在一些国际组织尤其是联合国的推动下,有关贫困的概念有了新的变化,其基础是所谓的"基本需要"。根据国际劳工组织的两份文件,基本需要至少包含两大要素:其一,包括一个家庭为了满足其私人性消费的某些最低的要求:足够的食品、住所和衣物,以及某些家具和生活物品。其二,包括由社区提供并且面向整个社区的基本服务,例如安全的饮用水、公共环境卫生、公共交通、健康服务设施、教育和文化设施。可以看出,基本需要的思路只不过是生计维持思路的扩展。首先,基本需要的思路承认收入不足是贫困的基本面,因此收入贫困乃是贫困的根本体现。收入的缺乏自然导致物质生活水平低下,即缺衣少食和缺少起码的居住条件。但是,这一思路的关注点开始从收入贫困扩展到人的生活的其他领域,尤其是社会需要,包括健康和教育。1980年,国际发展问题独立委员会发表了著名的《勃兰特报告》,全面采纳了以"基本需要"为基础的贫困概念。然而,基本需要的思路与生计维持思路几乎面临同样的困境,即基本需要的最低水平很难加以客观确定。正如对物质生活条件的需要一样,人们对于健康、教育、公用设施等公共服务的基本需要,并不是整齐划一的,也不是一成不变的,而是取决于人们所扮演的社会角色、当地社群的消费习惯以及有关服务的可获得性和价格。总之,究竟何种需要是基本的,没有客观的标准。显然,生计维持思路和基本需要思路的共同点,是试图找到一个绝对的贫困标准,然而客观的绝对贫困标准究竟是否存在仍是一个有争议的问题。

二战以后,随着福利国家的建立、充分就业及社会民主的发展,大多数人都非常乐观地认为在发达国家贫困已经被消除了,因为根据朗特里的最低营养标准,欧洲和北美已进入"丰裕社会",英国工党政府甚至宣布"不平等的分配已经终结"。但是,就在政治家宣布其反贫困成绩的时候,社会学家却发现贫困在 20 世纪五六十年代重返欧洲和美国。仅在欧共体国家中,70 年代中期的贫困人口就已达到 3000 万,到 80 年代末 90 年代初,这个数字超过 5200 万,超过欧盟总人口的 15%,其贫困比例明显高于美国 1995 年 13.18% 的比例。导致贫困加深的原因是多方面的,其中一个重要的原因是 70 年代以后经济增长减缓和失业率增加,由这种原因导致的贫困被称为"新贫困"。然而另一个重要的原因则是对贫困的理解已发生了范式革命,从 20 世纪 50 年代开始,伦敦经济学院的学者如蒂特马斯(Richard Titmuss)、斯密斯(Abel Smith)和汤森(Peter Townsend)对贫困的理解都进行了新的扩展。贫困不再是基于最低的生理需求,而是基于社会的比较,即相对贫困。

英国学者汤森 1979 年提出了"相对剥夺"的概念,使相对贫困的理念开始主导有关贫困的研究和公共政策制定。汤森认为,比较富裕的福利国家英国在 20 世纪后期仍然存在贫困问题,并不表明英国缓贫政策的失败,而是因为贫困是随着社会规范和习惯的改变而改变的,贫困是一种相对剥夺(relative deprivation)。汤森认为"贫困不仅仅是基本生活必需品的缺乏,而是个人、家庭、社会组织缺乏获得饮食、住房、娱乐和参与社会活动等方面的资源,使其不足以达到按照社会习俗或所在社会鼓励提倡的平均生活水平,从而被排斥在正常的生活方式和社会活动之外的一种生存状态。"根据相对贫困的理念,我们不能脱离一个社会在一个特定时段的具体情形来衡量贫困。所谓贫困者,意味着他们首先在物质和社会生活条件上处于一种相对于他人的匮乏状态,随之而来的是,他们无法履行一个社会中一般公民所履行的社会职能。换言之,他们处在一种相对受到剥夺的地位,使得他们无法像周围的普通人那样生活、工作。因此,相对贫困的概念并不是把全部注意力放在资源配置不合理的牺牲者上,而且关注所有无法成为社会正常成员的人们。贫困不仅仅意味着没有能力购买生活必需品以维持生计,而且意味着没有能力抓住改善生活进而享有富足的机会。贫困不再是一个静态的概念,而是随着时空的变化而变化的动态概念。汤森的解释,标志着对贫困的研究范式从经济学转向了社会学,缓贫政策也从单一的经济方式转向经济、社会和政治的多元方式。

汤森的理论受到英国著名经济学家阿马蒂亚·森的质疑。森认为,贫困不仅仅是相对地比别人穷,贫困的概念中含有一个不能去掉的"绝对核心",即缺乏获得某种基本物质生存机会的"可行能力"(capability)。森的贫困理论的核心思想是"可行能力"。他认为贫困可以用可行能力的被剥夺来合理识别,贫困是基本"可行能力"的绝对剥夺,即"能力贫困"。他的这种绝对贫困思想不同于传统的对绝对贫困的理解。传统的绝对贫困概念核心往往是"收入低下",森认为尽管低收入与"能力"之间有密切的联系,但贫困的实质不是收入的低下,而是可行能力的贫困。收入的不平等、性别歧视、医疗保健和公共教育设施的匮乏、高生育率、失业乃至家庭内部收入分配的不均、政府公共政策的取向等因素都会严重弱化甚至剥夺人的"能力",从而使人陷入贫困之中。

我国学者刘文璞对穷人的能力和素质进行了概述,认为穷人摆脱贫困的"基本能力"和"素质"包括:①意识,即认识到摆脱贫穷主要靠自己,而不能依赖外援;②掌握实施发展项目的必要知识;③学会首先动员和利用自己的资源,如储蓄;④获得管理和技术技能,包括提高文化水平,掌握会计知识和有关生产技术等;⑤建立能保证穷人有充分参与机会的穷人的组织,而且以此为基础,通过发展横向和纵向联合,发展与其他组织的联系,形成组织网络;⑥学会使用政治手段,如争取实施法律赋予的权利,向政府争取新权利,与各种盘剥作斗争,形成压力集团,让社会能耐心倾听穷人的要求等。

除上述定义外,一些国际组织和机构对贫困也进行了界定,如世界银行在其发展报告中对贫困的界定最有代表性。1981 年,世界银行认为,"当某些人、某些家庭或某些群体没有足够的资源去获取他们那个社会公认的,一般都能享受到的饮食、生活条件、舒适和参加某些活动的机会,就是处于穷困状态";1990 年,在其发展报告中,它更强调贫困是"缺乏达到最低生活水准的能力"这一特征。然而,进入 21 世纪以来,世界银行对贫困的定义进行了一些修正,它开始从更综合的角度来定义贫困,认为"贫困是多方面的,贫困不仅指物质的匮乏,而且包括低水平的教育和健康……贫困还包括风险和面临风险时的脆弱性,以及不能表达自身的需求和缺乏影响力"等。联合国发展计划署在《1997 年人类发展报告》中提出"人文贫困"概念,不仅包括人均国民收入的因素,也包括人均寿命、卫生、教育和生活条件等因素,即 40 岁以前可能死亡的人口比例、文盲率、获得基础卫生保健服务、可饮用水和合适食物的状况等。随着人类对贫困问题认识的深化,国际社会开始更加关注从人文发展角度衡量一国的相对贫困程度。

2. 国内的贫困定义

我国学者对贫困的理解也处于变化中。汪三贵(1994)认为,"贫困是缺乏生活资料,缺乏劳动力再生产的物质条件,或者因收入低而仅能够维持相当低的生活水平"。康晓光(1995)也认为:"贫困是一种生存状态,在这种生存状态中,人由于长期不能合法地获得基本的物质生活条件和参与基本的社会活动的机会,以至于不能维持一种个人生理和社会文化可以接受的生活水准"。贫困中的"物质生活条件"不仅包括食品、衣着、住房,还包括教育、医疗卫生、基础设施、生态环境。"社会活动"不仅包括一般的人际交往,还包括宗教活动和政治参与。

国家统计局农村调查总队《中国农村贫困标准研究报告》(1989)认为:"贫困一般是指物质生活困难,那一个人或一个家庭的生活水平达不到一种社会可接受的

最低标准。他们缺乏某些必要的生活资料和服务,生活处于困难境地。"林闽纲
(1994)认为:"贫困是经济、社会、文化落后的总称,是由低收入造成的基本物质、基
本服务相对缺乏或绝对缺乏以及缺乏发展机会和手段的一种状况。"关信平认为
"贫困是在特定的社会背景下,部分社会成员由于缺乏必要的资源而在一定程度上
被剥夺了正常获得生活资料和参与经济和社会活动的权利,并使他们的生活持续
性地低于该社会的常规生活标准",这一概念进一步明确了获得经济、政治权利对
穷人发展的重要性。唐钧提出了贫困的三个不同层面,即"贫困是一种社会上客观
存在的生活状况;贫困是一种社会上普遍公认的社会评价;贫困是一种由社会脉络
造成的社会后果"。

综上,我们认为贫困是指与"缺乏""低收入""剥夺"等相联系的部分人群的生
存状态,在这种生存状态下,个人不能合法地享有社会所公认的生活水准。贫困不
仅包括经济意义上的狭义贫困,还包括社会、文化、政治意义上的广义贫困。它既
是一个绝对概念,又是一个相对概念。

(二)贫困的类型

根据不同的划分标准,贫困可以划分为不同的类型。根据收入能不能维持人
的基本生存需要,贫困可以划分为绝对贫困和相对贫困;根据贫困的内涵,贫困被
划分为狭义贫困和广义贫困;根据贫困持续的时间长短,将其可划分为长期贫困和
暂时贫困;根据贫困的成因,可以分为普遍性贫困、制度性贫困、区域性贫困和阶层
性贫困;根据贫困的空间分布,可分为区域贫困和个体贫困等。

1.绝对贫困和相对贫困

绝对贫困,又叫生存贫困,是指在某一个时期,个人或家庭依靠劳动收入或其
他合法收入不能维持其基本生存需要的生活状态。绝对贫困是从人维持生命的角
度出发,以维持人的最低生理需要为标准加以确定的。其特征是:在生产方面,贫
困人口或贫困户缺乏扩大再生产的物质基础,甚至难以维持简单再生产;在消费方
面,贫困人口或贫困户未能满足衣食住行等人类基本生存需要,生活达不到温饱水
平,劳动力自身再生产难以维持。随着社会经济的发展,对绝对贫困的认识也在不
断变化。目前世界银行确定的绝对贫困线标准是每人每天的食品提供为 2150 千
卡热量,食品支出占总支出的比例农村为 63%,城市为 61%。我国政府确定的农
村绝对贫困线标准是每天的食品提供为 2100 千卡热量,食品支出占总支出的比例
为 60%。

相对贫困,一方面是指随着不同时期的不同生产方式和生活方式的变化而产
生的贫困标准的变化,另一方面是指同一时期不同社会成员之间、不同地区之间因
收入差异而产生的低于社会认定的某种水平的状况。相对贫困的出发点不是人的

生存或生理效能所需要的最低标准,而是人们之间收入的比较和差距。许多国家将相对贫困线确定为社会平均工资的一定比例。世界银行专家认为收入低于平均水平1/3的社会成员可视为处于相对贫困状态。

2.狭义贫困和广义贫困

狭义贫困是指某一些人或家庭的生活在物质(或经济)方面的一种困难状况。仅从经济意义出发,这种困难状态有时是相对的,且不包括精神文化生活方面。

广义贫困指某一些人或家庭不仅在物质生活方面而且在精神文化生活方面也贫困的一种生活状态。在经济意义之外,还涉及社会、文化等方面的综合因素,强调的是衡量生活状况时包括了哪些方面;而相对贫困强调的是相对另一些人或家庭的生活水平。

3.长期贫困和暂时贫困

长期贫困是指某一些人或家庭长时间处于贫困的一种状态或经过长期努力仍不能摆脱贫困状态。暂时贫困是指由于自然灾害、疾病或其他突发事件造成的不是长期的贫困状态。暂时贫困如果处理不当,也会发展为长期贫困。

4.普遍性贫困、制度性贫困、区域性贫困和阶层性贫困

普遍性贫困是指由于经济和社会的发展水平低下而形成的贫困。

制度性贫困是指由于社会经济、政治、文化制度所决定的生活资源在不同社区、区域、社会群体和个人之间的不平等分配所造成的某些社区、区域、社会群体、个人处于贫困状态。

区域性贫困是指由于自然条件的恶劣和社会发展水平低下所出现的、按某种贫困标准特定区域被认定处于贫困状态。中国农村贫困人口的分布就具有明显的区域性,集中分布在若干自然条件相对恶劣的地区。

阶层性贫困是指某些个人、家庭或社会群体由于身体素质比较差、文化程度比较低、家庭劳动力少、缺乏生产资料和社会关系等原因而导致的贫困。阶层性贫困不一定伴随区域性贫困,但区域性贫困一定包含阶层性贫困。两者往往是联系在一起的。

另外,贫困还可分为农村贫困、城镇贫困等。

二、贫困程度的衡量标准及其贫困线的确定方法

(一)贫困的衡量指标

衡量贫困的指标分为经济指标和非经济指标两种。度量贫困的最常用经济性指标是收入。然而,一般来说,在家庭调查中,有关收入的信息常常不大准确。出于种种考虑,被调查者或许会有意无意地多报或者少报其收入。相对来说,有关消

费的信息更加详细。因此,很多人主张,消费水平与收入水平相比是一个更好的度量贫困的经济性指标。通过收入来度量贫困被认为是一种间接度量,而通过消费(或生活水平)来度量贫困则是一种直接度量。这两种度量方法各有优劣。出于不同的研究目的或政策关注点,还有一些非经济性指标常被用来度量贫困。如健康与营养贫困,常用的健康指标包括:婴儿死亡率、预期寿命、某些疾病的发病率;常用的营养指标包括身高、体重等。具体来说,贫困的衡量指标包括:

1.贫困线

一般来说,衡量贫困常用贫困线来衡量。贫困线又称贫困标准或最低生活保障线,是衡量个人、家庭或某一地区贫困与否的标志。贫困线采用的是收入标准来衡量贫困的。

2.恩格尔系数

在国际上除了贫困线以外,有时也用恩格尔系数来衡量。恩格尔系数指标建立在恩格尔定律的基础上,它是食品消费支出除以全部消费支出之比。联合国粮农组织在 1970 年提出根据恩格尔系数确定划分贫富的标准,即恩格尔系数在 59%以上为绝对贫困。用恩格尔系数测定贫困实际上是从消费的角度测定的绝对贫困。

3.综合的、发展的指标

从收入和消费的角度衡量贫困和贫困人口无法反映贫困内涵的多面性,也无法反映贫困人口在能力、社会政治和精神层面的缺乏状态,一些国际组织如联合国开发计划署、世界银行主张用综合的、发展的指标多方面地测度贫困。联合国开发计划署在 1990 年的《人类发展报告》中提出用人类发展指数(PDI)来衡量贫困。人类发展指数是对期望寿命、婴儿死亡率和识字率三个指标的加权平均,由于这一指标能近似地反映穷人在社会权利方面的状况,它成为国际组织在实践层面测量贫困的基本指标和方法。

基于对贫困多方面内涵的认识,世界银行 2000/2001 年的报告中建议除用收入或消费指标测量贫困外,还应用婴儿死亡率、人们的预期寿命、适龄儿童的入学率、识字率、受教育年限、拥有的物质资产、人力资本以及社会资本、社会保障、穷人的政治参与程度等相关指标全面衡量贫困,它是一个包括健康、教育、风险以及社会权利在内的综合的指标体系。

4.阿马蒂亚·森指数

由于传统的用贫困线来衡量贫困人口往往忽视了贫穷群体内部的不同贫困程度,难以准确反映贫困人口贫困的程度和贫困的变化。因此,诺贝尔经济学奖获得者阿马蒂亚·森构建了自己的贫穷指数即森指数。其公式为:

$$P = H\{I + (1-I)G\}$$

式中：I代表穷人的平均收入与贫困线差距的百分比,被称为"收入缺口比率",其数值介于 0 和 1 之间；H 代表贫困率,即贫困人口总数与社会总人口的比率；G 代表基尼系数。由于阿马蒂亚·森指数将衡量收入分配不平等程度的基尼系数引入贫困的衡量,因而使贫困的衡量具有了相对广义的特征。但该指数的计算和操作复杂,在各国的统计指标中很少涉及。

5.相对贫困的"共识型度量"

英国学者乔安娜·迈克和斯图亚特·兰斯利(Joanna Mack & Stewart Lansley)作出了开创性的贡献。他们在 1983 年对 1174 户英国家庭进行的社会调查中,要求被调查者列出他们所认为的生活必需品,然后再根据这些生活必需品的缺乏情况来定义贫困。后来,这一做法被称为相对贫困、匮乏或剥夺的"共识型或民主型度量"。1990 年,一批学者进一步把这一方法精致化,对 1831 户英国家庭进行了题为"英国面包线"的调查。后来,类似的调查在丹麦、瑞典、爱尔兰、比利时、荷兰、芬兰、德国以及跨欧盟范围展开。相对贫困的共识型度量基本上可以分为以下三个步骤:①根据常识开列一组维持物质和社会生活所必需的物品和服务的清单,通过随机抽样进行家庭调查,要求被调查家庭回答清单中的项目是否为必需品。②把多数家庭(一般选定为 50% 以上)认定为必需品的项目挑选出来。③根据当地的价格,计算以平均水平消费这些必需品所需要的开支,以此作为贫困线。毫无疑问,这种测量相对贫困的方式避免了绝对贫困度量时高度依赖专家(尤其是营养学家)的"精英主义"倾向,从而具有相当大的客观性。共识型相对贫困的度量基于一个假设,即对于何为生活必需品,处于不同社会地位和群体的民众会有大体相同的看法。事实上,英国在 1983 年和 1990 年进行的两次"面包线调查"证实了这一假设。这些被认为是必需品的项目,在不同收入家庭,获得了 50% 以上的认可度。根据上述方法测定的贫困线,可以说结合了前述基于消费和收入的贫困度量方法。

(二)贫困程度的衡量指标

政府扶贫政策和一些研究不仅需要知道何为贫困,还需要知道贫困的程度如何。对于贫困程度的衡量指标主要有:

1.贫困发生率

贫困发生率是指低于贫困线的人口的总数,在贫困线确定的情况下,它是衡量一国贫困程度的总体指标。贫困发生率,也称贫困人口比重指数(用 P_1 表示),是指一国或一地区处于某个贫困线以下的人口占总人口的比例。

$$P_1 = F(X^*) = \frac{n}{N}$$

式中：P_1 为贫困发生率，F 表示 P_1 为 X^* 的函数，X^* 为贫困线，n 为贫困人口，N 为总人口。确定了贫困线，就可以比较简单地确定一个国家或地区的贫困相对范围大小和贫困人口的总数，掌握贫困人口的规模。但该衡量指标也存在以下不足：既不能说明贫困线以下的贫困人口遭受的贫困程度，也不能反映贫困线以下的贫困人口的分布状况，即它不反映贫困人口之间的收入差异。仅用贫困发生率指标测度贫困程度，在扶贫资源一定的情况下，只要将有限的资源分配给收入水平接近贫困线的贫困人口和家庭，贫困状况就会有显著的改善，显然这与国家的扶贫战略目标和扶贫政策不相符，并且用贫困发生率的高低分配扶贫资源或评价扶贫工作的好坏也是不合理的。

2. 贫困深度指数

贫困深度指数（用 P_2 表示），又称贫困差距指数。它是基于贫困人口收入水平（或消费水平）相对于贫困线的累加贫困差距，是建立在贫困人口收入水平相对于贫困线的距离基础上的。计算公式为：

$$P_2 = \frac{\sum_{i=1}^{n}\left(1 - \frac{\mu_i}{X^*}\right)}{N}$$

式中：μ_i 表示第 i 个贫困人口的收入水平，X^* 为贫困线，n 为贫困人口，N 为总人口。

在贫困发生率一定的情况下，P_2 值越大，说明贫困人口的收入水平偏离贫困线越远，也就是贫困程度越深。从扶贫的宗旨来说，更应关注那些贫困深度指数较大的贫困地区或贫困家庭，这可以缩小扶贫的范围，实现扶贫重点的转移，即由平均分配扶贫资源给各个地区或贫困家庭转到集中力量解决贫困深度指数大的贫困地区或贫困家庭。贫困深度指数在一定程度上反映了贫困人口分布的变化，但是贫困深度指数仍不能完全地反映贫困人口分布的实际情况。这是因为，在贫困人口之间的收入转移不能改变整个贫困人口的平均收入的条件下，即使发生更穷的人的收入转移到相对不很穷的人的手中的情况，贫困深度指数也是不变的，而实际上这时更穷的人的贫困加深程度甚于相对不很穷的人的贫困减轻程度，这意味着极端贫困的穷人的生活更加艰难了，也就是说整体来看，贫困的程度更加严重了，为此需要构造新的指标来反映这种贫困的严重程度。

3. 贫困强度指数

贫困强度指数（用 P_3 表示）是建立在贫困人口的收入水平（或消费水平）相对于贫困线的基础上的贫困程度衡量指标。用公式表示为：

$$P_3 = \frac{\sum_{i=1}^{n}\left(1 - \dfrac{\mu_i}{X^*}\right)^2}{N}$$

式中：μ_i 表示第 i 个贫困人口的收入水平，X^* 为贫困线，n 为贫困人口，N 为总人口。

在 P_1、P_2 一定的情况下，P_3 越大，说明贫困人口群体内部收入水平差距越大，扶贫的难度也越大。

4. 贫困相对程度指数

以上三个指数可以分别从广度、深度和强度方面反映贫困的程度，能比较全面地反映贫困的分布状况，但不能为政府提供这些人口究竟需要多大的财力就可以使他们脱贫的依据，也不能说明这种贫困相对于全社会的程度。这时，可采用贫困相对程度指数（P_4），其计算公式为：

$$P_4 = F(X^*)\frac{X^* - \mu^*}{\mu}$$

式中：$F(X^*)$ 表示贫困发生率，X^* 为贫困线，μ^* 表示贫困人口的平均收入水平，μ 表示总人口平均收入水平。P_4 可解释为：为了能使每一个贫困线下的贫困人口的收入提高到贫困线规定的收入（脱贫），需要从非贫困人口转移到贫困人口的收入占总收入的比重。据此我们可以计算出要使所有的贫困人口脱贫所需的财力，衡量该地区对扶贫资金的承受能力，为民政等有关社会保障部门确定扶贫资金的总规模提供依据。

（三）贫困线的确定方法

1. 预算标准法（budget standard methods）

预算标准法，即"市场菜篮子法"（market basket method），它是所有测定最低生活保障标准的方法中最古老、最易于被人接受的一种，最早是由英国人朗特里在1901 年提出的，就是首先列出一份为社会所公认的、维持最起码生活水平的、生活必需品的清单，包括必需品的种类和数量。然后根据市场价格来计算购买这些必需品需要多少钱，这个所需金额就是贫困线。低于这一基准的人群就是贫困人口。在我国，这种方法使用最多，但作为依据的生活必需品清单不是主要由专家根据营养学标准开列，而是通过对贫困户的实际调查获得，专家的意见只作为参考。确定城市居民最低生活保障标准的具体方法，各地大都根据当地维持最低生活水平所需的物品和服务列出一张清单，然后根据市场价格计算出拥有这些物品和服务需要多少现金，由此确定的现金金额即为居民最低生活保障线。

2. 恩格尔系数法

恩格尔认为，用于食品的收入比例能够很好地体现贫困程度。他在对英、法、德、比等工人家庭收支（预算）研究的基础上得出一个定律：随着家庭和个人收入增加，收入中用于食品方面的支出比例会越来越小；反之，收入越少，用于食品方面支出的比例就会越来越大。恩格尔系数法建立在恩格尔定律的基础上，恩格尔系数法是以一个家庭用于食品消费上的绝对支出除以已知的恩格尔系数，求出所需的消费支出。国际社会普遍认为，恩格尔系数在 59% 以上的属于生活贫困，用这个数据求出的消费支出即为贫困线，即最低生活保障线。

各国大都用食品支出比例的高低作为衡量家庭贫富和实行社会救助的依据。在这里，首先可确定食物基本项目及必需消费量，然后，根据当时当地的价格计算出最低食物费用。最后，用该费用去除以恩格尔系数 0.59，则可得出最低生活水平的标准。美国也是依据该方法确定最低生活保障标准即"贫困线"的，不过，美国把食物支出占到家庭支出 1/3 和 1/3 以上的家庭，一律作为贫困户对待，给予社会救助。

3. 国际贫困标准

国际贫困标准实际上是一种收入比例法，此方法原来是世界经济合作组织在调查其会员国的社会救济标准时偶然发现的。据此，他们认为，大多数国家的社会救济标准大约相当于社会中位收入的 2/3，于是，提出以此为最低生活保障标准。收入比例法最初主要用于国际比较，后来欧共体为了统一其成员国的社会救济标准，便决定将社会中位收入的 50%～60% 确定为各国的社会救助标准，因此，德国、法国、英国等国家使用的都是这一测算方法。在我国，这一方法作为参照在 1997 年以后使用比较普遍，主要是由于它的简便易行。1995 年，广州市就以社会平均收入的 1/3 作为最低生活保障标准，据此计算的保障标准为 200 元。

4. 生活形态法

生活形态法（life style method）又称为"指标剥夺法"或"行为方法"，这一方法的创始人是英国人汤森。生活形态法首先从人们的生活方式、消费行为等生活形态入手，提出一系列有关贫困家庭生活形态的问题，让被调查者回答，然后选择出若干剥夺指标，再根据这些剥夺指标和被调查者的实际生活状况计算出贫困门槛，从而确定哪些人属于贫困者，再来分析他们（被剥夺）的需求以及消费和收入来求出贫困线。生活形态法的优点是：生活形态法沟通和融合了主观和客观的评价，从社会大众的主观评价中得出客观存在的贫困家庭的生活形态（包括生活方式、消费类型等），使贫困的定义和度量不再被静态地看成是特定人群的特有现象；生活形态法使贫困的定义和度量不再局限于生活必需品这样一个狭小的范围，而是扩大到与此相关的不同领域，不但涵盖了物质方面，也包括了社会方面的需求；使定义和度量贫困的考虑趋于多元化，避免了以偏概全。通过生活形态的调查还可以扩大整个社会对贫困认识的视角,从而为解决包含相对静态的绝对贫困问题在内的、动态的相对贫困问题开辟一条新的思路。但生活形态法的客观性受到质疑,在具体的调查中,因为生活方式比较抽象,虽然每一个人都能体验到,但要被调查者清楚地、具体地表达出来却并不容易。虽然生活方式可以反映一个家庭的收入或拥有资源的多少,但生活方式与收入或资源有没有直接的联系是不能一概而论的,有一些人的生活习惯并不会随收入的增减而发生变化。

5.马丁法

马丁法由世界银行专家马丁·瑞沃林(Martin Ravallion)等人提出(2005)。该方法要求在确定基本食品支出的基础上,通过有关统计资料建立总支出与食品支出之间关系的数学模型,进而计算出贫困线。马丁提出计算两条贫困线:一条是低的贫困线,即食品贫困线加上最基本的非食品必需品支出;一条是高的贫困线,是那些达到食物线的一般住户的支出。食物线往往以人体最低热量支出为基础,将热量转化为食品,再根据这些食品的价格计算贫困线。如中国在计算农村贫困线时,按每人每天摄入热量 2100 大卡计算,将这一热量转换为粮食、蔬菜、油、肉、奶、蛋类等食品,并确定消费数量,再根据当时的价格计算得到贫困线。由此可见,食物线的计算是绝对贫困线计算方法。

非食物线的计算存在很大争议,因为很难确定一个公认的贫困标准。马丁法虽然已经涵盖了绝对与相对两条贫困线,但在实际操作中,人们对于哪一条算低贫困线,哪一条算高贫困线很难达成一致看法,而且如何来确定这部分刚达到所谓食物线的人是比较困难的。

6.1 天 1 美元法

1990 年,为了比较各国的贫困状况,世界银行对 36 个有贫困标准的发展中国家和转型经济国家的贫困标准进行了研究,发现 12 个最贫困国家的贫困标准集中在 275~370 美元,因而它在 1990 年采用了 370 美元作为衡量各国贫困状况的国际通用标准。按 1985 年购买力平价计算的每年 370 美元的高贫困线很快被简化成 1 天 1 美元的贫困标准。1994 年,世界银行对贫困标准重新进行了研究,按 1993 年的购买力平价测算,10 个最贫困国家的平均贫困线约为每天 1.08 美元。世界银行当年按此标准重新测算了各国的贫困状况。2008 年 8 月 26 日,世界银行将国际贫困标准提高到 1 天 1.25 美元,以 2005 年的物价指数为标准,世界银行采用 1 天 1 美元标准测量某个国家的贫困状况时,必须使用适当的汇率换算机制将美元换算成本地货币。由于直接使用市场或官方汇率难以反映消费品的真实价格,世界银行采用的方法是按 1993 年购买力平价将 1 天 1 美元的标准换算成各国 1993 年以本国货币表示的贫困标准,在其他年度使用各国生活消费价格指标以更新贫困标准。

1天1美元标准是一条非常典型的绝对贫困线,主要用于各国的贫困比较。其优点是:贫困标准易于理解和记忆,便于比较不同国家的贫困现状,广泛应用于不发达国家的贫困研究。其不足是:由于购买力完全不同,1天1美元的标准很难真实地反映不同国家的贫困现状,即使经过PPP(购买力平价)处理的贫困线,也会因为各个国家的消费习惯不同而产生扭曲。事实上,国际贫困线主要用于贫困比较(统计功能),而较少用作社会救助标准。

除了上述测定最低生活保障标准的方法之外,还有基数法、社会认同法等,但都不经常使用。在我国城市建立最低生活保障制度的过程中,使用最多的还是第一种方法,其他方法或是作为对第一种方法的验证,或是只在学者的研究中使用较多,但也有同时使用几种方法的情况。

三、贫困成因的理论解释

对贫困原因的研究始终是国内外学者和政府关注的热点和难点问题。国外学者对于贫困原因的认识不同,主要包括以下几种观点和看法:

(一)个人因素论

个人因素论认为贫困是个人因素导致的。18世纪英国的经济学家马尔萨斯在其《人口论》中就认为"贫困者没有权利得到一点食物,在自然界的宴席上,没有他们的席位,自然命令他们离开"。针对英国《济贫法》的实施,马尔萨斯指出:济贫院的救济会使过剩的贫困人口继续存在、继续繁殖,济贫院给贫民提供工作会增加在业工人的失业。

美国自由主义经济学家米尔顿·弗里德曼在《资本主义与自由》一书中提出了经济人假设,他认为贫困是个人经济上的失败所致,个人应对自己的行动及后果完全负责。他认为,既然自由市场机制已经给人们提供了各种机会,那么不能够获取这种机会的责任就只能在于个人。这种理论认为贫困的成因是个人的懒惰、不节俭、不努力和智商低下等因素。

除此之外,西方学者还提出了遗传人和问题人假设,遗传人假设是指贫困与个人遗传因素相关,这种遗传因素主要是指人的智力水平,该理论认为遗传决定了人的智力水平,进而决定了个人的教育水平、就业、收入和社会地位。问题人假设则是指出生于道德约束松弛、家境环境恶劣、缺乏理财能力的"问题家庭"的人不容易融入主流社会,难以获取较高的稳定收入。这种假设将贫困的原因归结为家庭环境所导致的个人道德品质问题。

(二)贫困文化论

1966年,人类社会学家刘易斯提出了贫困文化理论,将贫困的原因归结为个人的动机、信仰、生活态度、行为特征和心理等文化因素。他认为贫困不仅是一种经济状况,同时还是一种自我维持的文化体系,穷人长期生活在贫困之中,形成了一套特定的生活方式、行为规范和价值观念体系等,这种贫困文化对周围人和后代都会产生影响,使贫困得以维持和繁衍。社会学家哈瑞顿在《另类美国》这本书中,进一步发展了这一理论。他认为,另类美国人的穷人是一种文化、一种制度和一种生活方式;穷人的家庭结构不同于社会的其他群体,没有父亲、较少的婚姻关系、早孕且有混乱的性关系等。穷人生活在贫困文化中。社会学家布迪厄在他的《世界的贫困》中认为,贫困是因为穷人在市场竞争中缺乏必要的文化资本,这里的文化资本不仅指由人们长期内化的禀性和才能构成的生存心态,也指由合法化的制度所确认的各种学衔、学位,还指那些已经物化的文化财产等。他认为,文化资本的缺乏使穷人缺乏进入主流社会的才能,从而导致他们贫困。这些文化因素论又重新将贫困的原因归结为穷人个人的原因,但与早期的这一看法不同的是,持这一观点的学者已认识到贫困文化的持久性以及改变它的必要性。

以此为理论依据的扶贫观念认为,扶贫的关键在于改造贫困文化,只有使穷人抛弃了贫困文化的束缚,才能真正参与主流社会,分享主流社会发展的利益。我国农村扶贫工作中一度流行的素质贫困论就是贫困文化的很好体现。这种扶贫观认为,中国农村贫困的本质不是资源的匮乏,也不是产值的高低,而是人的素质低下所致。贫困的特征被描述为:"创业冲动微弱,易于满足;风险承受能力较低,不能抵御较大困难或挫折,不愿冒险;生产与生活中的独立性、主动性较差,有较重的依赖思想和听天由命的观念;难以打破传统和习惯,接受新的生产、生活方式以及大多数新事物、新现象;追求新经历、新体验的精神较差,安于现状,乐于守成。"

在我国农村扶贫领域,社会学家辛秋水提出"文化扶贫"理论并在安徽进行了实验和推广,取得了积极的效果。根据这种理论视角的逻辑,仅依靠社会福利、社会救济是无法完成扶贫目标的,重要的是除掉导致贫困的根源,把"扶贫扶人,扶志扶文"放在战略地位进行规划和实施。

(三)人力资本理论

美国经济学家西奥多·W·舒尔茨在《教育经济价值》(1962)和《改造传统农业》(1964)中提出,"不是资本,不是收入,也不是物质资源,而是人力资源构成了各国物质财富的最终基础",他认为,贫穷国家经济之所以落后其根本原因不在于物质资本的短缺,而在于人力资本的匮乏和人们对人力资本投资的过分轻视。传统农业技术进步缓慢,农业劳动生产率水平很低,产出仅够维持生存,这是传统农业中农民贫困的原因之一。他还认为传统社会的农民不仅是理性的,而且是有效率的,但尽管如此,传统农业的增长是缓慢的,其原因是传统农业没有引入任何新的农业要素。他进而指出,摆脱贫困的关键是改进传统农业,并向农民投资,即通过教育、培训和医疗保健来实现人力资本的积累。这种扶贫思路在我国农村扶贫工作中也得到了广泛的认同和运用。

(四)马克思的贫困理论

19世纪,马克思针对资产阶级经济学家认为工人阶级生活贫困是因为工人阶级懒惰、无知、肮脏等个人原因的观点进行了驳斥,马克思认为贫困的根本原因在于资本主义生产资料的所有制。资本积累规律包含着二重性后果:一方面是资本财富的积累,一方面是劳动贫困的积累。与此相适应,资本再生产出规模扩大的劳资关系:一极是更大的资本家,另一极是更多的雇佣工人。这种贫困趋势表现为两种形式:一种是绝对贫困化,一种是相对贫困化。劳动者的贫困化绝非天上掉下来的,它肇始于资本原始积累。原始积累是资本生产方式的起点,它不过是用暴力手段对农业劳动者进行剥夺的历史过程,在资本原始积累过程中充满了暴力、杀戮、掠夺和征服。在这种"剥夺"与"分离"中,一无所有的农民被迫转化为雇佣工人。马克思在《资本论》中多处论述了资本主义雇佣劳动制度和失业是导致工人阶级贫困的原因,其中主要体现在资本积累对无产阶级命运影响的论述中。马克思关于工人阶级贫困的原因的结论实际上有力地驳斥了马尔萨斯等资产阶级经济学家认为贫困是个人原因造成的理论,将工人阶级贫困从而生活水平低下的原因归结为社会制度等外部原因,这是对贫困人口原因研究的一大进步。

(五)阿玛蒂亚·森的能力贫困论

印度著名经济学家阿玛蒂亚·森在其代表作《贫困与饥荒》和《以自由看待发展》两书中深刻分析了隐藏在贫困背后的生产方式的作用以及贫困的实质。他认为,要理解普遍存在的贫困,频繁出现的饥饿或饥荒,我们不仅要关注所有权模式和交换权利,还要关注隐藏在它们背后的因素。这就要求我们认真思考生产方式、经济等级结构以及它们之间的相互关系。

森认为贫困的实质不是收入的低下,而是可行能力的贫困。收入的不平等、性别歧视、医疗保健和公共教育设施的匮乏、高生育率、失业乃至家庭内部收入分配的不均、政府公共政策的取向等因素都会严重弱化甚至剥夺人的"能力",从而使人陷入贫困之中。

森认为贫困的实质是能力的缺乏。一个人避免饥饿的能力依赖于他的所有权,以及他所面临的交换权利,而饥饿的直接原因是个人交换权利的下降。一个人所具有的交换权利就其本质而言取决于他在社会经济等级结构中的地位,以及经济中的生产方式,但同时也依赖于市场交换以及国家所提供的社会保障。他主张,应该改变传统的以个人收入或资源的占有量为参照来衡量贫富,而应该引入关于能力的参数来测度人们的生活质量。其核心意义是必须考察个人在实现自我价值功能方面的实际能力,因为能力不足才是导致贫困的根源。同时,森提出,只有能力才能保证机会的平等;没有能力,机会的平等是一句空话,也就是说"真正的机会平等必须通过能力的平等"才能实现。

森的"能力贫困理论"的一大贡献是强调解决贫困和失业的根本之道在于提高个人的能力,而不是单纯发放失业救济。但是森的"能力贫困理论"只强调主观的能力,却忽略了客观的机会。而且,如果说个人能力的增强主要依靠个人的主观努力的话,那么机会和权利的提供、增加和保障,则主要是政府和社会的责任。由此,有学者在此基础上提出了"权利贫困论",认为森的"能力贫困论"忽视了从权利角度去观察社会排斥。贫困者不一定是由于个人能力不足而受到社会排斥,更多的情况是由于权利不足和机会缺失而陷入贫困陷阱不能自拔。

(六)生命周期和贫困的代际传递理论

生命周期和贫困代际传递理论(intergenerational transmission of poverty)是近年来在西方贫困理论研究和反贫困实践中兴起的一个具有较大影响的重要理论流派。该理论认为一个人从出生到死亡的全部生命历程中所经历的具有明显不同的经济和社会特征的阶段是相互联系的,前一阶段的经历会对其后面阶段的经历产生影响:在贫困家庭中长大的儿童较一般家庭的儿童相比其随后的受教育机会、学业表现甚至营养状况等都会受到负面的影响,以至于这部分儿童在成年后更易于面临就业困难、失业或者出现健康问题,从而使其在工作年限经常处于贫困或低收入状态。

贫困代际传递有三种相关性解释,即与文化行为、政策、经济结构等因素。第一种解释强调文化行为因素,如刘易斯在提出贫困文化概念后认为,贫困代际传递以具有各种相互作用的经济的和心理的特征为表征。例如,缺乏适当的学校教育,穷困的经济境遇,猜疑和缺少社会活动的参与;或者缺乏除了家庭以外的其他任何社会资源,构成贫困文化的一个基本特征——代际传递。一个坚固的核心家庭其家庭成员之间可产生强烈的相互依赖和信任关系。这样可以使年轻一代从年老的一代那里继承其价值观、态度和习俗,从而确保贫困文化代际传递。第二种是与社会政策相关的解释,强调了福利依赖的代际传递性。如米德(Mead)认为,依赖福利的家庭陷入贫困陷阱是因为长期接受福利救济已经使这些家庭的父母和孩子改变了价值观。第三种解释强调了经济结构因素对贫困代际传递的影响,其中人力资本具有关键性的作用。如贝克尔与托马斯(Becker & Tomes)的研究强调了贫困与劳动力市场的关联,缺乏经济资源阻碍了儿童人力资本的发展,也由于人力资本低,孩子们缺少找到好工作的能力。也有研究发现,贫困代际传递和城市下层阶级形成的一个重要因素就是由于大批制造业迁出城市中心区,使他们失去了城市中心制造业的工作,这使他们减少了摆脱贫困的机会。家庭结构也是造成贫困本身及其代际传递的一个基本因素,如家庭中兄弟姊妹多,或父母离异等都可能导致孩子贫困、缺乏营养和监管甚至缺乏行为榜样等,这些因素都有可能导致儿童成人后的贫困。儿童贫困意味着儿童在成长过程中缺乏接近资源的机会,而这些资源对他们的成长和摆脱贫困来说恰恰是至关重要的。儿童贫困也不仅仅是因家庭经济困窘而不能享有适当的物质生活,同时还包括人力资本发展机会的匮乏、家庭社会网络资源的贫乏、表达自己要求和希望的权利缺乏,以及参与权利的缺失等。儿童贫困既是贫困代际传递产生的重要原因,也是贫困代际传递的结果。

(七)贫困环境论

贫困环境论的主要观点是,自然和社会环境中的残缺和落后是导致贫困现象产生和存在的关键,这种观点在具体解释时又分为两大类型:发展要素残缺论和贫困处境论。

发展要素主要包括资本、自然资源以及科技水平等方面,在解释区域性贫困时经常用不同区域发展要素的比较来解释导致某些区域贫困的原因。例如,姜德华等著的《中国的贫困地区类型及开发》中从自然资源角度概括贫困的分布和特征,把我国 664 个贫困县归纳为 6 个集中连片区域类型,为当时因地制宜地制定扶贫规划提供了基础数据,并在 1994 年用同样的方法完成了对中国区域性贫困的分类和描述。

贫困处境论认为,被视为贫困文化的行为和态度都是贫困者对社会处境的直接反应,环境的改善会导致这种观念的变化。以这种理论为指导的扶贫观认为,扶贫应该从改造贫困者的社会处境入手。

(八)社会排斥、社会剥夺、社会资本、社会风险论

从 20 世纪 90 年代中期以来,社会政策研究领域还提出了社会剥夺、社会排斥、社会资本等概念来解释贫困。社会剥夺是因政治、经济等原因而使部分群体不能公平地享有作为一个社会成员应该享有的社会政治权利、经济权利以及相应的生活条件的状态。在国际社会政策研究领域,使用频率更高的一个词是"社会排斥"。所谓"社会排斥"原先是针对大民族完全或部分排斥少数民族的种族歧视和种族偏见,这种偏见和歧视建立在一个社会有意达成的政策基础上。现在社会学、社会工作、社会政策以及其他一些相关领域中这个词的含义已经被泛化,意指主导群体在社会意识和政策法规等不同层面上对边缘化的贫弱群体的社会排斥。社会排斥理论认为,贫困和贫困人口是社会排斥导致的。社会资本论者认为,穷人贫困的原因是缺少社会资本。由于穷人在国家和社会机构中没有发言权,没有力量,因而,世界发展报告(2000/2001)认为,穷人的生活水平很低,具体表现为:缺少获得基本必需品——衣、食、住以及可接受的健康和教育水平——所必需的收入和资产,这里的资产包括人力资产,如基本的劳动能力、技能和良好的健康状况;自然资

产,如土地;物质资产,如基础设施的可获得性;金融资产,如储蓄以及获得贷款的途径;社会资产,如需要时指望得上的关系网和应尽义务,以及对资源的政治影响力等。社会风险理论认为,由于贫困人口应对风险的工具非常有限,这就使他们没有能力或者不愿意选择高风险、高回报的经济活动;不敢参与高收益的经济活动反过来使其收益更少,结果是他们不仅难以脱贫,其贫困程度甚至会进一步加深。

文献分析

社会救助制度能够实现反贫困目标吗?——瑞典现代社会救助制度反贫困效应研究

一、瑞典社会福利体制中的社会救助制度

瑞典的福利体系属于典型的社会民主主义模式。此福利体系的基本特征是:①承诺男女充分就业;②最低津贴的普享体系;③一个提供社会基础设施的公共服务部门。在这个广泛的福利框架下,社会救助制度作为国家整体福利体系中的一部分,作为社会最后一道防线,它的地位和特点在很大程度上由瑞典主要福利制度的广泛性与慷慨程度和劳动力市场的包容性所决定。瑞典市场经济发达、分配均衡、政治民主,且已发展了一个普享性的高水平福利体系,这在很大程度上减少了依赖社会救助的人数。因此,社会救助的发展因其需求不旺而受到一定限制。2003年,瑞典社会救助支出占整个公共社会支出的比例仅为2.2%,而同期英国的社会救助支出占公共社会支出的比例为11.8%,而发展了一个综合的保险为基础的保护体系的德国,其比例也达到了4.2%。

在瑞典,社会救助是一种家计调查型津贴,又称社会福利津贴。要领取社会救助津贴,失业者须符合以下条件:①穷尽了其他可能的手段仍无法获得国家规定的最低收入水平;②积极寻找工作。

二、社会救助津贴给付水平的分析

目前,很多国家包括瑞典社会救助政策的中心是通过社会援助和就业扶持政策来促进贫困者的自力更生。然而,提供财政资助以满足贫困家庭的生活需要仍是社会救助政策的一个基础。由于各国经济发展水平、社会意识和福利制度的慷慨程度不一,社会救助津贴的支付水平有高有低,不尽一致。瑞典是一个经济发达、充满社会民主主义意识的高福利国家,社会救助作为社会保护政策之一,虽然充当社会最后一道防线的角色,但其津贴支付水平相当高。

国民健康和福利委员会(National Board of Health and Welfare)负责制定一个全国性的社会救助标准线,该标准每年都根据物价水平和工资水平等修订一次。社会救助津贴支付包括两部分:一是个人部分,依据小孩年龄支付;二是家庭部分,家庭规模越大,支付值越高。除此之外,社会救助津贴领取者还享受附加收入,包括任何合理的住房成本(在享受国家提供的住房津贴之外)。社会工作者还可以

根据津贴申请者的特殊情况给予其额外的支付,如医疗、牙医费、装修保险和儿童照料费用。通常,津贴申请者还可获得地方交通费用和工会会费补助。

该标准是瑞典国民健康和福利委员会制定的社会救助参考标准,各地方政府在制定本地区社会救助标准时有一定的自主权,且一般都高于标准参考线。从社会救助支付结构来看,社会救助考虑的所需要的生活成本涵盖范围很广,从日常的衣食住行到医疗、牙医、保险、会费,甚至还包括合理的社会娱乐费用,给申请者提供了满足一定程度生理需要和精神需要的最低收入水平支持;从社会救助津贴支付水平看,虽然支付值随申请者家庭结构和孩子年龄的不同而不同,但支付水平普遍较高。例如,2002 年有 2 个孩子(4 岁和 6 岁)的夫妇(其中一人挣钱)的社会救助津贴替代率为 APW(普通产业工人平均工资)水平的 78%;津贴支付对单身者的替代率最低,但也达到了 APW 水平的近 51%。因此,瑞典社会救助制度通过一个满足多方面需求且支付值较高的支付体系给受助者提供了一个体面的生活水平。

三、津贴给付对津贴领取者参加工作的经济激励效应

社会救助的目的不仅在于给受助者提供一个体面的生活水平,而且也通过就业援助政策来帮助其积极就业、防止社会排斥并促进他们与社会的融合。从促进受助者自力更生这个角度来说,社会救助的支付率显得十分关键:一方面,社会救助要提供一个保障人类尊严的生活水平;另一方面,又要确保受助者有足够的经济激励去积极寻找工作。这两方面的平衡很难达到,因为失业者绝大多数为技能水平低、学历层次低或年龄较大人员,他们就业时也大多只能挣到最低工资或低工资。保障体面生活的社会救助津贴支出极其容易导致受助者不愿出去工作,尤其当社会救助津贴替代水平与 APW 的替代率较高时更加如此。单身者的替代率较低,为一个 APW 的 51%,因此,单身者有较强的积极性去寻找工作。但是,对于规模较大的家庭而言,情况就不一样了。例如,一个四口之家,夫妇两人,其中一人为就业者,由于替代率高达 78%,如果就业,不但会增加交通等费用,还得支付孩子的护理费用,这样的话,就业所得收入可能与拿社会救助的收入相差无几。

如果结合社会救助支付结构来看更加如此。按照规定,就业所得增加一分,则救助津贴同量减少一分,这就等于对劳动所得收入征收了 100% 的边际所得税。如果家庭有人需要照顾,边际所得税率可能更高。高边际所得税率促使受助者倾向于参与短期工作、兼职工作或待在家里接受救济,这就是贫困陷阱。它使得收入免除和就业条件的津贴制定变得复杂化。而且,领取社会救助津贴的资格通常能作为一种绿色通行证,导致领取者可以享受其他多种优惠,如学校午餐免费、医疗费用减免等,这一系列机制容易使受助者形成福利依赖。当然,对于很多人来说,挣取收入并不是工作的唯一目的,工作是他们获得自信、荣誉感和社交需要的来源。对于领取救济的人们,我们不能认定他们懒惰且喜欢依赖政府。但是,不可否认的是,对于处于贫困状态的人来说,如果通过自己的努力却看不到收入提高、生活改善的希望,这个时候,他的情绪不免低沉,即使就业,所获得的成就感也不会多高,因为他的家庭并没有因此而变得更幸福。因此,他虽有自立的愿望,但很可能由于情绪消沉而不积极寻找工作。

四、积极劳动力市场政策(ALMPs)对劳动力供需的影响

积极劳动力市场政策(active labour market policies)是用来直接针对失业者以提高其就业率的劳动力市场政策总称。在 OECD 或 EU 国家中,瑞典对于 ALMPs 的投入居于首位。部分原因在于一个老的传统,促进就业一直是瑞典公共政策的重点,部分源于 20 世纪 90 年代早期突兀而急剧上升的失业率。对 ALMPs 投入的高峰期是 1994 年,瑞典政府对此项目的投入占到了当年瑞典劳动力市场政策支出的 5%,占当年 GDP 的比例则超过了 3%。

20 世纪 90 年代以来,瑞典针对失业者的 ALMPs 有很多,大致可分为三类。一是劳动力市场培训,包括假期培训、针对移民的计划、计算机活动中心和 IT 项目。这些培训项目时间通常为六个月,参与者获得与失业补偿同等的培训补贴。2000 年,参与者通过参与这些项目可重获失业保险资格的规定被废除。二是各种形式的补贴就业计划。这些计划中,最为典型的是以工代赈,参与者被安排到公共部门(少数情况是私人部门)工作,工资按照集体协议支付,雇主因此获得补贴。1998 年工作体验项目取代了它。该项目的参与者由非营利组织安排工作,目的是不对常规就业产生挤出效应,参与者获得失业补偿。新手补贴和更近些的就业补贴与常规性就业更相似,这两个项目都对雇佣失业者(主要是长期失业者)的雇主提供工资补助,参与者则按照集体协议获得常规工资(regular wages)。另外一种的补贴就业计划是创业补贴,为失业者创业提供启动资金(在获得就业办公室的审批之后),它们还会安排一些企业家给参与创业者培训。三是工作实践计划,包括年轻人项目(针对 25 岁以下的年轻人)、移民计划和大学毕业生计划。1995 年,工作替代计划取代了上述两者。1997 年,瑞典政府引入资源工作计划,提供补贴给那些短期(6 个月,可延长至 9 个月)雇佣失业者的雇主。参与者被认为是参与了工作,但也还参与培训和找工作,工资率大约是参与者以前收入的 90%。新手安置计划提供最多 6 个月的补贴给雇主,雇主须雇佣他、为他的培训付费,并且按集体协议提供工资。这些项目现在大多已更改或废除了,只有劳动力市场培训、创业补贴等还在实施。2000 年瑞典进行了改革,颁布实施《主动导引计划》,此计划针对那些长期失业者或有长期失业风险的失业者。在此计划内,参与者参与全日制活动,如工作创造类项目,直到找到工作或登记常规教育为止。这些 ALMPs 针对的是所有失业者,也包括社会救助体系中的失业者。因此,ALMPs 对全体失业者带来影响,自然包括影响社会救助体系中的失业者。下面从两个角度来分析 ALMPs 对劳动力供需产生的影响。

1. 对 ALMPs 参与者和公开失业者(openly unemployment)寻找工作行为的影响

获得工作可能性的大小受到工作申请者寻找工作积极性的影响,因此,通过分析 ALMPs 参与者和公开失业者在寻找工作活动方面的行为差异,可看出 ALMPs 的实施对其项目参与者就业率的影响。这也是许多研究 ALMPs 效应的文献所关注的主题之一,这些有关失业者寻找工作的实证研究,均说明了 ALMPs 对项目参与者产生了锁定效应,即 ALMPs 项目参与者宁愿待在 ALMPs 体系内而对于去劳动力市场寻找工作持消极态度。无论是从时间、项目还是年龄来看,所有的调查结果均显示公开失业者比 ALMPs 参与者更频繁地、运用更多途径寻找工作。Ackun Agell(1996)还强调,ALMPs 参与者寻找工作的时间比 ALMPs 非参与者要少,因此引起了锁定效应。

2. 对常规就业的挤出效应分析

ALMPs 的一个令人没有想到的影响是它们可能对常规就业需求产生挤出效应。这种挤出效应最可能发生于补贴就业计划之中。如果有两个相同就业素质的竞聘者,一个有就业补贴,另一个没有,毫无疑问,雇主会选择前者,甚至在前者就业素质不如后者的情况下,这种选择前者的情况也有可能发生,ALMPs 对常规就业产生了挤出效应。Matz Dahlberg 等(1999)详细研究了 ALMPs 对常规就业的挤出效应,他们认为,劳动力市场培训和其他项目提高了失业者的劳动力市场参与程度,但同时,很多项目对常规就业产生了挤出效应。

总而言之,瑞典就 ALMPs 对于失业(就业)影响的研究文献很多,大多数研究显示 ALMPs 的大规模实施减少了公开失业。但这些研究同时也表明 ALMPs 对常规就业直接和非直接的挤出效应也是显著的。但至于两者的净效应即对总失业率(总失业＝公开失业 + ALMPs 参与者)的影响并不清楚,有些研究甚至认为 ALMPs 可能引起了总失业率上升。因此,瑞典大规模的 ALMPs 的总体实施效果并不好。

相当高的社会救助津贴支付水平和大规模效率不高的 ALMPs 的实施,两者作用的总体效应是瑞典社会救助津贴领取者人数、领取社会救助津贴时间及失业率很难真正降下来。到 1991 年,瑞典领取社会救助津贴(一年至少一次)的人口超过了 50 万,占总人口的 5.9%。1996 年,瑞典 8.2% 的人口享受社会救助津贴,在 90 年代以后的几年里,由于劳动力市场形势的改善,这个比例逐渐下降。从享受津贴的平均时间来看,基本上呈上升状态,从 1988 年的平均 4.1 个月增为 1997 年的 5.8 个月,此后几年该数字保持稳定。失业率则经历了几番下降又上升的过程,从 1983 年的 3.7% 渐降为 1988 年的 1.5%,此后一路飙升,1994 年达到了 9.4%,六年间失业率上升了约六倍。1994 年瑞典对 ALMPs 的投入是 90 年代最多的一年,下年失业率稍有下降,但很快又上升至 1997 年的 9.9%。之后失业率又开始经历下降、上升的过程,总的来说失业率仍在较高位徘徊。

结论:瑞典是社会民主主义意识形态的国家,在社会公共支出上十分慷慨,是世界上著名的高福利国家之一。瑞典发展了综合的高水平福利体系为社会成员提供多重保护。社会救助作为社会保护政策中的最后一道防线,规模不大,但是津贴支付水平相当高,从这个角度来看,瑞典社会救助制度暂时解决了贫困家庭的困难;从ALMPs促进总就业的效果来看,ALMPs的实施不是一个成功的范例,即使相关支出很大。从这方面评价,瑞典社会救助的反贫困效应不佳。综合分析,瑞典社会救助制度使津贴领取者形成了福利依赖,造成贫困陷阱和失业陷阱。

读了上述文献,我们认为要回答社会救助制度能够实现反贫困目标这一问题,并不能简答地回答是或否。

首先,我们要看到社会救助制度对反贫困的正面效应,通过社会救助政策的实施提高了贫困人口的生活水平和生活质量,增加受教育的机会,提高其在劳动力市场上的竞争力,增加就业机会,避免贫穷成为贫穷的根源,打破了贫困的恶性循环。国家采取强制手段实施社会救助政策,能在一定程度上缓解贫困,缩小贫富差距,维护社会公平,实现发展成果共享,维护贫困者的基本人权。

其次,我们也要看到社会救助制度对反贫困的负面效应。一方面,社会救助政策的实施有可能会助长贫困者的福利依赖心理,无助于贫困者摆脱贫困。另一方面,如果救助方对一些有依赖思想的贫困者无休止地进行资助,将会给社会造成不平等,特别是那些收入虽然高出政府规定的救助标准,但仍属于低收入阶层的群体,他们将会感到比较明显的相对剥夺,从而对劳动力市场产生不良影响,降低人们努力工作的积极性。

最后,我们还要看其短期效应和长期效应以及对不同人群的影响。

思考:

1.社会救助制度能实现反贫困目标吗? 可以从哪些方面思考和分析?

2.什么是"贫困陷阱"和"失业陷阱"?

复习思考题

1.福利经济学和社会救助的关系如何?

2.差额补贴制度和负所得税制度各有什么优缺点? 我国现阶段如何看待负所得税制度?

3.什么是福利多元主义? 福利多元主义理论对我国社会救助制度改革有何借鉴意义?

4.国际上对贫困的认识经历了哪些变化? 贫困如何衡量?

第三章　生活社会救助

生活社会救助是社会救助制度中最重要的内容,其目的是维持贫困人员最起码的生活条件,达到保障全体公民基本生存权利的目标。生活社会救助主要采取现金救助、实物救助和服务救助等形式。国外如英国和美国为低于贫困线的困难家庭和个人提供了形式多样的生活救助项目,这些对完善我国的生活社会救助具有一定的借鉴意义。本章介绍城市居民最低生活保障制度发展历程和主要内容,城市居民最低生活保障制度运行的程序,对城市居民最低生活保障制度存在的问题和完善思路进行了深入的分析;阐述了我国农村最低生活保障制度的申领程序、存在的问题和完善思路。

第一节　生活社会救助概述

一、生活社会救助的内涵与形式

(一)内涵

生活社会救助是社会救助中最重要的内容,它是指国家对生活在国家法定或当地法定最低生活保障标准之下的贫困人员进行现金和实物等救助的一项社会救助项目。生活社会救助的目的是维持贫困人员最起码的生活条件,保障全体公民基本生存权利。世界各国都有这方面的救助制度,但在不同的国家其具体内容有所不同,而总的目标都是要对陷入生活困境的个人和家庭提供满足其最低生活需要的现金和实物资助,以帮助他们维持最基本的物质生活。生活社会救助的实施一方面可以稳定社会,另一方面也是公民应有的权利和国家应尽的义务。

(二)形式

生活社会救助主要采取现金救助、实物救助和服务救助等形式。

(1)现金救助是指国家直接给受助者发放现金,帮助社会成员解决生活困难的一种救助形式,发放的现金由被救助者根据自己的实际需要安排使用。在我国,生活社会救助的资金主要是由政府财政承担,并且纳入专项救助资金支出项目,专项管理,专款专用。现金救助比较适合于满足救助人员的一些特殊需要,如房租、教育费用(义务教育阶段)和医疗费用等,它可以使受助者有较大的自我选择空间。

(2)实物救助是指国家以发放实物的形式,帮助社会成员摆脱生存困境的一种救助手段。它不直接给被救助者发放现金,而是根据其实际生活状况和需要,无偿发放一些必需的生活资料和部分生产资料,比较适合满足困难群体的基本需要。实物救助是比较早的一种救助形式,如古代开仓赈济,通过向贫民发放粮食来解决其生活困难。实物救助是一种比较直接、便捷的应急救助形式。

(3)服务救助是针对救助对象的特殊需要提供的生活照顾和护理等服务,主要指对高龄老人的护理服务、对失去依靠的儿童给予的关爱和照顾等。服务救助主要针对社会上需要特殊照顾的弱势群体,它更多地体现出一种人性关怀,是在满足了被救助对象最低生存需要之后,在其精神层次给予的平等性的一种认可,能满足被救助对象的心理需求,提高其生活质量。

这三种救助形式是相辅相成的,一般是以现金救助为主,以实物救助为辅,服务救助主要针对特殊群体提供。

二、生活社会救助的功能与作用

生活社会救助是社会救助制度中最基础和核心的部分,它保障居民最基本的生活需要。生活社会救助在保障贫困人员满足基本的物质生活、克服贫困、稳定社会等方面都发挥着重要的作用。

(一)保障公民的最低生活需要

生活社会救助制度面向并覆盖全体公民,只要家庭人均收入低于生活救助线的即可纳入生活救助网,从而为其生活和生存筑起最后一道防线。生活社会救助有效地弥补了其他社会救助形式与社会保障制度没有解决的贫困问题,并与养老、失业等社会保险相互衔接、相互联系,共同构成完善的社会保障体系,有效地保障了公民的最低生活需要,保障了公民基本的生存权和发展权。

(二)维护社会治安,缓和社会矛盾,促进社会和谐

生活社会救助侧重于解决困难群体的基本生活困难,保障公民的基本生存权利。生活困难是多种因素造成的,个人的思想认知能力、综合素质和价值观念的不同是造成贫困的重要因素,但并非是全部因素。人与人相处的自然环境和社会环境也存在着不公平和非正义性,现在随着市场经济的快速发展,正常合理的贫富悬殊也成了社会经济健康发展的客观需要,个人因素只是造成贫困的一部分因素,所以,社会不应该完全让个人为其贫困买单;困难群体依靠自身力量很难摆脱生活困境,社会为其提供生活帮助,满足最基本的生活需要,使其不会为了生计而去冒险触碰道德和法律的底线,可以减少犯罪率,维护社会治安。同时,生活社会救助为困难群体提供满足其最低生活需要的资金和实物,注重收入的再分配,减少贫困人

员因贫富差距而造成的心理不平衡,可以有效地缓和社会矛盾,促进社会的和谐稳定发展。

(三)促进社会经济的发展

生活社会救助保障公民的基本生活,使有劳动能力的困难群体得以摆脱生活困境,投身到生产劳动中,为自身和社会创造财富。同时,也有助于提高劳动力质量,促进劳动力的长远发展。

生活社会救助作为社会救助体系中的一部分,也在公平和效率之间寻求适度,通过对收入分配和再分配的调节,有助于缓解贫富差距,促进共同富裕,提高公民的生产积极性,从而促进社会经济的持续健康发展。而且从长期来看,社会保障费用中用于生活社会救助的部分将逐步下降,也有利于社会保障制度自身的可持续发展。

(四)是社会救助体系的重要组成部分,是建立、健全各国社会保障体系的需要

生活社会救助制度是整个社会救助制度中最主要、最基本的救助项目,最直接有效地解决了贫困者的生存问题。生活社会救助普遍适用于困难群体,帮扶困难群体在生活无助时渡过困境,保障贫困人员最基本的物质生活需要,保障其最基本的生存权。

尽管近年来各国政府在社会保险制度方面下了很大工夫,逐步建立和完善了养老、医疗、失业等保险项目,但由于社会保险制度强调权利与义务的对等,并且有些社会保险制度又有一定的享受时间限制,仍有一部分居民存在生活困难。生活社会救助与养老、失业等社会保障形式相辅相成,有效地弥补了它们的不足之处,生活社会救助制度使那些不能享受社会保险或者享受后仍然处于贫困状态的居民及其家庭得到了最起码的保障,使他们不至于陷入生活无着落的困境。生活社会救助在各国的整个社会保障体系中起着"保底"的作用,具有不可替代的地位。社会保障体系必须有这种保底措施,它是广大群众的"民心工程",是建立、健全各国社会保障体系的首要前提。

三、生活社会救助的救助对象与责任主体

(一)救助对象

生活社会救助的救助对象涉及全体公民,只要家庭人均收入低于生活保障标准即可纳入到生活救助范围之内。目前,国际上通用的社会救助对象的确认方法有两种,一种是看家庭人均年收入是否低于生活救助线的定量方法,即制定一条或几条最低生活标准,凡收入低于这一标准的人便有权向政府申请救助;另一种是根据社会上现实存在的各类贫困群体分门别类地确定救助对象的定性方法。

在我国,由于特殊的二元社会经济结构,生活社会救助的对象主要分为两种:①城市困难户;②农村贫困户。前者还包括了流浪乞讨人员和特殊救助对象。

我国城镇居民最低生活保障制度规定的生活救助对象主要包括以下三类人员:①无生活来源、无劳动能力、无法定赡养或抚养义务人和享受定期定量救济的居民,这类居民绝大多数属于长期救助对象,一般指孤儿、长期患病者或残疾者以及无子女和配偶的老人。对孤儿的生活社会救助期限是整个未成年期间,一旦成年并找到工作、有收入来源后,便会停止对他们的救助。②领取失业救济金期间或失业救济两年期满仍未重新就业,家庭人均收入低于最低生活保障标准的居民。③在职人员和下岗人员在领取工资或最低工资、基本生活费后以及退休人员领取退休金后其家庭人均收入仍低于最低生活保障的居民,一般是指工资收入过少,不能使家庭每个成员过上最低生活水平的家庭。

我国农村村民救助对象主要包括三类:一是五保户,主要包括村民中无劳动能力、无生活来源、无法定赡养或抚养义务人的老年人、残疾人和未成年人;二是一般困难户,主要包括因个人能力不足而生活落后或遭受意外事故,自身维持基本生活有一定困难的居民;三是特殊困难户,自身维持基本生活有很大困难的人。

(二)责任主体

生活社会救助作为各国社会救助乃至整个社会保障体系必不可少的一部分,是一种政府行为,因而,责任主体主要是国家。国家对贫困居民的最低生活保障负有不可推卸的责任,一般政府通过专门的法律法规来建立和规范生活社会救助制度。在我国社会救助的主体结构中,政府固然是第一责任主体,但受政府财力所限,政府救助存在许多盲点,有相当一部分社会成员游离在政府救助的保障网之外。从当前我国的国情来看,确立以政府为主导、以非政府力量为补充的社会救助多元主体结构,营造非政府社会救助良性发展的社会环境,是完善我国社会救助体系的必然选择。

在我国,国家对生活社会救助事务的主管部门是民政部,各级民政部门均设立了相应的管理生活社会救助事务的职能机构,各职能机构依法行使职能,确保相关法律、法规、政策的贯彻实施。在民政部门主管生活社会救助工作的同时,充分发挥物价、统计、财政等部门的协助管理作用,以及村(居)民委员会对整个救助事务的基层管理、监督作用。因为村(居)民委员会是管理的第一层次,其在基层的日常监督管理是生活社会救助最重要的环节。

第二节　　国外主要国家的生活社会救助

一、英国的生活社会救助

英国的生活社会救助制度具有强烈的福利性色彩,形成了社会救助制度中的"英国典范"。英国社会救助制度的历史发展过程及其核心理论争议既具有重要的理论和政策意义,又具有宝贵的参考借鉴价值,并对世界其他国家社会救助制度的发展完善产生了深远的影响。

(一)产生和发展

英国的生活社会救助萌芽于中世纪时期基督教会的慈善施舍和同业行会的互助互济。行会章程中通常包含贫困救济和互助互济的措施,以确保每个会员的基本生活条件。会员的生老病死和赈济贫者是行会互助救济职能关注的重点。与此同时,基督教会利用自己的收入,通过修道院与城市慈善组织,以提供衣食住的方式承担救济穷人和丧失劳动能力者、照顾麻风病人和流浪者的慈善职能。这一时期,基督教会的慈善施舍和同业行会的互助互济完全承担起了满足困难群体基本生活需要,解决其生活困难的责任,为英国生活社会救助的萌芽奠定了基础。

1601 年,在民族国家兴起与行会制度衰落,特别是贫困人数迅猛增加和贫困程度加深的社会背景下,伊丽莎白女王将亨利八世在 1536 年颁布的《贫穷法》及其后三次修正的法令相整合,并结合 70 多年来的实施经验,颁布了《伊丽莎白济贫法》。该法案主要内容是规定地方政府负责办理救济贫民的工作,为失业者提供就业机会,对贫穷家庭的孩子施行就业培训,对老年人、患病者和孤儿进行收容,用严酷手段惩罚"不值得帮助"的穷人。将原来应急性的济贫事务转化为国家的一项基本职能,但此时对于英国政府承担社会救助责任来说,多半是出于无奈和勉强。

进入 18 世纪,英国工商业迅猛发展,引发了大规模的圈地运动,广大农民被迫离开土地,成批地成为乞丐、盗贼和流浪者。为此,1795 年实行斯皮纳姆兰制度,即对工资低于最低限度的工人,由教区按面包价格和一个成年男子所赡养的人口数予以津贴补助。《斯皮纳姆兰法令》具有多方面的革命性意义和创新之处,因此它标志着英国的社会救助进入了崭新的历史时代。第一,该法规定任何贫民均有在家请求及接受救济的权利,开启了"院外救济"的先河。第二,该法首次明确表达"最低生活保障"思想与"普及性权利"原则。第三,1795 年法令取消了 1662 年《住所法》和地方当局的预防性驱逐权,只有那些确实成为公共救济对象的人才应被遣送回原籍。劳动者生病或残疾,他就有延期的权利,这对劳动者自由流动和贫民群体的人身自由与解放具有深远历史意义。第四,该法将工资津贴与社会救济结合起来,将现金救济与实物救济结合起来,将工资津贴与家庭收入结合起来,将生活费用与需求标准的粗浅指数结合起来,这对缓解贫困和保障最低生活水准具有积极意义。总之,《斯皮纳姆兰法令》是革命性和开拓性的,核心是承认普及性社会救济权利和最低生活保障。

1834 年,维多利亚女王对 1601 年的旧《济贫法》进行了修正,通过了新《济贫法》,新法案以 1834 年由自由主义者埃德温·查德威克(Edwin Chadwick)主笔的皇家委员会济贫法报告中所提出的著名的"劣等处置"原则①和"济贫院检验措施"②为理论基础。新《济贫法》规定对于身体健康者停止院外救济,废止以教区为单位的救济行政,实行中央督导制,组织济贫法实施委员会,主管全国济贫工作,这使得救济行政在中央政府获得了独立的地位。严格限制对贫民的救济津贴,在济贫院或习艺所实行更加严格的苦役制度,对贫民和救济基金进行管理。新《济贫法》把原来分散管理的济贫工作改为集中管理,对贫民来说没有实质上的变化,反而限制更加严格,因而引起了贫民的强烈反对和改革者的抗议。

在价值观念方面,直到第一次世界大战以前,英国政府一直把赤贫现象作为贫民个人原因造成的"病态"来进行处理,把救济和强制劳动结合起来。因此,在一定程度上激化了阶级矛盾和阶级仇恨,它与现代社会的救助制度显然不可同日而语。

从 1889 年到 1901 年,查尔斯·布思和西博姆·朗特里等人的社会调查揭示了英国贫困现象的普遍性和严重性,引起了英国各界对于贫困问题的广泛关注,人们开始认识到贫困问题的根本原因并不在于贫民的"懒惰"和"放纵",而是由于一些社会因素造成的。其中以 1899 年朗特里教授提出的"贫穷文化"的理论较为典型。他认为贫穷的原因,不在于其个人或家庭,而在于社会,济贫并非是一种施舍、慈善或恩惠,而是国家的责任,应当由政府来办理济贫工作。社会救助开始被认为是人民的基本权利,不再具有惩罚性,其首要的目标就是克服贫困,保障全体公民的最基本生存权,这标志着英国社会救助开始了本质性的变化。

1908 年英国政府通过《老年年金法》对 70 岁以上老人实施免费年金制度,是英国现代社会救助制度的开端。1911 年的《国民保险法》使工人在患病、失业时可获得经济安全保障。1925 年《寡妇孤儿及养老年金法》使鳏寡孤独及老年人皆有保障。这些法律从不同角度降低和消除了产生贫困的基本根源,为英国现代社会救助的最终形成奠定了基础。

两次世界大战期间,英国采用完善社会保险和社会救助的方法来克服严重的

---

① 劣等处置原则是指让享受救济的穷人的生活状况低于任何独立自由劳动者。
② 济贫院检验措施是指将享受救济的穷人放在济贫院中,并予以准监狱式的严格规管,以使穷人道德完善并使懒汉勤奋起来。

社会经济危机,尤其是为战后的失业者提供了基本的生活保障,英国的福利国家制度也初见雏形。1942年贝弗里奇《社会保险和相关服务》的发表,为战后英国社会保障制度的全面建设提供了理论基础。1948年,英国通过并实施了《国民救助法》,从而完善了国民救济制度,标志着英国最终建立起了有福利国家色彩的现代生活社会救助制度。

20世纪70年代以来,英国经济发展速度减慢,社会福利支出不断增加,面对巨大的财政压力,英国在生活社会救助方面也进行了一系列改革。1996年确立的改革目标是:把福利分配给最需要的人、激发个人责任感、提高就业和储蓄的积极性。1997年布莱尔政府执政后,开始按照"第三条道路"思想进一步改革。其具体指导思想是强调权利和义务的对等,提出"不承担义务就没有权利"的口号;通过促进就业来使受助者获得和增加社会保障,强调教育和职业培训的重要性;国家、社会组织和个人都应投资参与社会福利的供给。1998年开始实施的"从福利到工作"计划,对失业救济金的发放政策进行改革,力促失业者重返就业市场。2003年10月又将"最低收入保障"改造为"养老信贷保障",同时又引入一个"养老信贷储蓄保障",后者主要是给予那些有65岁以上老人的家庭以税收优惠政策。英国生活社会救助制度经过不断的发展完善,在英国福利制度中居于非常重要的地位。

(二)现行制度的主要内容

1. 救助对象

凡是16岁以上的英国国民,收入来源不足以满足最低生活需要者,都可以申请生活救助;已得到充分就业的人,需要牙科治疗、配眼镜等,但又付不起这些费用,可以申请救助;失业者重新获得工作前,也可获得少数几天的救助,以暂时渡过难关。除此之外,还有一些处在社会保险计划之外的人,如被丈夫遗弃并有小孩需抚养、不能出去工作的妇女,被监禁犯人的妻子和儿女,未婚的母亲及其孩子,无权领取退休金的70岁以上的老年人和40岁以上的盲人以及到处流浪的无业游民。

目前,英国下列贫困人员都有资格申请生活救助:①凡是没有固定职业或就业不充分、无力上缴保险费而领不到社会保险的人;②虽然可以领取社会保险金,但数额不足以维持最低生活水平的人;③领取社会保险金期限已满仍无其他收入来源的人;④未参加社会保险只能领取微薄社会补贴的人。

2. 救助内容

救助内容主要包括低收入家庭生活社会救助、老龄生活社会救助、失业者生活社会救助和残疾救助等。

(1)低收入家庭生活社会救助主要是对家长有全日制工作、有子女,但收入低于官方贫困线的家庭进行生活社会救助。救助的金额随政府规定的贫困标准而变化。低收入家庭还可取得一部分取暖费,有子女的可取得学校的免费牛奶和免费膳食以及免缴国民保险费等,还可以享受房租补贴等。

(2)老龄生活社会救助主要是对年满 80 岁、没有资格享受养老金或只有少量养老金的老年人进行的生活社会救助。

(3)失业者生活社会救助是对那些领取失业保险金期满后继续失业者进行的一种生活社会救助。救助金额按个人收入多少、扶养的成年人及抚养的儿童的多少来领取。而且目前英国法律规定,凡领取失业救助金的失业者,必须到职业介绍部门登记待业,并准备接受提供的任何工作机会,否则将降低或取消其失业救助金。

(4)残疾救助包括残疾人的保姆补贴、活动补贴和重残补贴。

3. 保障标准

英国的生活社会救助重点在于保障生活低于最低贫困线的贫困居民的基本生活需要,因此其救助标准在很大程度上取决于贫困线标准。英国的贫困线每年由国会规定,在理论上是按照需求水平确定的。需求水平的确定主要考虑三个方面的因素,即体现"正常需要"的基本待遇、"特殊需要"的因素和体现"居住需要"的住房补助。正常需要是指贫困群体为了保障基本生存、日常生活而产生的一般性救助需要;特殊需要与正常需要有重叠部分,此外,还包括如家庭设施配备或自然灾害、经济社会变化而产生的救助需要。

救助资金也是来源于政府的财政拨款,而且保障标准根据不同救助对象的实际,情况会有所不同。

首先,会考虑年龄的差异。例如 5 岁、16 岁和 18 岁属于待遇不同的年龄段;60 岁、65 岁以及 85 岁的保障标准也是有差异的。其次,考虑的一个因素是户型。有"家长"和"非家长"之分,因为"家长"对家庭各方面的开支负有更大的责任,而"非家长"主要是未成年人及其他的一些家属,他们对全家的开支不负有主要责任,因此他们的救助金较少,只涉及个人的生活费用。最后,还有"单身户"和"家庭户"之分。对有未成年子女需要抚养的家庭,按照子女的数量和年龄确定保障标准。

如果接受生活社会救助的个人或家庭取得另外收入,救济金就要随之下降;另外,还有一些条件的限制,如参加劳资纠纷的雇员,本人不得享受救助,只能领取其家属的救助部分。当然,如果遇物价波动,国家会随时调整救助金额,保证受助者不因物价变动而降低生活水平。

4. 救助待遇

英国的救助待遇可以分为三大类:对"正常需要"通过经常性贫困补助的办法提供收入支持;对"住房需要"则从支出角度提供支持,例如房租折扣、津贴、代缴房租、水费等;对"特殊需要"则按照政府制定的需要目录提供实物或现金补助。

"特殊需要"在制度上比较复杂,大体上可以分为三种:一是经常性项目,例如,取暖费、保健食品、洗涤、洗澡开支以及老年人和残疾人补助。绝大多数贫困者都享有这种补助,它与正常需要并没有什么大的区别,因而实际上没有多少"特殊"含义,往往可以被看成是对正常需要补助的附加。二是一次性的单项补助,例如家具、家庭设备、季节性衣被等。三是受益人在遇到经济危急情况时,还可以申请一次性补助。享受后两种一次性补助的受益人大约占全部受益人的40%左右,其中老年人依赖这种一次性补助的很少,在全部领取长期补助的老年人当中,只有约10%的人另外申请一次性补助。而其他群体如失业者、残疾人、单亲家庭则较多地依赖一次性补助,比例高达60%左右。

一次性补助的管理制度是非常复杂的。首先,法律必须制定一个补助目录,规定哪些项目可以给予一次性补助,对每个项目,还必须规定其标准,例如"必要的家具",必须具体规定其种类、档次和价格水平,仅种类规定,法律就列出86项之多。其次,还需要大量的管理人员专门从事相应的家庭调查,证明申请人确实需要这方面的帮助。由于法律在这方面的规定具有很大的弹性,在执行过程中工作人员与申请者往往有不同的理解,造成矛盾,因此,一次性补助的成本是相当高的,管理效率也较低。

(三)领取条件

为了妥善实施生活社会救助,既要使救助对象应保尽保,又要节约国家的资金,英国实行救助申请制与调查制相结合的制度。所谓救助申请制,就是申请救助的家庭应当向补充津贴委员会递交申请书,把家庭人口数、无劳动能力人口、工作人口以及收入和支出等状况作为其申请救助的根据填写清楚。补充津贴委员会收到申请后,会派出专业人员,向申请者家庭及所在的社区和工作单位进行繁琐的收入和生活状况调查,审核其实际情况是否符合官方制定的贫困线标准,这就是救助调查制度。根据调查结果和核实情况,委员会便可作出是否批准申请的报告。一经批准,受助者即可依法按期领取救济金,以维持最低生活。

为了严格控制申请,防止欺骗、冒领等行为的发生,委员会每年都会出一本《申请须知》类的手册,让申请者按规定申报。《申请须知》内容十分庞杂,如果工作人员的态度不善,更会使许多申请者望而却步,宁愿不申请。因此,英国的救助调查制度在一定程度上违背了它的初衷,损害了贫困者的尊严,增加了他们对政府的不满和敌视。

二、美国的生活社会救助

(一)产生和发展

1601年英国颁布的《伊丽沙白济贫法》为北美殖民地的救助制度提供了范例,

起初是 13 个殖民地效仿,美国独立以后就扩展到加入美国联邦的所有州。在殖民地时期,最流行的济贫方法是在每年固定的一段时间内,把穷人接到自己家中照顾,尤其针对那些无法照顾自己的人。另外,还可以得到税收的减免和教区的帮助。美国建国初期,政府把侧重点放在建造一批收养所和感化院上。在工业化时代,又把救助儿童、改善穷人的居住条件等作为主要的救助工作。

20 世纪 30 年代至 60 年代,是美国生活社会救助制度的建立阶段。1929 年10 月,美国爆发特大经济危机,失业率超过 20%,社会矛盾非常尖锐。而当时的美国总统、共和党人胡佛并没有深刻意识到社会救助对维护社会稳定的作用,认为社会救助不应该主要依靠政府,而应该依靠慈善组织和私人捐赠。1933 年罗斯福当选美国总统并推出了"罗斯福新政",旨在恢复和改革经济、缓和社会矛盾,新政把救济贫民和失业者摆在了重要位置,并于当年 5 月签署了《联邦紧急救助法》,建立起第一个全国性的救助机构"联邦紧急救助署",开辟了社会救助的新纪元。1935年,美国国会通过了《社会保障法》。该法案主要内容之一就是公共救助,开始更加积极地帮助贫穷家庭和个人,保障他们的基本生活。将妇女、儿童、退休老年人、残疾人和失业者纳入了公共援助体系,形成不同类别的援助计划。尤其偏重对老人的生活社会救助,因为老人构成美国现代社会生活中最贫穷的群体。

20 世纪 60 年代至 80 年代,是美国生活社会救助制度的发展阶段。第二次世界大战结束后,美国确立了头号资本主义强国的地位,20 世纪 60 年代,伴随经济的成长、国力的雄厚以及民权运动的兴起,美国的各项社会福利制度不断发展。1964 年 5 月,约翰逊总统宣布了"伟大社会"的计划,其核心是"保障民权、并向贫困宣战",扩大公共福利的范围和对象,在就业、医疗、教育、生活和住房、城市发展等一系列民生领域,扩大了政府用于公共福利的财政支出。在此后的十几年间,美国政府扩大了对社会生活干预的范围,政府制定了各项保障政策,尤其是完善了对贫困人口的救助措施。

20 世纪 80 年代至今,是美国生活社会救助制度的改革阶段。随着福利开支的日益庞大,迫于公共舆论及财政负担的压力,自 20 世纪 80 年代开始,美国对社会救助制度进行了一系列重大改革,其中影响比较深远的是克林顿时代通过的《个人责任与就业机会调整法案》。该法案废除了自 1935 年起施行、被视为"福利"同义词的"未成年儿童家庭援助",代之以"贫困家庭临时援助",还修订了"补充性保障收入""儿童营养计划""社会服务综合补助款"等福利措施。该法案注重工作价值和自立精神,一方面对福利救济金领取者采取了严格的受助时间和工作小时等限制;另一方面,大幅减少用于直接资助贫困家庭的资金补助的比例,增加鼓励和帮助人们参加工作、自谋生路的资金比例。2002 年,布什政府深化福利改革的方案,出台了《为自立而工作法案》,在倡导通过就业自食其力的"工作福利",减少福利依赖的基础上,着力强调改善家庭结构,强化健康的婚姻关系,减少非婚生子女等。

(二)美国生活社会救助的主要内容

1. 贫困标准的设定

1965年,美国依据家庭规模和家庭总收入两个因素制定了一条贫困线标准,随后每年都重新测算、核定。如果一个家庭的年总收入低于当年联邦政府划定的标准线,就被认定为贫困家庭,有权获得政府资助。目前,美国根据恩格尔定律推出贫困线,规定支出中有1/3及以上用于购买食物的家庭,即被视为贫困家庭,应给予救助。相对于一般规定的食物支出占59%以上的贫困线标准,可以看出,美国的贫困标准相对较高。

美国的生活社会救助项目更强调"针对性",为确保生活社会救助确实提供给了最需要帮助的人群,美国采取了比较严格的条件限制和资格审查制度。凡领取救助金的贫困人口,事先均需进行经济调查,经济调查分为资产调查和劳动收入调查。申请者被调查的收入包括现金、支票、养老金和一些非现金收入,如食品等。同时救助的发放尽可能采用非现金支付形式,避免国家资源的浪费。

2. 救助对象

在美国,凡是家庭的年总收入低于当年联邦政府划定的标准线的贫困群体都可以接受社会救助成为救助对象。美国社会救助对象也分为不同的受助主体,即特殊群体和具有可行能力的但不足以满足其最低生活需要的一般人,救助对象的具体界定是与救助项目相联系的。

3. 美国的社会救助项目

美国的社会救助项目主要包括现金救助和非现金救助两大类。现金救助中包括:贫困家庭临时援助(TANF)、补充性保障收入(SSI)两大类援助;非现金救助中主要包括:食品券计划(FSP)、低收入家庭能源补助计划(LIHEAP)、一般援助(GA)和三个营养计划等。

(1)贫困家庭临时援助。

美国的贫困家庭临时援助计划由议会1935年通过立法产生,原来的全称是"未成年子女家庭补助计划(AFDC)"。1935年罗斯福总统将失依儿童的救助工作(the aid to dependent children,ADC)纳入《社会安全法案》里。ADC在1961年与1962年间经历了两次与家庭有关的重大改变,一是1961年将ADC与失业父母结合,使得失业父母能够因为家庭有依赖儿童而接受救助;二是1962年将ADC改为AFDC,主要强调救助是家庭为单位,而不是以儿童为单位。1996年美国总统克林顿签署了《个人责任与工作机会协商法案》,废除了AFDC制度,增加了贫困家庭临时援助计划(Temporary Assistance to Needy Families,TANF)。受益的家庭多数是单亲或父母中有一人无劳动能力或长期失业,一般三口之家的补助金额在200美元到700美元之间。同时,TANF项目对受益者采取了严格的受助时间和工作小时等限制,接受援助的单亲父母两年内每周工作至少20小时,未成年子女家庭的资助时间是成年(18岁),每个家庭只能获得累计60个月的援助。TANF将重点放在督促和帮助失业者再就业方面,旨在通过提高受助人的工作愿望和增加他们的个人责任来减低他们对福利救济的依赖,使他们树立以工作求自立的理念。

该计划由联邦政府与州政府共同出资,联邦政府承担的金额由各州对该项目的实际支出和州人均收入来决定,一般在总开支的50%~79.61%。人均收入较低的州,联邦政府负担的比例就高;反之,负担的比例就低。此外,联邦政府还承担各州50%的项目管理费。尽管联邦政府支付此项救助资金一半以上费用,但该项目的行政管理权却委托给了州政府。

1996年,克林顿政府将其更名为"对有需要的家庭的临时援助"。不考虑政府鼓励的自救,家庭收入不超过州贫困标准185%的家庭都有资格受助于该计划。除了房屋、汽车或一块价值1500美元以上的墓地,或者按照各州的标准,基本的衣物和家具之外,该计划受助者的财产价值不能超过1000美元,取得该计划受助资格的人通常也有资格获得医疗补助和食品券。

该计划一般包括支付食品、衣着、住所、设备和其他必需品补助。给付标准由各州根据受益人的家庭收入和事先规定的补助限额决定,即等于家庭生活所必需的费用与各州规定的补助金之间的差额。由于各州收入及消费水平的不同,实际给付的标准有很大差异。例如,1994年,密西西比州三口之家的月补助金只有120美元,而阿拉斯加州则高达900美元。

作为该计划的一部分,各州都必须制定一项"就业与基本技能培训计划"(JOBS)(该计划于1988年立法),旨在帮助那些受助于"对有需要的家庭的临时援助"计划的人有条件和机会获得教育、培训和就业,避免长期依靠社会福利和救济。"就业与基本技能培训计划"由联邦政府和州政府共建,所需资金主要依靠各州政府承担,联邦政府只提供非常有限的补贴。该计划的服务项目包括知识和技能教育、岗位培训、就业指导和安排等,并允许人们接受第二次以后的再教育和再培训。同时,还提供孩子日托、交通工具、书本和一些必要的费用等,以支持该计划。

"对有需要的家庭的临时援助"计划由负责家庭和儿童的联邦健康和人文服务部与州的人文服务局协同管理。该联邦机构审批州计划和拨款,提供技术支持,评估各州的救助标准、运作情况并收集和分析有关数据。受助资格由各州制定,并且每月寄支票。每隔一段时间之后,受助者就需要重新申请,以防有人境遇改善后仍然领取补助。

(2)补充性保障收入。

补充性保障收入(supplemental security income,SSI)是一项由联邦资助(补充)的,为盲人、残疾人和65岁以上的老人等低收入者提供最低收入保障的救助计划。这项计划起始于1972年,1974年之前由联邦政府提供基金,州政府具体管理。1974年以后这部分政府支出归入联邦政府的补充性保障收入计划,由联邦政府统一筹款(来源于总税收收入),并根据全国统一标准进行发放,各州可以根据自己的情况予以适当追加。1992年,总共有564.7万人接受了SSI救济,其中405.5万人是残疾人,150.5万人是老人,8.6万人是盲人。1994年,SSI每月付给每个受助者的最高补助金是446美元,付给每对夫妇的最高金额是669美元。如果受助者有其他的收入,这笔金额则会减少,当他的可计算年收入达到5352美元时,就停止救助。个人财产超过2000美元或夫妇财产超过3000美元的人都不是该计划的受助对象,当然,这些财产不包括房屋、个人物品以及总价值不超过2000美元的家庭所有物。联邦政府的支付额自动随生活费的上涨而增加。

由于领取这种救助的人是盲人、残疾人以及老人,都是社会最贫苦的人群,因此受制度改革的冲击不大,该计划运行一直比较稳定。

(3)食品券计划。

食品券是美国为救济低收入者而免费发放的食品兑换凭证,被美国人视为"粮票"。食品券计划是美国为低收入家庭提供的规模最大、范围最广、最为重要的一项食品援助计划。食品券费用全部从联邦总税收收入中支出,但是管理费用则由各州负担。食品券计划是由联邦农业部和州及地方政府的社会福利机构共同管理。食品券以前是纸券形式,现在多为电子卡系统。每月把钱打入卡里,持卡者在指定的商店或货架上免费或低价购买基本食品,如面包、牛奶、鸡蛋等。食品券不能用于购买现场加工的食品,除少数无家可归者之外,食品券也不得用于购买餐馆或快餐店的食品。而且食品券不能兑换非食品类,如家庭用具、酒精或香烟等。每月优惠券的数量是根据家庭的规模和收入来发放的。

有资格接受食品券的人,必须是其家庭毛收入低于联邦贫困线的130%;或者净收入(适当扣除某些收入、与工作有关的必要开支、自己掏钱的医疗费用以及超出的住房开支)低于贫困线;或者不动产的价值不足2000美元(如果家庭成员有一人年纪在60岁以上则为3000美元)。2010年规定,一个三口之家年收入低于23800美元。不同的州领取此援助的比率也不甚相同。

食品券计划经历了逐步完善的过程,政府用于该计划的开支在逐年增长。食品券计划始于1939年5月16日。当时在计划实施的4年中,一次性或多次性受惠的美国人累计达到2000万人次,覆盖了美国近一半的县(郡),总计耗资2.62亿美元。最高峰时,食品券计划同时资助了 400 万人。1943 年春,食品券计划暂时被中止。现行的食品券计划于 1961 年开始试验,1964 年正式推广,约翰逊总统提请国会通过对食品券计划进行永久性立法,同年 4 月,法案最终被国会通过,同年8 月正式生效施行。从 1981 年开始,里根政府认为食品券计划是造成结构性赤字最大的单项原因。针对食品券的领取加以限制,规定凡收入为贫困线收入标准130％者,除家中有需要赡养的老年人或残疾人以外,不能领取食品券。另外,针对食品券项目中出现的严重的腐败浪费现象,里根政府也采取强有力的措施进行治理。同时,为了进一步加强州和地方政府的权力和灵活性,联邦政府将食品券项目的费用转移到各州,给予资金支持。20 世纪 90 年代中期,食品券计划遭遇了最强烈的反对和抵制,有人批评其是现金福利,几年中申领人数暴跌。随后克林顿开始将这一计划作为帮助贫困劳动者的一项内容广泛推行,布什进一步扩大了成果,奥巴马也继承了该计划。2008 年 10 月 1 日,美国将食品券计划更名为"补充营养援助计划"(SANP)。

(4)低收入家庭能源补助计划。

该计划首次立法于 1979 年,是美国政府为应付能源价格上涨而采取的临时性应急措施,由各州负责能源补助方案的实施与管理。根据规定,该计划补助那些收入低于联邦贫困线 150％,或收入在州中等收入 60％以下的家庭冬天取暖夏天制冷所需的费用。救助物包括:现金、燃料、预付公共社会事业公司寄来的账单、房屋越冬御寒所需的加固材料、可兑换成能源的票券等。同时,接受 SSI、TANT、食品券和老兵津贴(经财产和收入调查后)的社会成员也有权享受此项待遇。

能源补助资金由联邦政府筹集。申请该项计划的贫困者须到指定的地方机构,如社区行动计划办公室(CAP)去申请。20 世纪 80 年代中期以后,随着能源价格趋于稳定,联邦政府用于能源补助的金额逐年有所下降,到 1993 年,接受救助的户数从 8152932 户减少到 6541171 户,救助金额从大约 17.8 亿美元减少到约 13亿美元。

(5)一般援助。

该计划由州或地方资助,它被看做是最后的救济手段。主要是根据家计调查结果确定救济金的财政帮助或其他帮助,受助者往往是那些无家可归者和没有资格受助于上述救助计划的穷人。

各州的救助标准有差异,但通常都很小、非常严格且时间短。典型的 GA 受助者是 30～40 岁、独自生活的单身成年人。有就业能力的单身成年人和没有孩子的夫妇不能受助于该计划。GA 由州和地方政府的社会福利局管理和实施。

(6)三个营养计划:全国学校午餐计划、全国学校早餐计划和暑期食品服务计划。

它们在防止和减少美国儿童饥饿方面起到了重要作用。1946 年,《全国学校午餐法案》就是"一项全国性的社会保障措施,以保证美国儿童的健康和幸福"。1975 年,全国学校早餐计划被永久性授权通过,国会在其声明中表明,该计划旨在"使该计划在所有需要为在校生提供足够营养的学校得以通行"。暑期食品服务计划是为学校放假期间的儿童提供营养餐。

家庭收入低于联邦贫困线 130％的儿童可以享受免费早餐和午餐。那些家庭收入在联邦贫困线 130％～185％的儿童可享受低价伙食。如果某地一半以上的孩子的家庭收入低于贫困线的 185％,那么该地区所有孩子都可以享受暑期免费就餐。

学校营养计划由联邦总税收收入资助,美国农业部食品营养司通过州教育部门管理,管理费用由各州自己负担。

第三节　中国城市生活社会救助

一、我国城市生活救助的发展变化过程

我国城市生活社会救助以 20 世纪 90 年代初城市居民最低生活保障制度的建立为转折点,经历了从传统救济到现代救助两个不同的阶段,制度上也经历了从传统救助制度到现行救助制度的转变,体现了城市社会救助工作从政府恩惠到政府责任、从单一济贫到综合救助、从无法可依到有章可循、从"输血"到"造血"的巨大转变。

(一)我国传统的城市生活社会救助

我国传统的城市生活社会救助制度,形成于 20 世纪五六十年代的计划经济体制之下。

建国初期,社会上有大量的难民、灾民、游民、乞丐和失业者,城市贫困问题极其突出。社会救济成为了当时常规性制度,但当时国家财力有限,很多城市贫困者等其他弱势群体被排除在社会救济的范围之外,只有那些无依无靠、无家可归、无生活来源的"三无"孤寡老人、孤残儿童、残疾人和精神病人才能成为社会救济的对象,政府进行的大规模的紧急救助工作主要包括:发放工贷、农贷粮食;收容游民;对失业工人和知识分子给予临时救济;通过改造后的帝国主义慈善团体安置孤老残幼,给予经常性救济等。但这一时期这些特殊人群的社会救济完全由国家包办,受资金局限,当时的服务机构数量少、规模小,服务质量亦较差,总体呈现低水平运行的状态。

随着"社会主义改造"的完成,从 1953 年开始,社会救济工作开始走上经常化、

规范化的轨道,中国与计划经济相配套的传统社会救济制度框架基本确立。在城市,以就业为基础的单位保障制度的建立,使得干部、职工连同他们家属的生、老、病、死都有了依靠,救济对象趋于稳定,并相对固定为孤老残幼等"三无人员"和困难户。此时,每一个有劳动能力的城市居民都可以依靠所在单位,在这种以就业为基础的单位保障制度下,各种企事业单位主要承担了职工家庭生活困难的救助工作。

从20世纪50年代到改革开放之前,社会救济制度没有发生实质性的变化,但受到三年自然灾害和"文化大革命"的影响,出现了很多新的救助对象。主要包括:被精简回乡参加农业生产的城市职工,由于缺乏农业生产经验和积蓄,生活困难而变成的救济对象;"上山下乡"返回城市,因伤或因病导致生活困难的知识青年;"文革"中受迫害人员;"右派"摘帽人员等,国家通过制定相关政策,对这些由于历史原因造成的特殊弱势群体给予了社会救济,并采取补发工资、发放生活困难补助费、返还查抄没收的财产、安排工作等方式对其损失进行了赔偿和补偿。这一时期,城市生活困难需要救助的对象不断增加,政府的救助范围也不断扩大。

(二)我国现行的城市生活社会救助

我国现行的城市生活社会救助制度主要包括城市居民最低生活保障制度和两个特殊制度(生活无着落的流浪乞讨人员的生活社会救助制度和特殊救助对象的生活社会救助制度)。在这里主要介绍城市居民最低生活保障制度。

1.城市居民最低生活保障制度建立的背景

城市居民最低生活保障制度是指法律赋予每一个公民在不能维持最低生活水平时,由国家和社会按照法定的标准向其提供满足最低生活需要的物质援助。其建立的背景主要包括两个方面:一方面,传统城市生活社会救助存在很多弊端;另一方面,城市出现了新贫困问题。

(1)传统城市生活社会救助存在的弊端。

①救助范围极其有限。在实施最低生活保障制度之前的1992年,我国得到国家定期定量救济的城镇困难户人数只有19万人,占城镇人口的比重为0.06%。不合理的"三无"(无劳动能力、无工作单位、无法定赡养人)限制条件使许多有实际困难的城镇居民成为政府、单位、家庭三不管对象。

②救济标准过低。1992年,城镇困难户人均月救济金额为38元,仅为当年城镇居民人均生活费收入的25%,还不到当年城镇居民人均食品支出的1/3。可见,原先的生活社会救助,除了孤寡病残救助可勉强维持温饱需求外,其他对象的救助标准明显偏低,仅仅是象征性的道义上的支持。

③救济经费严重不足。1978年,我国社会救助费用总额为10.2亿元,约占国民收入的0.28%;1991年,社会救助费用的绝对值虽然有所增加,但在国民收入中

所占的比重却降到 0.12％;1992 年,全国城镇社会救济费用(包括临时救济)总共只有 1.2 亿元,仅占当年国内生产总值的 0.005％,不到国家财政收入的 0.03％,使城市救助工作陷入了困境。

④救助工作随意性大。计划经济体制下的社会救助工作没有形成一个规范性的工作流程,社会救助的对象到底有多少,谁能得到社会救助,救助多少,应该通过什么渠道和程序进行救助等,都比较模糊和随意,许多地方出现钱多多救济、钱少少救济的情况。

(2)城市新贫困问题。

随着改革开放的发展,人们的衣、食、住、行生活各方面都得到了改善。但同时,经济体制从传统的计划经济体制向市场经济的转变,社会生活也随之发生着巨大变迁,经济变革和社会变迁也带来了一些负面影响。我国城市中也出现了一些新的贫困问题:

①下岗失业职工增加。许多企业在参与市场竞争的过程中,由于缺乏竞争力,纷纷被淘汰,城市出现了一批破产、停产或半停产的企业。这些企业的职工以及一些下岗人员失去了收入来源或收入大幅度降低,面临生活困难。

②隐性失业显性化。在市场经济条件下,政府不再要求企业安排职工就业,因而计划经济体制下的充分就业产生的大批企业冗员,现在被精简后无情地推向了社会、推向了市场。这些人员或由于年龄偏大或缺乏生产技能,很难重新就业,使得一些潜在的失业群体,真正陷入失业困境,生活困难。

③社会保障走向社会化,企业对职工的保障功能弱化。过去几十年来,企业对困难职工除正常工资福利外,还有特殊困难补助。实行市场经济体制后,虽然并不排除企业对生活困难职工的关心和帮助,但企业对职工的保障功能明显弱化了。许多企业经营困难,出现亏损,职工的基本工资都难以保证,就很难再拿出福利基金给困难职工补助。

④通货膨胀。20 世纪 90 年代初,我国开始对计划经济条件下形成的物价体系进行市场化改革,引发了 1993 年至 1996 年连续四年的高通货膨胀。连续多年的物价上涨加剧了部分城镇居民的贫困程度。

⑤贫富差距拉大。20 世纪 90 年代以来,我国的贫富差距呈不断扩大趋势。1978 年我国城镇居民个人收入的基尼系数为 0.15,1986 年城镇居民收入的基尼系数是 0.19,1994 年已达 0.37。基尼系数如此高,说明存在大量的贫困者在为温饱而努力。在此背景之下,社会亟需新的城市生活社会救助制度。

2.城市居民最低生活保障制度的建立和发展

1993 年 6 月 1 日,上海市率先在全国建立了城市居民最低生活保障制度,并以此取代了以往实施数十年的传统救济办法,确立了一条最低生活保障线,拉开了我国社会救助制度改革与创新的序幕。

20多年来,这项制度的建立和发展大致可以分为五个阶段:试点阶段、推广阶段、普及阶段、落实阶段和提高阶段。

(1)试点阶段(1993年6月—1995年5月)。

1993年6月1日,上海市率先建立了城市居民最低生活保障制度。随后,民政部肯定了上海的经验,并部署在东部沿海地区进行试点。到1995年上半年,已有上海、厦门、青岛、大连、福州、广州等六个大中城市相继建立了城市居民最低生活保障制度,并陆续向全国推广。在这一阶段,这项制度的创建和实施基本上是各个地方政府的自发行为。

(2)推广阶段(1995年5月—1997年8月)。

1995年5月民政部在厦门、青岛分别召开了全国城市居民最低生活保障工作座谈会,号召将这项制度推向全国。到1995年底,建立这项制度的城市发展到12个。1996年初召开的民政厅局长会议决定:进一步加大推行最低生活保障制度的力度。此后,形势发展得更快,到1997年5月底,全国已有206个城市建立了这项制度,约占当时全国城市总数的1/3。在这一阶段,制度的创建和推行已经成为民政部门的有组织行为。可以说,在1997年8月之前,全国城市居民最低生活保障制度的建设工作已经取得了历史性的进展。

(3)普及阶段(1997年8月—1999年10月)。

1997年9月,国务院颁发了《国务院关于在各地建立城市居民最低生活保障制度的通知》,同时召开全国电视电话会议作出工作部署,要求到1999年底,全国所有的城市和县政府所在的镇都要建立这项制度。自此,这项制度的创立和推行成为中共中央、国务院的一项重要决策,推进的速度明显加快。

截至1999年9月底,全国668个城市和1638个县政府所在地的建制镇已经全部建立起最低生活保障制度。1999年的救助对象和保障资金,比建立这项制度前的1992年增加了10多倍。

(4)落实阶段(1999年10月—2001年6月)。

1999年9月,国务院颁布了《城市居民最低生活保障条例》,并立即于10月1日正式实施。该条例的颁布和实施,标志着我国的城市居民最低生活保障工作正式走上了法制化的轨道。

(5)提高阶段(2001年6月至今)。

最低生活保障真正取得突破性的进展是在2001年下半年,国务院终于下决心要解决最低生活保障制度的资金瓶颈问题,在年初做出的8亿元预算的基础上,下半年又新增预算15亿元,共计23亿元。省级财政也在年初9亿元预算的基础上,下半年又新增预算3亿多元,共计12亿元。此后,中央财政不断扩大对低保资金的投入,这为城市居民最低生活保障制度的迅速发展提供了强有力的资金支持。表 3-1 为 2005—2012 年我国城市居民最低生活保障人数及标准。

表 3-1　2005—2012 年我国城市居民最低生活保障人数及标准

指标	2005	2006	2007	2008	2009	2010	2011	2012
保障人数 (万人)	2234.2	2240.1	2272.1	2334.8	2345.6	2310.5	2276.8	2143.5
保障标准 (元/人、月)	156	169.6	182.4	205.3	227.8	251.2	287.6	330.1

资料来源:2012 年社会服务发展统计公报.

2012 年底,全国共有城市低保对象 1114.9 万户、2143.5 万人。全年各级财政共支出城市低保资金 674.3 亿元,比上年增长 2.2%,其中中央财政补助资金 439.1 亿元,占总支出的 65.1%。2012 年全国城市低保平均标准为 330.1 元/人、月,比上年增长 14.8%;全国城市低保月人均补助水平 239.1 元。

低保对象的迅速增加并不表明我国城市贫困人口在迅速增加,它说明了我国城市最低生活保障制度努力向应保尽保的目标迈进。

二、现行城市生活社会救助制度的主要内容

(一)城市居民最低生活保障制度

1.保障对象

《城市居民最低生活保障条例》中规定:"持有非农业户口的城市居民,凡共同生活的家庭成员人均收入低于当地城市居民最低生活保障标准的,均有从当地人民政府获得基本生活物质帮助的权利。"根据《婚姻法》中有关家庭关系的规定,家庭成员指具有法定的赡养、扶养、抚养关系共同生活的人员。根据"当地城市居民最低生活保障标准"确定保障对象一般有三种方法:一是定量方法,即依法确定一条最低生活保障标准,凡是低于这个标准的人员,均属于保障对象;二是定性方法,即依据现实社会中已经存在的不同性质、不同致贫原因的贫困群体,分门别类地确定保障对象的范围;三是在定量与定性相结合的基础上,由国家根据政策需要划定保障范围。

《城市居民最低生活保障条例》中所称的"收入",是指共同生活的家庭成员的全部货币收入和实物收入,包括法定赡养人、抚养人或者扶养人应当给付的赡养费、抚养费或者扶养费,但不包括优抚对象按照国家规定享受的抚恤金和补助金。应当计入收入的项目一般包括各类工资、奖金、津贴、补贴及其他劳动收入,储蓄存

款及利息,股票等有价证券及红利,基本生活费、离退休金、失业保险费,出租房屋的租金,亲属的赡养费、扶养费、抚养费及继承的遗产、遗赠等。不宜计入家庭收入的项目有优抚对象的抚恤金、补助金、护理费、保健金等,军队干部、志愿兵转业费和退伍军人退伍费,义务兵津贴,独生子女费,异地安家的安家费,政府一次性奖金如科技成果奖、见义勇为奖等,工伤或因公死亡人员及其供养的亲属享受的津贴、护理费、一次性抚恤金、补助金、丧葬费等,因公致残返城知青的护理费,特殊岗位补贴,商业保险赔偿费,在职人员按规定缴纳的住房公积金、社会保险费,其他不列入个人收入所得税范围的各种奖励金等。

我国各个城镇在确定最低生活保障对象的范围时一般也同时使用了定性方法,如一般认定如下类别的人员为当然低保对象:一是无生活来源、无劳动能力和无法定赡养、抚养、扶养义务人的居民,或者有法定赡养、扶养、抚养义务人但法定赡养、扶养、抚养义务人无赡养、扶养、抚养能力的居民;二是领取失业救济金期间或失业救济期满仍未能重新就业,家庭人均收入低于最低生活保障标准的居民;三是在职人员在领取最低工资、下岗人员领取基本生活费、离退休人员领取退休金后,其家庭人均收入仍低于最低生活保障标准的居民;四是原民政部门管理的特殊救济对象如五六十年代精简退职职工,国民党起义、投诚、宽释人员,归侨,因公致残人员中的特困人员等,从外地离退休后返回本市定居而其收入低于本市城市居民最低生活保障标准的人员;五是夫妻双方一方为本市非农业户口,另一方及子女为其他户口,具备特定条件且家庭人均收入低于当地最低生活保障线的居民以及在农村定居但家庭人均收入低于当地最低生活保障线的具有城镇户口的家庭成员。

2.保障标准

《城市居民最低生活保障条例》规定,"城市居民最低生活保障标准,按照当地维持城市居民基本生活所必需的衣、食、住费用,并适当考虑水电燃煤(燃气)费用以及未成年人的义务教育费用确定""对无生活来源、无劳动能力又无法定赡养人、扶养人或抚养人的城市居民,批准其按照当地城市居民最低生活保障标准全额享受""对尚有一定收入的城市居民,批准其按照家庭人均收入低于当地城市居民最低生活保障标准的差额享受"。

科学地确定最低生活标准是实施居民最低生活保障制度的一项重要工作,这项工作比较复杂、技术性强。由于我国地域辽阔,社会经济文化发展水平很不平衡,各地生活水平差异较大。因此考虑到各地的差异,国家对最低生活保障标准只提出了原则要求,具体标准由各地民政部门会同财政、劳动保障、统计、物价等部门,根据当地的消费水平、物价水平、生活习惯和财政能力而定。

保障标准主要应把握好以下四点:①各地区应实事求是、量力而行,不盲目攀比。②对优抚对象、无劳动能力的老弱病残人员予以适当倾斜。③实行动态管理。随着生活水准的提高及物价的上涨,每年或两年应调整一次,但一次调整幅度不易过大。④保障标准应与企业最低工资、下岗职工基本生活保障费、失业保险金等标准拉开距离,分清层次,相互衔接,形成合理配套的标准。

目前,中央和各地出台的相关制度文件中,对最低生活保障标准的确定基本上采取的是市场菜篮子法,同时参考物价等其他指标因素。市场菜篮子法,又称标准预算法,它首先要求确定一张生活必需品的清单,内容包括维持社会认定的最起码的生活水准的种类和数量,然后根据市场价格来计算拥有这些生活必需品需要多少现金,以此确定的现金额为最低生活保障线。表3-2列出了部分省市城镇居民最低生活保障实施情况。

表 3-2　2012 年 10 月份若干省市城镇居民最低生活保障实施情况

地区	保障人数(人)	保障家庭数(户)	保障累计支出(万元)	人均支出水平(元)
全国合计	21390409	11074280	5101312.1	234.24
北京市	110789	61371	54746.0	482.67
上海市	229327	146258	116971.5	414.81
山西省	886009	432219	192487.4	215.60
天津市	165579	87110	67573.0	390.08
河北省	779756	406728	184408.2	228.30
内蒙古自治区	800280	439570	249481.7	307.79
辽宁省	1058704	540933	304089.5	278.19
浙江省	79569	49943	31503.9	381.30
安徽省	821173	468857	222675.7	269.06
山东省	536593	256260	144323.7	255.55
四川省	1856447	1025171	369104.9	198.6
贵州省	528994	270124	127467.3	238.95
陕西省	764153	356518	194689.0	242.16

资料来源:http://www.mca.gov.cn.

3.资金来源

我国在开始建立城市居民最低生活保障制度时,各省筹集经费主要有两种办法:一种是由市、区两级财政负担;另一种是由市、区财政和企事业单位共同负担,也就是"谁家的孩子谁抱走",单位解决不了的,由单位主管部门解决,单位主管部门解决不了的,再由民政部门解决。相比较而言,第一种办法比较理想,消除了传统救助体制的弊端。对此,《城市居民最低生活保障条例》作出了明确规定:"城市居民最低生活保障所需资金,由地方人民政府列入财政预算,纳入社会救济专项资金支出项目,专项管理,专款专用。"从而肯定了第一种筹资方式。同时,该条例还规定:"国家鼓励社会组织和个人为城市居民最低生活保障提供捐赠、资助;所提供的捐赠资助,全部纳入当地城市居民最低生活保障资金。"以上规定,明确了财政和社会捐赠资助是城市居民最低生活保障制度资金来源的两个渠道,明确了地方政府是城市居民最低生活保障资金的主要责任者。

我国传统的城市救助制度的财政负担全在基层政权,也就是在城市(包括直辖市、省辖市和地级市)中的区和不设区的市(县级市)。自建立最低生活保障制度以来,各地大多采用了市、区两级分级负担的方法。市、区分担的比例从 7∶3(如大连市)到 3∶7(如青岛市)的都有。在武汉市、重庆市分担的比例是 5∶5。

这种资金负担方式最终导致资金不落实,使最低生活保障制度在很长一段时间内没有发挥出它应有的作用。因此从 2001 年下半年开始,在资金问题上,中央政府开始作出很大的调整。我国城市居民最低生活保障的资金来源经历了中央政府只出政策不拿钱到现在多级财政共同负担的变化,1999 年之前最低生活保障资金全部由地方财政开支,中央财政基本不出钱,1999 年之后,中央财政与地方财政共同负担低保资金。1999 年,中央在 30%"调标"时,对中央企业比较集中的地区、经济不发达的西部地区实行了资金补助,拨出了 4 亿多元,约占当年总支出 15 多亿元的 27%;2000 年,最低生活保障制度的总支出约 30 亿元,其中中央财政负担为 8 亿元,仍保持了 27% 的负担比例;但是,到了 2001 年,最低生活保障支出已达 42 亿元,其中中央财政负担 23 亿元,约占 55%。从分担比例上来说,翻了一番。此后,中央财政不断扩大低保资金的投入,2002 年为 46 亿元,2003 年增加到 92 亿元,这为城市居民最低生活保障制度迅速扩大覆盖面提供了有力的资金支持。除了北京、上海、江苏、浙江、广东 5 省市(中央财政不投入资金)外,其余省市中央财政与地方财政以 1∶1 的比例负担低保资金。到 2007 年全国城镇低保资金支出 277 亿元,中央财政支出 160 亿元;2008 年全国城镇低保资金支出 393.4 亿元,中央财政支出 266 亿元;2009 年全国城镇低保资金支出 482.1 亿元,中央财政支出 359.1 亿元;2010 年城镇低保资金支出增至 524.7 亿,中央财政支出 365.6 亿元。中央财政补贴力度的稳步增加为我国城镇最低生活保障制度的持续发展提供了强大的支持。中央财政发挥越来越重要的作用,目前最主要的是中央财政,中央和省的转移或预算城市低保资金,一般在每年的下半年到位,市(州)、县(市、区)每月按时发放低保金。

4. 待遇申领程序

我国城市居民最低生活保障制度的申领程序包括：申请、审核与审批、保障金发放和后续动态管理等几个步骤。

（1）申请。

《城市居民最低生活保障条例》第七条规定了低保申请者的申请手续：①户主向户籍所在地的街道办事处或者镇人民政府提出书面申请。②出具有关证明材料，主要有两类：一类是证明身份的材料，包括户口簿、家庭成员身份证、家庭在职工作人员工作证、残疾人员残疾证、丧失或基本丧失劳动能力的无业人员提供的由县（市、区）民政部门指定医院出具的诊断证明以及其他足以证明家庭成员身份的证件、材料等。另一类是证明收入的材料，包括在职职工所在单位出具的工资、奖金、福利等方面的收入证明；离退休人员、下岗人员、失业人员提供的由原单位、劳动部门、失业保险管理机构出具的保障性、补偿性、救济性收入和所接受帮助的证明；接受赡养、抚养、扶养情况的证明；其他合法收入的证明等。③填写《城市居民最低生活保障待遇审批表》，如实填写相关内容，并表示愿意配合有关部门调查核实，审批表的内容一般包括家庭成员、居住地、身份、工资收入、其他收入、家庭收入等。

（2）审核与审批。

资格审核是为了核实申请人所提供的证明材料和在《城市居民最低生活保障待遇审批表》中填写的内容是否真实，是否具备享受最低生活保障待遇的资格。审核与审批一般按照三个步骤来进行：街道办事处或镇政府负责城市居民最低生活保障的审核工作，县级人民政府民政部门负责审批工作，基层社区居委会根据管理审批机关的委托，承担城市居民最低生活保障的日常管理和服务工作，进行初审。

①居委会初审。社区居委会受当地民政部门和街道或镇人民政府委托，对申请人提出的申请进行直接受理，包括指导填写申请表格，初步审核其所提交的材料是否规范，进行实际入户调查和邻里访问、信函索证等间接询访的方式，以核实申请材料与申请人本身实际情况是否吻合，经核实后，组织评审小组进行评议，将符合条件的在社区居委会内张榜公布，然后提出初步意见报送街道办事处或镇人民政府。不符合条件的，及时退回申请，并加以说明解释。

②街道、镇审核。街道、镇在居委会初审基础上，进行具体审核，签署审核意见，其期限是 20 天之内。经过审核认为符合要求的要及时上报区、县民政局，不符合要求的，退回申请，并说明理由。

③县（市、区）民政局审批。县级民政部门对上报的申请表和相关材料进行审批，认为符合条件的，办理审批手续，并经街道办事处或镇人民政府通知社区居委会张榜公布。自申请人提出申请之日起 30 天内办结审批手续。对不符合条件的

申请人员,在 30 日内书面通知申请人,同时说明理由。审批后,县(市、区)民政局要按时将汇总的保障对象名单报上一级民政部门备案。

(3)保障金的发放。

《城市居民最低生活保障条例》第八条规定了享受低保待遇的两种具体方式,即"全额享受"和"差额享受"。低保对象属于"三无"性质的,进行直接全额发放;低保对象属于有一定收入的,按照家庭人均收入与低保标准之间的差额进行补差发放。具体发放的差额是这样计算的:家庭月保障金额＝当地月保障标准×家庭人口数－月家庭成员各类收入总额(抚恤补助金除外)。在保障标准不变的情况下,月家庭成员各类收入越少,家庭月保障金越多;反之,家庭月保障金越少。例如,某地最低生活保障标准为 230 元,申请家庭共 3 口人,如果家庭月总收入为 480 元,月人均收入则为 480÷3＝160 元,那么该家庭享受的月人均低保补助额为 230－160＝70 元,每月全家能够领取的低保金总额为(230－160)×3＝210 元。

在实际的发放工作中有一种情况需要注意,已享受传统社会救济的对象,原救济标准高于低保标准的按原救济标准发放。发放的形式既可以是货币,也可以是实物,提倡以各种转移支付形式和各种社会服务的形式进行。低保资金的发放一般由低保对象直接从银行或邮局领取保障金,对行动不便或年老多病的低保对象,街道办事处或镇人民政府则委派专人将保障金按时送达。

(4)后续动态管理。

申请人取得最低生活保障资格后,因经济情况上的变化而导致其不符合先前接受救助的法定条件,应当主动向行政机关提出申请要求撤销或者部分撤销或者增加其享受的最低生活保障待遇。对申请人提出的申请,行政机关应当进行审查,符合法定条件的,应当依法办理变更手续。但是由于最低生活保障是一种受益行政行为,对于行政机关无偿给予的物质利益,公民有可能即使家庭状况出现好转也不愿意向行政机关提出撤销给付的申请,所以一般情况下,行政机关应主动行使职权对接受救助人的家庭情况进行动态管理,定期进行调查,以确定其是否继续符合接受救助的法定条件。如果行政机关怠于行使后续管理的职责,也应该承担相应的行政不作为的法律责任。

(5)行政复议和行政诉讼。

《城市居民最低生活保障条例》对最低生活保障待遇管理中的救济措施也进行了相应的规定。第十五条规定:"城市居民对县级人民政府民政部门作出的不批准享受城市居民最低生活保障待遇或者减发、停发城市居民最低生活保障款物的决定或者给予的行政处罚不服的,可以依法申请行政复议;对复议决定仍不服的,可以依法提起行政诉讼。"该规定是对保障对象合法权益的救济性保护,也是对执法部门的监督和制约。

5.优惠政策和配套措施

低保政策是一项保障城市居民最低生活需要的政策,从根本上说它是一项收入保障,有了这些收入支持,低保对象就能维持最低水平的生活。但是对贫困居民而言,最低生活的保障固然重要,但是还有其家庭生活的更多需要,例如就业、医疗、卫生、教育、住房等方面的需要,乃至获得社会尊重的精神需要。如果这些方面不能给予恰当的满足,那么贫困者会陷于持续的贫困,并与主流社会脱节,所以低保政策相关的优惠政策与配套措施的有效实施显得非常重要。具体低保配套措施的实施情况中,有的城市采取实物补助,有的城市对特困居民的房租、水电煤气费、孩子学杂费等实行减免优惠。

(二)生活无着落的流浪乞讨人员的生活社会救助

1.建立的背景

流浪乞讨人员的制度变迁经历了新中国成立初期的教养制度,随后的收容遣送制度以及救助管理制度这几个阶段。

改革开放以来,随着社会经济的发展,社会文明程度的提高,原有的收容遣送管理机制与运行体系的弊端日益突出,不能适应社会的发展。国务院在1982年颁布《城市流浪乞讨人员收容遣送办法》以后,一些地方的收容站的工作人员滥用权力、任意扩大收容范围、搞创收的现象屡屡发生,被收容者的权益得不到有效保障,有的随意遭到打骂、虐待,有的被冒领、丢失,有的遭到意外伤亡,问题越积越深。因此,《城市流浪乞讨人员收容遣送办法》(以下简称《收容遣送办法》)在2003年6月被废止。

《城市生活无着的流浪乞讨人员救助管理办法》(以下简称《救助管理办法》)经过2003年6月18日国务院第12次常务会议通过,自2003年8月1日起实施。2003年7月16日民政部第二次部务会议通过了《城市生活无着流浪乞讨人员救助管理办法实施细则》,并于2003年8月1日施行。截至2012年底,全国共有救助管理站1770个,床位9.0万张,全年救助城市生活无着的流浪乞讨人员276.6万人次。

加强流浪乞讨精神病人、危重病人的救治工作,特别是流浪未成年人的救助保护工作;协助有关部门治理了扰乱公共秩序的有害乞讨行为;实现了对流浪乞讨人员从严格管制到实施救助的重大转变。该救助制度的建立保障了在城市生活无着落的流浪乞讨人员的基本生活权益,是一个巨大的社会进步。

2.现行制度的主要内容

《救助管理办法》取代《收容遣送办法》,对救助的范围、措施、管理制度、救助理念、宗旨等作了大量调整,是我国政府职能转变的重要标志,是中国民主法制建设

的里程碑式事件,是中国社会救助制度的重大改革。《救助管理办法》包括以下几个方面内容:

(1)救助范围:自身无力解决食宿,无亲友投靠,又不享受城市最低生活保障或者农村五保供养,正在城市流浪乞讨度日的人员。

(2)救助部门职责:县级以上城市人民政府应当根据需要设立救助站,并应当采取积极措施及时救助流浪乞讨人员,将救助工作所需经费列入财政预算,予以保障;县级以上人民政府民政部门负责流浪乞讨人员的救助工作,并对救助站进行指导、监督;公安、卫生、交通、铁道、城管等部门承担各自职责范围内的责任;行政机关对发现的流浪乞讨人员应当告知其向救助站求助,对其中的行动不便人员还应当引导、护送到救助站。

(3)救助措施:救助站应当根据受助人员的需要提供符合食品卫生要求的食物;提供符合基本条件的住处;在站内发急病的,及时送医院救治;帮助其与其亲属或所在单位联系;对没有交通费返回其住所地或者所在单位的,提供乘车凭证。

(4)管理方式:救助站为受助人员提供的住处,应当按性别分室住宿,女性受助人员应当由女性工作人员管理;救助站应当保障受助人员在站内的人身安全和随身携带的物品的安全,维护站内秩序;不得向受助人员、其亲属或者所在单位收取费用,不得以任何借口组织受助人员从事生产劳动;救助站应当建立健全各项管理制度,实行规范化管理。

(5)救助宗旨:《救助管理办法》第一条明确规定:"为了对在城市生活无着的流浪、乞讨人员(以下简称流浪乞讨人员)实行救助,保障其基本生活权益,完善社会救助制度,制定本办法。"

(6)救助工作人员的禁止性行为:如不准拘禁或者变相拘禁受助人员;不准打骂、体罚、虐待受助人员或者唆使他人打骂、体罚、虐待受助人员;不准敲诈、勒索、侵吞受助人员的财物;不准克扣受助人员的生活供应品等。

《救助管理办法》明确了救助的性质,确定了政府的责任与义务,落实了财政支出,强化了救助站的职责;同时提到"国家鼓励、支持社会组织和个人救助流浪乞讨人员"。这说明要建立健全社会救助体系,更好地救助和服务流浪乞讨人员,需要全社会的共同关心和支持,利用好非政府组织和社会团体的力量对解决流浪乞讨人员的问题会起到积极的作用。

(三)其他特殊救助对象的生活社会救助

这些特殊的社会救助对象是在我国特殊的历史背景下产生的,主要包括新中国成立初期原国民党起义、投诚人员和部分归国华侨;我国三年自然灾害时期,被精简而生活困难的城市职工。20世纪50年代末到60年代中期,国家又新增了一些救济对象:因法院错判造成当事人家属生活困难人员、特赦释放战犯生活困难人员、工商业者家属、归国侨眷、外逃回归人员等,在最高峰的时候达到20多种人,这些在特殊历史背景下产生的救助对象,随着社会发展不断减少,但政府也一直致力于做好他们的生活社会救助工作。

三、我国城市居民最低生活保障制度存在的问题与完善思路

(一)城市居民最低生活保障存在的问题

1.家庭实际经济状况核实困难,救助对象界定尚不科学

我国的低保制度以家庭为单位进行救助,能否成为救助对象主要看家庭人均收入是否低于救助标准。而现阶段我国居民收入核查难现象比较普遍,主要是由于缺乏完备的个人金融信用体系,不能有效地对居民收入进行监控和调查,无法对低保对象进行准确甄别;家庭财产收入和隐性收入难以核查;没有建立科学的测定贫困的指标;这些问题的存在加大了家庭收入核查的难度。低保对象界定中存在着"人情保""骗保"等现象。这些问题的存在使得一部分真正需要救助的人得不到救助,而一部分不需要社会救助的人却享受到了"低保"待遇,不仅造成了社会资源的浪费,也损伤了低保制度应有的功能。

2.资金投入相对不足,救助标准偏低,还未建立起低保标准的动态调整机制

每年中央财政,各省(自治区、市)、县(市、区)等地方财政,用于城市最低生活保障的资金投入并不确定,没有一个固定的分配比例,这会造成预算资金不足,难以保障当年的最低生活保障资金的支出;而且,在实际的操作过程中,中央和省的城市低保资金一般在每年的下半年才到位,这和市、县每月必须按时足额发放低保金的时间不一致,容易造成市、县无力垫付低保资金,而影响基层低保资金的按时足额发放。

救助资金不足,使得我国的低保标准偏低,未能有效地保障贫困者的基本生活。2012年10月份的全国人均支出水平为330.1元/月,与平均收入、实际贫困线、国外救助水平相比,救助水平仍较低。从实际情况来看,我国现行的最低生活保障标准制定的出发点是政府现有的财政承受能力,而非居民实际需要的费用。

《城市居民最低生活保障条例》中规定,城市居民最低生活保障标准需要提高时,按照当地维持城市居民基本生活所必需的衣、食、住费用,并适当考虑水电燃煤(燃气)费用以及未成年人的义务教育费用等来确定。但是实际运行中各地并未按要求制定出科学合理的低保标准,也没有依据生活必需品的价格变化、人民生活水平的提高、社会经济发展水平和财政承受能力的提高建立低保标准的动态调整机制。

3.低保对象的尊严受到威胁

低保对象能得到最低生活保障,获得社会的帮助和支持,解决生活困难是幸运的。但享受低保待遇的同时,也要付出一定的代价,导致低保对象的尊严无法得到保障。按照政策规定,在成为低保对象的过程中,申请者必须接受家庭情况调查,《城市居民最低生活保障条例》第九条规定,对被批准享受低保的城市居民,要"由管理审批机关采取适当的形式以户为单位予以公布,接受群众监督",明确规定了"做到保障对象、保障资金和保障标准三公开";低保对象被贴上困难家庭的标签,被公众监督,听从政府和社区安排,不能有不相适宜的生活方式和爱好,这些无疑会使低保对象的尊严受到严重的伤害,并承受巨大的心理压力。我国的低保标准与国际上"最低限度而不失尊严的生活"显然还有一定的差距。

4.低保对象进入容易退出难

我国城市居民最低生活保障制度,自1993年在上海开展试点,1997年国务院向全国推广以来,经过近二十年的发展,已经初步达到了"应保尽保"的目标,但随着政策覆盖面的扩大,低保政策在实际运行中出现的"退保难"现象日益凸显。主要表现在:一方面,低保对象收入水平提高之后,不再符合城市居民最低生活保障制度救助标准,但仍通过瞒报收入等非法手段,滞留在低保制度内;另一方面,低保对象长期处于低保制度的庇护中,失去了就业积极性而陷入"贫困陷阱"。在城市低保相关条例中,对低保对象后续动态管理作了规定,但是由于政策本身的可操作性、基层执行人员配备等方面的限制,低保动态管理无法实现,存在着进入容易退出难的问题。

5.城市低保边缘户的生活未得到有效保障

城市低保边缘户是指家庭收入水平接近城市低保线,即略微超过标准线以上的人群或家庭,但实际生活水平却低于享受专项救助后的低保对象,仍处于贫困却未能获得社会救助的群体。我国在界定低保对象时采用单一的收入指标,按照规定,低保边缘户家庭享受不到低保补助,长期游离在低保政策之外,他们与低保户一样面临着就业难、看病难、上学难等问题,甚至有一部分家庭的实际生活水平还低于低保户。

(二)完善城市最低生活保障制度的建议

1.科学调查家庭经济状况,合理界定救助对象

在目前缺少个人征信体系支撑的情况下,对低保者的家庭财产和收入水平进行核查,一个可行的办法是从支出入手,确定其消费形态和生活方式,对低保对象的住房、耐用消费品等支出项目进行综合评判。摒弃根据单一的收入指标界定救

助对象的方法,采用家计调查的形式,综合考虑其子女及亲属财产和收入状况等判断低保对象,确保低保资金真正用于保障最需要救助的贫困群体,避免有限的低保资金用于养懒汉,减少因救助机制本身的不完善所产生的救助偏差。

2. 完善最低生活保障资金的筹措和管理,提高低保保障标准,建立并完善低保标准动态调整机制

首先,加大对最低生活保障制度的资金投入。资金问题是制约我国最低生活保障制度进一步完善的关键问题,需要中央和地方财政的共同支持,其中最重要的是中央财政的大力支持。其次,规范低保资金的发放、监督与管理。坚持依法救助,注重执法监督,建立监督机制,向社会公开低保的审批程序和投诉渠道。规范低保资金的发放,定期向社会公开低保资金的使用情况,做到低保金的使用公开化、透明化,避免低保资金被挪作他用。

制定最低生活保障标准时,应科学有效地调查家庭经济情况,各地区应进行家计调查,摸清其具体收入情况,结合本地区经济发展水平、居民的收入状况以及物价水平,并考虑低保对象也能分享本地区的经济发展成果,来制定本地区的最低生活保障指导性标准。

城市居民最低生活保障标准调整机制应包括价格调整机制和收入调整机制,在对我国各地价格调整措施和收入调整措施实证分析的基础上,建立与食物线相关的临时价格补贴制度和社会平均生活水平挂钩的非食物线来调整低保标准,社会生活水平可以通过城市居民人均可支配收入来衡量。

3. 降低低保制度的"污名效应",避免对低保对象的心理伤害

城市居民最低生活保障制度的"污名效应"及对低保对象的心理伤害,主要是由于我国低保制度信息化建设水平低,家计调查困难和低保执行人员的工作方法、态度等方面原因造成的,因此做到对低保对象有尊严的救助,可以从以下两个方面加以改善。首先,加强我国低保制度信息化建设,对低保对象的家计调查情况进行动态管理,及时把握收入变化情况,通过方法的改善来代替张榜公示制度。其次,低保工作执行层面。低保工作人员应掌握科学合理的社会工作方法,关注低保对象的心理活动,减少对其心理伤害。社会工作是一门艺术,它需要出色的知人技巧和助人自助技巧,对现有的城市居民最低生活保障工作人员进行社会工作专业培训,把社会工作的方法融入到低保工作中,减少"污名效应"对低保对象的影响,提升低保对象的信心和能力。

4. 加强低保动态管理,完善低保退出机制

首先,从城市居民最低生活保障制度入手,完善制度内容,与现实情况相结合增强低保制度的可操作性,为低保对象退出低保制度提供明确的指导;提升低保基层工作人员的执行力,充实人员,加强培训,提高基层人员的素质来保障低保动态

管理的顺利开展。其次,完善教育救助、医疗救助、住房救助等专项救助,降低低保对象对低保附加福利的依赖,提高低保退出的积极性。再次,政府部门应加强对低保对象的就业扶持力度,提升低保对象的就业积极性,并健全和完善就业退出机制,为低保对象通过就业逐步退出低保制度提供帮助。

　　5.保障低保边缘户的利益

　　低保边缘户因人均收入略高于救助标准,而没能被列入救助范围之内,有些低保边缘户的实际生活还不如享受低保待遇后的低保对象。为切实保障低保边缘户的利益,应尽快出台低保边缘户的认定办法,摸清低保边缘户的规模,根据各地的实际情况对低保边缘户实施梯度救助措施。使这部分困难群体享受到生活、医疗、教育、住房、取暖、司法等方面的专项救助,切实保障他们的基本生活。城市低保边缘户制度是对城市低保制度的延伸和补充,是对城市社会救助制度的进一步完善。

第四节　中国农村生活社会救助制度

　　我国农村生活社会救助制度已从传统的贫困户救助和五保供养,发展到现行的五保供养、最低生活保障、特困户救济和临时救济等多种救助形式。

一、传统制度的主要内容

　　我国传统的农村生活社会救助主要包括贫困户救助和五保供养。

(一)贫困户救助

　　这里的贫困户是指农村地区缺乏、丧失劳动能力,或因天灾人祸而造成生活困难,急需给予帮助的农民、牧民、渔民等。

　　20世纪50—70年代,农村实行集体核算制,因此农村贫困户是靠当时的生产队给予救助,所需的费用一般由集体经济的公益金开支。尽管当时生产力水平不高,集体经济实力有限,但在分担风险和保障农村贫困户的基本生存条件方面却是比较可靠的。因而,靠极为有限的救济金和粮食、棉布等实物救助,在当时保障了农村贫困户的基本生活。

　　20世纪80年代初期农村实行承包责任制后,结束了集体核算的平均主义分配体制,把土地按人口平均分配。此后,集体虽然仍承担着对孤老残幼基本生活保障的责任,但绝大多数贫困者失去了集体分担风险的保障,而更需要个人和家庭来承担风险和责任。因此,那时的农村贫困人口享受到的救助待遇是很低的,每人年均不到10元,由集体救济的粮食年人均只有20公斤。

　　此项贫困户救助主要是暂时性救济,它并没有形成规范的制度。

(二)五保供养

农村五保供养是中国农村生活社会救助工作中的一个主要内容,于1956年建立,并在1994年由国家以政府法规的形式予以确定。在中国农村生活社会救助制度中,五保供养被认为是唯一具有相对连续性的救助项目。传统的五保供养主要是指集体供养的互助共济时期,具体经历了以下三个阶段:①人民公社阶段(1956—1978年),主要依靠集体公益金运行,由生产队或生产大队组织实施供养;②家庭联产承包制阶段(1978—2002年),以村提留和乡统筹为经费来源进行供养;③农村税费改革阶段(2002—2006年),国家救助作为五保供养的辅助方式。

1956年出台了两项法规性文件:《1956年到1967年全国农业发展纲要》《高级农业生产合作社示范章程》。《1956年到1967年全国农业发展纲要》规定:"农业合作社对于社内缺乏劳动力、生活无依靠的鳏寡孤独农户和残废军人,应当在生产上和生活上给以适当的安排,做到保吃、保穿、保烧(燃料)、保教(儿童和少年)、保葬,使这些人的生养死葬都有指靠。"《高级农业生产合作社示范章程》在第53条也作出了类似规定。这两个文件是最早提出关于农村五保供养工作的法规性文件,构建了我国农村五保供养制度的雏形。这一时期的五保供养工作是农村高度集体化的产物,五保供养的款、物主要是来源于集体分配或公益金补助。

1978年,党的十一届三中全会以后,随着人民公社体制和集体经济的瓦解,村级公益金的提取面临根本性的困难,严重威胁了五保供养的物质基础,使农村五保供养工作面临着巨大的挑战。

1994年1月,国务院第141号令发布了《农村五保供养工作条例》,条例规定了五保的性质、对象、确定对象的程序、供养的内容和标准、经费的来源与筹集办法等,强调"五保供养所需经费和实物,应当从村提留或者乡统筹费中列支,不得重复列支;在有集体经营项目的地方,可以从集体经营的收入、集体企业上交的利润中列支",这是我国第一部关于五保工作的法规,对完善五保供养制度具有重要的意义,条例的颁发实施,标志着五保供养立法工作进入了一个新的阶段。

2004年,我国开始实行减征或免征农业税的惠农政策,为了确保农村税费改革后五保供养的资金来源,2004年8月,民政部、财政部、国家发展和改革委员会发出《关于进一步做好农村五保供养工作的通知》,要求加强资金管理,确保五保供养资金落实,并针对农村税费改革后五保供养资金发生的变化提出了过渡性的办法:"除保留原有集体经营收入开支以外,从农业税附加收入中列支;村级开支确有困难的,乡镇财政给予适当补助。免征、减征农业税及其附加后,原从农业税附加中列支的五保供养资金,列入县乡财政预算。地方在安排使用农村税费改革转移支付资金时,应当确保五保供养资金的落实,不得截留、挪用。"从这里可以看到,现阶段不再强调五保供养的"集体福利事业"性质,而强调县乡财政转移支付的责任,这对于改进五保供养工作有一定的意义。

集体供养、互助共济时期的五保供养，主要的改变是随着农村经济体制的变化，五保的内容由集体化时期的"保吃、保穿、保烧、保葬和保教（儿童和少年）"逐步演变为"保吃、保穿、保住、保医、保葬（未成年人保教）"五个方面。

二、现行制度的主要内容

（一）五保供养

2006 年修订的《农村五保供养工作条例》出台，五保供养被正式纳入国家救助体系，标志着五保供养实现了从农民集体内部的互助共济体制向国家财政供养为主的现代社会保障体制的历史性转变。现阶段的五保供养从 2006 年进入国家公共救助阶段，以国家财政供养为主，集体保障为辅。

截至 2012 年底，全国有农村五保供养对象 529.2 万户，545.6 万人，分别比上年下降 0.2％和 1.0％。全年各级财政共支出农村五保供养资金 145.0 亿元，比上年增长 19.1％。其中：农村五保集中供养 185.3 万人，集中供养年平均标准为 4060.9 元/人，比上年增长 19.4％；农村五保分散供养 360.3 万人，分散供养年平均标准为 3008.0 元/人，比上年增长 21.8％。

1.供养对象

《农村五保供养工作条例》规定："老年、残疾或者未满 16 周岁的村民，无劳动能力、无生活来源又无法定赡养、抚养、扶养义务人，或者其法定赡养、抚养、扶养义务人无赡养、抚养、扶养能力的，享受农村五保供养待遇。"

2.供养内容

《农村五保供养工作条例》规定：五保供养的内容是：①供给粮油、副食品和生活用燃料；②供给服装、被褥等生活用品和零用钱；③提供符合基本居住条件的住房；④提供疾病治疗，对生活不能自理者给予照料；⑤办理丧葬事宜。农村五保供养对象未满 16 周岁或者已满 16 周岁仍在接受义务教育的，应当保障他们依法接受义务教育所需费用。可见，对五保对象的各方面进行了全面的保障。

3.供养标准

农村五保供养标准，是指供养五保对象所需的基本生活费用标准，是确定农村五保供养水平的依据，对于保障五保供养对象的基本生活具有重要的作用。

《农村五保供养工作条例》第 10 条规定："农村五保供养标准不得低于当地村民的平均生活水平，并根据当地村民平均生活水平的提高适时调整。"这项规定创建了五保供养标准的自然增长机制，为五保供养对象共享国家改革发展的成果提供了制度保障。

4.五保供养的形式

《农村五保供养工作条例》明确了五保供养的基本形式,"农村五保对象可以在当地的农村五保供养服务机构集中供养,也可以在家分散供养。"

5.监督管理

县级以上人民政府应当依法加强对农村五保供养工作的监督管理。县级以上地方各级人民政府民政部门和乡、民族乡、镇人民政府应当制定农村五保供养工作的管理制度,并负责督促实施。

(二)农村居民最低生活保障制度

1.建立和发展过程

农村居民最低生活保障制度是在农村特困群众定期定量生活救助制度的基础上逐步发展和完善的一项规范化的社会救济制度,迄今为止,已经历了三个发展阶段。

第一阶段:初创阶段(1994年至1995年底)。农村居民最低生活保障制度的试点起源于1994年山西省阳泉市。1994年,山西省在阳泉市开展了建立农村社会保障制度的试点,于当年6月颁布实施了《阳泉市农村社会保障试行办法》。其中规定,县、乡、村根据各自经济发展的不同状况,确定基本保障线,对生活在基本保障线以下的贫困户实行救济,使其生活水平达到基本保障线。此后,上海市政府办公厅也在1994年转发了市农委、财政局、民政局《关于做好本市农村工作的意见》,批准进行农村居民最低生活保障制度试点。同年,第十次全国民政工作会议上,民政部决定进一步扩大农村居民最低生活保障制度试点范围,试点区域确定为山西、山东、浙江、河北、广东和河南等。1995年12月,广西武鸣县颁布了我国第一个县级农村居民最低生活保障制度文件《武鸣县农村最低生活保障线救济暂行办法》。

第二阶段:推广阶段(1996年至2001年底)。1996年,民政部印发了《关于加快农村社会保障体系建设的意见》,并制定了《农村社会保障体系建设指导方案》,要求各地把建立农村居民最低生活保障制度作为农村社会保障体系建设的重点来抓。将农村最低生活保障的试点范围扩大到全国256个市县。1996年1月4日,上海市人民政府颁布了《上海市生活救助办法》。1996年12月6日,青岛市人民政府颁布了《建立农村居民最低生活保障制度指导方案》。1997年1月14日,广西壮族自治区出台了《广西壮族自治区农村社会保障制度暂行办法》。1999年7月,广东省发布了《广东省城乡居民(村民)最低生活保障制度实施办法》,提出了最低生活保障公平、平等与民主的原则。直到2001年底,全国共有2037个县建立了农村居民最低生活保障制度,占所有县、市总数的81%,对34万农村困难居民实施了最低生活保障,占农业总人口的 4%,年支出保障资金 91 亿元。

第三阶段:全面推进和逐步完善阶段(2002 年至今)。2002 年,北京市颁布了《北京市农村居民最低生活保障制度实施细则》;2004 年,辽宁省实施了《辽宁省农村居民最低生活保障暂行办法》。2002 年底,全国只有 1871 个县(市、区)建立了农村居民最低生活保障制度,占所有县(市区)总数的 72.1%,这一比重相比 2001 年不升反降的原因是农村税费改革后,降低农业税税率对县乡财政收入造成了不利的影响,许多财政困难县市不得不放弃了农村居民最低生活保障制度。与此相反,2002 年农村低保受保障的人数达 440 万人,占农业总人口的 0.5%,年支出保障资金 13.6 亿元。2003 年年底,由于中央政策的调整,只有 1206 个县继续开展农村居民最低生活保障制度,仅占所有县(市、区)总数的 42%,人口为 373 万,比上年减少 15%,人均标准每月 85.9 元,月人均补差 35.4 元。2004 年,《中共中央、国务院关于促进农民增加收入若干政策的意见》(中发〔2004〕1 号)文件提出,"有条件的地方要探索建立农民最低生活保障制度",此后福建、北京、上海、天津、浙江、广东、江苏等 7 个省(直辖市)相继建立了农村居民最低生活保障制度。2006年 12 月召开的中央农村工作会议和 2007 年中央一号文件再次明确提出:"在全国范围建立农村居民最低生活保障制度,鼓励已建立农村低保制度的地区完善制度,支持未建立制度的地区建立制度。"这标志着农村最低生活保障进入全面推进的新阶段。2007 年 7 月,《国务院关于在全国建立农村最低生活保障制度的通知》发布,这表明,农村居民最低生活保障作为一项制度,将成为与城市居民最低生活保障制度并列的一道社会安全网,中国社会已经进入"全民低保"阶段。到 2007 年底,全国所有拥有农业人口的县(市、区)已全面建立起最低生活保障制度,被保障的人数达到 1608.5 万户,3566.3 万人,比上年同期增加 1973.2 万人,增长了123.9%,平均保障标准 70 元/人、月,全年共发放农村最低生活保障资金 109.1 亿元,比上年增长 150.8%,人均补差 38.8 元/月,比上年同期提高 4.3 元,增长12.5%。此外,还有 646 万人次得到了农村临时救济。截至 2012 年底,全国有农村低保对象 2814.9 万户、5344.5 万人,比上年同期增加 38.8 万人,增长了 0.7%。全年各级财政共支出农村低保资金 718.0 亿元,比上年增长 75%,其中中央补助资金 431.4 亿元,占总支出的 60.1%。2012 年全国农村低保平均标准 2067.8 元/人、年,比上年提高 349.4 元,增长 20.3%;全国农村低保月人均补助水平 104.0 元。

农村居民最低生活保障制度已经进入了全面推进和逐步完善阶段。随着我国和谐社会的构建和新农村建设进程的加快,农村公共品供给逐步扩大,在所有有农业人口的县(市、区)全面建立最低生活保障制度的同时,农村居民最低生活保障人数和保障资金也逐年增长。可以肯定地说,农村居民最低生活保障在制度建设上已经取得了显著的成绩,但其中存在的问题仍不容忽视。

2.农村居民最低生活保障制度内容

(1)保障标准。

《国务院关于在全国建立农村最低生活保障制度的通知》规定农村最低生活保障标准由县级以上地方人民政府按照能够维持当地农村居民全年基本生活所必需的吃饭、穿衣、用水、用电等费用确定,并报上一级地方人民政府备案后公布执行。农村最低生活保障标准要随着当地生活必需品价格变化和人民生活水平提高适时进行调整。

补助数额计算公式为:

低保家庭应该享受的低保金＝(低保标准—家庭的人均收入)×家庭人口数

(2)保障对象。

农村最低生活保障对象是家庭年人均纯收入低于当地最低生活保障标准的农村居民,主要是因病残、年老体弱、丧失劳动能力以及生存条件恶劣等原因造成生活常年困难的农村居民。保障对象需要进行家计调查,核定其是否符合低保资格。

(3)申领程序。

①个人申请。按照属地管理原则,以家庭为单位,由户主本人向户籍所在地的乡(镇)人民政府提出申请;村民委员会受乡(镇)人民政府委托,也可受理申请。个人申请要写明家庭住址、人口结构及致贫主要原因等基本情况。家庭成员均无民事行为能力的,由村民小组提名并代写申请,报村民委员会初审。

②村民委员会审核。村民委员会受乡(镇)人民政府委托,在村党组织的领导下,对申请开展家庭经济情况调查,并根据申请人提供的情况,按照规定条件和救助规模,召开村民代表会议进行评议。出席村民代表会议人员必须达到成员总数的 2/3 以上。申请救助人员须经半数以上成员评议通过。被评议通过人员,须填写《农村特困户救助呈报审批表》,由村委会统一签署意见,连同申请材料上报乡镇人民政府审核。

③乡(镇)人民政府审核。乡(镇)人民政府对各村上报的相关材料及时进行审核,查验评议记录,入户调查,据实填写农村特困救助申请家庭审查意见后报送到县级民政部门审批。

④县级人民政府民政部门审批。县级人民政府民政部门接到各乡(镇)人民政府上报的材料后,按不低于各乡(镇)上报救助人数 20% 的比例进行抽查。乡(镇)人民政府和县级人民政府民政部门要核查申请人的家庭收入,了解其家庭财产、劳动能力状况和实际生活水平,并结合村民民主评议,提出审核、审批意见。

⑤两榜公示。乡(镇)人民政府将审查同意的救助对象名单,通知所在村委会在公示栏公示不少于 7 天,公示无异议的上报县级人民政府民政部门。县级人民政府民政部门将审批结果在乡(镇)和村民委员会同时公示不少于 7 天,公示无异

议的,由县级人民政府民政部门填发《农村特困户救助证》,从批准的下一个季度起发给其救助金;公示有异议并经调查核实确认不符合救助条件的,书面通知乡(镇)或村委会。公示内容重点包括:最低生活保障对象的申请情况和对最低生活保障对象的民主评议意见,审核、审批意见,实际补助水平等情况。

⑥资金发放。最低生活保障金原则上按照申请人家庭年人均纯收入与保障标准的差额发放,也可以在核查申请人家庭收入的基础上,按照其家庭的困难程度和类别,分档发放。东部经济发达地区,城市化水平较高,工作基础好,已经实现了城乡低保一体化运行,可以较准确地核定低保申请人家庭收入,一般按申请人家庭人均纯收入与保障标准的差额发放低保金;中西部地区和部分东部地区,基于农村居民收入渠道较多,生产经营活动形式多样,家庭收入难以准确核算,采取按照低保对象家庭的困难程度和类别,分档发放低保金。要加快推行国库集中支付方式,通过代理金融机构直接、及时地将最低生活保障金支付到最低生活保障对象账户。

⑦动态管理。乡(镇)人民政府和县级人民政府民政部门要采取多种形式,定期或不定期调查了解农村困难群众的生活状况,及时将符合条件的困难群众纳入保障范围;并根据家庭经济状况的变化,及时按程序办理停发、减发或增发最低生活保障金的手续,并将保障对象和补助水平变动情况及时向社会公示,真正做到应保尽保,实现低保资源的最大化利用。

图3-1为陕西省农村居民申请低保程序示意图。

(4)资金来源。

《国务院关于在全国建立农村最低生活保障制度的通知》中指出:"农村最低生活保障资金的筹集以地方为主,地方各级人民政府要将农村最低生活保障资金列入财政预算,省级人民政府要加大投入。地方各级人民政府民政部门要根据保障对象人数等提出资金需求,经同级财政部门审核后列入预算。中央财政对财政困难地区给予适当补助。地方各级人民政府及相关部门要统筹考虑农村各项社会救助制度,合理安排农村最低生活保障资金,提高资金使用效益。同时,鼓励和引导社会力量为农村最低生活保障提供捐赠和资助。农村最低生活保障资金实行专项管理,专账核算,专款专用,严禁挤占挪用。"

国家实行最低生活保障,是履行政府公共服务职责,资金主要来自各级财政的投入。过去各地实行农村低保的资金都来源于各级地方财政,从2007年开始,中央财政对财政困难地区实施农村低保制度给予奖金补助,同时,提倡企业、社会团体和个人为农村最低生活保障提供捐赠和资助。中央对地方的补助,成为支持地方建立和完善农村低保制度的重要资金来源。随着农村低保制度的全面建立以及各级政府逐步加大投入,尤其是中央财政对财政困难地方给予适当补助资金,实际补助水平会逐步提高。在中央和地方的共同努力下,农村低保资金的来源和数量都是有保障的。

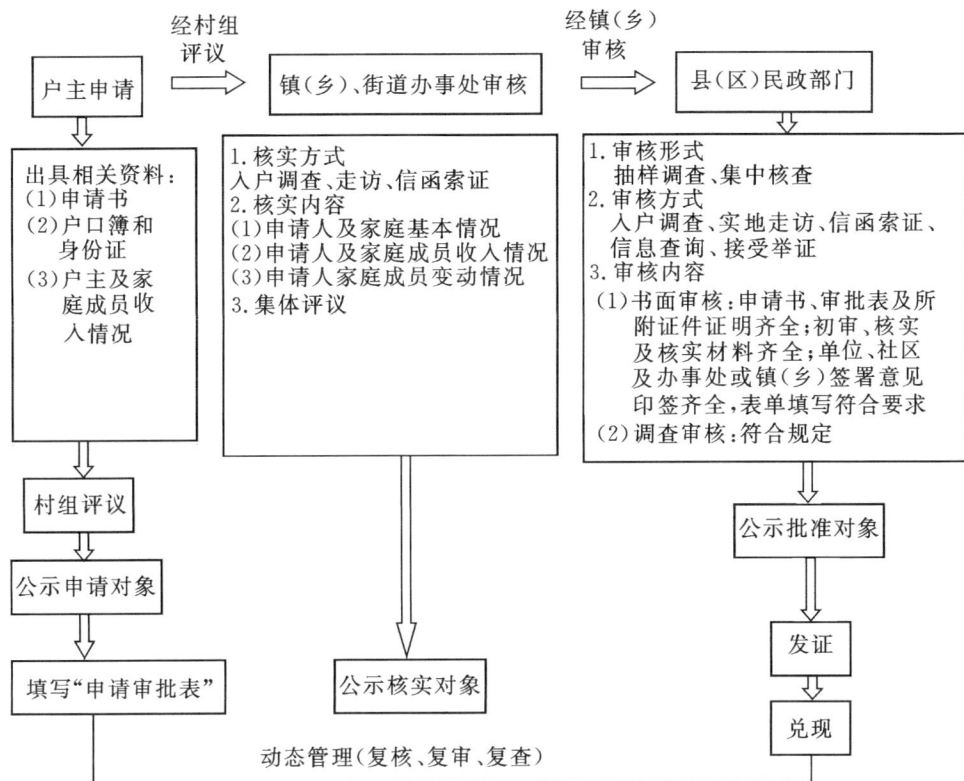

经村组　　　　　　　　　经镇（乡）
评议　　　　　　　　　　　审核

```
┌──────────┐  经村组   ┌───────────────────┐ 经镇（乡）  ┌──────────────────┐
│ 户主申请 │ ═评议═▷ │ 镇（乡）、街道办事处审核 │ ═审核═▷ │ 县（区）民政部门  │
└──────────┘          └───────────────────┘            └──────────────────┘
```

┌────────────────┐
│ 出具相关资料： │
│ (1)申请书   │
│ (2)户口簿和   │
│   身份证   │
│ (3)户主及家   │
│   庭成员收入 │
│   情况   │
└────────────────┘

┌──────────────────────────┐
│ 1.核实方式   │
│ 入户调查、走访、信函索证   │
│ 2.核实内容   │
│ (1)申请人及家庭基本情况   │
│ (2)申请人及家庭成员收入情况 │
│ (3)申请人家庭成员变动情况   │
│ 3.集体评议   │
└──────────────────────────┘

┌────────────────────────────────┐
│ 1.审核形式   │
│ 抽样调查、集中核查   │
│ 2.审核方式   │
│ 入户调查、实地走访、信函索证、   │
│ 信息查询、接受举证   │
│ 3.审核内容   │
│ (1)书面审核：申请书、审批表及所   │
│   附证件证明齐全；初审、核实   │
│   及核实材料齐全；单位、社区   │
│   及办事处或镇（乡）签署意见   │
│   印签齐全，表单填写符合要求   │
│ (2)调查审核：符合规定   │
└────────────────────────────────┘

┌──────────┐
│ 村组评议 │
└──────────┘

┌──────────────┐
│ 公示申请对象 │
└──────────────┘

┌──────────────────┐
│ 填写"申请审批表" │
└──────────────────┘

┌──────────────┐
│ 公示核实对象 │
└──────────────┘

┌──────────────┐
│ 公示批准对象 │
└──────────────┘

┌────────┐
│ 发证 │
└────────┘

┌────────┐
│ 兑现 │
└────────┘

动态管理（复核、复审、复查）

图 3-1　陕西省农村居民申请低保程序示意图

（三）特困户救助制度

1994—2007 年是农村居民最低生活保障制度探索阶段，由于农村居民最低生活保障制度具有明显的优越性，国家最初思考的是在全国推行农村居民最低生活保障制度，但通过几年的试点实践证明，当时中西部地区经济不够发达，财政上存在多重困难，还难以达到实行最低生活保障的条件。2003 年，民政部在对农村贫困群体进行了大规模的调查研究后，认为在我国中西部地区和条件较差、达不到实行低保制度的地区，先实行特困户救助制度，该制度的主要内容是：

第一，在中西部地区，如果认为还不具备实行农村最低生活保障的条件，可以停止这一制度，另外实行农村特困户救助制度。

第二，不以 627 元的贫困线来确定各地的贫困人口，因为有的地方一个县都是低于贫困线的农村人口，实际上不可能按照这一标准来确定民政救济人口，而是按照"不救不活"的标准来确定贫困人口。各地的发展程度极不均衡,全国不确定统一的贫困线标准。

第三,贫困人口的确定标准具体涵盖三类人:一是从严格意义上不能达到"五保"条件但生活极为困难的鳏、寡、孤、独人员;二是丧失劳动能力的重残家庭;三是患有大病而又缺乏自救能力的困难家庭。这三类人员客观上比较容易确定,没有争议,有着明确的标准。

第四,对"不救不活"的救助对象一律发放《农村特困户救助证》,登记造册,规范管理。

第五,对农村特困户实行定期定量救济,即按照一定期限以一定数额的资金或实物,定期发放救济物资。这样的规定比较适合中西部农村的实际,对于经济上还不太发达的地区,可以较快地以较低的标准对所有急需政府救济的特困户给予规范的救助。这一制度与城市的最低生活保障制度是有明显区别的,它没有确定明确的最低生活保障线,不计算工资或者收入,又不实行差额救助,也不一定要按月发放,还有实物发放,因此这样的制度便于普及,也便于操作,从而可以较快地在全国范围内实行。

2007 年国务院颁布《关于在全国建立农村最低生活保障制度的通知》,农村最低生活保障制度在全国范围内普遍建立,绝大多数农村特困户转为享受农村居民最低生活保障。

(四)临时救济措施

临时救济的主要对象是不符合五保供养条件的一般贫困户,其生活水平处于最低生活保障的边缘地带,一旦受到饥荒、疾病、意外伤害等影响,就很容易陷入贫困境地。这些人有劳动能力或生活来源或有法定抚养人,但由于遭受到重大疾病等意外情况的困扰,也可能陷入生活困境。对于这部分人,一些地区的地方政府目前采取了临时救济的方式。临时救济一般都采取不定期的多种多样的扶贫帮困措施,如年节来临时给予生活补助或不定期地给予生活物品救助的方式等。救济经费一般由当地政府财政列支,辅之以社会互助的方式。例如,辽宁通过扶贫帮困手拉手结对子,建立扶贫超市等形式,取得了一定的效果。这种临时救济的形式也是我国传统的扶危助困意识的最好体现。

2009 年全年有 62.2 万农村人口享受了农村传统救济,546.4 万人次得到了农村临时救济。为城乡低保家庭、五保对象、享受国家抚恤补助的优抚对象和城乡老党员发放了一次性节日生活补贴,惠及 7400 多万人。2012 年临时救助农村居民 383.2 万户次。

理论分析

低保资格可以一劳永逸吗？——兼论城市最低生活保障制度退出机制

城市居民最低生活保障制度,自1993年上海开展试点,1997年国务院向全国推广以来,经过近二十年的发展,已经初步达到了"应保尽保"的目标,但随着政策覆盖面的扩大,低保政策在实际运行中出现了"退保难"的现象。主要表现为:一是,低保对象收入水平提高之后,不再符合城市居民最低生活保障制度救助标准,但仍通过瞒报收入等非法手段,滞留在低保制度内;二是,低保对象长期处于低保制度的庇护中,失去了就业积极性,陷入"贫困陷阱"无法摆脱贫困状态。低保"退出难"一方面造成低保水平无法提高,低保资源无法得到优化配置;另一方面,造成一些低保对象滞留在低保制度内,难以摆脱贫困。城市居民最低生活保障制度实施动态管理,完善"退出"机制对盘活有限资金,提高资金的使用效益,维护低保对象的利益,促进社会的公平,维护社会的稳定具有重要意义。

目前我国城市居民最低生活保障对象退出难的原因是什么呢?

首先,城市居民最低生活保障制度的相关规定过于笼统,缺乏可操作性。我国《城市居民最低生活保障条例》中规定"享受低保待遇的家庭收入变化不符合救助标准时应主动上报,办理相关的停发手续"。根据经济学中经济人的假设,人都是寻求自身利益最大化的,规定中要求低保家庭主动上报不符合经济人假设,因而可操作性不强。《城市居民最低生活保障条例》规定,居委会有告知相关管理机关,对低保对象办理停发、减发或增发的待遇变更的义务,然而实际操作中,作为主管低保工作的民政部门,对低保者经济收入上的动态监控几乎为零。社区居委会也没有一套科学规范的标准来衡量被保人的家庭经济状况。低保基层工作人员入户调查工作量巨大,人手不足,挨户调查难度很大。这不免导致基层部门工作简单粗放,低保对象"应退尽退"没有完全落实。

其次,城市居民最低生活保障制度福利效应过大,低保对象缺乏退出的积极性。目前的低保附带福利主要有粮油帮困、住房补贴、水电补助、学杂费减免、取暖补贴、医疗补助等,甚至连过年过节的临时补助的水平都高于非低保户。这些附加福利与低保资格直接挂钩,非低保者没有资格或者不能优先享受这些政策。低保户一旦失去低保资格会连带地失去这些附带福利,而这些恰恰在他们的生活中构成了极大的贫困威胁,从而抑制了低保对象退出低保制度的积极性。

最后,现有城市居民最低生活保障制度缺乏与就业政策的联动,制度激励效应不足。城市低保制度救助金额实行差额补贴制度,这就意味着只要低保者收入没有超过救助标准,那么他每多挣一块钱,就要从政府那里失去一块钱的救助金,低保者承担了100%的个人所得税,限制了低保对象的就业积极性;低保对象职业培训效果不佳,大部分地区都明确规定有劳动能力的低保对象必须至少参加一次低保机构提供的免费职业培训,然而,这个规定并没有被很好地贯彻落实,低保部门没有专门为低保者设计的培训项目,参加过培训的低保对象对培训的评价很低,课程单一,不符合低保对象的实际需求;就业推荐收效不好,低保机构推荐的工作多是公益岗位,其工资待遇、劳动条件和社会保险等方面都不具备吸引低保对象的条件。

针对"退出难"的问题,建立健全低保退出机制就显得十分重要。

什么是低保"退出机制"呢?我国学者在研究中对"退出机制"的概念进行了界定。孙晓锦(2013)认为城市居民最低生活保障退出机制是指通过收入核定、脱贫扶助、监督评议等措施,引导低保人员自立自给,并及时掌握低保家庭经济收入状况,实现超出低保标准的低保人员和"非常进入"者的及时退出。进而他认为,城市低保退出机制应包括两方面:一是对有劳动能力的低保对象在进行物质救助的同时进行必要的知识救助与文化扶贫,帮助并鼓励他们自谋职业,实现劳动自救,推动他们早日告别低保;二是客观、科学、及时地监测城市贫困人群家庭收入的变化情况,一旦受助家庭人均收入超过低保线,则及时取消其享受低保的资格。朱志培(2012)认为,城市居民最低生活保障退出机制就是建立流动机制,避免终身制。因此城市低保退出机制就是通过收入核定、就业帮助、社会监督等措施,实现超出低保规定标准的低保人员和"骗保"人员的及时退出。他认为退出机制包括:正常性退出机制和强制性退出机制。正常性退出指的是受保家庭由于人均家庭财产收入超过相应保障线后,经个人申请和保障机构认定批准退出保障领域,不再具备保障资格的制度安排,这种制度安排主要是建立在家庭诚信自律和管理机构审核基础上。强制性退出机制是指保障机构的监督,当受助家庭人均收入超过低保线时,则及时取消其享受低保的资格。结合学者的定义,我们将低保退出机制定义为:通过对低保对象收入审核、就业激励、监督评议等措施,使不符合低保救助条件的低保对象及时退出低保制度。主要包括两个方面的内容:一是通过低保对象自身上报或监督评议等,促使不符合救助条件的低保对象及时退出低保制度;二是提升有劳动能力低保对象的就业积极性,增强自立能力,逐渐退出低保制度。

如何建立城市居民最低生活保障退出机制呢?理论界大体提出以下几个思路:

第一,充实基层低保服务力量,提升低保制度的可操作性。王俊刚认为应该充实基层人员配备,提升低保退出执行力度:指出应强化对低保工作的认识,各级政府应从实际出发,建立低保工作机构,配备工作人员,安排必需的工作经费,以保障低保工作顺利进行,为"应保尽保"和"应退进退"提供保障;建立健全基层工作机构,充实加强基层管理人员力量。通过充实人员,加强培训等来保障基层对低保对象审核及资金发放等大量而复杂的具体工作。孙晓锦认为以社区为单元,强化基层低保工作的执行力度。地方民政部门建立低保工作站,引进人才,定期培训,建立责任追究机制,保证低保退出工作顺利进行。

第二,实现分类救助与综合保障有效结合,降低低保制度的附加福利效应。左晴认为完善我国教育救助、住房救助、医疗救助等专项救助制度,城市居民最低生活保障对象退出低保制度之后,仍可享受其他专项救助,降低低保附带福利的影响。健全低保对象退出后的保障网络,低保对象在退保时,能与其他社会保障政策结合起来,使其退出“最后一层保护网”后,能进入到更高层次的保障网中去,为低保对象退出低保领域解除后顾之忧。

第三,扩大就业扶持力度,健全就业退出机制和就业联动机制,提升低保对象就业能力。王俊刚认为完善低保退出机制,应从根本上增强低保对象自身的反贫困能力和积极性,避免对低保待遇的依赖。通过发展经济、再就业援助、扩大就业机会、加大培训力度和扶助创业等扶持就业举措,使更多的贫困群体从根本上脱贫。得秋慧认为通过有效的职业培训和积极地为低保对象创造就业机会,转变就业促进政策理念,大力提高低保对象在劳动力市场上的竞争力,让低保对象真正离开救助、实现持续性的自立。对低保差额补贴制度的负激励效应,应进行改革,实行负所得税制,个人实际收入层次越高,负所得税的补助就越少,但个人可支配收入的绝对数还是大于层次低的收入者,克服长期依赖政府补助金的现象,提高个人就业的积极性。乔世东、孙晓锦都提出建立就业渐退机制的重要性。就业渐退机制是帮助低保对象应对就业初期的各种不确定因素,待其工作稳定后再退出低保。孙晓锦还提出了具体的就业渐退机制。

理论界提出的这几种措施对完善低保退出机制具有一定的借鉴意义,建立完善的能进能出的最低生活保障制度,还可以从以下几个角度出发:

第一,规定低保对象在一定年限以后需重新申请低保资格。低保对象的低保资格可以在两年或三年一定年限之后,自动作废。想要继续享受低保待遇的低保对象需要重新申请,低保部门重新对其进行资格复核。面对这种情况,真正需要政府救助的低保对象会因为面临的生活困境再次申请加入低保,而不符合低保条件的低保对象会因程序繁琐而放弃申请低保资格;对于有劳动能力累计享受低保救助的对象,随着救助次数的增加适当减少其救助待遇,督促其积极就业。

第二,加强对低保对象“应退未退”行为的监督和上报。我国基层低保执行工作受到执行人员数量、素质,家计调查的复杂性,信息化程度等方面的限制,不能对低保对象的“应退未退”作出及时反应。政府发动群众的力量,可以对不符合条件的低保对象进行监督和检举。

第三,通过税收政策的调整促进低保对象积极就业。国外使用“负所得税”制度激励贫困群体积极就业,但是"负所得税"制度的推行,也会增加政府的财政负担,这一制度的推行也需要完善的信息统计系统,我国是否采用这一制度对低保对象进行激励是值得商榷的。目前上海市对低保户实行的"收入豁免"制度值得借鉴。

思考:

如何实现对城市居民最低生活保障对象的动态管理?

复习思考题

1.城市居民最低生活保障制度在实施过程中存在哪些问题?应如何完善?

2.农村居民最低生活保障对象的确定为什么难?如何规范地确定农村居民最低生活保障对象?

3.国家对调整城市居民最低生活保障标准作了哪些规定?如何建立起科学合理的城市居民最低生活保障标准的调整机制?

4.如何提高我国农村最低生活保障制度的经办服务水平?

第四章　灾害社会救助

灾害救助具有不同于其他救助项目的特征和功能。本章介绍了灾害救助的对象、主要内容,灾害救助的实施步骤;对灾害救助的主体和运行程序进行了分析,并对操作层面的救灾资金的筹集、使用与管理以及救灾物资的储备与管理作了探讨;介绍了美国、日本灾害救助制度及其经验,对我国的灾害救助制度作了历史回顾,结合实际对我国灾害救助制度存在的问题和完善思路作了深入分析。

第一节　灾害社会救助概述

一、灾害社会救助的内涵与特征

(一)灾害社会救助的内涵

灾害古已有之,人类在与灾害作斗争的过程中不断文明进步。时至今日人们并未完全认识自然和掌握自然变化规律,自然灾害时常发生,给人们的生存安全带来极大威胁,造成重大财产损失,甚至破坏人们赖以生存的自然和社会条件。正确认识灾害的成因及种类,是我们进行灾害预防和救助的前提,需要针对不同种类的灾害采取不同的预防和救助措施。

总结历史经验,可以把灾害分为自然灾害和人为灾害。自然灾害是指由于自然界发生的不以人的主观意志为转移的自然现象引起的灾害。主要包括:①地质灾害:地震、火山爆发、地陷等。②地貌灾害:泥石流、滑坡、雪崩、水土流失等。③气象灾害:水灾、旱灾、风灾、冷害、雹灾、雷击等。④水文灾害:海啸、海侵、风暴潮、泥沙淤积等。⑤生物灾害:病虫害、草害、鼠疫、物种灭绝等。⑥天文灾害:陨石冲击、小行星撞击、电磁易爆、太阳辐射异常等。

人为灾害指主要由人为因素造成自然环境恶化而引发的灾害。主要包括:①环境灾害:水污染、大气污染、酸雨、赤潮等。②科技灾害:核事故、卫星发射失败等。这些基本是人们在开发利用自然资源的过程中而发生的副作用。另外还有森林火灾等,因其发生的原因不同,既可以归为自然灾害,也可以归为人为灾害。正确区分灾害种类,有助于我们做好灾害预防。对于不同原因引起的灾害,人们实施的救助方案基本是相同的,但对灾害预防采取的方式是不同的。

灾害社会救助,是指国家或社会依法为因遭遇各种灾害而陷入生活困难的社会成员提供现金或实物或服务的援助,以保证其维持最低生活水平、度过特殊困难时期,帮助其确立自行生存能力、尽快恢复正常的生产生活的社会救助项目。虽然一般意义上的灾害是指自然灾害,但对灾害救助的认识不应仅仅局限在自然灾害领域,而是对各种自然、人为灾害等一系列灾害的预防、救助与灾害重建领域;从灾害救助的性质上来说,它是一种极为复杂的、社会的、半军事化的紧急行动,包括从营救到医疗、从生活到公安、从技术到工程、从组织到指挥的救灾系统。

自古以来,灾害就是相对于人的生存而提出的命题,是在人的生存与发展的意义上对水、旱、地震等自然现象作出的一种价值判断。在长期与灾害作斗争的过程中,人们逐步认识到灾害救助中包含着社会性的内容,是一种社会性事件。因此,灾害救助的目的具有双重性,一是保障受灾地区灾民的生存状态不会由于自然灾害的发生而受到严重威胁,保障生产和工作顺利进行;二是维护社会安定,维持正常社会生活秩序。

现代意义上的灾害救助,不仅包括灾时的应急反应、营救、灾后救助等方面,还应着眼于风险管理、减灾和防灾,重视从防灾到救灾的整体规划、系统管理、过程控制、资源整合和组织协调。

(二)灾害社会救助的特征

(1)灾害救助的应急性。大多数灾害的发生都具有突发性,会在短时间内造成严重的财产损失和人员伤亡,给受灾地区人们的生产生活造成不可估量的影响。如若不能及时对受灾群众施救,很有可能会由于生存条件恶化和卫生条件不能保障,发生大的流行病疫情,不仅会危及灾区群众,而且还会造成更大范围的损失和社会混乱。这就要求灾害救助的实施必须迅速及时,这样才能把灾害的危害降到最低,最大程度地保护人民群众的生命财产安全。

(2)灾害救助对象的复杂性。虽然我们可以简单地把灾害社会救助的对象看做是灾区的灾民和社会,但必须看到灾民的复杂性以及灾区社会关系的复杂性。因为在灾害的冲击下,灾民正常的追求、乐趣、目标、心理、行为等都被打破或中断了,因此无论是心态,还是行为,都表现出异常复杂的特点。而社会是关系的产物,在灾害情景下正常的关系受到冲击和影响,社会机体整合受阻,可能出现紊乱状态、社会控制能力降低等复杂的社会现象。因此对灾民和社会的救助都是比较复杂和困难的。

(3)灾害救助的不确定性。由于灾害发生的形式、发生的时间、地点及影响范围、损失程度都具有不确定性,在灾害发生前无法形成确定的执行方案。灾害救助所需的人员、财力、物力及救助形式都需要根据灾害事故的类型与损失情况及当地的具体条件而定。因此,灾害救助具有较强的灵活性和不确定性,在实践中需要根据每一次灾害事故的实际损失程度和损失对象采取有针对性的救助方式、救助形式和救助内容。

(4)灾害救助的多样性。灾害救助的多样性包括救助内容的多样性、救助手段的多样性和救助主体的多样性。灾害救助不仅是灾害中及灾害后满足灾民对基本生活资料的需求,还有为了避免疫情爆发所进行的医疗服务方面的救助和减轻灾害给当地人民所造成的心理阴影的心理上的治疗。灾害救助内容的多样性决定了救助手段的多样性,概括起来主要是物质手段、精神手段和组织手段三种,既包括根据灾害损失的实际情况为受灾地区和民众提供相应的现金、实物支持,也包括医疗甚至是技术等方面的救助,在特定条件下还可以采取以工代赈的方式进行救助。随着社会经济的发展,民间团体和慈善组织逐渐成为灾害救助中不可缺少的力量,灾害救助的主体不仅仅包括国家和政府,而且有大批的民间组织、非营利组织、企业和个人参与其中,救助的主体不断扩大。

二、灾害社会救助的功能和目标

作为社会救助的重要组成部分,灾害社会救助是当人们因灾害而造成生活困难时由国家和社会所依法给予的救助。灾害社会救助的本质在于坚持以人为本,通过在特殊的社会状态下(灾害发生和影响的情景下)维护和保障灾民的基本生活需要,以解决灾害社会问题,努力减少人员伤亡,最大限度地减轻灾民财产损失;尽快恢复基础设施,保障灾民基本生活,促进灾民恢复生产,提高抗灾能力,脱贫致富;维持社会稳定,推动社会发展。

(一)灾害社会救助的功能

1. 帮助受灾者迅速摆脱灾害困扰

灾害社会救助的功能首先是帮助受灾者恢复和重建被灾害破坏了的生存所必需的物质条件。灾害特别是重大灾害过后,给人们的生命和财产带来了毁灭性的损害,甚至破坏赖以生存的自然环境。此时受灾者的生存问题,如就医、吃饭、住宿等尤为突出,急需给予他们基本而可靠的生活保障,这些保障一般都是通过政府和社会提供的救助来完成。因此,及时有效的救灾能够帮助受灾者迅速摆脱灾害困扰,恢复正常的生产生活秩序。

2. 恢复社会秩序,维护社会稳定

自然灾害不仅直接大量毁坏人类的财富,制造贫困,威胁人类的生存,破坏生产力,影响经济的发展,而且能给人们的精神和心理带来深重的创伤和压力,导致人心不稳,影响社会的安定,甚至引起社会的动乱。对灾区及时地实行社区社会救助可以迅速建立健全社会管理组织,恢复社会管理组织功能。社会救助通过必要的物质救助帮助灾民生活得到保障,安抚受灾群众情绪,并通过相应的社会组织协

调和化解社会矛盾,维护救灾正常社会秩序,从而达到维持社会稳定的目的。

(二)灾害社会救助的目标

灾害救助的基本目标是要使灾区和灾民尽快且有效地恢复和重建被灾害破坏了的人类生存与发展所必需的物质与精神的生存条件,即所谓的"脱灾"。灾害尤其是突发性重大自然灾害就是以破坏甚至摧毁人类生存条件为特征的。这些生存条件包括:①自然条件,如土地、农田、堤坝、房屋、道路、桥梁等原生环境与人工环境所提供的各种物质;②社会条件,即社会环境,是人们在相互交往中所结成的各种社会关系及其表现形式;③人的自身条件,主要指人生存的生理条件与心理条件。及时和合理的灾害救助有助于对身处急难之中的灾民提供维持和延续人的生命所必需的物质条件和精神条件。

灾害救助的最终目标是帮助受灾者由"脱灾"向"脱贫"转变。由于灾和贫的特定关系,脱灾只是解决了受灾者的基本生存问题,还没有或者可能没有解决生产条件和生存环境的恢复问题,如果这个问题不解决,或者解决不及时,就很可能造成受灾者陷入贫困,成为新增的贫困人口。因此,灾害救助要求在保障灾民基本生活的前提下,帮助灾民摆脱贫困的困扰,实现"脱贫"。促进灾民的生产自救,扶持灾民发展生产,改善生活环境,即将救灾和扶贫有效结合。这一目标的实现不仅可以提高灾区恢复重建生存条件的能力,还能够促进经济的发展,实现社会稳定。

三、灾害救助的主要内容

从救灾过程看,救灾也有广义和狭义之分。广义的救灾包括防灾、抗灾、救灾和灾后恢复等内容。狭义上的救灾仅指对灾民的生活与生产中的困难给予救助,如基本口粮救助、衣被救助、房屋救助、现金救助、药品救助、部分生产资料救助等。我们在这里主要分析狭义上的救灾。自然灾害发生给受灾地区人们造成的损害和影响是多方面的、综合性的,既造成生产破坏,又带来生活困难;既造成财物损失,又造成思想及精神损害;既给个人和家庭造成损害,又破坏了正常的社会秩序;既有直接损失,又有间接损失。因此,救灾的内容涉及灾害损失的方方面面,概括起来可以归纳为两个方面,对灾民的救助和灾后社区重建。

(一)对灾民的救助

灾害首先给灾区居民带来财产及生命损害,救灾要以保障灾民生命安全和减少财产损失为核心,救灾的内容以灾害造成的损害结果为前提,采取适合的手段和方式实施救助,一般围绕灾民的灾害救助包括以下内容:

(1)紧急救援。主要是在灾害初始发生后,对灾民生命和财产的紧急救援。这是灾害发生后第一时间要做好的工作,一般在灾害应急预案中有明确规定,政府要依据灾情作出启动相应级别应急预案的决定,迅速开始救援工作。由于突发性的灾害,尤其是重大自然灾害常常会造成人员死伤以及财产的损失,所以灾害救助始终强调要以保障人民群众的生命及财产安全为首要任务,树立"生命至上"的理念。尽最大可能减少灾害对灾民造成的各种伤亡和财产损失,在"物"与"人"的关系上,把抢救生命放在第一位。

(2)拨付救灾资金与物资,转移安置受灾群众。根据灾害损失程度和救灾的需要,通过拨付救灾资金与物资为灾民提供衣、食、住、医等最基本的生活保障,如食物的发放、饮水供给、帐篷搭建或临时住所安置以及学生就学等,这是解决灾民的基本生存问题。货币资金与实物救助需要搭配使用,由于灾害很可能造成灾区的商品供给能力被大大削弱甚至消亡,救灾商品市场不同程度地存在着供给者缺失的问题。在生活必需品市场尚不具备的前提下,发放货币对于灾民而言缺少实际意义,相反,实物救助因与灾民的基本需求相吻合,可以给灾民带来较高的满意程度。

转移安置是灾害过后,由于原有生活设施破坏,不能在原住地继续生活,因而需要转移安置,确保灾民生命安全和身体健康。有的转移安置是临时性的,有的则是永久性的,依据灾害破坏程度,以能否适宜人的继续生存为标准确定。

(3)恢复工农业生产和公共设施,重建因灾损毁的工商企事业单位、道路、电路、学校、医院及农田水利工程等。帮助灾民恢复重建,使其生产、生活能迅速恢复到灾前水平,甚至有所提高。

(4)安抚灾民情绪,对受灾群众进行心理疏导工作,实施精神救灾。灾后心理援助就是心理专业人员通过沟通疏导、抚慰等方式,帮助心灵遭遇短期失衡的患者进行调整,短时期尽快恢复正常心理状态。因为灾害不仅给人们带来巨大的经济损失和严重的人员伤亡,而且会给人们造成严重的心理伤害和精神伤害。所以,做好灾后对灾民心理疏导和精神救援是十分必要的,对于灾民保持心理健康,正确面对灾难,恢复正常的生活状态起到非常重要的作用。这包括灾难初期所采取的心理急救以及之后长期的心理重建。

(5)帮助灾民确立自力更生的能力。灾民自力更生的能力指灾民在大规模救灾活动停止后,依靠自己的力量,进行正常的物质和精神生活的能力。救灾重要,灾民自救更为重要,要通过救灾帮助灾民自救,确立自我生活的能力。因此,恢复和帮助灾民确立自力更生的能力既是灾害社会救助的重要内容,也是灾害社会救助的根本目的。

(二)灾后社区重建

灾后社区重建也称为灾区社会救助,对灾区社会的救助是灾害救助顺利进行的保障和前提,没有对灾区社会的救助不可能实现全面实施灾害救助的目标。对社会进行救助的途径是要借助一切手段,整合社会组织、恢复社会功能,实现社区生活正常化。灾区社会救助的主要内容还包括以下几点:

(1)灾区社会秩序的维持与建设。与灾害相伴随的经常是严重的社会混乱,经历了人身的恐慌和财产上的损失之后,灾民情绪难以控制,一些不法分子"浑水摸鱼"现象经常发生,社会治安状况严重破坏。特别是一些重大灾难,灾民临时集中居住,如何在救助灾民生活的同时保证良好的社会秩序,这也是灾害救助中的一个重要任务。

(2)政权组织及政党、团体等社会组织的恢复及功能发挥。在组织灾区生命救助、生活和生产救助以及救灾物资发放等过程中,已有的基层政权组织和其他社会组织可以发挥巨大的作用。但这些组织也经常在灾害发生及灾后的混乱中受到巨大冲击。因此,在灾害救助中,我们应尽快恢复已有的政权与社会组织,建立一些临时性社区救灾指挥机构,组织救灾志愿者,通过他们的组织与发动,让灾后的群众尽快投入到生产自救工作之中。

(3)建立灾区自助互助组织。救灾过程中群众团结互爱,互相帮助,也有助于增进社会团结。特别是灾民,他们能感受到来自政府和社会的温暖,能得到邻里和一些组织的无偿救助,这对于灾区社会风气和精神文明的建设有着极大的促进作用。在救灾过程中,发动灾区群众互助互爱,发动社会一定区域的人们捐款捐物,这些行动不仅能有效地应对灾害的后果,也对社会发展有着重要意义。

四、灾害救助的形式

由于灾害的复杂性及造成损失的不确定性,救助的形式必须是多种多样的,采取综合的救灾形式,基本可以归纳为以下几种形式:

(一)国家灾害救助

这是灾害救助的主要形式,因为灾害发生的不确定性、灾害后果的严重性等,决定了只有国家才能整合大量的社会资源进行及时救助。中央政府一直设有专项救灾款目。

随着经济体制的转变,我国的国家救灾体制也发生了相应变化:①财政分级负责。这是与国家财政体制改革和分税制相配套的制度,这一制度要求地方政府在财政预算中必须设立专项救灾拨款科目。②救灾分级管理。救灾分级管理的前提是准确划分灾害等级,用以明确中央政府和地方各级政府应当承担的救灾责任。灾害一般划分为特大灾、大灾、重灾和小灾等。③救灾经费包干。这是针对甘肃、宁夏、贵州、青海、西藏、新疆等六省区的救灾经费而言的,在经过科学合理的测算之后,中央给其划拨一定量的救灾款,一般不再追加拨款。④中央经费无偿救助与有偿使用并存。这样做的目的是救灾与扶贫相结合。无偿救助的资金用来紧急抢救灾民,保证其最低生活;有偿使用的资金主要用于灾民灾后恢复生产等。

(二)救灾保险制度

救灾保险制度是指由政府负责组织,以各级财政和社会化集资作为物质基础,保障灾民基本生活和恢复其简单再生产的一种灾害保障形式。从1987年开始,中国民政部门先后在全国102个县进行了救灾保险改革试点,对农作物、养殖业生产、农房、农村劳动力等实行救灾保险。具体方法是:由中央救灾经费、地方财政补贴、农民自己缴纳的保险费形成救灾保险基金,当灾害发生、灾民需要时,给予相应的生活、生产等方面的保障与补偿。

(三)互助互济

这是对传统救灾体制的财力机制进行改革的重要内容,即由以前中央财政单一供款模式发展到了资金来源社会化的模式,其主要形式是救灾互助储金会、储粮会。这是在农村居民之间自发组织的主动应对灾害的一种形式,以民办、民管、民用为主要特征,鼓励灾民之间及相关民众的互帮互助。

(四)生产自救

生产自救历来是我国救灾工作的重要内容。新中国成立初期,救灾工作的方针是"生产自救,节约度荒,群众互助,以工代赈并辅之以必要的救济";农村公社化以后,由于存在农村集体经济体制,救灾工作方针是"依靠群众,依靠集体,生产自救,辅之以国家必要的救济"。改革开放使我国进入新的历史时期,1983年,全国民政会议提出了"依靠群众,依靠集体,生产自救,互助互济,辅之以国家必要的救济和扶持"的救灾工作方针。可见,我国救灾工作的指导思想是首先强调生产自救,同时加以群众互助和国家救助,这是由我国人口众多、灾害频发、生产力水平不高等具体国情所决定的。

我国的救灾及灾后恢复重建工作实行"政府统一领导、部门分工负责、地方分级管理"的方式。具体来说,民政部门从总体上负责灾害救助协调领导工作,具体负责救灾物资调拨与捐赠的管理工作,并与商务部门配合保障救灾物资的供应;卫生部门主要负责现场防疫、紧急医疗救援、组织专业力量进行心理危机干预、现场流行病学调查、病理学检测,以及病因和危险因素分析等;水务、市政、公路、铁路、供电、供气、供水、房屋、人防、地铁、跨河管线等灾毁工程则由相应的主管部门负责组织修复和重建;发改委、财政部门负责安排修复灾毁工程、设施、设备、重建家园等计划及所需资金;法制部门负责自然灾害处置过程中的司法问题和提供法律援助。党委宣传部门要做好相关的舆论宣传和新闻报道工作,组织部门应牵头监察、人事、审计等部门,以有效的方式开展恢复重建工作的行政效能监察等工作;强调地方灾害管理主体责任的落实,受灾地区政府应对受灾人员进行过渡性安置,并组织重建或者修缮损毁的居民住房;在受灾的当年冬季和次年春季,受灾地区人民政府应当为受灾人员提供基本生活救助。

第二节　灾害社会救助制度及其运行

世界各国都会遇到各种各样的自然灾害,在各自的救灾过程中都建立了相应的灾害预防和救助制度,直至在灾害预防和救助中进行国际协作,形成一定的国际救援机制。各国由于自然灾害成因及损害结果的差异,以及国家政治经济制度的不同,形成了各具特色的灾害救助制度,但基本都包含了救助责任主体、救助对象、救助资金筹措、管理与使用、救助物资储备以及国际援助等内容。另外,对救灾工作程序也有明确的规定。

我国在总结救灾经验的基础上于 2010 年 9 月 1 日正式颁布实施了《自然灾害救助条例》,2011 年 10 月 16 日修订《国家自然灾害救助应急预案》,从 2008 年起民政部等政府职能部门先后颁布了《自然灾害生活救助资金管理暂行办法》《民政部应对自然灾害工作规程》《自然灾害情况统计制度》《关于进一步加强救灾应急物资储备工作的通知》《关于加强自然灾害救助应急预案体系建设的指导意见》等规章制度,对我国的灾害救助工作进行了全面的规范,从此我国救灾工作就有法可依,有章可循。

一、灾害社会救助的责任主体

自然灾害在短时间内迅速发生,却能对人们的生产生活造成巨大损失,涉及范围广、破坏性大,显然只依靠某一方面的力量进行灾害救助是不够的,在政府的领导下,组织动员社会各方面力量进行灾害救助,就成为灾害救助的必然选择。救灾主体应当包括政府、非营利组织、企业、个人和必要的外援(国际力量)。它们在救灾过程中利用各自优势,发挥着各自独有的作用,形成抗灾救灾的合力。

(一)灾害救助是政府的当然责任,政府起着主导作用,处于核心地位

参与灾害救助的政府部门,主要是政府的行政职能部门,在我国,民政部门是代表政府进行灾害救助的主导部门,另外,财政、教育、卫生、司法、劳动、法院等部门按照各自的职能都承担了相应的救助责任。政府在救灾中有两个层面的作用:一是作为救灾主体发挥政府各职能部门的救灾作用,给予财政资金、物资、技术等方面的支持;二是对救灾工作发挥协调组织作用,成立救灾组织,动员社会救灾力量,接受管理社会捐赠资金,组织志愿者,接受国际援助等。

我国《自然灾害救助条例》规定,我国自然灾害救助工作实行各级人民政府行政领导负责制。国家减灾委员会负责组织、领导全国的自然灾害救助工作,协调开

展重大自然灾害救助活动。国务院民政部门负责全国的自然灾害救助工作,承担国家减灾委员会的具体工作。国务院有关部门按照各自职责做好全国的自然灾害救助相关工作。县级以上地方人民政府或者人民政府的自然灾害救助应急综合协调机构,组织、协调本行政区域的自然灾害救助工作。县级以上地方人民政府民政部门负责本行政区域的自然灾害救助工作。县级以上地方人民政府有关部门按照各自职责做好本行政区域的自然灾害救助相关工作。县级以上人民政府应当将自然灾害救助工作纳入国民经济和社会发展规划,建立健全与自然灾害救助需求相适应的资金、物资保障机制,将人民政府安排的自然灾害救助资金和自然灾害救助工作经费纳入财政预算。

从国家一级来讲,我国灾害救助的主体主要有民政部门、国务院应急管理办公室和国家减灾委员会。

①民政部门。我国的灾害社会救助主要由民政部门负责实施。民政部下专设救灾司,其下又设救灾捐赠(综合)处、救灾处、备灾处、减灾处。其主要职责是:拟订救灾工作政策;承办救灾组织、协调工作;组织自然灾害救助应急体系建设;承办灾情组织核查和统一发布工作;承办中央救灾款物管理、分配及监督使用工作;会同有关方面组织协调紧急转移安置灾民、农村灾民毁损房屋恢复重建补助和灾民生活救助;承办中央级生活类救灾物资储备工作;组织和指导救灾捐赠;拟订减灾规划,承办国际减灾合作事宜。民政部接到灾情报告后,应及时会同有关部门和组织专家会商分析灾情,对确认为特大灾害的,启动国家应急预案。

②国务院应急管理办公室。国务院是突发公共事件应急管理工作的最高行政领导机构。突发公共事件是指突然发生,造成或者可能造成重大人员伤亡、财产损失、生态环境破坏和严重社会危害,危及公共安全的紧急事件。根据突发公共事件的发生过程、性质和机理,突发公共事件主要分为自然灾害、事故灾害(主要包括工矿商贸等企业的各类安全事故、交通事故、公共设施和设备事故、环境污染和生态破坏事件等)、公共卫生事件(主要包括传染病疫情、群体性不明原因疾病、食品安全和职业危害、动物疫情以及其他严重影响公众健康和生命安全的事件)、社会安全事件(主要包括恐怖袭击事件、经济安全事件和涉外突发事件等)四类。国务院应急办公室在国务院总理领导下,通过国务院常务会议和国家相关突发公共事件应急指挥机构,负责突发公共事件的应急管理工作;必要时,派出国务院工作组指导有关工作。

③国家减灾委员会。中华人民共和国民政部国家减灾中心于 2002 年 4 月成立,2009 年 2 月加挂"民政部卫星减灾应用中心"牌子。该中心主要承担减灾救灾的数据信息管理、灾害及风险评估、产品服务、空间科技应用、科学技术与政策法规研究、技术装备和救灾物资研发、宣传教育、培训和国际交流合作等职能,为政府减

灾救灾工作提供信息服务、技术支持和决策咨询。

(二)非营利组织和社会基层自治组织在灾害救助中也发挥重要作用

我国《自然灾害救助条例》规定,村民委员会、居民委员会以及红十字会、慈善团体和公募基金会等社会组织,依法协助人民政府开展自然灾害救助工作。这些救灾主体不同于政府,他们是在力所能及的范围进行救灾,发挥自己组织特有优势为救灾贡献力量,政府需要对其进行组织引导,充分发挥其优势。

在社会主义市场经济体制下,各种社会团体不断涌现,壮大了非政府组织的力量,为非政府组织在各种领域发挥重要作用奠定了重要的基础。清华大学 NGO 研究所的一次大规模问卷调查表明,非营利组织的活动领域中 11.27% 是防灾、救灾工作。汶川地震时,非营利组织抗震救灾的反应迅速,如李连杰壹基金会当天拨款 100 万用于紧急救助,并联合多个网站进行联合劝募;采取向社会发出救灾倡议,组织捐赠活动,组织专业救援队开展救援活动,灾后心理救助等多种形式参与抗震救灾。

(三)企业、个人也是灾害救助不可缺少的力量

我国《自然灾害救助条例》规定,国家鼓励和引导单位和个人参与自然灾害救助捐赠、志愿服务等活动。对在自然灾害救助中作出突出贡献的单位和个人,按照国家有关规定给予表彰和奖励。企业或个人对遭受自然灾害或人为灾害的居民提供各种形式的灾害保障援助,是一种单方面的援助,不具有稳定性和可靠性,目前只能作为一种补充性灾害保障方式。他们虽然是救灾不可缺少的重要力量,但是,他们均是在自愿的基础上参与灾害救助,出钱出力均来自于他们高度的社会责任感和对遇难同胞的深切同情。尽管是出于义务救灾,但还必须遵守国家灾害救助相关法律政策的规定,防止出于良好动机,带来反面结果,防止利用救灾谋取不正当利益。

(四)灾区基层社区组织和灾民也是救灾主体

他们是自然灾害救助中的特殊主体,既是受害者,又是救灾者,在灾害救助中发挥着自救互救的作用。他们的作用发挥好了,对于减少灾害损失有非常直接的作用。因此,在灾害救助中要鼓励灾区和灾民自助互助,尽早摆脱灾害困扰,恢复重建家园,恢复正常生产生活秩序。

(五)国际人道主义援助

国际援助的主体有国家及其所属机构、国际有关组织、社会团体。国际援助的形式有资金、技术、物品、人力,也包括智力和信息等多种要素进行救灾援助。但接受外援需要一定条件,我国规定自然灾害一级预案启动,才可以呼吁国际救灾援助,由国家减灾委员会统一接收、管理、分配国际救灾捐赠款物。外交部协助做好

救灾的涉外工作。中国红十字会依法开展救灾募捐活动,参与救灾和伤员救治工作。

二、灾害社会救助的对象

自然灾害的社会救助的对象是遭受自然灾害侵袭,并导致损害结果出现的灾区及其灾民。

灾区,即受灾区域的简称。根据遭受各种自然灾害袭击并造成财产损失和人身伤亡的程度,灾区可以划为轻灾区、重灾区、特重灾区和插花灾区。其中轻灾区是指遭受自然灾害袭击且财产损失或工农业生产减产减收在 3～5 成之间的地区;重灾区指遭受严重的自然灾害袭击且财产损失或工农业生产减产减收在 5～8 成之间,以及人畜伤亡较大的地区;特重灾区指遭受毁灭性的自然灾害袭击,财产损失或工农业生产减产减收在 8 成以上,并且造成重大人员伤亡的地区;插花灾区指遭受自然灾害袭击但因地形、气温等因素影响使损失后果极不均衡的地区。特重灾区的受灾人口和其他类型灾区中的重灾户是自然灾害社会救助的基本对象。

灾民,是指灾区中生活、生产困难的自然人。灾民包括:①因灾造成的伤病员;②因灾造成的无住房、无衣被、无口粮、无耕地、无生产工具或生产资料的人员;③因灾导致减产、减收 3 成及 3 成以上,以及发生饥荒和因饥荒引起各种疾病的人员。按照遭受损害程度划分,它又可以分为轻灾民、重灾民和特重灾民。

三、救灾任务与措施

自然灾害救助的总任务是保障受灾人员基本生活。这一总任务具体分为三个环节,即防灾、抗灾、救灾和恢复重建。

防灾是指容易发生灾害的地区,在灾害发生前,采取各种预防措施,尽可能地杜绝灾害的发生。

抗灾是指为了抵御、控制和消除灾害的影响,在灾情出现时,采取一切措施和手段,防止灾害的泛滥,尽可能把灾害的损失降到最低程度。

救灾是指灾害已经形成,在灾害发生的过程及其后,有关政府部门迅速组织力量抢救灾民的生命、财产,安排灾民的生产和生活,也包括灾后恢复重建。

完成这三个环节的任务要做好以下工作:

(1)做好灾害预防工作。制定相应的自然灾害救助应急预案,为可能发生的灾害做好充分的救援准备。设立自然灾害救助应急组织指挥体系,成立救助应急队伍,储备救助应急资金、物资、设备,灾后应急救助和居民住房恢复重建措施。自然灾害多发、易发地区设立自然灾害救助物资储备库。

(2)灾害发生后,做好应急救助工作。自然灾害发生并达到自然灾害救助应急预案启动条件的,应当及时启动自然灾害救助应急响应,采取多项措施实施救援。紧急转移安置受灾人员;紧急调拨、运输自然灾害救助应急资金和物资,保障受灾人员基本生活;抚慰受灾人员,处理遇难人员善后事宜;组织受灾人员开展自救互救;组织自然灾害救助捐赠活动。

(3)灾情稳定后,做好灾后恢复重建工作。这时自然灾害危险消除了,但灾害造成的破坏并没有恢复,要求灾害救助工作进入常态化阶段。及时拨付过渡性生活救助资金,并做好过渡性救助资金发放等工作。应当统筹研究制订居民住房恢复重建规划和优惠政策,组织重建或者修缮因灾损毁的居民住房,对恢复重建确有困难的家庭予以重点帮扶。采取就地安置与异地安置、政府安置与自行安置相结合的方式,对受灾人员进行过渡性安置。

四、救灾资金的筹集、管理与使用

(一)救灾资金筹集、管理、使用的原则

为了能够筹集到充足的灾害救助资金,并科学管理和分配使用救助资金,应遵循以下原则:

(1)分级筹集,分级管理。从中央到地方政府都制定专门的救灾资金筹集和管理办法,政府各级财政部门在年初编制预算时,要根据上年灾情和救灾资金需求编制相应的自然灾害救济事业费预算。以地方为主,建立和完善中央和地方救灾资金分担机制。

(2)专款专用,重点使用。专款专用是指救灾资金和社会救济资金,必须用于救灾及与救灾直接相关的支出项目上;重点使用原则是指要把救灾资金和社会救济资金重点解决特重、特困灾民和特困户的生活困难,不能平均分配。

(3)公平公正,公正透明。受灾地区人民政府民政、财政等部门和有关社会组织应当通过报刊、广播、电视、互联网,主动向社会公开所接受的自然灾害救助款物和捐赠款物的来源、数量及其使用情况。受灾地区村民委员会、居民委员会应当公布救助对象及其接受救助款物数额和使用情况。

(4)强化监督,注重实效。各级人民政府应当建立健全监督检查制度,及时受理投诉和举报,县级以上人民政府监察机关、审计机关应当依法对自然灾害救助款物和捐赠款物的管理使用情况进行监督检查,保证救灾资金合理使用,提高救灾资金的使用效率。

(二)救灾资金的筹集与管理

我国灾害救助资金来源于两个方面:政府财政拨款和社会捐赠。

1.政府财政专项救助拨款由中央政府和地方各级政府筹措

（1）中央政府拨款由民政部组织协调发展改革委、财政部等部门，根据国家发展计划和《中华人民共和国预算法》规定，安排中央救灾资金预算。按照财政专项救灾资金补助数额与灾害程度相一致原则，及时拨付到位、专款专用。

（2）地方各级政府设立的救灾预备金。各地财政部门在年初编制预算时，要根据上年灾情和救灾资金需求编制相应的自然灾害救济事业费预算，划拨给同级民政部门，专户存储，由民政部门掌握，根据实际情况使用。执行中要根据灾情程度进行调整，不得虚列或列而不支。各地民政部门要认真核实灾情，实事求是地提出自然灾害救济事业费支出计划，为财政部门安排救灾款预算提供翔实可靠的依据。地方各级财政、民政部门应根据本地区经济发展水平和财力可能，确定对受灾群众的救助项目和补助标准，保障受灾群众的基本生活。

2.社会捐赠由企业、社会组织及个人捐赠构成

社会捐赠一般是发生较严重的灾害后，由政府部门或社会团体有组织地向海内外各界募捐资金，并负责管理和分配使用。捐赠物包括现金、物资和技术服务等。国内捐赠包括：企业事业单位等法人组织、社会团体、自然人等的自愿捐赠。海外捐赠可以分为以下几类：①别国政府或国际组织提供的捐款；②国外企业、民间组织和个人的捐赠；③港、澳、台同胞的捐赠；④旅居海外华侨的捐赠。

（三）救灾资金的使用

做好救灾资金的使用关系到灾区人民群众切身利益，救灾资金使用是救灾的中心环节，直接关系到救灾成效大小及救灾目的的实现程度。救灾资金必须严格遵循专款专用、重点使用的原则，合理安排使用。我国《自然灾害救助条例》《自然灾害生活救助资金管理暂行办法》等法规制度明确规定了救灾资金使用的范围。

（1）解决灾民无力克服的衣、食、住、医等生活困难；紧急抢救、转移和安置灾民。

（2）遇难人员家属抚慰，用于向因灾死亡人员家属发放抚慰金。

（3）过渡性生活救助，用于帮助"因灾房屋倒塌或严重损坏无房可住、无生活来源、无自救能力"的受灾群众，解决灾后过渡期间的基本生活困难。

（4）用于解决灾民紧急转移安置过程中发生的费用。特别是地震、洪水、山体滑坡、沙尘暴等破坏力极大的自然灾害，容易造成群众房屋倒塌、损坏，甚至是居民生命危险。居民被困、一些尚处于危险之中的居住区需要搬迁等现象时有发生。这种紧急抢救和转移安置急需使用的资金，是救灾资金必须支出的部分。

（5）用于加工、储运救灾物资的必要费用。灾害救助中所急需的大量物资，包括食物、药品、帐篷、衣物等，在加工、储存及调运的过程中发生的费用。

(6)部分的灾后恢复重建资金。重点是对灾民倒房恢复重建和危房修缮给予补助。

(7)冬春临时生活困难救助,用于帮助受灾群众解决冬令(12月至下年2月底)、春荒(3月至5月、一季作物区为3月至7月)期间的口粮、衣被、取暖等基本生活困难。

(8)必要的管理费用。用于救灾机构建设、救灾人员配备等方面的费用。

救灾资金分配使用应重点倾向于重灾区和重灾户,特别要保障自救能力较差灾民的基本生活。灾款使用不得平均分配,不得截留、挪用,不得擅自扩大使用范围。

五、救灾物资的储备与管理

救灾物资是减轻灾害损失、进行紧急救援、安排群众生产生活的重要救灾资源。救灾物资是指解决灾民基本生活保障和抗灾救灾所用的物质资料,既包括灾害发生后用于挽救受灾群众生命的仪器设备,也包括灾害发生后维持灾民基本生活的各种物资。救灾物资按照用途分为三类:一是应急救生性物资,包括生命探测仪、千斤顶、破拆工具、救生衣、车船、飞机、灭火工具等;二是医疗器械和药品,包括对灾害伤者的救助和灾区的消毒与防疫;三是灾后生活物资,包括起居、帐篷、快速食品和净水设备等基本生活物品。

(一)救灾物资的购置与储备

救灾主管部门根据储备规划和储备物资的使用情况,会同财政部门按照政府采购政策规定,购置中央级救灾储备物资,代储单位对救灾储备物资实行封闭式管理,专库存储,专人负责。

建立健全各项救灾储备管理制度,包括物资台账和管理经费会计账等。救灾储备物资入库、保管、出库等要有完备的凭证手续。代储单位的救灾物资储备仓库设施和管理参照国家有关库房标准执行。

代储单位应按照民政部要求,对新购置的入库物资进行数量和质量验收,应根据民政部要求调拨的物资种类、数量、批号、调运地点及时办理出库手续,储存的每批物资要有标签,表明品名、规格、产地、编号、数量、质量、生产日期、入库时间等。储备物资要分类存放,码放整齐,留有通道,严禁接触酸、碱、油脂、氧化剂和有机溶剂等,应做到实物、标签、账目相符,定期盘库。

管理经费是指专项用于代储单位管理储存中央级救灾储备物资所发生的包括接收入库、保管维护、组织发送等方面的人工雇佣、设备购置、租用仓库和短途搬运等费用支出。每年年初民政部汇总各代储单位情况后,按照上年实际储备物资金额的一定比例核定上年度的管理经费,报财政部审核后,由两部门联合下达给各省级财政部门和代储单位。

(二)救灾物资的调拨使用

按照《中央级救灾储备物资管理办法》,当灾情发生时,受灾省份优先动用本省储备物资。在本省储备物资全部使用仍然不足的情况下,可申请使用中央级救灾储备物资。申请使用中央级救灾储备物资应由省级人民政府民政部门与同级财政部门协商同意后,向民政部提出书面申请。书面申请的内容包括:自然灾害发生时间、地点、种类,转移安置人数、无家可归人口数量;需要的救灾物资种类、数量;本省救灾储备物资总量,已动用本省救灾储备物资数量;申请中央救灾储备物资数量等。根据受灾省的书面申请,结合特大自然灾害救济补助费的安排情况,民政部统筹确定调拨方案,向使用救灾物资的受灾省人民政府民政部门、代储单位发出调拨通知,并抄送财政部和有关省级财政部门。紧急情况下,经报民政部批准,可在受灾省申请的同时,使用中央级救灾储备物资。代储单位接到民政部调拨通知后,应在 48 小时内完成储备物资发运工作,代垫长途运输费用。使用储备物资的受灾省要按照民政部调拨通知要求,对代储单位发来的救灾储备物资进行清点和验收,及时向代储单位反馈,若发生数量或质量等问题,要及时协调处理并将有关情况向民政部报告。

调拨使用的救灾物资所有权归省级人民政府,作为省级救灾储备物资由省级人民政府民政部门会同财政部门管理,省级财政部门承担相应的管理经费。发放使用救灾物资时,应做到账目清楚、手续完备,并以适当方式向社会公布。省级人民政府民政部门对地(县)级人民政府民政部门、地(县)级人民政府民政部门对使用者要进行必要的技术指导,教育使用者爱护救灾物资。县级以上人民政府民政部门应当会同财政、监察、审计等部门及时对救灾物资的发放使用情况进行监督检查。

(三)救灾物资的回收

为了提高救灾物资的使用效率,防止救灾物资的浪费,救灾物资使用结束后,对可回收重复使用的救灾储备物资由地方民政部门负责回收、清洗、消毒和整理。可回收重复利用的救灾物资主要分为以下几类:①生活类物资,包括帐篷、活动板房、移动厕所、净水设备、照明设备等。②救援类物资,包括挖掘机、运输车、装载机、吊车、拖车、推土机等大型机械设备和运输工具,以及铁锹、镐、撬棍、千斤顶等小型救援工具等。③医疗类物资,包括常用医疗器械、高值医疗器械、监测器械、消毒器械,以及救护车和药品等。④通信类物资,包括应急通信设备和卫星电话等。⑤供电类物资,包括大型发电车和发电机等。⑥其他物资。回收工作完成后,省级人民政府民政部门应会同财政部门及时将救灾储备物资的使用、回收、损坏、报废情况以及储存地点和受益人(次)数报民政部和财政部。民政部和财政部继续予以跟踪考核。

六、灾害救助的应急响应程序

为进一步明确民政部相关部门救灾应急响应的工作职责,确保救灾应急工作高效、有序地进行,根据《自然灾害救助条例》和《国家自然灾害救助应急预案》,民政部制定了《救灾应急工作规程》,分别对国家一级救灾应急响应、国家二级救灾应急响应、国家三级救灾应急响应、国家四级救灾应急响应和预警响应的启动条件、应急值守、响应措施及响应终止作了相关流程及职责规定。当特别重大或者重大灾害发生后,各地区、各部门要立即报告,最迟不得超过 4 小时,同时通报有关地区和部门。在应急处置过程中,要及时续报有关情况。

预警响应启动依据是:有关部门发布的、即将发生的,可能威胁到人民生命财产安全、影响群众基本生活的,需要提前采取应对措施的自然灾害预警预报信息。

根据预测分析结果,对灾害进行预警,预警级别根据灾害可能造成的危害程度、紧急程度和发展势态,一般划分为四级:Ⅰ级(特别严重)、Ⅱ级(严重)、Ⅲ级(较重)和Ⅳ级(一般),依次用红色、橙色、黄色和蓝色表示。

国家四级救灾应急响应启动条件:①某省(自治区、直辖市)行政区域内,一次灾害过程出现下列情形之一的:死亡 30 人以上(地震灾害死亡 20 人以上),50 人以下;需紧急转移安置(含需紧急生活救助)10 万人以上,30 万人以下;倒塌和严重损坏房屋 1 万间以上,10 万间以下;干旱灾害造成群众缺粮或缺水等生活困难,需政府救助人数占该省农牧业人口 15%～20%,或 100 万～200 万人。②对敏感地区、敏感时期及救助能力特别薄弱的"老、少、边、穷"地区等特殊情况,响应启动标准可酌情降低。③国务院决定的其他事项。

国家三级救灾应急响应启动条件:①某省(自治区、直辖市)行政区域内,一次灾害过程出现下列情况之一的:死亡 50 人以上,100 人以下;需紧急转移安置(含需紧急生活救助)30 万人以上,80 万人以下;倒塌房屋和严重损坏房屋 10 万间以上,15 万间以下;干旱灾害造成群众缺粮或缺水等生活困难,需政府救助人数占该省农牧业人口 20%～25%,或 200 万～300 万人。②对敏感地区、敏感时期及救助能力特别薄弱的"老、少、边、穷"地区等特殊情况,响应启动标准可酌情降低。③国务院决定的其他事项。

国家二级救灾应急响应启动条件:①某省(自治区、直辖市)行政区域内,一次灾害过程出现下列情况之一的:死亡 100 人以上,200 人以下;需紧急转移安置(含需紧急生活救助)80 万以上,100 万人以下;倒塌房屋和严重损坏房屋 15 万间以上,20 万间以下;干旱灾害造成群众缺粮或缺水等生活困难,需政府救助人数占该省农牧业人口 25%～30%,或 300 万～400 万人。②对敏感地区、敏感时期及救助能力特别薄弱的"老、少、边、穷"地区等特殊情况,响应启动标准可酌情降低。③国务院决定的其他事项。

国家一级救灾应急响应启动条件:①某省(自治区、直辖市)行政区域内,一次灾害过程出现以下情况之一的:死亡200人以上;需紧急转移安置(含紧急生活救助)100万人以上;倒塌房屋和严重损坏房屋20万间以上;干旱灾害造成群众缺粮或缺水等生活困难,需政府救助人数占该省农牧业人口30%以上,或400万人以上。②对敏感地区、敏感时期及救助能力特别薄弱的"老、少、边、穷"地区等特殊情况,响应启动标准可酌情降低。③国务院决定的其他事项。

响应终止:灾情基本稳定、救灾工作转入常态,相关部门或负责人(预警、四级、三级救灾应急响应终止建议由救灾司救灾处提出,二级救灾应急响应终止建议由救灾司提出,一级救灾应急响应终止建议由民政部部长提出)提出响应终止建议,上级部门审核并决定终止。若灾情进一步严重,达到启动更严重一级的救灾应急响应的标准,救灾处救灾司提出提升响应等级的建议,并按程序报批。

七、查灾、报灾和救灾总结

灾情发生后,民政及相关政府部门要组织进行查灾工作,及时掌握情况并及时向上级政府报告,对灾害损失及灾民生活困难情况进行专家评估,为灾区恢复重建和灾民生活救助提供决策依据。

查灾就是如实核定灾情。核定灾情可视情况采用如下不同方式:①全面核定。灾害发生后,组织人力对灾害造成的各方面损失情况进行全面核定。②抽样核定。在受灾的总体中随机选取部分进行核查,根据核查结果推断全面灾情。③典型核定。在受灾的总体中选取有代表性的部分或重灾地区进行核查,根据核查结果推断全面灾情。④专项核定。对某项损失情况进行专题调查,以核定全面灾情。灾情统计、核定、报告必须实事求是、及时准确。

报灾就是向上级政府部门及时统计报告受灾情况。统计报告内容主要包括综合情况、农牧业损失情况、工作数据等项,统计指标主要包括:灾害种类及发生时间、地点、台风编号、地震震中经纬度、受淹县城、受灾人口、成灾人口、被困人口、转移安置人口、无家可归人口、饮水困难人口、因灾死亡人口、因灾伤病人口、倒塌房屋、损坏房屋、损失粮食、因灾造成的直接经济损失等。

国家对重大自然灾害灾情报告的时间、内容作出明确的规定。要求各地在重大自然灾害发生后的第一时间上报灾情,在灾情稳定前执行"零报告制度①"。

---

① 零报告制度就是从初次上报报表到本次上报报表之间的时段内,即使没有出现新情况,也要将报表填上"0"上报的制度。上报报表的时间和时间间隔是上级规定的,目的是为了掌握某时段内的最新情况。

在每次救灾工作结束后,都要对救灾工作作出认真总结,总结灾害发生的原因、损失情况、救灾措施等,积累经验,寻找差距,为预防灾害和灾害救助工作提供新思路、新办法。

发生事故灾难、公共卫生事件、社会安全事件等突发事件,需要由县级以上人民政府民政部门开展生活救助的,也按照自然灾害救助程序进行救助。

第三节 国外灾害社会救助制度

灾害社会救助已经引起世界各国的重视,各国都在积极致力于建立完善的灾害救助体系。美国、日本和世界上其他自然灾害严重的国家,在长期的防灾救灾实践中,建立起了一套成熟的灾害救助体系。

一、美国的灾害救助

美国作为临海国家,又位于大洋板块的交界处,经常受到飓风、地震、暴雨等灾害的侵袭,自然灾害频发,又有放射性污染、有毒化学物质泄漏等环境及技术灾害。随着与自然和人为灾害的不断抗争,形成了较为完善的灾害应急救助体制。

(一)美国建立了比较完备的救灾法律法规

美国早期的灾害救助主要由教会、慈善机构等社会组织以及地方政府负责实施,联邦政府很少介入,也就没有形成国家层面的救灾体制。1803 年朴茨茅斯市新汉普夏镇发生特大火灾,联邦政府首次进行了经济援助,国会还通过了反灾害法案。二战期间,罗斯福成立"应急管理办公室",负责战时生产的安全保卫工作,并建立起较为成熟的民防体制。美国这一时期尚没有形成统一的救灾法规政策体系。1950 年,美国出台《联邦灾害救援法》,标志着联邦开始以立法的形式来抵御自然灾害,但该法仅规定联邦政府在重大灾害时给予受灾州有限的援助。1967年,国会经论证决定采用"911"作为全国统一的紧急求救号码,并在全国推进"911"应急系统建设。1968 年通过《国家洪水保险法》,以增强个人自保意识,分担灾害负担和成本。1974 年国会通过迄今最重要的框架性法律《灾害救助和紧急援助法》,又称为斯坦福法案。卡特政府于 1979 年成立了应急管理署(Federal Emergency Management Agency,FEMA),2001 年恐怖分子选择了"9·11"这一天发动袭击,对美国救灾体制产生了深刻的影响。2003 年美国成立了国土安全部,由 22个联邦部门组成,联邦应急管理署并入其中。FEMA 不再是一个内阁级的机构,在预算、开支、任务等方面更多地依赖于国土安全部的官员。FEMA 的预算遭到缩减,FEMA 的人员和资源也被转移到其他反恐项目中,国土安全部主要精力集中于反恐。9·11 后集中出台的一系列计划、法案,如《国家响应计划》《全国突发事件管理体系》《短期国家基础设施保护计划》《短期国家应急准备目标》等。然而，完备的法规并不代表就能够有效地应对各种自然灾害，2005 年卡特里娜飓风充分暴露了救灾法规运行方面的缺陷，也显示了美国应急体系在突发性重大灾害面前的脆弱性。

（二）建立了较为完善的灾害应急救助系统

美国没有独立的救灾体制，灾害管理被包含于应急管理之中。2004 年美国制定了《国家事故管理系统》和《国家应急计划》，其中详细介绍了灾害应急救助程序。前者主要规定了联邦、州、地方和部落政府事故应急的统一标准和规范；后者根据前者提供的框架，为应对重大事故制订了一套完整的国家应急行动计划。

首先是州、地方政府的灾害应急救助系统。美国国家应急计划的一个基本前提是首要应急处理应在最低管辖权层面上进行，第一道防线由州、地方政府及州际协议互助提供，应急机构包括警察、消防、公共健康和医疗、紧急事件管理等。各州、地方政府应急组织方式各式各样，没有统一的模式，但经过长时期经验总结及各地交流，形成了一些共同特征或趋势。表现在以下几个方面：①统一采用 911 作为特服电话号码，综合了警察、消防、自然灾害、交通事故和医疗救助等多方面求救功能。公众遇到各种紧急情况，均可以向它求救。②由于求救号码的统一，也实现了救助机构的整合，把消防、现场医疗急救、环境抢险甚至警察等多种职能机构融为一体成立应急管理中心。③建立了本政府层级高效的应急指挥系统，应急管理中心一般设置 911 电话受理大厅、运行指挥中心和联合指挥中心及相关执行机构。

其次是联邦政府灾害应急救助系统。当面临实际的或潜在的国家层面的重大灾害或事件时，由总统领导联邦进行有效的应对。必要时，由总统国土安全助理召集跨机构领导的会议，协调相关政策。但《国家应急计划》仅仅对白宫层级的领导和协调机制作了原则性的规定，并没有详细具体的要求。联邦全面协调主要由国土安全部长执行，在联邦层面起核心作用的是国土安全行动中心，它是国内应急管理情报汇总和协调的首要国家枢纽，每天 24 小时、周末不休全天候监控与紧急事故相关的情况。其经常与州、地方、部落和 NGO 组织的应急运行中心进行协调。跨机构事故管理团是一个多机构协调实体，主要由国土安全部各部门、其他联邦部门和机构，以及相关非政府组织的高级代表及专家组成。面临重大事故时国土安全部长可以激活相关的跨机构事故管理团，以及决定是否启动及启动哪些 ESF（Emergency Support Function）。

（三）救灾的主要机构

美国负责协调联邦灾害援助工作的主要部门是国土安全部下属的应急管理署，主要承担应急响应和灾后恢复协调工作，以及全国响应协调中心职责。当州和地方政府提出援助要求时,应急管理署将救灾任务分派给卫生和福利部、国防部、交通部以及红十字会等部门和机构,或取得私营部门的支持。应急管理署在灾害响应和恢复过程中充当联邦同州、地方、部落政府相关机构及社会组织之间的联系人、协调者,并作为灾害发生时州和地方政府联系联邦政府的唯一部门。应急管理署在全国设有 10 个地区办公室和 2 个区域办公室。美国实行军队国家化,不由某一个政党控制,其职能也进行了严格的界定,即执行军事任务及保卫国土安全。救灾工作并不属于军队的职责,军队也不进行相关的救灾训练。当某个州发生了一起重大事故,该州州长可以请求总统命令国防部长动用国防部资源执行必要的拯救生命和保护财产的紧急任务,但总统的重大调动得由国会通过。美国联邦进行救灾援助的常规力量主要包括各种应急支持功能小组,即 ESF。应急支持功能小组成员由政府、社会组织及私营部门等机构、组织的专家和工作人员构成,负责救灾援救、提供资源和服务。当前主要有 15 个这样的 ESF,分别由交通部、国防部、国土安全部、农业部、红十字会、白宫总务管理局、卫生和福利部、环境保护局、海岸警卫队、内务部、能源部、司法部、住房部和城市发展部、财政部、小型企业管理局等部门或部门联合负责。州政府进行灾害援助的主要力量包括国民警卫队、警察以及相关州职能部门及志愿者。

(四)清晰地界定中央、地方、基层政府的救灾职责,落实以属地管理为主的灾害救助管理体制

美国实行的是联邦制,以联邦、州、地方政府之间的分权为特征。各级政府之间不是管理与被管理关系,而是指导、合作与制约关系。就救灾工作而言,美国的灾害响应工作一直是由各州和地方政府负责的,联邦注重发挥州和地方政府救灾富有实效的优势,也尊重各州指挥和协调的权力。只有灾害严重到超出本级政府能力时,才向上一级政府请求支援。地方政府首先向州政府请求支持,州政府资源也不足以应对时,才由州长向总统请求宣布为国家级重大灾害,联邦政府才能启动援助行动,否则联邦政府不能直接介入当地救灾行动。从灾害救援指挥来看,即使总统宣布为重大灾害、联邦开始紧急救助后,联邦官员也不能直接领导、指挥州政府官员和工作人员,而是通过有关各方派出协调官或协调员组建联合现场办公室来指挥救灾工作。卡特里娜飓风后,布什向路易斯安那州长提出要求由联邦政府接管救灾领导工作,以便统一指挥国民警卫队和警察,但遭到了拒绝。联邦官员也没有权力撤换州、地方政府官员。美国的这种救灾体制使各级政府职责得到明确划分,体现了权力制衡原则,在应对中小型、非紧急的灾害时比较有效,但在应对像卡特里娜飓风这样的特大紧急灾害时,就暴露出民主分权制在救灾中的致命缺陷:程序繁琐、协调能力差。

（五）救灾工作的监督机制较为完善

美国各级政府主要向社会负责，由民众、议会进行监督，这种监督机制在促进灾害救助更贴近灾民需求、救灾制度完善方面发挥着重要作用。卡特里娜飓风救灾不力，联邦、州、地方政府面对大量的社会批评、相互指责、推卸责任，但联邦应急管理署署长、新奥尔良市警察局长、红十字会主席等官员都是由于民众、媒体及议会的批评、监督、调查等原因而辞职下台。卡特里娜飓风也引发了美国大规模的批评浪潮，如游行示威、抗议、议会问责、党派批评等，但并没有造成严重的政府危机。

（六）完善的应急志愿服务机制

美国的救灾体系中有着广泛的民间志愿者参与制度，可以动员全社会的力量参与救灾，弥补行政力量的不足。在美国救灾体制中，志愿服务组织职责清晰，分工明确，主要为灾民提供照顾、住房和公共服务，如为受害者提供住宿、食物，提供定点急救，调配救援物资，提供短长期住房，帮助受害者家属搜集家属信息等；志愿服务组织在灾害救助中，接受地区或全国层面的统一指挥协调。

此外，美国建立的灾害保险机制，先进的防灾救灾技术，强大的物质装备，高度重视日常的防灾减灾工作，以及发达的公共信息网络等在防灾、抗灾和减灾中也发挥了积极作用。

二、日本的灾害救助制度

日本是个自然灾害频发的国家，经常受地震、台风和海啸的袭击，频繁的自然灾害经历使日本人形成了强烈的灾害危机意识，从而形成了一套比较成熟的灾害危机管理机制，积累了丰富的灾害救助经验。

（一）完善的防灾减灾法律制度

日本已形成了一套相对完善的应对灾害的法律法规体系，主要涉及防灾方面的一般性法律和减轻地震灾害的相关法律。

防灾方面的一般性法律，如《灾害社会救助法》《灾害对策基本法》《关于拨发灾害抚恤金等的法律》《关于为保护特定非常灾害受害者权益采取特别措施的法律》等。1947年日本制定出台了《灾害社会救助法》，针对灾害发生后产生的严重的社会影响，国家在公共团体、日本红十字会、其他团体以及国民的支撑下，采取必要紧急救助措施，保护受害者与保全社会秩序。《灾害对策基本法》是日本于1961年针对突发性的自然灾害，包括大风暴、大暴雪、大暴雨、大洪水、高海潮、地震和海啸等制定的法律。它是日本防御和减轻自然灾害的一部综合性、共同性的基本法律，是日本各灾种单独立法的基础。在该法中，上由首相，中经都、道、府、县，下至市、町、村，各级政府的主要负责人的职责都明确具体，甚至把灾害应急时某个岗位应派遣哪些人员也都作了明确规定。

减轻地震灾害方面的法律,如《大都市震灾对策推进纲要》(1971)、《地震防灾对策特别措施法》(1995)、《大规模地震对策特别措施法》(1978)等;与防震减灾相关的其他法律,如《公共土木设施灾害恢复事业费国库负担法》《关于农林水产业设施灾害恢复事业费国库补助暂定措施的法律》《关于台风常袭地带防除灾害的特别措施法》《活动火山对策特别措施法》等。在这些与地震相关的法律法规中,值得关注的是:第一,这些法律突出了大规模地震灾害所造成的人民生命、身体及财产的保护,体现了以人为本的理念;第二,在明确地震预报发布程序的基础上,还规定了解除大规模地震预报的条文;第三,强调城市生活断层的调查研究;第四,在次生灾害中特别突出了火灾的预防以及石油站(库)的管理。

(二)救助的主要内容

日本《灾害社会救助法》规定,灾害救助主要内容包括:第一,提供住所;第二,提供食品与饮料水;第三,给予或借给被服、床以及其他生活必需品;第四,提供医疗和帮助生育;第五,抢救受害人;第六,紧急修理受害住房;第七,提供学习用品;第八,帮助埋葬;第九,寻找尸体以及处理;第十,处理和搬去住所及其周围土石、竹木等障碍物。救助所需费用由都、道、府、县承担,但当该年度超过100万日元时,国家根据该都、道、府、县的财力,负担50%~90%的费用。

(三)建立了集中统一的灾害应急指挥和组织体系

日本的防震减灾组织体制建设,分为中央防灾会议和地方防灾会议。日本的危机管理体制大致为:以法律为依托,内阁总理大臣担任中央防灾会议会长,为最高指挥官,内阁官房长官负责整体协调和联络,通过安全保障会议、中央防灾会议以及相关省厅负责人紧急协商会议等决策机构制定危机对策,由国土厅、气象厅、防卫厅和消防厅等职能部门负责具体实施。地方防灾会议除了要对本行政区域内的防灾工作进行统一规划和领导之外,还需要加强与不同层次的其他地方防灾会议就公共的防灾实务进行磋商合作。在这一体制下,中央各部门和地方政府分别建有各自的危机管理体系,当危机发生时,一般是根据危机的类型启动不同的危机管理机制。

同时,《灾害对策基本法》对政府在灾害应急中的职权与职责、灾害恢复中的职权与职责、政府的财政援助制度、灾害抚恤制度、紧急状态制度等作了详细的规定,为政府履职奠定了坚实的法律制度基础,规范了灾害应急责任。

(四)建立了相对完善的灾害慰问金制度和灾害基金

日本于1952年设置了市、町、村灾害慰问金补助制度,从此开始实施这种直接救助制度。1972年日本制定了由自然灾害导致精神或身体伤害的灾害残疾慰问金制度,此后经过数次修改,一直延续至今。灾害包括风暴、暴雨、大雪、洪水、地震、海啸以及其他异常自然现象带来的灾害,而火灾、事故等人为原因造成的灾害不属于这个范围。灾害慰问金制度内容包括:灾害慰问金、灾害残疾慰问金和灾害支援资金。灾害慰问金由市、町、村制定条例,对由灾害造成死亡的居民的家属,如果死者是生活主要来源者,给予支付 500 万日元以内否则给予 250 万日元以内援助的制度;灾害残疾慰问金,由市、町、村制定条例,对政令所规定灾害造成的负伤或患病并留有身体上或精神上残疾的人,生活主要来源者给予 250 万日元以内,其他人给予 125 万日元以内援助的制度;灾害支援资金是由市、町、村制定条例,对县内任何一个市、町、村里属于灾害救助法规定需要救助的灾害,以资助生活重建为目的,对每一个家庭出借最高限度为 350 万日元的资金。

日本用于灾害救助的各项费用主要是由中央及地方政府分比例承担的。中央及地方政府每年都有关于灾害救助的很大一部分预算。此外,中央和地方政府还设立了赈灾基金和灾后重建基金,每年均拨付一定数量的金额,以备灾害发生时救助工作的急用。这些基金的设立在日本以往经历的灾害救援过程中发挥了很大的作用。除了这些常设的救助基金以外,在重大自然灾害发生后的救援及重建工作中,由地方政府设置的"震后复兴基金"也起了极为重要的作用。据统计,这种"震后复兴基金"的运行模式如下:由地方政府先向金融机构借款,并将其作为以后的"运用财产",灾害发生时,再把这些资金无息作为震后复兴基金来使用,而复兴基金利用这些资金存入金融机构得到的利息,来帮助灾后的重建工作。这种基金的设立弥补了中央政府基金的不足,使得灾害救助工作更加顺利地进行。

(五)高效全面的灾害管理信息网络和应急信息化建设

日本国家气象厅对地震和海啸实行 24 小时制的监测,以确保在地震发生的瞬间计算出震源、规模、是否引发海啸并发出海啸警报和预报。日本严密的防灾通信网络,如水防通信网、紧急联络通信网、警用通信网、防卫用通信网、海上保安用通信网以及气象通信网等,能够将地震发生后有关信息马上传递到警察机构、地方政府、通信公司、电视媒体、海上保安厅、消防机构等,并由此迅速传递到学校、居民家、医院和船舶。普通百姓察觉到地震,打开电视或收音机,就立即得知地震发生的详细信息。

(六)日本居民具有强烈的灾害预防危机意识

日本警方不断印制和更新地震宣传手册,介绍应对地震灾害的各种知识。日本把每年的 9 月 1 日定为全国防灾日,全国各地都以不同的方式举行灾害宣传、防灾演习等活动,其中日本首相和各重要大臣都要参加,形成全民宣传。同时,日本各地还有许多模拟地震、火灾等情景的防灾体验中心,免费向市民开放。日本很注重把灾害遗址作为灾害教育基地,同时也作为旅游胜地。日本的社区组织更是承担了对本地区居民的防灾知识教育培训普及工作。

(七)完备的防灾抗灾体系

日本的防灾体制包括:①防灾规划。中央防灾会议负责国家级防灾基本规划的制定及相关重要事项的审议,并以国土厅防灾局为其常设机构,承办防灾执行与协调等业务。各级地方政府也都成立了防灾会议及专职机构,各依其所在地的自然和人文特性拟制防灾规划并具体执行。除中央和地方防灾规划外,根据《灾害对策基本法》,指定机关和涉及公共事业的公私机构和大企业也都必须制定各自的防灾规划,并至少两年修订一次。②防灾科学研究。其包括对灾害发生机理调查和对防灾技术的开发研究两个方面。③培养国民灾害防范意识,提高国民灾害自救技术。

日本提倡"自救""共救""公救"的理念。灾害发生后先是民众的自救和共救,然后才是政府的"公救"。①民众的"自救"和"共救"。在日本,人们不断改造住宅,提高抗震性能,将家具牢牢固定在墙上,以防地震时砸到人,家中有紧急避难用品等。民众共救主要是通过自主防灾实现。②政府的"公救"。灾害发生时日本政府会在30分钟内根据灾害严重程度成立不同级别灾害对策总部,采取首长负责制。灾后具体紧急救助工作由消防部门负责,此外,日本还有一支按国际救援队标准建立起来的灾害救援队。

(八)较为完善的应急志愿服务机制

日本地方政府积极推进救灾志愿者的登记制度,平时加强信息交流,避免救灾中的混乱现象。自2001年5月,日本建立了以促进救灾志愿者和行政之间的合作为目的的"救灾志愿者数据库",收录了遍布日本全国的救灾志愿者组织和NPO的信息。设立了"救灾志愿者中心",其主要职责是:防灾训练和培养救灾志愿者,救灾志愿者信息管理等,救灾过程中协调行政和志愿者组织、不同专业志愿者组织及外地志愿者组织和本地志愿者组织之间主导权问题等,协调团体之间的活动,保障志愿者的健康安全等。

第四节　中国灾害救助制度的发展与改革

中国是一个自然灾害频发的国家,历代统治者都把救灾作为治国理政的一项重要职能,施行一系列政策和措施进行救灾,形成一些独具中国特色的备荒与救灾制度,维护封建统治的稳定。从殷商西周的天命主义、禳弭思想到春秋开始出现的赈济、调粟、养恤思想,直至宋明盛行的安辑、蠲缓、放贷、仓储思想,政府在灾害管理和救助体系方面不断完善。新中国成立后,面对无情肆虐的自然灾害,各级人民政府给予救灾工作极大的重视,采取一系列救灾措施,形成越来越完备的救灾制度。

一、新中国成立初期防灾救灾制度的建立(1949—1956 年)

1949 年新中国成立,面对无情肆虐的自然灾害,中央和地方各级人民政府给予救灾工作极大的重视。国务院(政务院)统一领导救灾,内务部具体组织实施。

1949 年 12 月 19 日,中央人民政府政务院颁布的《关于生产救灾的指示》指出:救灾是严重的政治任务,必须引起各级人民政府及人民团体更高度的注意,决不可对这个问题采取漠不关心的官僚主义态度。提出的救灾方针是"节约防灾,生产自救,群众互助,以工代赈",并对全国的救灾工作作出部署。1950 年 2 月,正式成立了中央救灾委员会,决定由内务部办理日常工作。对救灾工作方针进行了补充,改为"生产自救,节约度荒,群众互助,以工代赈,辅之以必要的救济"。1953 年第二次全国民政会议上又将上述方针修改为"生产自救,节约度荒,群众互助,以工代赈,辅之以政府必要的救济"。在中央救灾委员会的领导下,全国人民开展了轰轰烈烈的抗灾救灾运动,主要内容包括:

(1)大力发展副业生产。在发展副业生产上,中央政府提出了"靠山吃山,靠水吃水"的口号,并提倡群众互助,自由借贷,变死钱为活钱等办法,以解决资金缺乏的困难。对生产者采用先行贷粮,后收成品;对贩运者采用先行贷货,后收货款。各地贸易公司、供销合作社与各方订立合同,推销土产品。副业生产的开展,增加了灾民的收入,提高了灾民自救的能力。

(2)以工代赈。以工代赈具有救灾和建设的双重性质,可以实现政府和灾民的双赢。建国初期,由于经济条件十分困难,中央政府在组织生产自救的同时,大力推行以工代赈的办法。1949 年,苏北制定出兴修水利三年计划,第一年拨出粮食即达 2.3 亿斤。这一伟大的治水工程,不但能解决救灾问题,而且是苏北的重大建设。

(3)实行节约互助。各地政府工作人员与人民解放军自行开展节约一两米运动,有的机关甚至每日每人节约四、五两粮,有的干部拿出全部津贴救济灾民。通过在各大城市进行的救灾劝募,以及在乡村进行的一碗米救灾运动,救灾物资短缺的现象得到及时有效的缓解。与此同时,中央及各大行政区也拨出大批粮食,支持灾区生产和进行救济。

这一时期,对于救灾,中央拿出很高比例的财政资金,据统计,建国之初的 8年,整个救灾支出占财政支出的年平均比例为 0.76% 以上,并注重紧急救援,保证灾民的物资供应和医疗救助,组织安排恢复重建,节约度荒。救灾工作所包含的各项内容,包括荒情救助、恢复重建以及口粮、衣服和就医保证等都是在这一时期形成的。

除了积极做好救治工作外,中央政府还十分重视对于自然灾害的根治,从源头上抑制自然灾害的发生。如1950年7月至9月毛泽东连续四次作出指示,要求根治淮河,可见对于根治水灾的重视和决心。新中国十分重视农田水利的建设,发布了一系列的防灾备荒指示,如《政务院关于大力开展群众性的防旱、抗旱运动的决定》《政务院关于发挥群众继续开展防旱、抗旱运动并大力推行水土保持工作的指示》等,多次发动群众性的农田水利建设运动,并针对大江大河的水患问题,进行了有效的治理。

新中国成立八年,在抗灾救灾过程中确立了以中央政府为唯一责任主体的救灾模式,这种救灾模式基本适应了当时的历史条件,并在相当长的一段时期内保障了救灾减灾工作的有效开展。

二、计划经济时期灾害救助制度的发展(1957—1977年)

1956年,我国完成了生产资料的社会主义改造,开始实行国民经济发展"五年计划",标志着社会主义计划经济正式开始,与此相适应灾害救助制度也进行了相应调整。撤销中央救灾委员会,进而撤销内务部,弱化救灾工作的行政职能。计划经济时期的自然灾害救助工作是以农村为主要对象展开的,城市灾害救助可以忽略不计。

中央人民政府调整了救灾工作方针,即依靠群众,依靠集体,生产自救为主,辅之以国家必要的救济。由于实现了农业集体化,集体组织具备了一定的救灾能力,所以救灾工作方针中相应地增添了"依靠集体"的内容。除去这一方面的变化,整个救灾方针的精神较之建国初期的救灾方针并没有实质性变化,也是基本符合当时农村形势的。凡遇到大灾,实行党中央、国务院直接领导救灾的方式。如1960年,鉴于救灾形势的严峻性,内务部确定了"国家扶助集体,集体保证个人"的救灾款使用原则,明确救灾款的发放必须落实到户,必须专款专用,专物专用;1964年,救灾款财政支出达11亿以上,占国家财政支出接近3%,尤其是1976年的唐山大地震,就是党中央、国务院直接决策,调动全社会的力量来从事救灾工作的。

计划经济时期的灾害救助工件概括起来主要有以下几点:

第一,在救灾减灾过程中确立了中央政府为主导的传统救灾减灾体制,形成了救灾工作的基本方针政策,如:以生产救灾为主的救灾方针;每遇到重大自然灾害,中共中央、政务院都派出慰问团和工作组,深入灾区,视察灾情,指导地方开展抗灾救灾工作,党和国家领导人每年多次亲临灾区指挥抢险救灾的做法;充分发挥社会制度的优越性,进行全国动员,举国救灾的体制;充分发挥军队在救灾中中流砥柱的作用；发扬一方有难，八方支援的精神。

第二，基本保障了灾民的生活和生产。中共中央和国务院极为重视灾民的生活安排，对救灾工作提出了"不饿死人，不冻死人，不发生大的疫情，不出现灾民大批外流"的基本要求，每年都拿出巨大的财力用于解决灾民的吃饭、穿衣、住房和治病等问题，在条件十分困难的情况下，基本保障了灾民的生活和生产。

第三，农田水利设施得到改善。为了做好防灾救灾工作，新中国十分重视农田水利的建设，发布了一系列的防灾备荒指示，多次发动群众性的农田水利建设运动，并针对大江大河的水患问题，进行了有效的治理。农田水利设施的改善，不仅起到防灾救灾的效果，也促进了农业生产的发展。

三、探索建立与社会主义市场经济相适应的灾害救助制度（1978 年至今）

1978 年十一届三中全会开始的改革开放后，政治、经济和社会政策都发生了变化，计划经济时期形成的传统救灾体制也需要进行改革，以适应新形势的要求。我们分以下三个时期对这一改革过程进行简要回顾。

（一）20 世纪 80 年代灾害地方救助制度改革

1978 年开始重新组建民政部恢复救灾救济司的建制，民政部领导全国救灾工作，标志着新时期救灾制度改革开始。80 年代的改革包括了以下内容：

1. 实行救灾经费包干

20 世纪 80 年代初期国家财政管理试行"分级包干"办法，改变了中央统收统支的体制，使地方政府有了部分财权。从 1983 年到 1986 年间，民政部会同财政部，对部分省、区试行了自然灾害救灾款包干办法。具体做法是：把特大自然灾害救济费包给省（区），由省（区）统一掌握安排，不再向下包干。轻、重灾年调剂使用，在试行经费包干期间，中央不再拨款。

2. 引进保险机制，实行救灾与保险相结合

救灾保险是指由政府出面组织，由中央救灾经费、地方财政补贴、农民自己缴纳保险费形成救灾保险基金，为灾民提供灾后生活的基本保障并维持其简单再生产的一种灾害社会保障制度。我国从 1987 年开始，经民政部组织，救灾保险曾经在我国的 102 个县、市试点。实践表明，这一制度在筹资上采取国家、集体、个人相结合的方法，按灾害损失程度，依靠社会力量，帮助受灾户解决困难，在一定程度上拓展了救灾渠道，增强了救灾的合力。同时，引进保险机制，提高了农民的自我保险意识，并体现权利和义务对等的原则。

建立救灾保险机制，实质上是利用国民收入再分配的手段，来调节丰收地区、歉收地区以及遭灾地区的收入差距，调节同一地区丰年和灾年的经济收入，以丰补

歉,以富补穷,国家和农民共同承担自然灾害风险,使救灾工作更加行之有效。

3.改进救灾资金的使用方法,建立周转金制度

即改革救灾款的发放形式,实行无偿发放与有偿发放相结合的办法。在保障灾民基本生活的条件下,可以适当地用于扶持灾民发展农副业生产。救灾扶贫周转金是为扶持灾民和贫困户开展生产自救、发展经济而建立的有借有还、周转使用的救灾扶贫专项社会资金。周转金的建立与投放,改变了过去救灾款全部无偿发放的传统做法,引导灾民、贫困户克服依赖思想,增强了群众防灾、抗灾、救灾能力;扩宽了救灾渠道,提高了资金使用效益,减轻了国家救灾救助经费不足的压力。

4.确立了专款专用的原则

救灾款主要是用于解决灾民自身不能克服的吃饭、穿衣、住房等困难问题。对于因灾引起的疾病(流行性传染疾病除外)治疗的医药费困难,也应酌情给予适当救济。在发生自然灾害的时候,可以用于灾民抢救、转移和安置。救灾款是灾民的救命款,一定要坚持专款专用、重点使用的原则,健全财务管理和民主管理制度。

5.救灾与扶贫相结合

1985年3月18日,民政部等九部委联合向国务院递交了《关于扶持农村贫困户发展生产治穷致富的请示》,提出:"要把扶贫和救灾结合起来。救灾款在保障灾民基本生活的前提下,可用于灾民生产自救,扶持贫困户发展生产。救灾款有偿收回的部分用于建立扶贫救灾基金,有灾救灾,无灾扶贫。"明确了救灾和扶贫相结合的基本方针,开辟了防灾、抗灾和救灾的新途径。

6.建立农村基层扶贫互助储金会、储粮会等互助合作组织

政府不仅直接拨款对灾民、贫困户进行救济,还大力倡导、组织开展群众间的互助互济活动,推动建立互助储金会和储粮会。它是村民将分散的钱、粮集中起来,用来解决自己问题的具有互助性质的基层社会保障组织。其宗旨是:救灾备荒、扶贫和应急解难。即在发生自然灾害时,帮助受灾的会员解决买口粮、购置衣被、修缮房屋、治疗疾病等方面的困难;无灾时,扶持贫困会员发展生产,以及帮助其他会员解决燃眉之急。1982年在江西省鄱阳县率先兴起救灾扶贫互助储金会,并得到民政部的肯定,有力地推动了互助储金会的推广和发展。储金会一般以乡(镇)、行政村为单位建立,经县级民政部门审批,实行会员制。

7.接受国际援助,加强国际合作

新中国成立后很长一个时期内,由于意识形态的差异和两大阵营的对立,我国拒绝救灾领域的国际"援助"。

1980年10月4日民政部联合外经部和外交部向国务院递交了《外经部、民政

部、外交部关于接受联合国救灾署援助的请示》,指出:"鉴于发展中国家遭受严重自然灾害时要求救灾署组织救济较为普遍,属于各国人民相互支援的性质,我国已开始接受联合国援助,对救灾署的援助也可适当地争取。"从此我们国家在自然灾害领域逐步开始接受国际援助,并加强救援的国际合作。1987 年接受国际救灾援助的方针调整后,中国接受救灾外援的工作有很大进展。

综上所述,20 世纪 80 年代中国救灾减灾工作的调整取得了一些突破性进展,不仅保证了灾民的基本生活,并且提高了救灾款的使用效率,更为重要的是为救灾工作的进一步改革积累了经验,提高了灾民的自我保障意识,调动了地方政府救灾的积极性。

(二)20 世纪 90 年代救灾制度改革的发展

1.“中国国际减灾十年委员会”的成立

1989 年 4 月,响应第 42 届联合国大会第 169 号决议的倡议,“中国国际减灾十年委员会”成立。宗旨是:响应联合国倡议,积极开展减灾活动,增强全民、全社会减灾意识,提高中国防灾、抗灾、救灾能力和工作水平,减轻自然灾害造成的生命财产损失。目标是:贯彻以预防为主,防抗救相结合的方针,防患于未然;增加灾前的经费投入,建立并完善预警系统和抗灾设施,提高灾害预测、预报、预防和灾害评估水平;完善全国灾害信息网络及辅助决策系统,增强对自然灾害的快速反应能力及决策能力;强化各级政府的减灾功能,并设置相应的灾害分级管理系统,加强地区之间的灾害联防、联抗、联救工作,提高灾后快速恢复、重建水平;建立健全减灾法规,做到依法减灾;推动减灾科研,发展减灾技术,逐步完善救灾工业体系,建立救灾器械研制机构,发展生产企业;开展减灾科普宣传活动,提高全民族、全社会减灾意识,建立健全减灾组织。

2000 年 10 月,“中国国际减灾十年委员会”更名为“中国国际减灾委员会”。2005 年 4 月 2 日,国务院办公厅下发通知,决定将“中国国际减灾委员会”更名为“国家减灾委员会”,负责研究制定国家减灾工作的方针、政策和规划,协调开展重大减灾活动,指导地方开展减灾工作,推进减灾国际交流与合作。

2.实行救灾工作分级管理、救灾款分级承担

面对救灾工作中出现的矛盾和问题,1993 年 11 月,民政部在福建省南平市召开了全国救灾救济工作座谈会,提出了深化救灾工作改革,实行救灾工作分级管理、救灾款分级承担的新思路。1994 年召开的第十次全国民政会议充分肯定了这一思路,确立分级负责的救灾体制,建立救灾工作分级、救灾款分级承担的救灾管理体制。分级管理制度的核心内容是对历年灾情进行分析测算,以灾害造成损失大小或救灾款支付数额多少作为衡量灾害大小的标准。实行救灾工作分级管理最

理想的模式是：按客观标准把灾情分为特大灾、大灾、中灾和小灾，并据此明确各级政府承担的责任。小灾主要通过地县两级财政、基层组织和群众的互助互济解决；中灾由省级帮助解决；大灾和特大灾以省以下各级解决为主，中央予以补助。并考虑到地区经济差异、财政承受能力和救灾工作基础等因素，确定不同的经费分级负担标准。

1996 年 1 月，国家民政部在广西南宁市召开了全国民政厅（局）长会议，专门讨论研究救灾工作的分级管理问题。会议制定了深化改革的目标：争取县以上各级财政都列支救灾款预算，实现中央与地方救灾款预算同步增长，地方各级财政预算达到中央预算的一半以上；推行行之有效的社会互助机制；建立起科学的自然灾害评估体系，划定自然灾害分级标准，按灾害等级界定各级政府的救灾责任，使救灾分级管理工作规范化、法制化。

1997 年底，全国绝大多数县以上的各级地方财政均安排了"217"科目[①]，救灾款分级负担已在全国各省区开始落实。1998 年，自治区县以上的各级地方财政均已安排了"217"科目，已消除了空白点。

1999 年民政部、财政部《关于进一步加强救灾款使用管理工作的通知》对救灾体制又一次进行了调整，主要内容包括：重新明确救灾款的使用范围；从 1999 年起改革救灾保险试点工作，民政部、财政部不再承担救灾保险赔付责任；建立中央级救灾物资储备制度。

3. 深入推进救灾工作的社会化改革

（1）开展经常性社会捐助活动。民间的扶危济困、互助互济一直是中华民族的传统美德。天灾人祸发生时，邻里、乡亲之间以及宗族内部会互相接济，共渡难关。为了使捐赠工作经常化，吸引广大群众参加，便于募集和运输，民政部建议将每年的 4 月和 10 月定为"扶贫济困送温暖募捐月"，集中时间和人力组织募集，使临时性救灾募捐向经常性社会捐助活动过渡。

（2）整顿、规范救灾扶贫互助储金会等群众互助组织。1998 年 10 月 21 日，民政部下发的《关于清理整顿"农村救灾扶贫互助储金会"的紧急通知》指出，储金会在运作过程中，违背了"储金会一律不得办理或变相办理存贷款业务"的规定，要求对储金会进行清查和整顿。其主要任务是立即停止储金会办理或者变相办理存贷款业务；撤销乡及乡以上设立的储金会；成立相应的负责清收贷款、投资和支付存款等工作的清偿小组；清理有关储金会工作的文件、规章、制度和办法。

（3）整顿救灾保险工作。为了解决救灾保险试点过程中暴露的问题，1990 年 1

---

① 所谓"217"科目，是中央和地方政府财政支出用于自然灾害方面的一个统一的代码。

月6日,民政部、财政部联合下发《关于妥善处理农村救灾保险超付资金问题的通知》,决定逐步建立起分散超付风险的调节机制。1990年8月6日,中国人民银行下发的《关于农村救灾保险试点工作几个问题的补充通知》明确要求:"农村救灾保险试点区域,目前仍要维持在全国102个县内,各地不得任意扩大"。救灾保险的深入开展主要体现在努力扩大覆盖面和克服遇到的困难上,主要是在原有基础上进行调整和整顿。1994年后,农村救灾保险陷入低谷。

4.中国对待国际援助态度的新变化

1991年7月11日,国际减灾十年委员会代表中国政府向国际社会发出紧急呼吁,要求为遭受严重洪涝灾害的江苏、安徽两省提供援助,并请求联合国协调国际社会的援助。这是中国有史以来第一次正式地、直截了当地向国际社会发出呼吁,收到了很好的效果。到8月23日,国际社会已认捐1000多万美元,民政部已收到779万美元,折人民币4179万元,收到的捐赠物资折合人民币1.4436亿元。此后,中国不再通过联合国救灾署向国际社会求援,而是主动地直接向国际社会发出呼吁,确立了遇灾主动寻求国际救灾援助的态度。

为了更好地争取外援,规范对外灾情信息管理工作,1994年6月国务院新闻办批准了民政部办公厅《关于对外宣传报道我国灾情问题的请示》,规定:"今后对于全国性的灾情信息由民政部负责掌握、整理、编制和发布,其他渠道提供的全国性灾情信息一般不予采纳和发布。国内新闻媒介对于全国性的灾情均要根据民政部提供的消息予以报道。"1995年9月14日,民政部又下发了《民政部关于做好国际救灾援助工作有关问题的通知》,对争取和接受国际救灾援助工作中的有关问题作出了规定,要求各级民政部门要积极向社会各界宣传、解释国际救灾援助工作的方针、政策,严格按规定办事。对违反本通知精神的行为,要坚决予以纠正,及时消除不良影响。

改革开放后的20年的救灾减灾改革是为了从根本上革新传统的救灾体制,建立符合社会主义市场经济条件的现代救灾体制。经过这20年的努力,新的救灾体制框架初具雏形,各项救灾工作逐步走上规范化、科学化和制度化的道路。

(三)进入新世纪,灾害救助制度的进一步完善

从20世纪90年代末开始,中国的救灾减灾制度改革跃升上一个更高的层次。即以"体系建设"和"能力建设"为中心,进行了一系列的改革完善工作:充分发挥科学技术在救灾减灾中的作用;建立救灾物资储备制度;制定和完善灾害应急预案;建立现代化的灾害信息管理制度;明确政府在救灾减灾工作中的责任;充分发挥民间组织的作用等。这显著提高了救灾减灾过程中的综合统筹协调能力、应急救助能力,以及救灾减灾工作的社会化水平。

1997 年 12 月 18 日,中国国际减灾十年委员会颁布了《中华人民共和国减灾规划(1998—2010 年)》,在总结中国 40 多年减灾工作经验教训的基础上,对未来十几年的减灾工作作出了具体规划。此规划的颁布,为下一步的救灾减灾工作改革指明了方向。2000 年以后灾害救助改革主要表现在以下几个方面:

1. 构建与市场经济相适应的救灾管理体制

从 1998 年开始,中国开始了大规模的政府机构改革。随着行政管理体制改革的不断深入,救灾工作也迫切需要建立一套与社会主义市场经济体制相适应的管理体制,主要是在救灾资金分级负担的基础上,尽快实行救灾责任合理划分,实行分级管理,有序运行。在救灾物资的筹集、加工、仓储、运输、发放等工作环节上,探索建立与市场运行接轨的方式。研究社会团体、中介组织在救灾救济工作中的地位和调动利用其作用的方式。

2003 年,民政部国家减灾中心正式组建,规范了救灾工作的具体程序;2005 年 4 月,"中国国际减灾委员会"更名为"国家减灾委员会",开始赋予其国家综合协调救灾减灾的职能;同时,全国抗灾救灾综合协调办公室的职能也开始逐渐强化,建立了月度灾情会商机制,以及众多灾情会商机制。

2. 建立救灾物资储备制度

1998 年 7 月 31 日,民政部、财政部联合下发了《关于建立中央级救灾物资储备制度的通知》,要求中央和地方以及经常发生自然灾害的地区都要储备一定的救灾物资,并对中央级救灾储备物资及经费使用管理等事项作了具体解释。在对储备物资的使用和管理方面作出具体规定和说明的基础上,根据中国区域灾害特征和救灾工作的需要,民政部决定在全国设立 8 个代储点,代储点所在的省级民政厅(局)作为代储单位。

3. 建立制定灾害应急预案制度

制定自然灾害应急预案,是提高自然灾害应急反应能力的一项重要改革。在防灾、抗灾和救灾过程中,预案起着至关重要的作用。第一,救灾预案可以使各项救灾工作逐步规范化、制度化、科学化、最大限度地减少自然灾害带来的不利影响和损失。第二,在自然灾害发生之前,救灾预案不仅使救灾活动的决策者、组织者和执行者对相关的灾情信息有所了解,而且使各种救灾措施和政策能够按照预案有步骤、有秩序、有针对性地进行。第三,预案为参与救灾活动的各级决策者、组织者及执行者提供了具有法规效应的操作规程和依据,从而有效及时地实施救灾。

2005 年 5 月 14 日国务院颁布《国家自然灾害救助应急预案》,并于 2011 年 10 月 16 日修订。民政部发布的《民政部救灾应急工作规程》,将应对突发性自然灾害工作设定为四个响应等级,明确了各个响应等级的工作规程。

4.建立灾情信息管理制度

灾情统计是救灾的决策部门掌握灾害情况,并据此作出各种救灾决策的重要手段。1990 年 6 月 20 日,民政部下发了《关于加强灾情信息工作的通知》,建立灾情信息传递制度。2004 年 2 月 17 日,民政部下发了《关于印发〈自然灾害情况统计制度〉的通知》,突出强调了灾情上报的时效,要求县级民政部门对于本行政区域内发生的危害严重的洪涝、风雹(包括龙卷风、飓风、沙尘暴等)、台风(包括热带风暴)、地震、雪灾、滑坡、泥石流等自然灾害,凡造成人员伤亡和较大财产损失的,应在第一时间了解和掌握灾情,并在灾害发生后 3 小时内填写报表,向地(市)级民政部门报告。

《国家自然灾害救助应急预案》对灾害信息管理工作作了详细的规定,把灾害信息上报时间具体分为灾情初报、灾情续报和灾情核报三个环节。在灾情初报环节,要求县级民政部门对于本行政区域内突发的自然灾害,凡造成人员伤亡和较大财产损失的,应在第一时间了解掌握灾情,及时向地(市)级民政部门报告初步情况,最迟不得晚于灾害发生后 2 小时。

5.建立健全救灾综合协调机制

《国家自然灾害救助应急预案》明确规定:国家减灾委员会为国家自然灾害救助应急综合协调机构,负责组织、领导全国的自然灾害救助工作,协调开展特别重大和重大自然灾害救助活动。

6.充分发挥科学技术在救灾减灾中的作用

尽管自然灾害是大自然物质运动的一种复杂表现过程,但仍有一定的规律可循,可以逐步被人们所认识、所掌握。在这个认识过程中,需要科学技术的支撑。而减灾工作首先是对自然灾害的预防,更需要以先进的科学技术手段对自然灾害进行监测、预报。此外,自然灾害救助系统中的灾情统计、信息的传输等环节,也都离不开科学技术的支持。减灾的特性决定了必须把依靠科学技术作为防灾、救灾的重要手段。

以国家减灾委专家委员会和卫星减灾中心为依托,中国加强了减灾与救灾的科学技术研究与开发,初步形成了一定的基本构架。2004 年 11 月,减灾卫星地面系统建设的立项工作已经接近完成。从 2006 年开始,民政部国家减灾中心还与国家环保总局共同牵头,与中国科学院、中国航天集团密切合作,逐步提出中国环境与减灾监测和预报小卫星星座地面应用系统建设项目可行性报告,并按政府投资固定资产项目程序报批。

7.加强救灾减灾的法制化建设

2000 年以后,我国在救灾减灾领域先后出台了一系列的行政法规、部门规章,为规范救灾减灾工作提供了一个较好的制度环境。2000 年 5 月 20 日,民政部发布的《救灾捐赠管理暂行办法》,对救灾款物的接收、管理、发放和使用作出了明确规定;2003 年 1 月 1 日起开始实行的《中央级救灾储备物资管理办法》,规范了中央级救灾储备物资的种类、数量及其经费管理,对救灾物资储备制度的建设具有重要意义;2004 年 11 月 19 日发布的《自然灾害情况统计制度》,适应自然灾害管理科学化和标准化的要求,对如何全面、客观、及时地评估灾害损失作了制度化的规定;2004 年 6 月 23 日印发的《民政部应对自然灾害工作规程(修订稿)》,对自然灾害等级进行了分类,并分别提出了应急程序和办法,使救灾工作更加有序化;2008 年 4 月 28 日颁布了《救灾捐赠管理办法》,在《救灾捐赠管理暂行办法》的基础上进行了修订,使救灾捐赠的管理工作更加规范。

在总结多年灾害救助改革实践的基础上,国务院于 2010 年 7 月颁布了《自然灾害救助条例》,对我国的自然灾害救助作了综合性规范,随后颁布了一系列配套的实施办法,如 2011 年 1 月颁布了《自然灾害生活救助资金管理暂行办法》等。各地民政及有关政府部门结合本地救灾实际都制定了相应的工作规程和实施办法,如《灾区民房恢复重建管理工作规程》和《春荒冬令灾民生活救助工作规程》等。

为规范防灾减灾工作,国家分阶段颁布了《国家综合防灾减灾规划(2011—2015 年)》和《国家防灾减灾人才发展中长期规划(2011—2020 年)》等,逐步规范了自然灾害救助协调能力。救灾条例、办法和预案的制定,使救灾减灾工作的法制化建设相对前进了一步,但也应该看到,这都还是比较初步的工作,与制定一部具有宏观指导意义的灾害救助法还有相当的距离。

改革开放 30 多年来,中国灾害救助制度建设和救助工作体制,通过不断的探索、调整和改革,取得了巨大的成就,有效地保障了灾民的基本生活,维护了社会的稳定和谐,保卫了改革开放和社会主义现代化建设的成果,促进了社会和谐稳定。

四、当前灾害社会救助存在的主要问题与改革思路

(一)改革开放以来中国救灾减灾工作存在的问题

改革开放以来,中国的救灾减灾制度改革取得了显著成绩,适应了灾害救助工作的需要,有效提高了救灾减灾能力,赢得了广大民众、社会各界和国际社会的普遍认同,但改革中仍然存在以下三个方面的问题,有待进一步改革完善。

1.救灾主体与救灾力量组织方面的问题

(1)政府各部门灾害救助协调与信息沟通需要进一步加强。

应对自然灾害需要政府各职能部门齐心协力共同应对,为了做好协调动员工作,我国成立"国家减灾委员会",其成员包括国务院相关部、委、局和中国人民解放

军总参谋部。这些部门涉及水利、农业、气象、地震、海洋等行政部门及不同的专业技术领域,各掌握一部分灾害信息,如何把它们有效协调,形成救灾合力,还需要进一步研究。在以往的工作实践中还存在一些不够协调的问题,或者在信息传递利用过程中存在某些制度障碍。

在救灾实施过程中,除了政府部门外还会有许多社会救灾力量加入其中,如果缺乏必要的协调,会造成救灾秩序的混乱,带来不必要的物力人力浪费。比如,在2013年四川雅安芦山地震救灾中就出现各路救灾队伍纷纷拥向震区,造成道路堵塞,影响救灾正常进行。

(2)乡镇一级组织救灾能力需要加强。

乡镇一级的政府组织作为中国行政链条中的最基层,由于处在自然灾害破坏的最前沿,其在自然灾害的应急救助方面有着难以代替的作用。在现有的救灾制度中,对乡镇的职责没有明确规定,基层组织的救灾功能被大大地弱化,甚至被忽视,在一般的乡镇基层组织并没有专门的救灾职能部门,没有单独负责救灾工作的人员,缺乏必要的救灾设施和储备。自然灾害来临之时,往往是根据上级政府的指示,临时搭建领导班子,指定具体的救灾责任者,并等待上级政府提供的救灾援助,变成单纯的上级指示的执行者和救灾款物的发放者。

(3)社会力量参与救灾机制需要完善。

从20世纪90年代中后期开始,随着社会主义市场经济体制改革的不断深入,社会中出现的自由支配的资源和自由活动空间越来越多,各种慈善组织和其他形式的民间组织有了较大发展,并在灾害救助等方面发挥了重要作用。但从政府方面来说,对于民间组织力量参与救灾的管理协调机制还不够完善。一般号召多,实际组织少,在救灾中出现了无序救援的局面,从而影响了民间组织参与救灾的积极性,限制了其发挥作用的空间。另一方面,由于缺乏组织管理,甚至出现有些社会组织或者个人打着救灾的旗号谋取个人利益,在很大程度上使民间组织失去社会的信任,增加了参与救灾减灾的难度。

志愿服务工作中由于信息不对称,志愿者对受灾情况、救助需求等缺乏基本了解,应急志愿服务具有盲目性;志愿服务活动的"各自为政",容易造成志愿资源的浪费、引起救援秩序的混乱、阻碍救援进程、破坏整体救援布局;志愿服务的内容同灾区需求在结构和数量上都存在差异性,结构上提供的救援服务不是灾区所需要的,数量性差异则是提供的服务数量少于或多于所需。

(4)救灾应急队伍和专业救援队伍的数量和素质亟待提升。

国家和相关地区对于专门的灾害救助培训的缺失使得现阶段救援队伍的素质与实际需求存在差距。从汶川地区地震救助工作可以看出我国专业紧急救援人员数量有待增加,素质有待提高。我国目前的专业救援队伍还不充足,大型的专业救援设备的配备也不够充分,更缺乏科学的搜索和救援技术。我国目前在这几个方面的专业研究和投资都不够充分和完善,这成为我国灾害救助工作顺利进行的一个强大阻碍。

2. 救灾资金筹集及物资储备方面的问题

(1)救助资金严重不足,制约着救助工作顺利开展。2012年财政部、民政部下拨中央救灾资金112.7亿元,而全年则因各类自然灾害共造成直接经济损失4185.5亿元。灾害资金来源主要是各级政府的财政投入,而社会捐助尚未建立起规范的制度体系,在社会救助中所占比重较少;中央政府和地方政府在救灾资金投入上存在博弈。现行救灾体系中关于救灾资金安排的基本方针是"分级承担,以地方为主"。但一些地方财政本身紧张,防灾备灾救灾各环节资金都严重不足,一旦遇到重大自然灾害,只能依赖中央财政拨付。

(2)救助物资储备库数量少、储备物品单一,尚不能满足重大突发灾难。我国救灾物资储备还只是初具规模,救助物资相对于救助对象的需求还存在很大的差距,而且很少考虑根据不同情况执行多元化标准。首先,无论是从中央还是地方来看,救灾储备库建设严重不足。截至2011年,中央级国家救灾物资储备仓库只有19个,而一些地方救灾储备库则存在虚设状态。我国救灾物资储备库硬件建设水平普遍较低,尤其是市县级救灾物资储备库普遍存在仓库面积小、建设标准低、基本装备严重不足的问题。其次,救灾物资储备品种单一。储备物资的种类至少应该包括食品、衣被、药品、净水设备和帐篷等。现有的中央级救灾物资储备库中储备的主要是救灾帐篷,地方储备的救灾物资也仅限于帐篷、棉衣、棉被和少量的救生装备。如果一旦发生洪涝灾害,则很难立刻寻找到冲锋舟和救生衣等救灾物资。此外,储备物资管理的信息化程度也不高,许多救灾物资储备数据库和灾害数据库处于封闭状态,缺乏救援物资的生产厂商、名称目录、货物类型、可供数量、运输路线等信息系统数据库,不同地区及部门采用不同的技术体制,互通互联比较困难,难以实现对突发公共事件的快速反应。

(3)灾害保险制度需要进一步推进。我国巨灾保险的作用还没有充分发挥。长期以来,我国政府是巨灾损失的第一承担者,但实际上在巨灾风险中,政府应该是风险的最后承担者,其前面应该有若干道防火墙。据悉,国际上比较完善的巨灾风险补偿机制通常包括7个主体,区域灾民、地方政府和商业保险公司、再保险、证券市场与国际再保险市场,最后是中央财政救助。而在我国,保险公司在巨灾后的赔付往往是杯水车薪。在中国的救灾减灾工作中,保险业曾经发挥了重要的作用,但保险业发展到今天,农业和农村自然灾害的保险业已经停止,现在说的灾害保险一般是针对企业的。因此,在自然灾害领域的保险业已经呈现出一种单条腿走路的不平衡趋势。农业保险从开始到停止,没有形成一种制度,而是一直处于一种摸索的试点状态下。工业保险则呈现一种良性的发展趋势,在工业救灾减灾工作中发挥了较大的作用。

3.救灾内容和救灾法律制度方面的问题

(1)从救助内容上看,只注重物质形态救灾,而缺少心理辅导救灾。

长期以来,对于救灾的理解一般停留在物质层面上,无论是开展生产自救、以工代赈,还是国家划拨救灾款,其本质都是物质救灾,忽视了对于灾民的心理辅导。

在突如其来的巨大灾难发生后,不但给人们带来巨大物质损失,也同时带来严重的精神损害,几乎每个人都会出现诸如抑郁、焦虑、自责、内疚、愤怒等心理反应,相继会出现入睡困难、噩梦不断等睡眠问题,其中部分人可能会在一段时间内自愈,但也有的人甚至终生与痛苦相伴,严重影响其生活质量和社会功能。因此,灾害心理辅导关系到人们对于抗灾救灾的态度,关系到灾后重建的速度和效果,甚至影响到儿童的健康成长。

有许多国家建有反应迅速的心理干预专业队伍,而我国当前的灾害心理干预大多是出现问题后的被动参与,缺乏主动的心理干预。我国心理干预方面的专业人才比较缺乏,自然灾害发生后,往往仅依靠几个专家和志愿者来做些心理辅导的工作,远远不能适应较大自然灾害的需求。

(2)灾害救助法律体系不完备。

我国虽然也十分重视救灾减灾的法制建设,并形成了具有自身特色的救灾减灾法制体系,保障了救灾减灾工作的快速有效进行,但与发达国家相比,仍然存在较大的差距。目前,灾害救助法制建设方面存在的主要问题是,立法层次低,约束力不强;立法分散,缺少系统性。

《自然灾害救助条例》对我国的自然灾害救助作了综合性规范,立法层次有所提高,但还没有上升到国家立法层次,无论在范围上还是在效力级别上都远远不能适应综合救灾减灾的需要。救灾工作法制建设的滞后,严重制约了救灾工作的顺利进行,导致了许多不规范和混乱的现象。当前救灾中的无序和混乱,部门之间互相推诿,各级政府间相互博弈等问题,根源在于对很多责、权、利都没有明确的法律界定。

(二)深化救灾制度改革的思路

1.健全救灾管理体制,理顺救灾运行机制

(1)构建灾害社会救助主体多元化的灾害救灾体系。

实现灾害救助主体多元化,政府、企业和营利性事业单位、居民个人都是灾害救助主体。政府始终是重大突发事件的第一救助主体,公共财政有兜底责任,此外,非政府组织、企事业单位、个人都积极参加到灾害救助中,在灾民生活救助、灾区恢复重建中发挥作用。同时,我国应加快灾害救助管理体制的改革,建立一种以

政府管理为主,以灾害社会援助和自我保障为辅的救助管理方式,实现多元化救灾保障新体系。

(2)强化救灾协调管理职能,强化部门协调能力。

对多头管理的离散性管理体制进行改革,强化国家减灾委的协调管理能力,负责救助资源的统筹和分配、救助工作的行政管理。在此机构下,设立对于各种自然灾害救助的相关专门管理机构,并加强不同自然灾害管理之间的协调。政府各职能部门增强救灾应急意识和行动能力,提高责任意识,认真履行自己应有的救灾工作职责。

(3)探索建立专业化的各种灾害救助专业应急队伍。

在现代救灾科学技术不断发展与应用的前提下,需要建立掌握一定救灾技术的专业化救灾应急队伍,形成政府领导、统一指挥、反应快速、处置高效的应急救援格局,以满足应急管理工作的需要。这支队伍的专业技术人员应当包括灾害预防、灾害救援、灾后重建环节的专业人员。灾害紧急救援队伍应坚持一专多用、平战结合、反应迅速、突击力强的特点,在各项减灾救灾活动中,既自成体系,又互有联系,统一指挥调度,加强组织协调和专业保障,提高队伍快速反应和协调救援能力。

2.完善救灾资金多元化筹措方法,动员社会力量参与救灾

(1)加大政府自然灾害救助资金的投入,增加救灾物资储备库的数量,丰富救灾物资储备的品种。

各级政府应认真贯彻落实专项救灾资金,从而确保在自然灾害来临时,能够有固定资金用以调配。中央政府在灾害救助资金上要适当倾斜贫困地区。贫困地区局限于其财力,即使设立专项救灾资金也不会宽裕,中央政府要加大对这些地区的救灾资金投入,缓解因自然灾害而导致地区差距进一步扩大。

加强救灾物资储备库建设,从灾害的分布状况、受灾地区经济状况、拟建储备库的交通状况等多方面综合考虑,确定救灾储备库的选址,增加救灾储备库的数量。同时,中央应该在资金方面向西部贫困地区倾斜,支持那里储备库的建设。要严格执行救灾储备库建设标准,各级地方政府应当加强防灾备灾意识,把建设达标的储备库当成政府一项重要工作,而不能心存侥幸,把储备库建成可有可无的仓库。根据不同地区某类自然灾害反复出现的特点,增加特定的防灾救灾储备物资。

(2)广泛发动和依靠社会力量筹措救灾资金。在社会主义市场经济条件下,社会利益主体和社会力量不断多元化,多元化的社会利益主体使救灾工作有了更多的选择。建立企业、非政府组织、普通民众、国际社会和灾民自己的社会化救灾资金投入体系。制定优惠政策和灾害救助法规,扶持和引导社会团体、企业和公众参与救灾工作。汶川地震也印证了仅仅依靠政府的力量难以应付特大自然灾害的袭击,无数非政府组织和企业及志愿者为抗震救灾工作作出了巨大的贡献。

(3)通过灾害保险等方式分担灾害造成的损失。现阶段,我国应从利用保险手

段分担巨灾风险出发,将其作为一种主要的灾害保障机制,充分利用社会中的保险行业来分担灾害救助职能,从而补充灾后重建的巨大物资需求,以弥补政府救济与社会捐赠的不足。只有建立起一个完善的灾害保险制度,才能够确保灾害救助的长期效用。在完善现有的社会捐助、救灾基金、商业保险和国际援助的基础上,还应该探索更多的资金筹集方式。

(4)引入市场机制组建民间的救援队伍,更要注意发挥社区、群众的自救互救作用,形成专业救援和群众自救相结合的庞大救护援助体系。改善灾害救助志愿者服务机制,应在志愿者招募时明确告知灾害救助活动的紧急性和危险性,使志愿者做好思想和工作准备。加强志愿者培训,提高救援工作的效率,缩短不必要的时间和资源浪费,提高救助水平。志愿者之间应加强沟通交流,避免资源的浪费和志愿者空间集聚,真正发挥志愿者救灾作用。

3.探索开展灾害心理救助工作

首先要培养专业心理咨询人员,开展灾难危机心理专业教育。其次建立心理咨询组织和组建专业心理干预工作队伍。最后组织开展专业咨询工作。在救灾减灾工作中贯彻“以人为本”的理念,无论是抢救生命,哀悼亡灵,还是抚慰生者,重建家园,整个过程都要开展心理辅导。在灾难面前关心人,尊重人,彰显人的尊严,增强灾民的身份认同感。

4.完善灾害救助法律制度,实现有法可依、有法必依

目前,日本共制定了防灾救灾以及紧急状态等有关危机管理的法律法规约227部,而我国在灾害救助方面尚缺乏完善的法律体系。因此,我国应在建立《自然灾害救助法》的基础上针对不同类型灾害和灾害的不同阶段,制定更加详细的灾害预防、应急和灾后重建的法律法规。规范各部门之间的责任关系,增加危机管理的有序性与有效性。

在立法过程中要注意形成完整的灾害救助法制体系,防止法律规定的冲突;在条件成熟的时候,要及时提高灾害救助立法层次。这也是完善社会主义法制体系的内在要求。

5.政府加大对防灾减灾的宣传教育,提高民众的防灾意识

面对种种自然灾害的发生,各级政府应该通过各种渠道和手段增强全体公民应对各种自然灾害的认识能力和防范意识,在社会的各个层面、各个环节都要宣传紧急应对自然灾害以及基本的救助知识。平时要加紧自然灾害应急演练和培训,使人们充分了解在灾害发生时应该如何自救以及如何救助其他人。政府职能部门要增强忧患意识,居安思危,未雨绸缪,强化减灾备灾工作。

案例分析

由四川汶川地震引发的对我国灾害救助的思考

2008年5月12日14时28分,四川汶川发生7.8级地震,是新中国成立以来破坏性最大、救灾难度最大的一次地震灾害,灾情主要表现在以下五个方面:一是人员伤亡惨重。截至2008年9月25日,国务院新闻办公室根据国务院抗震救灾总指挥部授权发布的情况是:汶川地震已确认69227人遇难,374643人受伤,失踪17923人。二是房屋大面积倒塌。倒塌房屋778.91万间,损坏房屋2459万间。北川县城、汶川映秀等一些城镇几乎夷为平地。三是基础设施严重损毁。震中地区周围的16条国道省道干线公路和宝成线等6条铁路受损中断,电力、通信、供水等系统大面积瘫痪。四是次生灾害多发。山体崩塌、滑坡、泥石流频发,阻塞江河形成较大堰塞湖35处,2473座水库一度出现不同程度险情。五是正常生产生活秩序受到严重影响。6443个规模以上工业企业一度停产,其中四川5610个。机关、学校、医院等严重受损。部分农田和农业设施被毁,因灾损失畜禽达4462万头(只)。

国家汶川地震专家委员会副主任史培军教授于2008年9月4日表示,汶川地震造成的直接经济损失8451亿元人民币,四川最严重,占到总损失的91.3%,甘肃占到总损失的5.8%,陕西占总损失的2.9%。

汶川地震发生后,我国政府和社会各界展开了紧急的救援和救助活动,主要灾害救助措施如下:

(1)在党和国家领导人第一时间亲赴灾区现场指挥的同时,中央和国家有关部门也迅速作出响应。国务院、民政部、国家减灾委、财政部、解放军总参谋部、卫生部等国家部委和有关部门迅速启动各自的应急预案,采取相关保障措施,全力以赴保障抗震救灾工作顺利进行。面对汶川特大地震灾害,党和国家领导人的示范带动和坚强领导,国家各部委和有关部门的迅速响应和紧急行动,在很大程度上确保了救灾工作有力、有序和有效地进行。

(2)汶川地震发生后,全国人大、国务院、相关部门和地方修订或新颁布实施了一系列法律、法规和政策。在北大法律信息网中国法律检索系统中,以"汶川地震"作为标题进行检索和统计,得到可查的公示性政策文件就高达202条。以《汶川地震灾后恢复重建条例》的出台和《防震减灾法》的修订为例。震后不到一个月,《汶川地震灾后恢复重建条例》于国务院第11次常务会议通过。该条例对震后的过渡性安置、调查评估、恢复重建规划实施、资金筹集与政策扶持等作了较为明确的规定,为规范灾后重建行为提供了有力保障。震后,新修订的《防震减灾法》吸收了汶川地震救援实践的经验教训,对防震减灾规划、地震监测预报、地震应急救援、震后恢复重建等内容作了补充、修改和完善,并增加了防震减灾规划和监督管理两章。该法为更为科学地开展防震减灾工作提供了坚实的法律依据。

（3）中国政府在第一时间大规模地调度全国的人力、财力和物力，"举全国之力"抗震救灾。根据《汶川地震灾后恢复重建对口支援方案》（国办发〔2008〕53号），按照"一省帮一重灾县"的原则，建立对口支援机制：山东、广东、浙江、江苏、北京、上海等19个省市将在3年期限内，分别对口援助北川、汶川、青川、绵竹、什邡和都江堰等18个四川受灾县（市）和甘肃、陕西两省受灾严重地区。对口支援的内容包括建设和修复公共服务设施、基础设施，选派师资和医务人员，提供人才培训、农业科技服务，等等。

汶川地震发生后，我国政府和社会各界及时作出反应，针对灾区展开的救援和救助行动对于保障灾区人民的生命和财产安全，促进灾区尽快恢复建设都起到了巨大作用，然而，透过汶川地震的灾害救助开展情况，仍可以看到我国自然灾害救助体系中存在的一些问题：

（1）政府及民众防灾意识不强，防灾减灾教育欠缺。四川汶川地区属于地震多发带，但当地的房屋建筑设计并没有达到相应的标准；同时对地震相关的知识缺乏系统的认识，而且在地震后才组织编写地震救灾手册，可以看出当地政府的防灾救灾意识比较薄弱。

（2）救灾应急队伍和专业救援队伍的数量和素质亟待提升。从汶川地区地震救助工作可以看出我国专业紧急救援人员数量有待增加，素质有待提高。汶川地震抗震救灾的主要力量为中国人民解放军、武装警察部队和民兵预备役人员。其应急机动能力、顽强的意志、良好的体力、严密的组织是无可置疑的。但他们大都缺乏专业医疗救援技能和专业救援器械，解救方式盲目。由于救援人员缺乏专业医学知识和经验，在救灾过程中造成被救者二次受伤或者解救后早期死亡的事例较多。

（3）我国灾害救助中的志愿服务机制存在缺陷：①应急志愿服务具有盲目性。由于信息不对称，志愿者对受灾情况、救助需求等缺乏基本了解，没有认识到抢险救灾的紧急性、危险性，缺乏心理准备和必要的应急救助常识。②志愿服务存在"各自为政"。表现为：志愿者的英雄主义、志愿者救援力量的分散化、各志愿组织之间的目标冲突与活动区域重叠、志愿力量与政府救援力量的"井水不犯河水"等，容易造成志愿资源的浪费、引起救援秩序的混乱、阻碍救援进程、破坏整体救援布局。③志愿服务的内容同灾区需求在结构和数量上都存在差异性。结构上，提供的救援服务不是灾区所急需的；数量性差异则是提供的服务数量少于或多于所需。

（4）灾害救助资金筹集运作困难，救灾储备不足，管理监督不善。尽管汶川地震引起了国际和社会各界的关注，国家不断增加投入和人员与设施开展救援工作，由于汶川地区经济不发达，群众财富积累不多，特别是受灾户大多是生活和居住条件较差的困难户,灾民自救能力极差。民间公益慈善组织发展滞后,开展社会募捐活动也有较大困难。即便是筹集到足够的救灾资金,也会因为没有一个专门机构去管理监督救灾资金的运作分配而使资金的使用效率降低。救灾物资存在被挤占挪用的现象:在对汶川地震救灾和重建资金的审计中,发现了虚报使用或挪用救灾资金的现象,其中相当一部分可能用于补足财政资金的缺口,缓解财政窘迫。如"陇南市武都区城关镇将农村住房灾后重建项目资金 850 万元,借给武都区发展改革委,用于 2004 年、2005 年该区扶贫搬迁试点工程"。救灾款被挪用成了某种必然,其中的监督失效也就成为必然。少数政府官员失职渎职,借赈灾之机谋取不当利益也就有了机会和可能。在汶川地震救灾款物使用中,存在少数地方和个别单位不及时上缴、挤占挪用救灾资金等违规问题。

(5)缺乏科学的灾害救助管理体制。中央政府在灾害救助中仍占绝对主导地位,地方政府和灾民应对灾害救助的积极性是有限的,甚至养成了对中央政府等靠要的思想;横向分部门分类别的条块分割体制,灾害管理的职能部门包括民政、财政、农业、交通、水利、国土资源、教育、卫生、气象、地震等多部门。它们在自己相应的管辖范围内对某类自然灾害进行集中处理,各自管理和应对,其他部门只是极为有限的参与配合。我国虽然在中央层面上设立有负责减灾救灾的组织协调机构,如国家减灾委员会等,但这些部门履行综合协调职能的实权不够,无法充分动员和整合各部门的资源。灾害发生后还是主要依靠临时指挥部组织协调,但这种非常设的机构运行受到很多外在不确定因素的限制。当一次灾害救助告一段落后,临时指挥部也不复存在,不利于培养储备危机处理的人才、积累危机处理的经验、改进危机应对措施。

(6)现有法律法规缺少全面统筹和规范,操作性也不足。现行自然灾害相关的法律法规体系不完善,一些灾害领域存在立法空白,且有的仅是由部门规章或规范性文件确立的,其规范性不强,效力不高。目前,我国针对自然灾害制定的法律法规包括:《突发事件应对法》《防震减灾法》《防沙治沙法》《破坏性地震应急条例》《地质灾害防治条例》等几十部。这些法规条例大都只是原则性的规定,缺少对具体实施细则可操作性的规定。由于法律法规的不完善,针对汶川地震救援的政策在震后不得不及时而大量的出台,以规范相关主体的行为,譬如《防震减灾法》的修订和《汶川地震灾后恢复重建条例》的出台。这一方面说明了政府反应迅速,为规范防震减灾、应急救援、灾后重建等行为提供了有力保障;另一方面更说明我国现有的灾害法律建设上的准备不足和缺陷。

(7)灾害救助中缺乏有效的心理干预。在汶川地震中,地震亲历而幸存者、地震死难者家属以及参与救援的医护人员、解放军武警官兵,在面对地震所造成的巨大惨状时,都难免会产生一些心理问题。一些未成年的小孩心里也会形成心理阴影。在这种情况下,亟需一批有专业素养的心理工作人员进行相关干预工作,尽快使他们恢复过来。但事实上,我国的灾后心理工作难以满足要求。这主要表现在:我国对于灾难、危机的心理学研究与发达国家相比存在较大差距,而且对于心理干预工作还没有形成体系。在当前自然灾害频发的情况下,做好心理干预工作显得尤为重要。

由于灾害的突发性和破坏性,改善我国灾害救助现状是十分必要的,从汶川地震中可以看出我国灾害救助中存在的多方面问题,可以针对上述问题来提高我国自然灾害的救助和管理水平:诸如通过强化灾民的危机意识、提高专业救援队伍的救助水平、完善灾害志愿服务机制、建立科学的灾害救助管理体制和法律法规等方面来完善我国灾害救助机制。

思考:

汶川地震暴露出我国自然灾害救助存在哪些问题? 应如何完善?

复习思考题

1. 国外灾害救助制度对我国有何启示?

2. 如何理解我国灾害救助资金筹集、管理使用的原则?

3. 新中国成立以来我国自然灾害救助制度发展经历了哪些阶段? 取得了哪些成功经验?

第五章　生产社会救助

与其他社会救助项目相比,生产社会救助是一种更为积极的救助形式,其主要内容包括:政策扶持、资金扶持、科技扶持、信息扶持和能力培训等。发达国家如英国和美国,主要是通过对贫困群体的就业扶持实现生产救助的目标,而发展中国家如印度结合自身的国情,通过土地改革、农村综合开发计划和农村青年自谋职业培训计划、针对弱势的妇女儿童的开发计划实现生产社会救助,孟加拉国不仅通过发展小额信贷的方式实现了贫困农户的脱贫致富,而且通过这种方式证明穷人是可以信赖的。我国农村的生产社会救助主要是通过扶贫开发来体现,在实践中取得了举世瞩目的成绩,但还存在一些缺陷,需要在新时期的扶贫开发中不断完善。我国城市的生产救助主要针对失业人员和不能顺利就业的青年群体,通过政策扶持、再就业培训和就业服务的手段实现生产救助。

第一节　生产社会救助概述

一、生产社会救助的内涵和特征

生产社会救助是指对有一定生产经营能力的贫困户,从政策、资金、技术、信息等方面给予扶持,使其通过生产经营活动摆脱贫困的一种社会救助项目。

与其他社会救助方式相比,生产社会救助的主要特征体现在以下几个方面:

(一)救助对象具有一定的生产能力

生产社会救助的对象一般是具有一定生产能力的贫困者,不包括那些没有劳动能力的群体。因为有一定生产能力的贫困者可以通过外界的帮助而自食其力,对于那些没有劳动能力的老人、儿童、残疾人等社会弱势群体,就无法向他们提供生产社会救助,而只能采取直接发放现金或实物的生活救助形式,解决这部分人的生活困难。

(二)救助资金的偿还性

生产社会救助的资金可以采取"贴息有偿""低息有偿"的方式,因而具有一定的偿还性。其他救助方式的救助资金一般都由财政拨款,贫困户无偿使用,且无须偿还。而生产社会救助的对象许多是由于缺少进行生产经营的资金,因而可以采取"有偿有还"的方式进行救助,一方面可以把有限的救助资金由死钱变活钱,建立救助周转基金,保证资金的保值增值,循环使用;另一方面可以发扬受助者自力更生、艰苦创业的精神。

(三)救助资金来源多渠道

由于生产社会救助的资金采取"有偿有还"的方式,因而可以鼓励各种社会经济组织一起参与扶贫开发工作,丰富救助资金的来源渠道,使救助工作拥有更庞大的资金支持,减轻国家的财政负担。

(四)救助手段多样化

对贫困户的生产社会救助,可以采取提供资金、提供物资或提供科技、信息的方式,也可以采取政策优惠的方式,以达到帮助贫困户发展生产的最终目的。而生活社会救助、医疗社会救助等一般采取现金救助、实物救助或服务救助等救助手段,给予基本的生活保障,保障方式相对单一。

(五)救助方式更为积极

生产社会救助是一种更为积极的救助方式,能够帮助贫困户从根本上解决贫困问题。生活社会救助等救助方式带有一定的被动消极性,而生产社会救助则是救助工作由被动辅助到主动开发,由"输血"到"造血"的实质性改变。生产社会救助更侧重于"助",即帮助贫困者获得生产条件和生产技能,为其脱贫致富创造环境。相对于其他救助方式而言,生产社会救助更具有长远可持续的反贫困效果,能从根本上帮助受助者摆脱贫困。

二、实施原则

国家在实施生产社会救助的过程中必须遵循一定的原则,才能发挥生产社会救助应有的效应。

(一)坚持"治本"的原则

治贫不仅要治标,更要治本。生产社会救助就是通过对贫困户在生产经营方面的各项政策扶持,帮助他们逐步形成自我积累和自我发展的能力,通过他们自己的劳动解决温饱问题,逐步从根本上脱贫致富。

(二)坚持扶持到户的原则

解决贫困人口的温饱问题必须扶持到户。生产社会救助更强调要面向贫困人口,使更多的贫困户能真正受益,直接解决他们的温饱问题。这就要求每个贫困地区都要逐村逐户进行调查,了解贫困现状,实行县建簿、乡造册、户立卡,做到工作到户、项目到户、服务到户、效益到户。只有采取具体、有针对性的措施,集中力量一户一户地扶持,才能使没有解决温饱问题的贫困户更快、更多地受益。

(三)坚持救助方式多样化的原则

在生产经营方面帮助贫困户,不仅需要提供资金,而且需要在技术、物资、信息、优惠政策等多方面给予扶持。贫困地区的贫困人口一般科学文化素质较低、观念落后,更缺乏一定的生产技能,因而需要向他们推广实用技术、传递市场信息等,在投放救助资金的同时,提高贫困户的生产能力,只有多方面结合起来,才能真正地发挥救助的作用。

(四)坚持动员社会各界力量参与的原则

生产社会救助涉及面较广,除了政府进行救助外,社会各界力量的参与也是生产社会救助工作顺利开展的保证。在我国,社会各界对贫困户援助的热情越来越高,"光彩事业""幸福工程""贫困农户自立工程"等救助活动成为政府生产社会救助工作的重要补充,解决了许多贫困人口的温饱问题。

(五)坚持自力更生、艰苦奋斗的原则

国家的救助是外因,贫困人口的自身努力是内因,外因要通过内因起作用。贫困户要想解决温饱,改变面貌,走上脱贫致富的道路,需要在政府和社会的扶持帮助下自强不息、苦干实干、提高自身的素质和技能,靠自己的努力真正地战胜贫困。

(六)坚持生活社会救助与生产社会救助相结合的原则

生活社会救助是从生活方面进行现金和实物的补助接济,使贫困人口能维持最基本生活,而生产社会救助是以消除贫困为宗旨,从根本上帮助贫困人口提高生产经营力,通过生产自救获得收入来源,摆脱贫困状态,因而生产社会救助有利于调动贫困者的生产积极性。但是,生产社会救助并不排斥生活社会救助方式的广泛推行。因为生产社会救助主要针对的是有一定生产能力的贫困者,并不能解决那些老、弱、病、残等社会弱势群体的困难,更不能解决因为意外事故或自然灾害而造成贫困的受难者的困难。因此,应该坚持将生活社会救助和生产社会救助相结合的原则,这样才能切实地保障好因各种客观原因造成生活困难的贫困者的基本生活。

三、生产社会救助的功能和意义

由于生产社会救助是一种积极的救助方式,更强调国家对贫困人口脱贫致富的"扶""帮"的作用,因此它对于调动贫困人口的生产能动性,对于实现社会的共同富裕有更积极的意义。

(一)主要功能

(1) 扶助功能。积极扶持贫困人员发展生产,最终实现自救的目的,因而,生

产社会救助具有扶助的功能,而不是单一地给予生活资料的救助。

(2)稳定功能。有些贫困者是由于制度因素、历史因素或环境因素而陷入贫困,他们并不是没有勤劳苦干的精神,只是一个遭遇不幸的弱势群体,他们应该得到国家和社会的尽力扶持,否则会影响整个社会的安定与团结,影响政府的执政威信。因此,对贫困者进行生产社会救助是国家和社会的一种责任和义务,生产社会救助制度有利于稳定社会秩序。

(3)激励功能。广大贫困人员具有改变贫穷落后面貌的强烈愿望,在他们中间蕴涵着极大的脱贫致富的积极性,这是生产社会救助工作的内在动力。政府希望通过一系列的政策取向和必要的扶持与投入,唤起人们积极参与生产自救、谋求自我发展的积极性,激励贫困者主要依靠自身努力,改变自己的命运。因此,生产社会救助对受助者有强大的精神上的激励功能。

(二)实施意义

(1)有助于克服受助者的依赖性和懒惰性。单纯的生活救助,会诱发受助者对国家的依赖心理,使贫困者养成了"等、靠、要"的思想,滋长了依赖性、懒惰性,丢掉了宝贵的勤劳作风和自力更生、艰苦奋斗的优良传统,这样的结果不利于真正解决贫困问题。

(2)有利于缩小贫富差距,实现共同富裕。生活社会救助的保障标准是维持贫困者基本生活水平,是最低的生活需要。因此,只能使贫困者解决温饱,勉强度日,长期生活在社会的底层。而生产社会救助可以使贫困者通过自己的努力脱贫致富,使其走出社会底层。如果受助者都能通过生产自救脱贫致富,那么社会的贫富差距就可以缩小,国家可以实现共同富裕,并且在经济上获得更大的发展,从而提高整个国家的综合国力和社会福利。

(3)有利于发扬团结互助的精神。生产社会救助可以使贫困户之间联合起来,组成各种经济实体,凝聚集体的力量、携手发展。一个人的力量是有限的,尤其是贫困地区的贫困户,在生产技术、经营管理、市场意识方面还十分欠缺,他们需要团结起来,集大家的智慧于一体,出谋划策,共同分担经营风险,使成功更有保障。

(4)有利于建立起贫困者的自信心和乐观心态。生产社会救助可以使贫困者享受到靠自己努力实现成功的喜悦,从而克服对生活的悲观情绪,重建其对美好生活的憧憬;也有助于对自身能力的肯定,维护其自尊心和自信心。

四、生产社会救助的主要内容

(一)政策扶持

政策扶持是指国家通过放宽政策、实行优惠等,支持贫困户和贫困人员的生产发展,主要体现在税收优惠、贷款优惠、价格补贴或支持、进行有利于贫困户发展生产的制度改革等方面。①在税收优惠方面,各国普遍实行减免农业税、耕地占用税、企业所得税等措施,间接帮助贫困人口提高生产经营收入。②在贷款优惠方面,一般适当延长贷款的使用期限、降低贷款利率或者放宽抵押和担保条件。这样可以降低贫困人口的贷款成本,使其能有更充裕的资金投入到生产之中。③在价格补贴或支持方面,政府会根据市场情况,提高农副产品的收购价格,降低农业生产资料的销售价格,从而增加农民的收入。④在制度改革方面,保障农民拥有土地使用权是各国政府普遍采取的措施。在农村,土地是农民进行农业生产的基础,是最基本的生产资料,没有土地,农民谈不上通过发展农业达到生产自救。像印度、中国这样的农业大国,都进行过彻底的土地改革,从根本上消除了农村贫困人口没有土地的现象,保障其能拥有最基本的生产资料。同时,政府也积极地开展大规模的农村基础设施建设,改善农村灌溉设施和交通条件,为农民的生产创造条件。

(二)资金扶持

资金扶持是指中央和地方各级政府通过低成本或无偿的资金投入,解决贫困户生产资金短缺的问题,改善其生产条件。资金是生产社会救助工作中最基本的投入要素,各国政府都在不断地加大投入量,同时加强资金的管理,以提高资金使用效率。各国政府的资金投入主要包括两方面:财政资金和信贷资金。同时,社会各界以及国外的贷款或赠款也增加了资金扶持的力度。

(1)财政资金一般是指国家为了某些特定的扶贫工程的实施,或为了改善某些特定地区的生产条件等设立的专项资金。这部分资金一般是国家无偿投入的,作为专项资金不能被挪作他用。各国普遍设立的财政资金有以工代赈资金、发展资金等形式,这些专项资金的投入在改善贫困地区的基础设施条件、为贫困户创造良好的物质基础和生产条件方面具有不可替代的作用。

(2)信贷资金又可细分为贴息贷款和小额贷款资金。为了解决一般市场经济体制下贫困人口进入正规信贷市场困难的问题,许多国家实施贴息贷款计划,即由财政对生产社会救助贷款与正常贷款的利差进行补贴,以低于正常贷款的利率贷款给贫困户,解决其资金短缺的难题。贴息贷款的扶持方式从某种程度上抓住了贫困恶性循环的主要根源,通过向贫困户注入脱贫的"瓶颈"——资金,来帮助贫困户发展生产。但这种贷款方式存在资金使用低效率、财政补贴难以持续等缺陷,因此小额信贷模式作为一种制度的创新已在各国迅速发展起来,也由此产生了小额信贷资金。小额信贷已经成为一种主要的生产社会救助手段。

(三)科技扶持

科技扶持是指发挥科技在生产社会救助中的作用,多途径地给贫困户送技术、送管理知识,以提高贫困户的素质及生产经营能力,增强贫困者自我发展的能力,达到脱贫致富的目的。研究发现,缺少科技知识是造成许多贫困户治穷无门、致富无路的一个重要因素。因此,科技的投入是生产社会救助的关键因素之一,它能够有效地促进生产社会救助获得更大的效果。生产社会救助离不开各国政府对科技的投入,只有依靠科学技术,才能更有效、更快捷地发挥救助功能。

科技扶持一般包括以下内容:①向贫困户推广和普及适合当地自然条件的先进的农业科学技术成果,改善农产品的质量,稳定提高粮食产量。②组织政府有关部门、院校的干部到贫困地区挂职任教,组织科研机构的科技人员到贫困乡、村宣传普及农业技术。选择合适的方式和方法,在不同层次上开展对贫困户的教育和培训,改变他们落后的传统观念,提高其科技致富意识、科学生产水平及市场竞争能力。③大力推广和应用节能、节水、降低消耗的技术,减少因为生产发展可能给当地自然环境带来的破坏,缓解地区经济发展和生态环境恶化的矛盾,推动生产经营可持续发展。④根据当地资源优势,帮助贫困户科学选择有竞争优势的经营项目,增强市场竞争力。

(四)信息扶持

信息既是一种特殊商品,也是一种生产要素,具有价值和使用价值。信息扶持是指通过电视、电话、广播以及现代信息网络,及时向贫困户传播生产技术、提供市场信息,以指导其生产、销售行为。信息扶持是现代生产社会救助工作中的一个重要内容。从各国的实践来看,信息扶持的建立和完善使贫困人口的信息意识、利用信息能力以及劳动技能和科技素质均得到普遍提高,可以从整体上逐步改变贫困人口特别是贫困农民的生存状态。信息扶持的主要内容有:①建立乡村信息服务站。边远地区、贫困山区信息比较闭塞,农户所需要的信息,如农副产品的市场价格、产品需求等,难以获得有效传播,因此由地方政府组织建立乡村信息服务站是一条有效的途径。②利用计算机技术,建立信息网站。贫困人口常常会因为信息的不确切、不实用或滞后而失去脱贫致富的机会。随着计算机技术和网络的迅猛发展,政府越来越注重利用互联网,向贫困地区或贫困户发布报纸、广播等媒体上的各种致富信息,并且通过网络建立远程沟通的平台,建立产品供求和推介服务、产品价格信息、市场监管等信息服务系统。③建立高素质的信息服务队伍。

(五)能力培训

能力培训主要针对由于失业而造成生活困难的贫困人口。它是指在政府的大力支持和鼓励下,发挥社会各界力量,组织开展多种形式的再就业培训,通过对失业人员的职业指导、职业技能培训、创业能力培训等,帮助其提高生产技能、掌握经营管理技术、了解国家的有关政策和法规,从而切实提高失业人员从事个体、私营经济或创办小企业的能力。通过能力培训,帮助失业人员自谋职业,进行生产自救,是解决城市贫困的有效手段。能力培训的主要内容包括以下几点:①职业指导。建立职业指导制度,帮助失业人员认清就业形势,更新就业观念,树立起自主就业意识。职业指导的具体实施,可在职业培训机构中开设专门的职业指导课,或由职业指导人员深入企业,提供咨询服务;也可采取让再就业成功者介绍经验或组织巡回演讲等多种形式。②职业技能培训。职业培训机构根据劳动力市场需求和失业人员的特点,确定培训项目,制订培训计划,开展对失业人员的适应性职业技能培训。在学制上,分为全日制、非全日制、学时制或学分制等。在培训方式上,可利用现有培训机构组织集体办班,或采取企业与职业培训机构联合办班,也可利用广播电视、函授等现代化教学手段进行培训。为了突出培训的针对性和实效性,一般以短期和以掌握实际操作技能培训为主,使失业人员较快地提高再就业技能。③创业能力培训。为了鼓励和引导失业人员积极开展创业活动,切实提高其从事个体、私营经济或创办小企业的能力,各国政府积极组织对失业人员的创业能力培训。创业能力培训的具体内容,就是对有自谋职业或有创办小企业意向的失业人员开展有关工商管理、金融保险、财务税收、经营管理、公共关系、经营策略、商品知识等方面的培训,并使其熟悉国家相关政策和法规,了解开业或创办企业必备的知识和程序,掌握经营管理方法,提高适应市场的能力,并指导失业人员制订切实可行的创业方案,帮助他们解决落实中的问题,在他们开业后还可继续进行必要的咨询服务和业务指导。④提供创业服务。对于愿意自谋职业者,则积极与有关部门联系,帮助其落实开办手续、经营场地、减免税费等事宜。

第二节　国外生产社会救助的发展

一、发达国家的生产社会救助

(一)英国的生产社会救助

20世纪90年代后期英国新工党政府逐步系统地制定和实施了以促进贫困人群可持续就业为主旨的新型反贫困政策,主要包括以新福利契约促进贫困人群对就业的持续参与;增强他们的持续就业能力;激活其持续就业潜力;规范灵活就业及拓展就业机会等。

1. 以契约形式促进贫困者对持续就业的有效参与

1995年《求职者法》就是基于立法规定而形成的政府与贫困者之间将贫困救助与就业促进加以整合的契约形式,基本措施包括:一是将履行寻求就业义务与获得贫困救济予以统一。一般只对履行寻求就业义务的贫困者给予救济,即将贫困者承担政府附加的以积极寻求就业为主的责任作为享有政府救助金的领取条件。契约适用人群是 18 岁以上(特殊情况除外)退休年龄以下、不再接受全日制教育且具有一定工作能力的贫困者。具体要求是,试图获得政府救助的贫困者要与就业服务机构签订《求职者协议》,协议除了写明个人信息外,还须明示个人积极就业的要求、设想、措施、期限等内容。协议签署后负责就业的官员将每两周一次对申请人的行为进行评估,以确定是否履行了协议以及就业前景,并确定是否给予贫困救助。二是对履行就业义务者以适当奖励。奖励形式包括求职者津贴,即申请人如果一周工作达 16 个小时并有一些兼职收入,可被忽略不计,不影响享有救助。《求职者法》还规定了重返工作的贫困者可获得最高金额达到 1000 英镑的免税奖金,即规定工资收入一部分数额不纳税,以此作为对其工作收入的补充。进入 21 世纪后,政府实行了更为灵活的补贴制度以适应劳动力市场的新变化,如允许在领取补贴的同时从事工作,有学者将这种现象称为"工作与福利的混合体。"三是对违约者惩罚。如果贫困者没有合理的理由自愿离职或不接受就业培训与就业方案,或因错误行为被开除,政府均可停止对其贫困救助,以此给他们施加持续工作压力。

2. 增强贫困人群持续就业能力

20 世纪 90 年代后期就业能力引起了西方国家的广泛关注,1998 年欧盟《就业指导方针》将参加就业培训、职业指导与培训情况作为就业能力评估的主要指标。总体上看,就业能力解释更注重个人责任、人力资本与社会资本的积累。以上变化在英国帮助贫困人群增强就业能力的基本政策中也得到具体体现:第一,实行强制性再就业培训。根据英国《1998 年新体制的一般规定》,年龄在 18~24 岁、失业在 6 个月以上的,年龄在 25 岁以上、失业至少在两年的,单亲家庭最小的孩子至少 5 岁的,残疾人或长期患病的,都需加入新体制接受一定的就业培训才能获得贫困救助。第二,就业心理帮助。新体制引入了就业辅导员制度,即给每一个准备求职的贫困者提供一个就业顾问,帮助贫困者提高就业竞争素质,提出就业建议并树立就业信心等。第三,调整了福利支出方式,加大了就业能力培育和就业咨询服务方面的福利支出量,减少直接贫困救济支出额,通常只有经过评估确实不存在就业可能的贫困者才可以直接获得政府贫困救助。

3. 激活贫困者的持续就业潜力

英国高福利制度下的贫困救助将贫困者置于一种消极被帮助的地位,贫困人群就业潜能由此被压抑。自 20 世纪 70 年代后,45 岁以后就提早退休以及声称患病无法工作的人数逐年增加,这既加深了其贫困,也增加了政府的救助负担。新的就业政策对此给予了高度关注,根据英国 1998 年《从福利到就业法案》,即使那些传统上被认为无需工作的人,如长期患病者、残疾人,也不否认他们的就业潜力,而是最大限度地开发和激活其工作潜能,目的在于尽可能促进他们就业,而不是因长期依赖政府救济而陷入更严重的贫困之中。常见的措施包括加强对其就业服务的福利支出、技术训练、工作尝试、能力恢复、就业指导、就业信心重建、再就业工作补贴、专设就业平等委员会反对就业歧视等。英国还制定了配套的就业能力评估制度。《福利改革与年金法案》的立法目的之一就是客观地评价疾病患者或残疾人是否还具有一定的工作能力,并会尽可能作出较为肯定的评估,以此鼓励他们尽可能寻求就业机会。为保障以上政策的实施效果,有关法规还对政府相关工作人员的素质提出了较高的要求,如要求他们具有良好的职业道德素质、与就业促进有关的知识和贫困帮扶技能等。

4. 以就业灵活性实现可持续性

英国《2000 年工作关系法》意味着政府正式保护非全职工作者的利益,使他们拥有和全职工作人员同样的休假、病假、养老金和其他福利待遇。这对于妇女、残疾人、黑人等就业困难人群或者其他做临时工或短工的贫困者持续就业具有直接意义。英国《2002 年就业法》及其配套政策《弹性就业规则 2002——程序要求》和《弹性就业规则 2002——主体资格、申诉及补偿》的基本目的是,针对特殊工作人群与工作类型实行灵活的弹性工作制度。例如,对于需要照顾幼儿的年轻父母可以经过个人申请和批准后,在工作时间、工作地点、工作轮换以及调换工作等方面给予灵活对待,他们可以坐在自己家里一边照顾孩子一边完成工作。雇主若不同意申请,申请者有权在 14 天内对雇主进行申诉。由于一些灵活的政策,英国非全职工作人员比大多数的西欧国家同类人员相对较高。上述立法政策与国际劳工组织在 20 世纪 70 年代提出的"非正规就业"概念是一致的,即将那些低收入、无组织、小规模企业的就业也视为有效的就业形式。

5. 政府尽可能为贫困者创造就业机会

在全球金融危机后就业形势更加紧张的情况下,英国政府采取多种政策措施为贫困者创造就业机会:一是加强公共投资以创造就业机会。2009 年 1 月英国政府提前投入 100 亿英镑的资金用于公共项目,这笔资金主要用于包括学校和医院修缮在内的公共工程、数码技术、环保项目等。这一计划提供多达 10 万个新的就业机会,学校修缮一项就创造了三万个就业机会。二是给予雇用贫困者的雇主以直接的补贴,防止因效益原因解雇雇员。同时还以一定的政府资金资助雇用贫困人群的企业。地方政府、第三部门机构、艺术团体及创意产业等单位均可提出扩大就业方案,向政府提出经费补助申请。2009 年 6 月政府有关预算经费达到 110 亿英镑。三是以优惠的企业政策吸引外资以创造就业机会。如为鼓励更多企业将总部转移到本国,英国政府承诺如果在英国设立企业总部,企业将他国盈余转移到英国时,可以完全免税。四是就业信息服务。英国公共就业服务中心除了提供失业救济外,还通过互联网全面收集就业岗位信息,并与欧盟等国家进行联网,将合适的工作岗位信息及时推荐给寻求就业的贫困者供其选择。

(二)美国促进失业人员生产自救的措施

美国在促进失业人员进行生产自救方面的措施主要包括以下内容:

1. 就业培训

1960 年在美国参议院劳工和公共福利委员会下,成立了就业和人力附属委员会。政府的专门机构有劳工部和就业委员会等。各州也设立了就业培训协调委员会,州机构的主要职能是研究制定年度就业培训项目计划,并报当地劳动局批准实施。20 世纪六七十年代,美国颁布了三个法案,即《人力发展和训练法案》(1962年)、《经济机会法案》(1964 年)、《全面就业法案》(1973 年)。法案确认促进并以财力支持培训计划,提高劳动者的工作技巧,帮助其就业。

现在人力政策的基本框架和精神是 1967 年的总统人力报告中提出的,主要有四点:①教育为工作服务,教育为工作开辟通道;②集中力量帮助最低级劳动力;③把军事性服务变成通向生产性职业的渠道;④提高人力措施效率,建立更全面的人力计划,从总体上克服劳动者在全面参与劳动市场中碰到的社会的、政治的和制度上的障碍。

人力计划大致可以分为三类:一是技巧训练计划;二是职业开发计划;三是就业能力发展计划。就业与培训主要通过政府主持的项目实现,联邦政府在这方面的项目就有 190 多个,其中比较重要的有五个:①就业服务(1993 年),由联邦政府与各州合作举办。②工作培训合作行动(1982 年),由联邦政府举办。③职业教育(1968 年),由联邦政府、州政府以及地方政府合作举办。④成人教育(1963 年),由联邦政府与州政府合作举办。⑤工作机会和基础技能项目,由联邦政府与州政府合作举办。

2. 再就业培训

美国国会和政府为再就业培训制定了一整套法律,《就业训练合作法》就是最早的主要法律之一。该法规定,由各州、地方政府和私人机构共同合作进行培训项目的开发、实施和管理。联邦政府向州负责的培训计划提供大部分资金,近年来,每年拨款约 70 亿美元,保证各州有财力实施对失业者的培训,同时各州和企业也提供必要的资金。

为了保证就业训练计划的顺利实施,各州设有由企业、州有关局、地方政府及失业者代表组成的就业训练协调委员会,就训练内容提出建议;同时,还成立了私人工业委员会(由地方选举产生,其成员包括企业、教育界、劳工组织、社区组织、经济发展机构和公共服务组织等的代表,主席必须是企业代表),负责指导和监督就业训练计划的执行。1988 年美国国会通过了《工人调整和再就业训练通知法》,要求企业在关闭工厂和大量裁员时提前发出通知,让有关当局能及时得知裁员的信息,及时对失业人员进行培训。

克林顿对《工作培训伙伴法》进行了修订,制定了《美国再就业法案》,主旨是要"促进被永久性解雇的工人得到他们所需的有效而高质量的培训"。美国的再就业培训对增加就业(包括自谋职业)从而减少贫困人口起到了重要作用。据估计,最近几年中,美国政府拨款资助的再就业培训计划,每年使 100 万左右的失业人员接受了培训,为他们的再就业创造了条件。

二、发展中国家的生产社会救助

(一)印度的生产社会救助

印度是一个以农业为主的发展中国家。2008 年 7 月,印度农村人口占总人口的 72%。在农村人口中,生活在贫困线以下的农村人口占总人口的比重,1956 至 1957 年度为 54%,1967 至 1968 年度为 56.5%,1977 至 1978 年度为 50.8%,1984 至 1985 年度为 36.9%,1987 至 1988 年度为 30%。大量农村贫民的存在,不仅制约农村经济的发展,同时也影响印度的社会稳定。自 20 世纪六七十年代以来,印度政府实施了一系列针对农村贫民的生产社会救助计划,主要包括:

1.土地改革

土地改革的目的是保障贫民拥有最基本的生产资源,增强贫民的资源基础,使其能够进行生产经营。土地改革的主要措施有:①废除中介组织;②改革租地制度,以保障实际耕作者的利益;③土地重新分配;④土地整治;⑤更新土地记录。

2.农村综合开发计划

1979 年,印度开始实施农村综合开发计划(IRDP),最初在 2300 个开发区试行,1980 年 10 月扩大到 5011 个。该计划的目标是通过资本补贴和拓宽贷款渠道等方式,使农村贫民能获得生产资料和适当技能,改善其生产环境,提高农业生产率,为农村贫民的生产发展创造条件。计划所需要的资金分别由财政和贷款两方面解决。农村综合开发计划的执行机构为国家发展署。国家发展署通过地区乡村发展局、社区级派出机构、村级派出员等三个执行层级与受助户相联系。其中,地区乡村发展局,负责制订计划、领导与协调;社区级派出机构,负责计划的实施,包括与金融部门的协调等;村级派出员,负责验证受助户,提供具体救助方案并控制过程。农村综合开发计划的重点是农户中最贫困的部分——赤贫户,救助的主要内容包括：①对生活在贫困线以下的小农和农业劳动者提供补助和贷款，供应种子、化肥、农药等生产性投入；提供各种技术性服务；政府投资兴办水利设施，免费（或低费）给农村贫民供水，以帮助其发展生产，提高生产率。②开办各种职业培训中心，给无地者提供职业培训，在此基础上通过提供一定数量的补助和贷款，帮助其发展畜牧业、农村工业、商业和服务业，使这些无地少地的贫民有条件从事种植业以外的其他生产活动。

3.农村青年自谋职业培训计划

印度政府于 1979 年 8 月开始实施农村青年自谋职业培训计划，这个计划是农村综合开发计划的补充。计划的目的是以必要的技能和改良的传统技术武装农村青年，使他们能在农业、工业、商业和服务业方面自行创业。这个计划的培训对象只能是农村综合开发计划目标组家庭中 18～35 岁的青年，并且一户只能参加一人，而且规定至少有 1/3 的受训人是农村女青年。培训结束后，受训青年得到地方当局的许可和银行贷款即可开业。

4.农村妇女和儿童开发计划

农村妇女和儿童开发计划开始于 1982 年 9 月。这个计划是农村综合开发计划的特殊组成部分，它主要是为农村妇女的生产经营提供便利条件。

5.农村工资就业计划

在 1989 年，农村无地者就业保证计划和全国农村就业计划合并成单独的"工资就业计划"。该计划的经费由中央政府承担 80%，邦政府承担 20%。中央政府的拨款根据各邦直辖区的农村贫民占全国农村贫民总数的比例分配给邦政府，这种拨款从邦分配到县，是根据指数化了的各县贫困程度拨付的。这个计划覆盖印度农村 4400 万户家庭，按平均计算，拥有 3000～4000 人的村每年可获得 10 万卢比的拨款。

（二）孟加拉国的生产社会救助

小额信贷模式是对传统资金扶持模式的一种创新，在世界各国得到广泛推广与发展，成为一种主要的生产社会救助方式。由于各国的社会、经济及文化背景条件以及所处的发展阶段不同，乡村社会经济的具体实际、贫困程度和贫困原因也不尽相同，小额信贷救助方式的具体内容、具体形式、具体要求和目的也自然有所不同。孟加拉国的乡村银行模式出现最早，规模最大，制度最完善，被誉为世界上规模最大、效益最好的扶贫项目和扶贫方法之一。因而，对孟加拉国的生产社会救助制度的介绍主要是 GB 模式。

1.GB 模式的产生

孟加拉乡村银行又称作 Grameen Bank，简称 GB 模式。创立者是孟加拉吉大港大学经济系教授穆罕默德·尤诺斯。1976年,尤诺斯发起了一个行动兼研究项目,探讨穷人获得金融信贷服务的途径。他认为,如果无地者以适宜和合理的条件获得资金来源,那么,千百万无足轻重的人们在实现千百万微笑追求的过程中势必有助于创造伟大的发展奇迹。1976—1979年间,这一项目首先在吉大港地区的乔布拉村和邻村实施并获得成功。1979年后,在全国性的商业银行和农村银行的支持下,尤诺斯开始将这一项目向全国推广。1983年10月,该项目正式成立一个独立银行,被称为乡村银行(GB)。到1993年8月底,GB有1035个营业所服务于167万农村贫困人口,覆盖孟加拉全部65万个村庄中的3.3万个村。期间,发放贷款74300万美元,还贷率在98%以上,从而使GB成为目前最为有效和效益最好的农村救助项目。

2.GB模式的理论基础与目标

GB模式的理论基础是:"相信穷人的能力,挖掘和发挥他们的潜力"。

GB的目标:第一,向贫困者贷款无需担保;第二,消除高利贷剥削,为广大没有利用和尚未充分利用的人力资源创造自我就业的机会;第三,将穷人以他们能够理解和运作的方式组织起来,并使他们相互支持,且从中发现自身的社会、政治和经济力量;第四,将长期的"低收入—低储蓄—低投资—低收入"恶性循环转变成良性的发展循环,即"低收入—贷款—投资—更多收入—更多投资—更多收入"。

3.GB模式的主要特征

(1)GB模式是贫穷农民的股份制银行。

在GB成立之初,政府坚持要把GB建成国家政府银行,在尤诺斯的坚持下,GB成为一家股份制银行。其中,政府为GB提供60%的初始资本金,另外的40%由GB的借贷者即贫穷农民提供。随着信贷事业的发展,GB自有资金不断增加。由于政府以后再未增加投入,GB自有资金的增加主要来自贷款农户。到1994年,政府占GB的股份下降为12%,而贫穷农民在GB中占有的份额则上升为88%,贫穷农民已占绝对比重,逐步成为贫穷农民的股份制银行。

(2)GB只向贫困户贷款,尤其是贫穷妇女,贷款无需抵押担保。

贫困户常因家境贫寒,没有足够的财产作抵押,也没有足够的信誉请人担保,因此,无法从正规金融机构获得贷款。而他们又恰恰需要一定量的生产资金帮助其摆脱贫困。小额信贷的这个特征体现了"扶真贫,真扶贫"的宗旨。其目的是向贫困户提供自我就业和自我发展的机会,旨在使成千上万的穷人真正走上自我生存和发展的道路。

GB充分认识到了妇女节俭、自尊心强的特点,因此偏向对贫困妇女的贷款。绝大多数妇女勤俭持家,更易于把精力用于为家庭谋利益的生产经营活动上,可以保证贷款的使用性质不变,并使其产生较好的效益,增加还贷的可能性。同时向妇女贷款能够提高妇女在家庭中的地位和社会地位。

(3)GB 提供小额度、短期贷款,贷款回收实行分期偿还。

贷款必须是小额的,尤其是第一次和第二次贷款。小额度贷款符合穷人一般比较适于从事风险小、易操作、见效快的小型项目,也有助于分散贷款风险。实行按周还贷制,每周还本金的 1/50,这样缩短了每周贷款额的贷款时间,使资金在运行中快借快还,滚动使用,提高了资金的周转速度和使用效率。分期偿还既可以减轻贫困户一次拿出大笔资金还贷的压力,同时可以培养其积累意识和储蓄意识。

(4)提供连续贷款服务。

连续贷款的作用主要有两个方面:一是 1 年或更短期的小额信贷难以彻底缓解贫困,应连续不断地满足贫困户的信贷需求并完善其脱贫条件;二是以贫困人口连续贷款的期望来约束其行为、强化其还贷意识,保证小额信贷在无抵押条件下的高收回率。

(5)联户贷款,联户担保。

贷款无需担保,但贷款户必须组织起来,5 人一个小组,6 个小组建一个中心。贷款发放到小组。小组长从 5 名组员中选出,负责日常事务并确立组员得到贷款的顺序,通常是 2-1-2 式,即小组内两人先得到贷款,如果还贷良好,3~4 周后,另两人再得到贷款,小组长最后得到贷款。还贷中同一小组成员负有连带责任,一人不能正常还贷会影响到其他成员的贷款。通过组织内的互帮、互助、互督、互保,加强贫困户对风险的承受能力。获贷农户在选择贷款项目时互相咨询,在经济活动中遭到困难时能获得其他成员的帮助,同时,当组内某成员违反小额信贷规定时,其他成员有义务对其劝说,以形成成员间的压力。

(6)每周中心会议制度。

小组每周聚会一次,一是讨论借贷资金的发放与收回,二是交流经验,讨论困难和问题,互帮互助,改变贫困户单独进行生产决策的局限性。

(7)建立必要的小组储蓄基金。

小组成员在获得贷款时,将一定比例的款项作为小组基金交由小额信贷机构保管。同时借贷者每周要向小额信贷机构存入一点钱。这是为了应对小组成员暂时还贷困难或出现紧急状况临时用款的情况,同时也能积累资金、滚动发展。

(8)市场利率化。

较高的利率能够补偿成本,实现小额信贷财务上的持续性,乡村银行的利率为年利 2%。

(9)程序简单化、活动公开化。

考虑到多数穷人文化水平较低,因而采取简单的程序进行培训和测试。贷款项目的选择、贷款的发放和回收等活动完全在公开状态下进行,主要是在村里的中心会议上进行,没有任何可保密的或私下进行的活动,参加贷款的穷人能够相互进行平等的监督。

(10)重视贷款的发放与回收,重视培训,强调自愿、互助、信任和平等。

GB 通过培训,进一步开发穷人的综合能力,提高其经营管理能力。在自愿基础上建立的小组、中心,开展一系列活动,有助于培养成员的互助、合作精神,加强成员间的相互信任,提高成员的平等意识。

4.GB 模式的优势

(1)它是真正的穷人群体之间的资金扶持方式,能够有效地达到救助到户的目标。

(2)建立与运行是超越政府的,带有自下而上的性质,区别于传统救助的自上而下方式,所以贫困户的积极性与参与程度非常高。

(3)具有良好的组织和运作系统,以小额度、信贷为突破口,以救助项目为切入点,来打破贫困户的恶性循环链条,效果明显优于传统的救助方式。

GB 的实践表明,穷人可以认真行事并在小组中工作,能有效地利用贷款和其他收入,实证显示,在两年时间内,接受 GB 贷款的贫困户,人均收入大约可以增加32%,而整个孟加拉国的人均收入只增加了 2.6%。识字率和生产经营水平明显提高。银行已经能用比较容易的条件将稀缺的资金传递给缺少资金的贫困户,他们也看到了面前打开的具有无限可能性的大门。

第三节　中国农村生产社会救助

生产社会救助和扶贫作为社会救助的重要手段和方式,是既相联系又相区别的一对概念。共同点表现为生产社会救助和扶贫的目的都是为了帮助贫困人群摆脱贫困;在农村地区,生产社会救助是扶贫工作的一个重要组成部分。区别表现为:第一,从救助对象的范围来讲,农村扶贫的对象通常多于生产救助的对象。第二,从救助手段来讲,扶贫工作不仅包括对农村贫困户的生产社会救助,还包括通过劳务输出、移民开发、劳动力培训和教育扶持等手段促使贫困人群摆脱贫困;而生产社会救助仅指对有一定生产经营能力的贫困户,从政策、资金、技术、信息等方面给予扶持,使其通过生产经营活动摆脱贫困。

中国的农村生产社会救助主要体现在农村扶贫工作中。扶贫是扶持贫困户脱贫致富,即根据贫困户的家庭状况以及脱贫能力,国家和集体有计划地在物资、资金方面给予政策上的照顾,使他们在国家、集体和社会的扶持下,通过自力更生发展生产,增加收入,摆脱贫困。同时,帮助贫困户掌握科学种田、科学管理,从事多种经营和副业生产的技术技能。

一、中国农村生产救助的制度沿革

从 1978 年至今,中国的扶贫开发大致经历了四个阶段。

第一阶段:体制改革推动阶段(1978—1985 年)。1978 年,按政府确定的贫困标准统计,中国贫困人口为 2.5 亿人,占农村总人口的 30.7%,导致这一时期大面积贫困的主要原因是农业经营体制落后,因此,体制变革就成为缓解贫困的主要途径。首先是土地经营制度的变革,即以家庭承包经营制度取代人民公社的集体经营制度。该项变革激发了农民的劳动热情,解放了生产力,提高了土地产出率。与此同时,在农村进行的农产品价格逐步放开、大力发展乡镇企业等多项改革,也使得贫困农民得以脱贫致富,农村贫困现象大幅度缓解。从 1978 年到 1985 年,农村人均粮食产量增长 14%,农民人均纯收入增长 2.6 倍,贫困人口从 2.5 亿人减少到 1.25 亿人,占农村人口的比例下降到 14.8%。

第二阶段:大规模开发式扶贫阶段(1986—1993 年)。开发式扶贫是指在政府的支持下,鼓励和支持贫困地区群众自力更生、艰苦奋斗,提高自我积累、自我发展的能力,改变贫穷落后面貌。自 1986 年起,我国政府成立了专门的扶贫工作机构,安排专项资金,确定国家重点扶持贫困县、制定专门的优惠政策,对传统的救济式扶贫进行彻底改革,确定了“开发式扶贫”方针。自此,有计划、有组织和大规模的开发式扶贫在全国范围内启动,中国的扶贫工作进入一个新的历史时期。开发式扶贫是对过去传统的分散救济式扶贫的改革与调整,是一种“造血型”扶贫模式,目前已成为我国农村扶贫政策的核心和基础。经过 8 年的开发式扶贫,到 1993 年底,农村贫困人口减少到 8000 万人,占农村总人口的比重下降到 8.7%。

第三阶段:扶贫攻坚阶段(1994—2000 年)。随着农村改革的深入发展和国家扶贫开发力度的不断加大,中国贫困人口逐年减少,贫困特征也随之发生较大变化,贫困人口分布呈现明显的地缘性特征。这主要表现在贫困发生率向中西部倾斜,导致贫困的主要因素是自然条件恶劣、基础设施薄弱和社会发育落后等。以 1994 年《国家八七扶贫攻坚计划》的公布实施为标志,我国的扶贫开发进入攻坚阶段。该计划明确提出,集中人力、物力、财力,动员社会各界力量,力争用 7 年左右时间基本解决农村贫困人口的温饱问题。具体目标是:①到 20 世纪末,使绝大多数贫困户年人均纯收入按 1990 年不变价格计算达到 500 元以上,并形成稳定解决温饱、减少返贫的基础条件。②加强基础设施,基本解决人畜饮水困难,使绝大多数贫困乡和有农贸市场、商品基地的地方通路、通电。③改变文化、教育、卫生的落后状况,普及初等教育,基本扫除青壮年文盲,开展成人职业技术教育,防治和减少地方病,把人口自然增长率控制在国家规定的范围内。该计划还进一步提出了实现目标的基本方针:"鼓励贫困地区广大干部、群众发扬自力更生、艰苦奋斗的精神,在国家的扶持下,以市场需求为导向,依靠科技进步,开发利用当地资源,发展商品生产,解决温饱进而脱贫致富"。经过多方的艰苦努力,到2000年底,国家"八七"扶贫攻坚目标基本实现,农村尚未解决温饱问题的贫困人口减少到3000万人,农村贫困发生率降至3%左右。"八七"计划执行期间,国家重点扶持贫困县地方财政收入年均增长12.9%,农民人均年收入年均增长12.8%。

这一阶段扶贫的显著特点是将扶助穷人与实现贫困地区经济发展相结合,但由于它的实现过多地依靠地方政府的参与,客观上将扶贫置于传统的计划经济体制下运行,导致计划体制的诸多弊端在扶贫中体现出来。区域性开发式扶贫方式的资源分配体系是自上而下的,在很大程度上地方政府只能按照上一级政府的资源规模和使用方向规划项目,导致资源利用出现低效率现象。

第四阶段:小康社会建设阶段(2001年至今)。2001年5月24至25日,中央召开全国扶贫开发工作会议,总结了20多年来扶贫开发的成就和经验,部署了之后10年的扶贫开发工作。根据会议的精神,国务院于2001年6月13日颁布了《中国农村扶贫开发纲要(2001—2010年)》。自此,扶贫工作已由解决温饱为主转入解决温饱和巩固温饱并重的阶段。2011年,中共中央、国务院印发了《中国农村扶贫开发纲要(2011—2020年)》,成为今后一段时期我国扶贫开发工作的纲领性文件。

二、中国农村生产社会救助的形式和内容

贫困问题是历史、经济、地理、自然等诸多因素综合影响的结果。中国政府从贫困地区的实际情况出发,坚持综合治理原则,积极开展各种形式的农村生产社会救助工作。

(一)专项救助

(1)整村推进计划。为促进贫困地区经济社会全面发展,2001年国家在全国确定了14.8万个贫困村,逐村制定包括基本农田、贫困农户收入等内容的扶贫规划,整合各类支农惠农资金和扶贫专项资金,统筹安排,分年度组织实施,力求实现贫困群众增收、基础设施提升、群众生产生活条件改善等目标。截至2010年底,已在12.6万个贫困村实施整村推进,其中,国家扶贫开发工作重点县中的革命老区、人口较少民族聚居区和边境一线地区贫困村的整村推进已基本完成。

(2)劳动力培训。人力资源开发是提高发展能力的有效手段。2004年以来,中央政府实施以劳动力转移为主要内容的"雨露计划",对贫困家庭劳动力开展务工技能和农业实用技术培训。截至2010年,培训贫困家庭劳动力超过400万人次,其中80%以上实现转移就业。劳动力培训帮助贫困地区的劳动者实现了就

业、增加了收入，学到了新技术，接触到新观念，开阔了视野，增强了信心。

（3）教育扶持。多年来，国家大力发展教育，使大批农村家庭经济困难学生通过接受职业教育掌握了就业技能，在城镇稳定就业，帮助家庭摆脱或缓解了贫困现象。国家不断健全义务教育、高中阶段教育和高等学校家庭经济困难学生资助体系，减轻困难学生家庭经济负担。从 2010 年开始，国家以促进就业为导向，开展了对贫困家庭的初高中毕业生参加职业教育给予直接补助的工作试点。

（4）产业扶持。国家通过建设产业化基地，扶持设施农业，发展农村合作经济，推动贫困地区产业开发规模化、集约化和专业化。十多年来，为贫困地区重点培育了马铃薯、经济林果、草地畜牧业、棉花等主导产业。产业扶持有效带动贫困农户，实现了脱贫致富。

（5）以工代赈。以工代赈是从 20 世纪 80 年代开始实施的一项农村扶贫政策，重点用于与贫困地区经济发展和农民脱贫致富相关的农村小型基础设施建设，主要包括县乡村公路、农田水利、人畜饮水、基本农田、草场建设、小流域治理等。2001 年至 2010 年，中央政府累计投入以工代赈资金 550 多亿元人民币，有效改善了贫困地区的生产生活条件。

（6）易地扶贫搬迁。在坚持群众自愿的前提下，对居住在生存条件恶劣、自然资源贫乏地区的贫困人口实行易地扶贫搬迁，是改善他们生存环境和发展条件的重要途径。截至 2010 年，中国政府对 770 余万贫困人口实行了扶贫搬迁，有效改善了这些群众的居住、交通、用电等生活条件。在推进工业化、城镇化的进程中，一些贫困地区把扶贫搬迁与县城、中心镇、工业园区建设和退耕还林还草、生态移民、撤乡并镇、防灾避灾等项目相结合，在促进贫困农民转移就业的同时，改善了这些群众获得公共服务的条件。

（7）金融扶持。资金短缺一直是制约贫困人口生存和发展的重要因素。从 2006 年开始，国家在全国 1.36 万个贫困村开展了贫困村互助资金试点，每个试点村安排财政扶贫资金 15 万元人民币，按照"民有、民用、民管、民享、周转使用、滚动发展"的方式支持村民发展生产，建立起财政扶贫资金使用长效机制。开展扶贫贷款财政贴息改革，引导和撬动金融机构扩大贴息贷款投放规模，从 2001 年至 2010 年，中央财政累计安排扶贫贷款财政贴息资金 54.15 亿元人民币、发放扶贫贷款近 2000 亿元人民币。特别是 2008 年国家对扶贫贷款管理体制进行全面改革，通过引入市场竞争机制、扩大扶贫贷款机构经营权限、下放贴息资金管理权限等，进一步调动了地方和金融机构开展扶贫开发的积极性，有效改善了贫困群众贷款难问题。

（8）特殊地区扶贫试点。为了解决制约贫困地区发展的突出问题，中国政府在一些特殊类型的困难地区开展了符合当地特点的扶贫开发工作。在广西壮族自治区的东兰县、巴马县、凤山县,集中力量开展了解决基础设施建设的大会战。在四川省阿坝藏族羌族自治州,开展了扶贫开发与综合防治大骨节病相结合的试点。在贵州省晴隆县开展了石漠化地区的扶贫开发与生态环境建设相结合的试点。在新疆维吾尔自治区的阿合奇县开展了边境扶贫的试点。对云南省的布朗族及瑶族山瑶支系开展全面扶贫。在汶川、玉树地震灾区,把贫困地区的防灾减灾与灾后恢复重建有机结合,全面推进灾后恢复重建。通过这些试点,为因地制宜做好扶贫开发工作探索了道路,积累了经验。

(二)行业救助

(1)推广农业技术。围绕贫困地区特色优势产业,采用科技承包、技物结合、典型示范等方式,推广各类先进实用技术,提高种养业生产效率。以农村青壮年劳动力为重点对象,大规模培养种植养殖能手、致富带头人、农牧民技术员、手工艺制作人才和农业产业化急需的企业经营管理人员、农民合作组织带头人和农村经纪人。

(2)改善贫困地区交通条件。积极推进乡(镇)和建制村通沥青(水泥)路建设,满足贫困群众的基本出行需求。加强农村公路危桥改造和安保工程建设,改善农村公路网络状况,提高农村公路安全水平和整体服务能力等。

(3)加强贫困地区水利建设。着力解决贫困地区农村人畜饮水困难问题,积极推进农村饮水安全工程建设。推进灌区续建配套与节水改造,因地制宜开展小水窖、小水池、小塘坝、小泵站、小水渠等"五小水利"工程建设。在有条件的地区,实施跨区域水资源调配工程,解决贫困地区干旱缺水问题。加强防洪工程建设,加快病险水库除险加固、中小河流治理和水毁灾毁水利工程修复。加强水源保护及水污染防治。

(4)解决无电人口用电问题。组织实施一二期农村电网改造工程、中西部地区农网完善工程、户户通电工程、无电地区电力建设工程、新一轮农网改造升级工程和新农村电气化建设工程,提高农村电网供电可靠性和供电能力。因地制宜发展太阳能和风力发电,解决不通电行政村、自然村用电问题。推进水电新农村电气化县建设。

(5)科技扶持。组织大专院校、科研院所作为依托单位,派遣有实践经验的专家和中青年知识分子组成科技开发团,并向扶贫开发工作重点县派驻科技副县长,帮助研究和制定科技扶贫规划,筛选科技开发项目、引进先进实用技术、组织技术培训,解决产业发展中的关键技术问题,提高贫困地区产业开发的技术水平。在贫困地区推进科技特派员农村科技创业行动,鼓励科技人员与农民结成利益共同体,开展创业和服务,引导科技、信息、资本、管理等现代生产要素向贫困地区集聚,促进当地经济社会发展和农民增收致富。

（三）社会救助

（1）定点扶持。为加大对革命老区、民族地区、边疆地区、贫困地区发展的扶持力度，国家大力开展定点扶贫工作。国家确定的定点帮扶单位主要包括中央和国家机关各部门各单位、人民团体、参照公务员法管理的事业单位、国有大型骨干企业、国有控股金融机构、各民主党派中央及全国工商联、国家重点科研院校等，定点帮扶对象为国家扶贫开发工作重点县。多年来，定点帮扶单位采取干部挂职、基础设施建设、产业化扶贫、劳务培训和输出、文化教育扶贫、科技扶贫、引资扶贫、生态建设扶贫、医疗卫生扶贫、救灾送温暖等多样化措施开展定点帮扶。

（2）推进东西部扶持协作。自 1996 年开始，中国政府作出部署，安排东部 15 个经济较发达省、市与西部 11 个省（区、市）开展东西扶贫协作工作。东西扶贫协作形式多样，形成了政府援助、企业合作、社会帮扶、人才支持为主的基本工作框架。从 2003 年到 2010 年，东部到西部挂职的干部 2592 人次，西部到东部挂职的干部 3610 人次；东部地区向西部地区提供政府援助资金 44.4 亿元人民币、协作企业 5684 个，实际投资 2497.6 亿元人民币、培训专业技术人才 22.6 万人次、组织劳务输出 467.2 万人次。

（3）发挥军队和武警部队的作用。十年来，军队和武警部队根据国家和驻地扶贫开发总体规划，发挥优势，主动作为，积极参与实施定点扶贫和整村推进扶贫，支援农田水利、乡村道路、小流域治理等农业农村基础设施建设，开展捐资助学、科技服务和医疗帮扶等活动。

（4）动员企业和社会各界参与扶贫。各类人民团体、社会组织、民营企业和广大公众积极参与扶贫开发，针对特殊困难地区和群众脱贫致富的要求，通过定点帮扶、结对帮扶、实施专项扶贫工程、参与具体扶贫活动等多种形式，支持产业发展，援建基础设施，改善生产生活条件。各类组织有效动员有专业技术且致力于扶贫等公益事业的有识之士，积极开展帮助贫困群众脱贫致富的志愿者活动。民营企业积极履行社会责任，通过捐助资金、招聘劳力、建立产业和培训基地等多种方式参与扶贫开发。

（四）国际合作

中国政府致力于依靠自身的力量解决贫困问题，并注意借鉴国际社会先进的减贫理念和成果，积极与国际社会分享中国在扶贫开发领域的经验和做法，开展国际交流与合作。

20 世纪 90 年代初期，中国就开始利用外资进行扶贫。先后与世界银行、联合国开发计划署、亚洲开发银行等国际组织和英国、德国、日本等国家以及国外民间组织在扶贫领域开展了卓有成效的减贫项目合作。据不完全统计，截至 2010 年，扶贫领域共利用各类外资 14 亿美元,加上国内配套资金,直接投资总额近 200 亿元人民币,共实施 110 个外资扶贫项目,覆盖了中国中西部地区的 20 个省(区、市)300 多个县,使近 2000 万贫困人口受益。

外资扶贫作为中国扶贫开发工作的重要组成部分,把国际上一些先进的减贫理念和方法,例如参与式扶贫、小额信贷、项目评估和管理、贫困监测评价等,逐步应用于中国扶贫实践中,在创新扶贫开发机制、提高扶贫工作水平、开发扶贫队伍人力资源等方面产生了积极影响。

多年来,中国积极参与国际减贫事业,致力于构建国际减贫交流合作平台,与广大发展中国家共享减贫经验,共同发展进步。2004 年中国政府与世界银行在上海共同召开全球扶贫大会,并与联合国开发计划署等国际机构联合成立中国国际扶贫中心。从 2007 年开始,中国政府和联合国驻华系统在每年 10 月 17 日"国际消除贫困日"期间联合组织举办"减贫与发展高层论坛",探讨国际减贫的形势和问题。中国政府还组织举办了"中国—东盟社会发展与减贫论坛",推动了中国与东盟地区的减贫合作,加快减贫进程,促进区域的发展、稳定与繁荣。2010 年,中国政府与有关国家和国际机构共同举办了"中非减贫与发展会议",强调通过"在变革中求发展"的方式削减贫穷,推动千年发展目标在非洲的进程。近年来,中国政府共完成了 40 多项国内外扶贫理论与政策研究,培训了 91 个发展中国家的 720 名中高级官员,举办了上百次减贫方面的高层对话会、研讨会、名人论坛和双边互访减贫交流,与墨西哥、阿根廷、秘鲁、委内瑞拉、哥伦比亚、坦桑尼亚、莫桑比克等发展中国家签订减贫合作协议或共建减贫合作中心,在扶贫领域的交流逐步深化。

三、中国农村生产社会救助的特征

(1)坚持开发式扶贫和社会保障相结合。引导贫困地区和贫困群众以市场为导向,调整经济结构,开发当地资源,发展商品生产,提高自我积累、自我发展能力。注重综合开发、全面发展,促进基础设施建设和经济社会协调发展。注重可持续发展,加强资源保护和生态建设,控制人口过快增长。加快推进城乡基本公共服务均等化进程,建立健全农村最低生活保障制度,逐步提高五保供养水平,不断完善自然灾害应急救助体系,建立新型农村合作医疗制度,开展新型农村社会养老保险制度试点,为贫困人口提供基本生存保障。在国家扶贫开发工作重点县推进扶贫开发政策与农村低保制度衔接试点,努力使各项政策覆盖所有贫困人口。

(2)坚持专项扶贫和行业扶贫、社会扶贫相结合。以贫困人口和贫困地区为工作对象,以财政专项扶贫资金为主要资源,以实现贫困人口基本生存和发展为目标,编制专项扶贫开发规划,分年实施。充分发挥各行业部门职责,将贫困地区作为本部门本行业发展重点,积极促进贫困地区水利、交通、电力、国土资源、教育、卫生、科技、文化、人口和计划生育等各项事业的发展。动员和组织社会各界,通过多种方式支持贫困地区开发建设。党政机关和企事业单位定点扶贫,东西扶贫协作,军队和武警部队支援,社会各界参与,形成有中国特色的社会扶贫方式,推动贫困地区发展,增加贫困农民收入。

(3)坚持外部支持与自力更生相结合。通过专项扶贫资金、财政转移支付、部门项目建设、社会各界捐助、引进利用外资等途径,不断加大对贫困地区的资金投入。不断探索参与式整村推进、小额信贷、贫困村互助资金等多种扶贫模式。尊重贫困地区广大干部群众在农村扶贫开发中的主体地位,广泛调动他们的主动性、积极性、创造性。广大干部群众自强不息,不等不靠,苦干实干,积极参与决策、投工投劳,依靠自身力量改变贫困落后面貌。

四、农村生产社会救助存在的问题

(1)人力资源开发相对重视不足。利用贫困地区的自然资源,进行开发性生产建设,逐步形成贫困地区和贫困户的自我积累和发展能力,这是农村生产社会救助取得成效的基本经验之一。在实际操作中,我国的生产社会救助表现为重视对物质资本的投入,而轻视对人力资本的投入。但是经济和社会发展的首要因素是人。贫困地区与其他地区之间除了经济收入的差距以外,更显著的是人的思想观念和教育水平的差距,以及由此而引起的文化、劳动、技术素质和创业精神的差距。因此,进行贫困地区的人力资源开发,从长远看是减轻农村贫困的根本性措施。

(2)资金使用、运作不合理。目前,生产社会救助和扶贫资金在宏观层次的分配主要有以下几种方式:第一,按项目分配扶贫资金。即根据某一地区项目的大小和多少分配扶贫资金。第二,按"基数+增量"分配扶贫资金。即以上年分配数为基数,仅对增量部分进行分配,各地得到的资金数为基数+增量分配数之和。第三,按因素分配扶贫资金。即考虑各省(区、市)贫困人口数量、农民人均纯收入水平、人均财力水平和政策性调整情况等因素,其中贫困人口数量因素占的比重最大。按项目分配资金,容易出现资金分配中的寻租和下级到上级跑项目的问题。按基数法分配资金,则会出现平均主义,不利于调动起各级各方的工作积极性。大家干好干坏一个样,导致基层扶贫工作只图敷衍了事完成任务。按因素法分配资金的不足之处是没有与扶贫成效的大小、扶贫责任落实的程度、扶贫资金使用的好坏挂起钩来,扶贫工作做得好、贫困人口减少得多的,得到的资金反而少,不利于奖优罚劣、鼓励先进,因此在一定程度上影响了项目的竞争性和择优性,不利于投资效益的提高。

在微观分配层次,由于大多数生产社会救助资金都是以贴息贷款方式发放的,贫困户尤其是特困户由于还贷能力弱,根本就找不到担保,所以无法得到扶贫款。

而能够使绝大多数特困人口受益的种植、养殖业项目,又因还贷周期长、比较利益低,很难得到资助。由贫困地区政府充当投资主体的加工业,大多数是按传统计划经济模式经营,经济效益差,不多的就业机会往往为少数特权人员占有,贫困、特困人口根本分享不到。这主要是由于生产社会救助和扶贫投入决策机制不健全,项目管理和实施不规范造成的。

(3)生产社会救助和扶贫法律制度不完善。法律制度的完善程度体现生产社会救助制度的成熟度。我国农村生产社会救助制度普遍存在的问题之一是相关法律制度不完善。生产社会救助和扶贫制度运行过程中,无论是生产社会救助资金管理还是业务运行,都缺乏统一规范的法律体系,致使救助资金使用效率低下,流失、截留等现象较为突出,生产社会救助无法保持长期稳定性,无法得到社会各界的广泛认可和支持。

(4)生产社会救助和扶贫缺少贫困人口的积极参与。总体而言,我国的农村扶贫和生产社会救助政策是以政府为主导、以项目为中心的开发式扶贫。这种生产社会救助和扶贫项目、扶贫工程经常被当做政绩工程来完成,将扶贫项目、扶贫工程强加给贫困者。虽然国家积极探索参与式扶贫和生产社会救助,但实际工作中仍是一种自上而下的、单向度的政府行为,贫困人口的参与只是被动的投工投劳,主观能动性和发展决策权没有得到足够的重视和挖掘,这种状况会造成以下一些问题:一是生产社会救助和扶贫项目在实施和管理中缺乏有效的群众监督;二是由于贫困群众对政府组织实施的项目责任感不强,因此缺乏对这些项目进行后续管理和维护的积极性,造成了生产社会救助和扶贫行为的短期性和扶贫资源的浪费;三是生产社会救助和扶贫项目的设计脱离了贫困农户的实际需求,影响了生产社会救助和扶贫的效果,这同样也造成了资源的浪费。导致这种状况的原因一是政府部门对生产社会救助和扶贫项目的设计、实施和管理习惯于包办代替,排斥群众参与;二是政府长期的包办代替,养成群众等、靠、要的依赖思想;三是当前农村大部分劳动力外出务工,留守家里的基本是妇女、老人和孩子,由于劳动力不足,很难组织群众参与。

五、完善中国农村生产社会救助的政策建议

(1)重视生产社会救助中的人力资源开发。面向当地自然资源的开发式生产社会救助是我国过去扶贫工作的特点,对此战略,我国应继续坚持,并逐步增加资源开发的技术含量,以提高开发效率,减少对环境的不利影响。同时在自然资源开发的基础上,应当同时侧重对贫困人口的人力资源开发。贫困地区和贫困人口的人力资本开发主要包括:一是在继续从事自然资源开发的过程中通过实用技术的教育来增强开发的技术含量。这样既可以提高资源开发的效率,又可以更多地顺

应可持续发展的要求。二是通过推动基础教育、成人教育和科技培训增强农民适应市场、参与竞争的能力。三是通过成功的人口迁移来获得非农就业机会的能力，提高贫困人口流动与就业能力。四是明确健康是人力资本的重要组成部分，进一步增加对农村地区医疗、卫生领域的投入。

（2）多渠道增加对农村生产社会救助的资金投入，确保资金使用效率。建议政府继续安排并逐年增加财政生产社会救助和扶贫资金。从政策上引导各类金融组织为贫困人口提供金融服务，积极稳妥地开展小额信贷。加大财政转移支付力度，增加对欠发达地区的投入。组织各级政府机关定点扶贫，开展东部沿海发达省市与西部欠发达地区协作扶贫。广泛动员和组织非政府组织、私营部门和社会各界参与生产社会救助计划。在增加资金投入的同时，要考虑正确的投入方向。要坚持把改善贫困地区基本生产生活条件放在首位，重点投向基本农田、水利设施、道路、能源、通信等基础设施建设和人力资本投入。

（3）完善农村生产社会救助法制建设。国家应尽快完善农村生产社会救助相关法律法规，进一步明确农村生产社会救助的有关主体的权利和责任；确定贫困线和贫困监测系统，确定独立的贫困监测机制；确立生产社会救助和反贫困的计划、决策、组织、管理、监督、评价等职责与机构，保证职责明确，程序规范；加强对生产社会救助资金和扶贫资金使用的监督管理，健全管理机制，杜绝挤占挪用生产社会救助资金和扶贫资金的行为发生。

（4）提高贫困人口参与能力。没有贫困人口普遍、积极的参与，政府生产社会救助和反贫困计划就难以有效实施。因此要积极鼓励、吸引贫困人口主动参与生产社会救助活动，包括：引导和鼓励贫困人口建立以摆脱贫困为目标的各种生产社会救助组织，通过组织内部的互助、合作来增强生产社会救助和反贫困能力；通过有组织的集体参与，更有效地配合政府的生产社会救助和反贫困计划，建立贫困人口主动参与生产社会救助和反贫困决策和计划的有效渠道；监督政府生产社会救助和反贫困计划的运作，发表反贫困意见，以提高生产社会救助和反贫困的针对性和效率；通过深化农村改革，为贫困人口提供参与生产社会救助和反贫困的制度依据和法律保障，清除当前及今后贫困人口参与生产社会救助和反贫困活动的种种制度约束。

第四节　中国城市生产社会救助

20世纪90年代以来，伴随着国有企业改革的日趋深化和市场经济的不断发展，下岗失业人员以及他们所赡养的人口成为城市新的贫困群体，高校毕业生就业困难问题凸显，影响到我国经济体制改革的顺利进行和社会和谐，因此，进行城市生产社会救助具有重要的意义。

一、城市生产社会救助的主要对象

(1)下岗失业人员。根据《财政部、国家税务总局关于下岗失业人员再就业有关税收政策问题的通知》(财税〔2005〕186号)的规定,下岗失业人员是指国有企业下岗失业人员,即协议期满出中心、但未与原企业解除劳动关系,且仍未再就业的国有企业下岗职工,以及领取失业保险金期间、尚未再就业的原国有企业的失业人员;国有企业关闭破产需要安置的人员,即已按全国企业兼并破产计划关闭破产的企业中,领取一次性安置费且仍未再就业的人员;国有企业所办集体企业(即厂办大集体)下岗职工;享受最低生活保障且失业1年以上的城镇其他登记失业人员。据统计,国有企业改革中产生了将近3000万的"4050"代的下岗工人。下岗失业人员一般都具有劳动能力和就业愿望,只是客观因素造成该群体难以就业,进而导致生活贫困。

(2)高校毕业生。随着高校扩招,我国的高等教育在某种程度上已经进入到大众化时代,高学历失业大有上升趋势,许多学生一毕业便失业。由于我国高校教育往往注重理论知识的学习,缺乏对学生实际社会经验的培养,导致部分毕业生眼高手低,很难在职场中顺利谋求适合自己的职位,高学历失业问题逐渐显露出来。

二、城市生产社会救助的主要内容

城市生产社会救助是指通过对下岗失业人员、高校毕业生进行政策扶持、能力培训和就业服务等,帮助其进行生产经营或自主就业。其内容主要包括:

(一)政策扶持

(1)收费优惠政策。根据《财政部、国家发展改革委关于对从事个体经营的下岗失业人员和高校毕业生实行收费优惠政策的通知》(财综〔2006〕7号),除国家限制的行业外,凡下岗失业人员从事个体经营的,自2006年1月1日起至2008年12月31日,免交有关登记类、证照类和管理类的各项行政事业性收费(以下简称"收费"),期限最长不超过3年,2005年底前核准免交收费但未到期的人员,剩余期限内按此政策执行;高校毕业生从事个体经营的,且在工商部门注册登记日期在其毕业后两年以内的,自其在工商部门登记注册之日起3年内免交有关登记类、证照类和管理类收费。具体包括:从事个体经营的下岗失业人员、高校毕业生免交的收费项目具体包括:工商部门收取的个体工商户注册登记费(包括开业登记、变更登记、补换营业执照及营业执照副本)、个体工商户管理费、集贸市场管理费、经济合同鉴证费、经济合同示范文本工本费;税务部门收取的税务登记证工本费;卫生部门收取的行政执法卫生监测费、卫生质量检验费、预防性体检费、卫生许可证工本费;民政部门收取的民办非企业单位登记费（含证书费）；劳动保障部门收取的劳动合同鉴证费、职业资格证书工本费；国务院以及财政部、国家发展改革委批准设立的涉及个体经营的其他登记类、证照类和管理类收费项目；各省、自治区、直辖市人民政府及其财政、价格主管部门按照管理权限批准设立的涉及个体经营的登记类、证照类和管理类收费项目。

（2）税收优惠政策。《财政部、国家税务总局关于下岗失业人员再就业有关税收政策问题的通知》对商贸企业、服务型企业（除广告业、房屋中介、典当、桑拿、按摩、氧吧外）、劳动就业服务企业中的加工型企业和街道社区具有加工性质的小型企业实体，在新增加的岗位中，当年新招用持《再就业优惠证》人员，与其签订 1 年以上期限劳动合同并依法缴纳社会保险费的，按实际招用人数予以定额依次扣减营业税、城市维护建设税、教育费附加和企业所得税优惠。对持《再就业优惠证》人员从事个体经营的（除建筑业、娱乐业以及销售不动产、转让土地使用权、广告业、房屋中介、桑拿、按摩、网吧、氧吧外），按每户每年 8000 元为限额依次扣减其当年实际应缴纳的营业税、城市维护建设税、教育费附加和个人所得税。对国有大中型企业通过主辅分离和辅业改制分流安置本企业富余人员兴办的经济实体（从事金融保险业、邮电通讯业、娱乐业以及销售不动产、转让土地使用权，服务型企业中的广告业、桑拿、按摩、氧吧，建筑业中从事工程总承包的除外），凡符合条件的，经有关部门认定，税务机关审核，3 年内免征企业所得税。

（3）小额担保贷款。按照《中国人民银行、财政部、国家经贸委、劳动和社会保障部关于印发〈下岗失业人员小额担保贷款管理办法〉的通知》（银发〔2002〕394号）精神，凡年龄在 60 岁以内、身体健康、诚实信用、具备一定劳动技能的下岗失业人员，自谋职业、自主创业或合伙经营与组织起来就业的，其自筹资金不足部分，在贷款担保机构承诺担保的前提下，可以持劳动保障部门核发的《再就业优惠证》向商业银行或其分支机构申请小额担保贷款。小额担保贷款金额一般在 2 万元左右，还款方式和计息方式由借贷双方商定，对下岗失业人员合伙经营和组织起来就业的，可根据人数，适当扩大贷款规模。贷款期限一般不超过 2 年，借款人提出展期且担保人同意继续提供担保的，商业银行可以按规定展期一次，展期期限不得超过 1 年。贷款利率按照中国人民银行公布的贷款利率水平确定，不得向上浮动。如果下岗失业人员从事的是微利项目，则由中央财政据实全额贴息，展期不贴息。

（二）再就业培训

再就业培训是为帮助下岗失业人员再就业而组织的培训，它的出发点主要是从提高下岗失业人员的劳动技能和经营管理能力着手，强化对下岗失业人员创业意识和能力的培养及提高，帮助其自谋职业，实现再就业。

《关于贯彻落实国务院进一步加强就业再就业工作通知若干问题的意见》（劳

社部发〔2006〕6 号)中规定,动员工会、共青团等人民团体及社会各方面开办的职业培训机构,为城乡劳动者开展职业培训(含创业培训)。通过招标或资质认定等办法,确定一批培训质量高、就业效果好、社会认可的教育培训机构,作为承担培训任务的定点机构,并将定点培训机构名单向全社会公布。持《再就业优惠证》人员、城镇其他登记失业人员和进城务工的农村劳动者参加职业培训,可享受政府提供的一次性职业培训补贴。职业培训补贴一般采取个人报销补贴方式。对生活确有困难、无力垫付可报销补贴部分的,可采取帮扶措施。定点机构要充分发挥作用,积极落实帮扶措施。承担帮扶任务的培训机构,可为上述人员向当地劳动保障部门申请培训补贴。有条件的地方还可探索以培训券等补贴方式进行帮扶。各级劳动保障部门要制订有关人员的年度就业再就业培训计划,作出相应的资金预算;制定考核培训质量和就业效果的具体办法。对定点机构的培训服务,要会同有关部门实行动态管理,定期进行任务考核、质量评估、财务审计和公示。要建立奖惩制度,对完成任务好的定点机构可增加其承担的培训任务;对完成任务不好的应进行批评、限期整改,资金相应调减;对弄虚作假或经整改无效的,取消定点资格。

(三)就业服务

《关于贯彻落实国务院进一步加强就业再就业工作通知若干问题的意见》要求各地要按照制度化、专业化、社会化的要求,全面推进"以人为本"的就业服务,进一步完善公共就业服务制度,对提高公共就业服务的质量和效率提出明确的措施和工作要求。各地公共就业服务机构对持《再就业优惠证》人员、城镇其他登记失业人员和进城登记求职的农村劳动者应免费提供政策信息咨询和职业介绍服务;对其中持《再就业优惠证》人员,应免费提供享受扶持政策的帮助指导和相关服务;对各地认定的就业困难对象还应免费提供一对一的职业指导和就业援助。各地要制订免费就业服务年度计划,并对公共就业服务机构实行职业介绍补贴与免费服务绩效挂钩的管理制度,对各个公共就业服务机构开展免费就业服务的对象规模、服务项目、服务质量和服务效果提出明确的目标任务,对其完成任务情况进行定期考核,根据其开展免费服务的绩效拨付资金。各地要采取有效措施,引入竞争机制,鼓励和引导社会各类职业中介机构积极为求职者提供就业服务。各类职业中介机构按规定提供免费服务的,可按其实际介绍就业成功人数,凭相关证明材料向当地劳动保障部门申请职业介绍补贴。职业介绍补贴标准和具体办法由各省、自治区、直辖市根据《资金管理通知》制定。

案例分析

穷人是可以信赖的——印尼的小额信贷

小额信贷是为贫困人口以及微型企业创业者提供的信贷服务,它开辟了以市场经济方式减轻贫困的新渠道。

印尼人民银行(Bank Rakyat Indonesia)是一家历史超过百年的国有银行。在20世纪70年代,该行根据国家要求,对从事稻米等农作物生产的农民发放有政府补贴的小额贷款。到了80年代,3600家农村小额贷款单位年年亏损,银行陷入经营危机。1983年,印度尼西亚开始进行金融改革,政府放松了金融管制,取消贷款补贴,BRI也引进了新的小额贷款管理办法。在1984年成立乡村信贷部(BRI-UD),成为独立运营中心。BRI-UD运营3年即实现收支平衡,5年后开始赢利,并保持了较高的还款率,成为印度尼西亚最大的小额贷款机构。

一、运作模式特点[①]

BRI-UD总部对央行和财政部负责,下设地区人民银行、基层银行和村银行。村银行是基本经营单位,独立核算,自定贷款规模、期限和抵押,具体执行贷款发放与回收。在改革中,BRI-UD通过减少营业天数,降低成本;以市场化利率代替贴息式利率;建立独立的资产负债表和盈亏表;在存贷款及顾客管理上拥有自主权。

(1)灵活的贷款制度:BRI-UD贷款对象主要是贫困线以上、信用状况合格、有潜力的个人或家庭小作坊。300美元以下的贷款一般不需要抵押,而需抵押贷款的抵押品可以是土地、固定资产、储蓄、工资单和动产,如自行车和电视等。贷款客户的还款方式分为两种,客户可以选择贷款期限内每月还款,或分3个月、4个月、6个月分期还款。此外,贷款客户如在6个月内都按期还贷,银行将每月返回本金的0.5%作为奖励。

(2)鼓励储蓄:1983年,印尼政府允许商业银行自己确定利率。BRI的存款利率是根据存款数额决定的,数额越大,利率越高。如5~500美元为10%,500~2500美元为11.5%,2500美元以上为13%。同时,银行按存款的流动性不同设不同的储蓄产品。这样的设计对储蓄者有很大的吸引力。村银行靠吸收储蓄得到可贷资金的成本约为13%,而从基层银行拆借资金的利率约17%。这样使得村银行的借贷成本较低。

(3)激励机制:BRI-UD推行村银行的利润分享计划,将每年赢利的6%作为村银行全体员工的奖励,根据职务发放。而且,除年终奖外,在每半年一次评比中获胜的村银行和上级支行还能获得额外奖励。此外,支行的监督官员和支行经理根据下属机构的绩效,可得到不超过1.6个月工资数额的奖金。

二、经验与启示

第一,国有商业银行的良好信誉是小额信贷成功的保障。BRI-UD由于长期

---

① 本部分内容参见姚承斌.孟加拉与印尼缓解贫困模式比较——以小额信贷为例[J].金融经济·学术版,2009(6).

致力于印尼农村经济的发展,长期发放政府补贴贷款,在印尼农村形成了较好的声誉。在此情况下,广大农民愿意把为数不多的储蓄存在 BRI,同时,也更倾向于从 BRI - UD 获得贷款。这保证了 BRI - UD 在印尼农村小额信贷方面的主导地位。

第二,财产抵押有利于保证还贷率。BRI - UD 没有对小组贷款,而是对个人贷款,这就不能利用小组形式来排除品质不适合者。所以,BRI - UD 通过财产抵押来保证还贷。事实证明这一做法是成功的。

第三,激励机制的设置有重要作用。BRI - UD 对整个经营活动中涉及的三方(银行营业人员、储蓄者、贷款者)都设有激励机制,分别通过绩效奖金、分档储蓄利率、返还贷款本金来激励三方,这使得银行可以高效、稳定、安全地发展。

思考:
印度尼西亚的小额信贷对中国的扶贫工作有何启发?

复习思考题

1. 简述生产社会救助的内涵、特点及原则。
2. 生产社会救助的功能和意义何在?
3. 我国农村生产社会救助有哪些主要内容?
4. 城市生产社会救助的主要内容有哪些?

第六章　医疗社会救助

健康权作为人的一项基本权利日益受到社会广泛关注和各国政府高度重视。医疗救助对于保障社会成员健康权益,尤其是社会贫弱群体的健康权益具有十分重要的意义。本章对医疗救助的概念作了界定,介绍了医疗救助的主要内容,并侧重对医疗救助制度及运行,如医疗救助范围及对象的确定、救助资金的筹集和管理等作了理论与实践分析;介绍了美国和英国医疗救助制度的产生和发展以及现行制度的主要内容;以我国医疗保障制度改革为背景,总结了我国医疗救助制度的产生和发展历史,对现行救助制度的内容作了概括分析,并对我国医疗救助制度存在的问题和完善思路进行了深入探讨。

第一节　医疗社会救助概述

一、医疗社会救助的基本内涵

医疗社会救助是指政府依法从资金及技术上,对因病而无经济能力进行治疗的人员,或者因支付数额庞大的医疗费用而陷入困境的人员,提供直接医疗服务或经济支持,帮助他们获得必要的医疗服务,改善健康状况的救助项目。医疗救助制度是现代医疗保障制度的最后一道防线。

医疗救助的建立是基于人们健康权的保护,让每个人都能够获得应有的医疗服务。1948 年世界卫生组织(WHO)在其宪章中将健康定义为"不仅指没有疾病和虚弱,而且要有健全的身体、精神及社会适应性方面的完好状态"。作为人的一项基本权利,健康权与生存权和发展权一样,日益受到社会广泛重视。尊重人们的健康权,在全球已达成共识。《世界卫生组织组织法》中提出,政府对其人民的健康负有责任,只有通过适当的卫生保健和社会措施才能履行其职责。可见,改善贫困人群的健康状况是政府义不容辞的责任,因此,必须在政府的主导下,对贫困人群实行医疗社会救助,以保障他们的基本生存权。

由于疾病风险直接危害人的身体健康,甚至生命安全,治疗疾病需要耗费巨大的经济资源,从个人来看,一个长期疾病患者的治疗费用占个人生活消费支出的比例非常高,甚至超过正常的生活消费支出,导致家庭陷入贫困。为了摆脱疾病的困扰,除过个人努力外,社会也需要给予应有的帮助。在历史上很早就出现了疾病救助活动,几乎与生活贫困救助同时产生,如在早期的慈善救助中就有"施医助药"等慈善救助,而且一直延续至今。现代文明国家都非常重视国民健康,采取各种方式防范和控制疾病风险。有的国家采取国家卫生服务模式(英国),有的国家采取社会医疗保险模式(德国,我国也属于该模式),有的采取商业保险模式(美国),有的采取储蓄医疗保险模式(新加坡),为国民提供全面可靠的医疗卫生服务保障。在这些模式中除了国家卫生服务模式把医疗服务基本包下来以外,其他模式都无法满足全体社会成员对卫生服务的需求,有些人可能因为无力支付巨额的医疗费用,长期遭受疾病痛苦,陷入贫病交加的困境。这时就需要政府和社会给予应有的帮助,实施医疗社会救助。因此,凡是实行社会医疗保险、商业医疗保险和储蓄医疗保险的国家都建立了与保险制度相配套的医疗救助制度,为国民提供适宜、可及的基本卫生服务。

改革开放以来,我国社会经济得到了长足发展,国民经济保持平稳较快发展,综合经济实力明显增强,人民的生活水平也得到明显提高。但是随着经济增长方式的转变,经济结构、产业结构和就业结构的调整,加上长期以来过分追求经济效益,而忽视了社会事业的协调发展,尤其是社会保障和卫生事业的发展严重滞后,"看病难、看病贵"成为目前最突出的社会问题之一。越来越多的研究表明,疾病,尤其是大病重病,不仅对劳动者个人健康和生命安全的损耗与威胁巨大,对于社会生产力的破坏也是巨大的;疾病已经成为我国城乡居民贫困的主要原因之一,"因病致贫、因贫致病"成为我国反贫困的重要任务和挑战。根据国家第四次卫生服务调查的数据,城乡患者中应就诊未就诊比例为38%,应住院而未住院的比例是21%。城乡居民应就诊未就诊原因中,14.9%的患者是因为经济困难,另外,应住院未住院的主要原因仍然是经济困难(占样本总量的70.3%)。"看病难、看病贵"的问题在贫困居民中显得更为突出和激烈。因而,无论是从抵御疾病对社会经济发展的影响,还是从缓解社会矛盾,促进社会公平、和谐、稳定的角度来看,建立政府主导的医疗救助制度,保障贫困人群基本健康权和生存权都显得十分必要。随着国家经济实力的增强和对居民基本权益的日渐重视,在构建社会主义和谐社会的政治背景下,我国的城乡医疗救助制度逐步得以发展。

二、医疗救助制度的主要内容

总结发达国家的医疗救助制度,我们可以发现一个成熟的医疗救助制度必须包括:救助制度要实现的救助目标,救助责任主体,救助对象及救助范围,提供救助的方式,救助资金筹集与管理,救助申请审批程序等内容。另外,近几年也越来越重视救助监督及绩效的评估等内容。以下就几个主要内容作简单介绍:

(一)救助目标

理想的目标是能够满足贫困人员的基本需要,这是个客观的标准。但在现实中这是一个可能的标准,也就是说,必须依据财政支付能力来设定政府的救助目标。不足部分是救助能力的缺口,它是一个地区医疗救助水平和能力的标志。例如,一个被救助者治愈其病情需要 10000 元,而政府财力提供的救助只能达到2000 元,8000 元就是缺口。

可见,病人的医疗需求与政府财政形成的救助能力是两个概念。由于各地的经济社会水平,特别是财政收入状况的差异,因而医疗救助水平也存在着差异,不可能制定一个世界范围内的医疗救助标准,即使就一个国家、一个省来说,也是有困难的。救助目标一般以政府财力可承担的医疗救助费用为限。

(二)救助主体

医疗救助主体是指在医疗救助实施中承担救助义务的责任主体。责任主体应当有四类:一是管理主体,包括各级政府及其职能部门,其中主要是民政、财政等部门,承担社会救助实施和监督责任。二是资金供给主体,包括政府、社会组织。政府是救助资金来源主渠道,以财政预算形式提供救助资金;社会组织和个人捐助救助是救助资金的补充来源。三是服务主体,包括政府职能部门、基层社区组织及医疗卫生服务供给机构和工作者等。其主要任务是组织实施救助和提供救助服务。四是监督主体,包括政府行政执法部门(民政、财政、审计)、司法部门、社会监督机构、新闻舆论监督等部门,从不同角度对社会救助工作进行监督。

(三)救助对象

救助对象是在医疗救助中接受医疗服务的疾病患者。确定救助对象是医疗救助的重点和难点。医疗救助的对象属于医疗上的弱势人群,即医疗弱势人群,其具体概念是指由于经济原因无法获得基本医疗服务的一类人群。理想和公平的做法是对医疗弱势人群做到全面覆盖,但现实中由于各种原因,是不能做到的。所以如何选择那些最需要的人群,成为医疗救助一个非常关键的问题。

随着我国基本医疗保障的逐步完善,以及人群疾病谱的巨大改变,特重大疾病的医疗支出导致贫困的问题日益凸显。从理论上来说,医疗贫困可能发生在任何人身上,当家庭发生特重大疾病时,可能因为贫困放弃治疗,也可能因为高额的自付费用陷入贫困。因此在界定医疗救助对象时,应兼顾"经济贫困"和"医疗贫困"两项指标,即应综合运用客观经济指标评估法和医疗需求定位法来确定医疗救助的对象。客观经济指标评估法是按经济收入或支出作为划分是否贫困以及贫困程度的标准,其中一个常用的指数是人均收入,具体的方法如贫困线外推法。国际上贫困线的划分,通常是根据衣、食、住在内的基本生活需求能否满足来确定,医疗、教育等非生存资料的支出并未计算在内。如果利用贫困线来界定医疗救助对象，贫困线以上的临界贫困人群一旦发生了医疗费用，就很有可能陷入贫困。所以，医疗救助的标准线应较贫困线高出一些，在确定医疗救助标准线时，一般将贫困线标准向外扩展一定比例。为了弥补贫困线外推法单纯以"经济贫困"为界定标准的缺点，还需要借助医疗需求定位法识别"医疗贫困"群体。医疗需求定位法打破了确定救助对象仅仅从救助者角度出发的传统，充分考虑到被救助者对自身医疗状况的评价。除了有针对贫困群体的相对稳定的医疗救助体系外，还需要有比较灵活的制度设计来解决低收入群体之外的医疗贫困问题。总的来说，为了兼顾操作方便和准确科学，可以利用贫困线外推法确定一般人群的救助范围，医疗需求定位法作为贫困线外推法的补充，用于识别固定范围之外的救助对象。

(四)救助方式

医疗救助方式是救助实现的途径和措施。它是政府部门、社会有关单位，包括社会组织在内的在医疗救助中履行职责或发挥优势而采取的各种方法的汇集。它们具有一定的替代和互补性，可通过不同的途径开展医疗救助，以不同的运行方式达到救助的目的。医疗救助的多样性，增大了对不同救助对象实行救助的可能，使医疗救助的普遍性和可及性得到加强。

不同的国家在对贫困人群实行医疗救助的过程中采用的方法也不尽相同，各地根据本地经济、社会发展水平和财政收入状况，采取多种医疗救助方式和途径。大致有以下几种：

第一，对医疗救助对象的医疗费用进行一定比例的减免或全免。

第二，政府设立的专项资金，实行重特大疾病专项救助。

第三，行会、工会等社会组织对会员进行互济互助，费用来自于该组织的储备金或者是从单位福利费、工会经费、个人缴费中提取的一定比例。

第四，社会或慈善组织为病贫人员组织开展的义诊、义捐和无偿服务。大体有以下形式：①慈善医疗机构、福利医院，免费对持医疗救助卡的贫困人口进行医治服务。②慈善募捐。由慈善组织或其他社会组织发起，对特定贫困病人开展爱心募集资金活动，所筹资金专款专用，所剩部分再去救治新的对象。③定期义诊。医院与社区达成协议，定期轮流派医护人员或医疗救助志愿者无偿到社区，对符合医疗救助条件的人员进行上门服务。

(五)救助资金的筹集和管理

1.资金的筹集

资金的筹集是开展医疗救助的基本前提。绝大多数发达国家和若干发展中国家利用国家财政总收入的一部分作为贫困人群实施医疗社会救助的资金，对贫困人群实行了减、免费医疗制度。例如,美国早在 1965 年就通过立法建立医疗社会救助计划。在韩国,10％的贫困农民由政府提供医疗费用救济。在墨西哥,由政府开办的医疗机构或政府与保险协会所属医院签订合同为贫困农民提供免费服务。德国医疗救助主要针对加入医疗保险有困难的人群,采用的形式是由政府资助其享受医疗保险待遇,如失业者的医疗保险费由劳动局支付,养老金领取者的医疗保险费由养老保险机构承担。

也有国家通过社会捐赠来筹集医疗救助资金。如新加坡建立了政府补贴和医疗基金制度相结合的医疗救助制度,于 1993 年特别建立了为帮助贫困人群支付医疗保健费用的捐赠基金——保健基金(Medifund),并由政府不定期从财政预算中向该基金拨款,意在为那些尽管有医疗储蓄和医疗保障仍不能支付医疗费用的人提供最后的医疗援助。

我国医疗救助资金来源有三个渠道:一是通过财政预算拨款;二是专项彩票公益金;三是社会捐助。但目前主要来自于中央和地方财政投入,通过捐赠渠道来的资金相对还是比较少的。2009 年中央财政拨款 80.53 亿补助医疗救助资金。地方财政每年安排医疗救助资金并列入同级财政预算,中央和省级财政对困难地区给予适当补助。

2.资金的管理

医疗救助基金纳入社会保障基金专户,专项管理、专款专用,不得提取管理费或列支其他任何费用。民政、财政、监察、审计等部门要加强对基金使用情况的监督检查。要定期向社会公布医疗救助基金的筹集和使用情况,接受有关部门和社会的监督。

民政部门制定的医疗救助基金年度收支计划与财政部门协商后报同级人民政府批准执行,同时,要定期向财政部门、上级民政部门报送收支计划执行情况。

(六)医疗救助的申请和审批

医疗救助一般都实行属地化管理原则,主要由当地政府的相关部门主持,其程序是:

首先,贫困人群提出申请,提供所需病史材料、身份证明、财产证明以及已经接受地方相关部门医疗救助情况等资料。

其次,主管行政部门对申请人的经济收入、病情、已享受政府财政之外的医疗救助等情况进行核实,对其是否具有享受资格进行审查。在核实无误之后,对符合条件者进行审批,审批合格者给予某种形式的认定,比如颁发"医疗救助卡"。最后,审批合格的申请者享受医疗救助待遇。

三、医疗救助的基本功能

(一)实现医疗卫生服务的可及性和可得性,促进医疗公平

医疗卫生服务可及性指的是人们寻求并且获得医疗服务的难易程度,反映了人们享受医疗服务的机会公平和条件公平。医疗卫生服务的可及性可以用卫生技术人员分布、医疗机构及病床数分布、医疗服务实际利用率、医疗服务距离可及性等指标来衡量。经济因素是影响卫生服务可及性的关键因素,它决定了需要利用卫生服务者或潜在需要利用卫生服务者,是否有能力支付其所需要的卫生服务费用。

医疗卫生服务可得性是指政府、企业和社团分别为社区居民提供的,且居民能够享受到的卫生资源种类、数量以及卫生服务能力水平。卫生服务可得性指标包括:社区年 GDP、卫生总费用占 GDP 比例、财政卫生支出占财政总支出的比、财政卫生总费用、财政卫生总费用占财政支出比、卫生总费用个人负担比、每千人病床数、年开放总床日数、每千人卫生技术人员数、每千人医生数、每千人护士数、社区卫生服务中心覆盖人口数、每千人社区观察床位设置数、社区卫生服务中心平均日开放时间、每个人员工作时间。医疗救助能够实现医疗卫生服务的可及性与可得性,进而促进医疗公平。

医疗救助有利于医疗卫生中的机会公平。机会公平就是要使社会中的每个人同样享有基本医疗服务的机会,使医疗卫生服务产品在各个地区、各个人群中得到合理的分配,每个有需要基本医疗服务的人都能够得到满足。

医疗救助有利于医疗卫生服务的结果公平。医疗卫生服务的结果公平,一方面是指健康,另一方面是指收入分配。一方面,医疗救助部分地解决了人群的医疗费用的负担,由于贫困导致的无钱就医情况得到了缓解,促进了社会的健康公平。另一方面,由于经济收入的巨大差异,导致贫富差距不断拉大,因为医疗服务的分配不均,贫困人群所需的医疗费用相对正常人群要高,使得贫困者的生活状况不尽如人意。对贫困人群给予医疗援助,使得他们有能力支付需要的医疗费用,从而保障了他们能够得到一定质量的卫生服务。从这个角度来讲,医疗救助在一定程度上改善了居民收入分配的不公平,发挥了社会保障制度二次分配的作用。

(二)提高社会效率

社会再生产是由物质产品再生产和劳动力再生产共同构成的,而劳动力再生产是关键。贫困劳动者受到疾病的困扰,很可能会影响到自身的劳动能力,严重的甚至会导致不能延续子孙,而医疗救助对劳动者特别是贫困人群施行救助,对他们的身体健康、家庭经济生活稳定以及恢复和保护劳动力方面都起到重要的作用。

社会医疗支出符合边际效用递减规律。对贫困人群实施医疗救助,不仅可以缓解他们的收入压力,也能给全社会带来更高的健康状况和边际效用,从而提高了整个国家的医疗支出的投资效率。因此,有效的医疗救助不仅可以保证卫生服务的可及性,促进社会健康的公平,还能在一定程度上提高有限卫生资源的使用效率。

(三)维护社会稳定

疾病的产生不仅会导致弱势群体在经济上陷入困境,如果很严重而得不到及时解决的话,还会给他们的心理造成很大的影响,会引起他们的焦虑感和对社会的不满,这种不满会威胁到社会的稳定。实行医疗救助制度,政府和社会对贫困人员实施专项帮助和支持,帮助贫困人群分担疾病风险,使没有经济来源、经济困难、遭遇不幸和其他社会工作者在失去工作能力或工作岗位后,还能维持基本的生活水平、享有基本的卫生服务、满足基本的健康需求,这样能够重塑社会公平,增强公民的归属感,社会得以稳定发展。

(四)有效保护人权

医疗救助制度作为专项救助,就是要抵御疾病经济风险,保障贫困脆弱群体和贫困边缘人群能够不因生活的窘困而使医疗服务的可及性受阻,同时阻遏疾病经济风险对基本生活带来的毁灭性的打击。这是保障贫困人群健康权和基本生存权的重要手段,它体现了国家对人权的尊重。

(五)体现了完善医疗保障体系和卫生体制改革的需要

医疗救助是社会救助和医疗保障体系中的重要组成部分,也是我国当前医疗卫生体制改革的重要内容。社会医疗保障制度主要由三个层次组成:医疗社会救助、基本医疗保险和补充医疗保险。基本医疗保险是通过立法形式强制推行的,是法定的医疗保险制度。它保障了基本医疗,解决了大多数人普遍发生的疾病。对于发生概率相对较小的重大疾病且医疗费用超出基本医疗范围的,以及特殊人群不同层次的医疗需要,则要通过补充医疗保险来实现。而对于经济困难无力支付医疗费用的贫困人员,只有依靠医疗社会救助。它是多层次医疗保障制度中的一个很重要层次,对基本医疗保险制度是一个补充,在整个医疗保障制度中起一个托底作用。

建立医疗救助能促进卫生体制的配套改革。医疗机构作为医疗救助的实施机构,其设置、服务水平、价格等因素,直接影响医疗救助的规模、时间和效果。医疗救助体制的建立,将推动多层次、满足不同需求的医疗机构的建立,有利于卫生服务的投入由供方为导向转向以需方为导向,推动医疗机构提供更好的服务,进而增加其收入,同时也可以改变基层卫生机构人员大量闲置、工作效率低的现状。

第二节　国外医疗救助制度

一、美国医疗救助制度

美国的医疗保障属于"国家保险型",有筹资能力的加入医疗保险,没有筹资能力的接受医疗救助。美国首先强调的是个人责任,其社会保险制度不是很完善,但针对贫困人群的医疗援助制度是比较完善的。以穷人为目标的医疗援助制度是美国医疗保障体系的重要组成部分。

(一)产生与发展

美国医疗救助制度萌芽于 20 世纪 30 年代。20 世纪 30 年代由于经济大萧条,大量企业倒闭,工人失业,衣食无着,更加无法承担医疗费用,因此医疗保障被作为突出的社会问题提上了政府的工作议程。1935 年,联邦卫生调查署调查了全国老弱贫困人群的医疗卫生情况,并提出了为社会困难群体提供医疗救助的议案,但由于种种原因被搁置。1950 年的《社会保障法》修正案授权联邦政府拨款资助州政府,用于支付公共援助对象的医疗费用。到 50 年代末,由于老年人的医疗费用急剧增加,越来越多的人要求加大对老人的资助,因此,老年人的医疗费用问题成为公众关注的焦点。

1960 年是美国卫生保健历史上一个重要的里程碑。国会通过了《科尔-密尔斯法案》(Kerr- Mills Act),该法案增加了联邦政府对州政府医疗费用的资助,同时扩大了州政府医疗救助对象,将有医疗需求的低收入者,包括低收入的老年人、残疾人等,都纳入到了医疗救助的行列。1965 年,林登·约翰逊总统签署《社会保障法》修正案第 19 条,将医疗照顾(medicare)和医疗救助(medicaid)增添到社会保障法中,医疗照顾主要针对 65 岁以上的老年人、未满 65 岁但丧失劳动能力达两年的残疾公民及终末期肾病患者,医疗救助主要针对低收入家庭的儿童、老年人、残疾人和孕妇。这两大计划极大地减轻了老年人和穷人的医疗负担,扩大了医疗保险的覆盖面。医疗救助项目作为美国的两大公共医疗保健计划之一,也是美国最大的健康保障项目。

2009 年 10 月中旬,经过五个月的激烈争论之后,美国参议院金融委员会终于通过《2009 年美国健康前景法案》草案,这成为美国医疗改革立法进程中的一大突破。草案提供六点主张,其中有两点涉及医疗救助:扩大针对低收入居民的医疗救助计划的覆盖范围;对联邦医疗保险、医疗救助和相关税收抵扣规则进行修改。草案中关于医疗救助改革的具体措施包括:自 2014 年起,将医疗救助的资格扩展至收入为联邦贫困线所设定收入 133% 以下的人群,大多数州将至少支付扩展成本的 5%；允许收入在贫困线设定收入的 100%~133% 的无子女、非老年成年人选择各州医疗保险转换项目中的私有保险；确保最小覆盖面，并要求医疗救助项目在 2014 年前实现处方药品覆盖；要求各州利用儿童医疗保险项目为家庭收入为贫困线 250% 并加入转换项目的儿童提供一定的保障，包括早期儿科筛选、诊断和治疗。

美国是唯一没有建立国家医疗保障的发达国家。现行医疗保障体系以商业保险为主体，政府医疗保障仅有 65 岁以上老人医疗照顾、儿童医疗保险项目以及医疗救助。美国卫生方面的问题与社会经济的发展构成很大反差，已经出现了一些不容忽视问题：国家卫生总体投入一产出效率不高，健康指标排名相对较低；医疗保险覆盖面不断缩小，公平性差；被保险人经济可及性差，保险不足现象严重。基于此，奥巴马政府开始着手推进医疗改革进程。2010 年 3 月 21 日，众议院通过了参议院 2009 年 12 月通过的医疗改革法案和对其中部分进行修正的"预算协调案"，这标志着最终版本的医改法案在众议院获得通过，也吹响了奥巴马医改的号角。3 月 23 日，奥巴马在白宫正式签署医改法案。至此，医改法案在几乎全体共和党议员一致反对，民主党也有部分不赞成的情况下，涉险过关。医改法案意在"人人有医保"，旨在将让全美大约 3200 万不享受医疗保险的美国人纳入医保范畴，使医保覆盖率从 85% 升至 95%。

(二)具体内容

1.医疗救助的对象

医疗救助有强制性和选择性两种形式，两者的覆盖人群有一些差别。

强制性即联邦政府规定必须强制各州政府救助的特困人群，主要针对绝对贫困人群，包括：享受未成年儿童家庭救助（AFDC）项目者；孩子不到 6 岁、家庭收入处于联邦贫困线（FPL）133% 及以下的家庭；家庭收入处于联邦贫困线 133% 及以下家庭的孕妇可得到妊娠及生育、产后保健相关服务的资助；大多数州的补充保障收入（SSI）受益者；社会保障法案规定的接受领养儿童资助者；特殊的受保护群体（特别是那些由于工作收入或社会保险给付增加而失去现金补助，但仍然在一段时间内可以保留医疗救助受益资格者）；家庭收入处于或低于联邦贫困线的所有未满 19 岁的儿童；一些老年人健康照料项目的受益人。对这些人群的救助是强制性的。

选择性救助是指各州可以自行决定救助条件，有选择性地给予其他相关群体以医疗救助，这些群体的救助资格标准相应放宽，各州接受联邦配套资金的最主要的选择性群体一般是：不在强制性范围内的家庭收入不超过 185% 的联邦贫困线的周岁以内婴儿、孕妇；21 岁以下符合未成年儿童家庭计划救助条件者；特定收入水平以下入住慈善机构或接受家庭、社区服务者;收入水平在贫困线以下,但达不到强制性救助标准的老年人、盲人、残疾人;州补充保障收入计划的受益者;家庭收入低于250%联邦贫困线水平,如果不工作则有资格享受补充保障收入计划但是却工作的一些残疾人;处于补充保障收入水平计划的结核病感染者有资格享受覆盖仅限于结核病相关流动服务和药品的医疗救助;未参加保险者或低收入女性可享受胸透及宫颈癌检查费用救助;1997年平衡预算法案(BBA)设立的州儿童健康保险项目(SCHIP)覆盖的低收入儿童;因病致贫者等。

　　美国医疗救助对象资格认定的方式有两种:第一,发卡制。州政府医疗服务机构为脆弱人群,如领取食品券的单身母亲和其他困难群体发放医疗救助卡。第二,追认制。未持有医疗救助卡的脆弱人群就诊时,由医疗服务机构根据其收入、财产等信息追认其为医疗救助对象。由于脆弱人群是动态变化的,因此追认制在医疗救助对象资格认定方面发挥着重要作用。归纳起来,美国的医疗救助为五大类人群提供援助:①儿童(包括身体健全的儿童和抚养的儿童);②低收入的未残疾人群;③需要医疗援助的怀孕妇女;④残疾人群;⑤老年人和医疗照顾人群。

　　2002年8月,美国36个州选择开展因病致贫医疗救助,其他州则使用特定的收入水平来为因病而几近贫困者提供医疗救助。美国社会医疗保障署统计显示:医疗救助制度为40%的美国穷人、25%的美国儿童、20%的重度残疾人、44%的HIV/AIDS患者、15%的老年保健计划受益人提供医疗服务,帮助60%的在疗养院生活的人支付医疗费用。美国的医疗援助制度自1965年实施以来,累计援助了超过10亿人的低收入和弱势群体。2009年医疗援助制度的覆盖人口约为6236万,其中2985万为低收入家庭中的儿童,904万为低收入残疾人,总支出费用达3553亿美元,如表6-1所示。

表6-1　美国医疗救助制度覆盖的人口分布　　　单位:千人

年份	总计	儿童	成人	老年人	残疾人	其他
1975	22007	9598	4529	3615	2464	1801
1980	21605	9333	4877	3440	2911	1044
1985	21814	9757	5518	3061	3012	466
1990	25255	11220	6010	3202	3718	1105
1995	36282	17164	7604	4119	5858	1537
2000	42763	19723	8750	3731	6889	3671
2005	57349	27096	12461	4370	8165	5257
2009	62363	29848	14447	4195	9036	4837

资料来源:Centers for Medicare & Medicaid Services. Medicare & Medicaid Statistical Supplement (2011 Edition)[EB/OL]. http://www. cms. gov/Research-Statistics-Data-and-Systems/Statistics-Trendsand Reports/Medicare Medicaid Startup /2011. html.

2.医疗救助的服务项目

美国医疗救助的服务项目在各州之间有较大区别,但基本的医疗服务项目相差不大,主要包括以下 9 项:住院和门诊服务;X 光检查和体检服务;农村卫生门诊服务;成年人的护理服务;医生服务;家庭保健计划服务和设备供给;对有资格享受护理人员的家庭卫生服务;对儿童进行检查、诊断和治疗以及护士和助产专业人员提供的服务。除此之外,各州还可有选择地提供一些服务,诸如私人护理、牙医、理疗、修复器械等服务,所需费用由州政府承担。

3.医疗救助的经费来源与管理

医疗救助项目由联邦政府和州政府共同出资,联邦与州财政的资金支持是美国医疗救助制度获得成功的关键。联邦政府为州政府提供一定比例的费用,称为联邦医疗救助资金配套率(federal medical assistance percentage, FMAP)。FMAP 可以用 P 表示,其计算公式为:$P=100-45\times S^2/N^2$(50≤P≤83)。其中,P 代表联邦的资助率即资金配套率,N 代表国家人均收入水平,S 代表各州的人均收入水平。该公式表明:州人均国民收入水平与联邦配套拨款率成反比,即州人均收入水平越高,获得的联邦拨付资金越低;州人均收入水平越低,获得的联邦拨付资金越高。联邦配套拨款对落后地区的倾斜有助于缩小各州之间医疗救助计划投入的差距。通常每个州人均收入的多少为 50%～83%;如果一个州的人均收入水平等于全国平均水平,则联邦政府的配套率就是 55%。联邦医疗救助资金配套率根据通货膨胀率按照三年一个循环调整一次。

州政府资金决定了本州医疗救助服务的支付方法。美国《社会保障法》规定,各州必须确保从州和地方政府资源中提取足额资金以保障医疗救助服务支出。各州医疗救助资金投入主要取决于该州医疗救助人口的规模和服务项目的多寡,因此差异巨大。州政府医疗救助资金主要来源于:专门的州政府立法拨款,政府间的转移支付,公共支出,税费和捐款。州政府在联邦政府的要求框架内设定自己的医疗救助服务支付率。

州政府通常采用按服务付费(fee-for-service)或管理式医疗(managed care)的支付方式。

按服务付费方式是根据相关诊断组织的诊断和主要治疗手段对诊疗成本作出判断,并在此基础上由州政府直接支付一定的服务费用;各州根据提供的服务的价格、私人市场上相关服务的付费标准、医疗照顾中获得同等服务的百分比来确定州政府付费比率。该支付方式的优点是:不再依据实际成本对医院进行补偿,而是根据疾病情况,越严重的疾病获得的支付额度越高,从而有利于医院提高服务效率。

在管理式医疗计划中,由医疗保险组织为病人指定医生和医院。病人按规定程序找指定的医疗服务提供者治病时,可享受优惠。管理式医疗救助的主要特点包括:①集费用管理和服务提供为一体,将保险经费出资方和医疗服务提供者合二为一,变医疗保险中的三角关系为双边关系,每个管理式组织负责收集管理保费,掌管自己的医疗资源和医疗系统,如签约的医生和医院;②医疗救助受益人自愿加入,当州政府支付人头费后,便可享受本组织内医生和医院提供的综合服务;③受益人不与医院和医生发生直接的经济联系,费用补偿由管理式医疗救助组织与本系统的医院和医生进行结算。据查,大约70%的医疗救助者是通过管理式医疗系统获得相关医疗服务。

美国在医疗救助中引入市场机制,在保障公平的同时提高效率。管理式医疗救助盘活和调动了私人部门医疗资源,其效率主要体现在两方面:一是医疗救助出资者具有选择权。州政府在众多符合条件的管理式医疗保健组织中公开招标,将医疗救助服务"外包",各管理式医疗组织承诺接受联邦政府规定的服务项目和质量要求后,要展开竞争。为了防止垄断,许多州还对中标组织的数量有要求,规定要选择一个以上管理式医疗保健组织分散承担医疗救助业务。二是医疗救助受益者具有选择权。管理式医疗救助的受益者享有用脚投票的权利,即他们可以根据享受到的医疗救助服务的质量和态度,决定是否留在同一个管理式医疗救助组织中。充分的市场竞争使政府较好地实现了质量管理和成本控制。但由于医疗救助对医生和医院的补偿比率较低,对很多营利性管理式医疗组织缺乏足够的吸引力。一些管理式医疗组织运行医疗救助一段时间后,纷纷因为无利可图而退出,或者关闭自己部分医疗系统以减少损失。这样医疗救助受益者很难接触到主流的医疗资源,就医机会无法保障。

美国是市场经济高度发达的国家,在医疗保障上,是典型的商业医疗保险国家,主要通过市场来筹集费用、提供服务,并对医疗保险机构、医疗服务机构和医疗服务实行市场调节,政府对营利性医疗服务供给、价格很少进行干预。在商业医疗保险运作模式下,营利性的保险机构从自身利益出发,实行逆向选择,将弱势人群排斥在外,因此,两大公共健康项目——医疗照顾和医疗救助就成为政府使弱势人群获得医疗服务的责任的体现。医疗保险中低收入和有限来源受益人同样可以接受医疗救助的帮助。同时其他医疗保险受益人可以通过医疗援助计划来支付医疗保险的保险费和共同支付的费用。对于同时参加两个计划的人,任何医疗保险覆盖的服务费用的支付都会先于医疗救助的任何支付,医疗救助被称为"最后一道防线"。

二、英国医疗救助制度

(一)英国医疗救助制度的产生和发展

1.产生

1536年英国颁布《亨利济贫法》标志着英国政府开始为解决社会贫困问题承

担一定的责任。法令虽然对身体健全而不愿意工作的人实施更加严厉的惩罚,但同时也规定,地方官员有义务分发教会收集的志愿捐赠物资,用来救济穷人、残疾人、病人和老年人。

1601 年,伊丽莎白女王颁布了《伊丽莎白济贫法》,之后在 1834 年英国又颁布了新的《济贫法》。二者的主要区别就在于对贫困人口实施医疗救助的方式从原来的提倡院外救助转变为较严格的院内救助。随着新旧两项济贫法的颁布,英国的医疗救助制度开始一步一步建立起来。

济贫法的医疗救助服务主要是由济贫医院提供。在这个时期,英国对患病者及身体不健全者所提供的救济,包括健康救济和医疗服务两部分。健康救济依照严格的院内救济原则执行,社会救助制度下的医疗服务主要是在救济医院内实施。救济院向那些收入较少、无力支付其他医院较高费用以及接受院内救济的贫民提供医疗服务。由于当时政治、经济等原因的限制,济贫医院的药品和床位极其缺乏,因此对于受救助对象要求十分严格,甚至考虑到人品问题。这样就导致得到救助的人十分有限,并且只能得到最低的医疗救助。除济贫制度外,一些组织自发成立医疗救助委员会,如工会组织、慈善组织就为其他的困难人群提供医疗救助。为了使更多的贫困病人得到及时的医疗救助,英国政府于 1885 年颁布了《医疗救济法》,1911 年颁布了《国民健康保险法》,但仍延续济贫法的一些不足,不能很好地解决困难群体的医疗救助问题。

2.发展

第二次世界大战期间,英国基本的国民保健制度初步建立。1942 年,以"国民保健服务"为支柱的《贝弗里奇报告》获得通过。在此基础上,1944 年保守党执政期间,英国卫生部部长发布了卫生白皮书,认为无论病人的支付能力如何,都应该得到良好的医疗服务。1948 年生效的《国民卫生服务法》基本上采纳了 1944 年的卫生白皮书的建议,规定卫生部门的责任是建立完善的卫生服务体系,提供完全免费的卫生服务,包括预防、诊断和治疗疾病,改善国民的身体和精神健康。《国民卫生服务法》的基本原则是:全民享有,免费医疗,按需服务(不是按支付能力提供服务)。从此,不管是穷人还是富人,不管是工人还是农民,不管是公务员还是普通百姓,也不管有没有工作,英国全民享受毫无差别的免费医疗服务。该项法律的实施,标志着英国全民享受医疗保障制度的开始,使困难群体享受医疗救助具有了法律的依据。

进入 20 世纪 70 年代,社会经济发生了很大的变化,社会保障制度也发生了一定的变化。1972 年 10 月,英国实施了一项"护理津贴"制度,对那些为残疾人提供护理的人支付护理津贴。第二年又成立了一个家庭基金会,由政府提供 300 万英镑的基金,对 16 岁以下患有严重先天性残疾儿童的父母提供津贴。

1979 年,以撒切尔夫人为首的保守党上台后,强调了市场自身对经济的作用,减少政府对经济的干预,对社会福利的投入也减少了,因此,这个时期的医疗救助方面没什么起色。1997 年,工党执政,布莱尔指出,必须对社会保障进行改革。社会保障的功能由以前的仅仅提供救济转变为为民众创造发展机会。在国民保健方面,基本宗旨是:建立真正为全体英国公民健康负责的国民保健制度,而不应该是缺乏社会责任感的制度。2000 年 7 月,布莱尔政府发布了国民保健服务现代化改革的五年计划,承诺在其任职期间,要使国民保健服务"再次成为全世界羡慕的对象"。他的两条重要举措为:一是政府用于国民保健服务的资金每年递增 10%,到 2008 年达到 1094 亿英镑,相当于生产总值的 9.4%;二是政府对国民保健服务进行了规模庞大的机构重组,充实一级保健,新建快速就诊中心和 24 小时医疗热线。布莱尔执政期间,国民医疗服务系统的现代化进程发展很快,全国各医疗机构计算机联网,共享患者信息档案,开通便民医疗服务渠道,如医疗信息咨询服务,通过电话和网站提供全年 365 天,每天 24 小时不间断的医疗咨询服务。从 2008 年开始,英格兰为所有 40 岁以上的人每年免费体检一次,重点排查心脏病、中风、糖尿病、肾病和癌症等疾病。根据英国广播公司 2012 年 3 月 20 日的报道,英国国民医疗服务系统雇用了 170 万医生、护士等职员为英国国民提供高品质的医疗服务,是世界上最大的医疗服务系统,也是世界第五大雇主。

国民卫生服务也存在不少缺陷和问题,最突出的就是资金不足和公立医疗机构效率低下,加上人口老龄化和对医疗要求的提高,使得国民保健服务越来越难以满足患者的需求。最具体的表现就是候诊时间过长、医疗设备设施陈旧,许多重症病人得不到及时高效治疗而耽误了病情。病人从预约到手术在一般情况下要等 6~12 个月。全英国有将近 85 万病人在等待住院。近年,越来越多的英国人开始青睐私人医疗保险,接受私营医疗服务,出国看病的英国人也大大增加。另一方面,政府在国民保健服务方面的支出却不断增加,使政府背上沉重的财政负担,尤其在金融危机的情况下,英国财政已难以为继。

从私营医疗服务市场的现状来看,英国法律允许私营机构提供医疗服务,但由于国民保健服务实行免费医疗且公立医疗服务质量较高,长期以来,私营医疗服务机构市场份额很低,只有不能享受国民保健服务的短期来英国的外国人、有特殊医疗需求的富裕阶层才会自费购买私营医疗服务。虽然所有公立和私营医疗机构在国民保健服务采购医疗服务时都能参与竞标,但实际上市场化程度仍然不高,招标时往往会倾向国民保健服务所属医疗机构。近年来这种情况有所改变,由于国民保健服务提供的医疗服务效率低下,不少患者被迫转向私营医疗机构,一些大企业也纷纷为员工购买商业医疗保险,私营医疗机构有了长足发展。

(二)现行医疗社会救助的主要内容

1.国民卫生服务体系

英国是典型的福利型国家,在医疗制度上实行的是全民医疗保险。英国的医疗体制被称为国民卫生服务体系(National Health System,NHS)。国民卫生服务体系是一种国家经办的医疗服务体系。其服务宗旨是:不论个人收入状况如何,只依据人们的需要,提供全面的免费医疗服务。NHS的资金构成的82%来自政府财政拨款,12%来自国民保险税,其余部分来自社会及慈善机构的捐款和其他收入。其主要方式是:国家用税收提供的资源办医院、雇用医务人员;或者采取政府购买的形式,向全体公民提供几乎免费的医疗服务和药品。个人主要承担与医疗相关的不在NHS免费的一些需个人出资的费用,如处方费、牙医费用、眼科费用和就医路费等。对特定人群的医疗救助,主要是免除NHS的一些需要个人出资的费用部分,一般包括:NHS处方费、牙医费、视力检查费、配镜及修理费、接受NHS治疗的路费、NHS假发及响应麻醉和手术材料费。

2.低收入者计划

日益增长的医疗服务自付费用是影响低收入群体医疗服务可及性的最大因素,因此,英国政府专门出台了低收入者计划(NHS Low Income Scheme)来解决这一问题。该计划对符合规定的群体提供相关NHS自费费用资助。计划的资助人群按照年龄和个人的财产情况来确定,资助数量取决于申请者的收入状况和应付费用,有费用全免和部分免除两种形式。如果家庭有成员享受收入救助、养老金补助或待业收入津贴则可以全部免除NHS相关自费费用,其他则只能免牙医、视力、假发、路途等方面的费用。判断人们支付能力的标准除了收入等经济指标外,还考虑居民的健康状况,需长时间在家卧床护理的患者可享受救助的标准上限,老年人其次,其他人最低。接受低收入者计划医疗救助的对象包括儿童、老人和接受全日制教育的年轻人,享受收入补贴、求职补贴、退休金补助或者拥有NHS免税证的群体,怀孕以及生产一年内的妇女,罹患某些疾病的个人。政策规定主要对老年人、儿童、孕妇、残疾人提供免费处方,对儿童、孕妇、婴儿提供免费牙医服务,为学生、老年人、青光眼患者提供免费视力检查,为学生提供眼科服务优惠,为儿童、退伍军人、住院患者提供免费假发,为享受各种津贴者、退役军人提供NHS往返路费;同时体弱多病、经常需要支付处方费者还可通过购买预付凭证节省费用。

需要享受医疗救助的人群需要先进行申请,然后接受生活状况和医疗需求的调查,最后根据官方规定来确定是否具有享受资格。英国的医疗救助标准每年都由国会规定,它是按照贫苦群体的医疗需要水平加以确定的,一是体现"正常医疗需要"的基本待遇,二是体现"特殊医疗需求"因素。虽然英国的救助标准每年都在变,但英国的医疗救助制度更多地体现了政府对于贫困群体的重视。另外,医疗救助有严格的审批机制和约束机制,一旦查出弄虚作假者,将处以费用 5 倍的罚款。

3.津贴和补助

英国的医疗救助制度还包括各种津贴和补助,如法定病假工资、重残津贴、残疾生活津贴、护理津贴。

(1)法定病假工资。

法定病假工资是向因病不能工作的全职或兼职的雇员支付最多 28 个星期病假工资的非缴费型、不需要财产调查的补贴,但必须符合以下四个申请条件:必须是雇员;申请人必须"不能工作";必须有一段"不能工作"的时间存在;申请人的收入等于或多于"较低收入标准"。

(2)重残津贴。

重残津贴是免税的、不需要财产调查的补贴,通常向由于残疾或疾病而在工作年龄阶段至少连续 28 周不能工作,但又因为没有缴纳足够的国家保险费而无权领取"丧失工作能力补贴"(缴费型的一种国民保险)的人支付。该津贴于 1984 年代替非缴费型的残疾年金制度,但必须符合以下申请条件:年龄在 16～65 岁之间;申请人必须在大不列颠有正常的住所并实际在此居住,在最近的一年里至少要居住 26 周;丧失工作能力,且目前该情形已经持续了 28 周;合格途径是指:第一,在 20 周岁以前丧失工作能力,第二,申请人严重残疾,第三,原先享受领取非缴费型残疾年金的权利。如果申请人既不能工作,同时又满足"合格途径"的任何一项要求,就有权领取重残津贴。

(3)残疾生活津贴。

该津贴属于非缴费型、不需要财产调查型的补贴,是对残疾人补贴支出的扩展,由行动部分和照顾部分组成。

照顾部分是为需要照顾的人提供帮助。支付水平分三档。根据《1992 年社会保障缴费和补贴法》第 72 条规定,申请条件如下:第一,申请人必须在大不列颠有正常的住所并实际在此居住,在最近的一年里至少要居住 26 周。第二,申请人有如此严重的身体或精神残疾,以致他一天中的某段时间,需要他人的照顾,或者即使他有原料的话,也不能为自己做餐。第三,申请人有如此严重的身体或精神残疾,以致在白天,他需要他人全天对其身体进行照顾或监护。第四,申请人有如此严重的身体或精神残疾,以致在夜间,他需要他人对其一直或不间断地进行身体照顾,或者为了避免他给自己或其他人造成实质性的危险,他需要他人对其一直不间断地进行监护。符合后两条中的任意一条,可以享受中级支付水平,同时满足可以享受高级支付水平。

行动部分是为那些行动有困难的人提供帮助。支付水平分两档。申请条件如下：申请人必须在大不列颠有正常的住所并实际在此居住，在最近的一年里至少要居住 26 周；年龄 5 岁以上、65 岁以下；能够容易地、不时地从"帮助行动的工具"中获益；必须满足照顾部分规定的残疾情况之一。

（4）护理津贴。

护理津贴是为年满 65 周岁，因精神或身体严重残疾而需要他人照顾或监护而又没有资格领取残疾生活津贴的人设立的补贴项目，也是免税、不需要财产调查、非缴费型的补贴。其支付水平分两档。较低水平为每周 35.40 英镑，较高支付水平为每周 52.95 英镑。较低支付水平适用于白天或夜间需要照顾或监护的申请人，较高支付水平是适用于白天和夜间都需要照顾或监护的申请人。申请条件如下：申请人必须在大不列颠有正常的住所并实际在此居住，在最近的一年里至少要居住 26 周；满足"残疾生活津贴"中所述的残疾情况之一的，可以享受较低支付水平的护理津贴，如果两者同时满足，能够享受较高支付水平的护理津贴；不在特殊类型的机构中居住，这些特殊机构指医院、病贫者收容所以及当地官方招待所或由公共或当地官方资金举办的机构。

英国医疗救助政策的总原则是：有能力承担费用者必须自己支付，没能力承担费用的可以获得救助。这种模式医疗保障水平高，资金来源稳定，管理方便，服务提供的范围广。但这种模式要求国家有较强的经济实力，如果国家投入资金有限，就难于满足低收入人群的基本卫生服务需求。由于低收入者在接受卫生服务时选择性较小，与高收入人群相比，公平性存在一定问题。这种高福利的政策缺少卫生服务机构提高效率的激励机制，容易造成由于资源的浪费而出现的供给不足。

第三节　中国医疗救助制度

一、改革开放之前的医疗社会救助

20 世纪 80 年代以前，医疗救助主要在中国农村扶贫或加强农村初级卫生保健的工作中进行。新中国成立后，随着农村合作化运动的掀起和农村集体经济地位的确立，合作医疗制度得到了空前的发展。合作医疗制度是一种政府支持下，按互助共济的原则建立起来、由群众集资、为广大农村居民提供基本医疗卫生保健服务的医疗保障制度。合作医疗萌芽于 20 世纪 40 年代陕甘宁边区出现的卫生合作社，正式出现合作医疗制度是在 1955 年农业合作化运动的高潮时期。当时的具体做法是：由农业生产合作社、农民群众共同筹资建立保健站；农业生产合作社从公益金中拿出 15%～20%，每个农民每年再交少量保健费，形成合作医疗基金，农民免费就医；农村保健医生的报酬采取记工分和支付一定现金的形式。1958 年，全国合作医疗覆盖率达到 10％;1962 年合作医疗覆盖率接近 50％,到 20 世纪 60 年代中期,县、乡(公社)、村(生产大队)三级医疗卫生机构绝大多数建立起来,基本上形成了一个农村医疗卫生网;到 20 世纪 70 年代中期,合作医疗在全国农村范围内广泛建立,达到 90％,依据"低水平、广覆盖"的原则,保证了广大农民最基本的医疗服务需求。到改革开放前,基于集体经济,依托于合作医疗和五保制度,医疗救助虽然没有单独建制,但是患病的贫困农民却可以得到低水平的救助。联合国妇女儿童基金会在 1980—1981 年年报中指出,中国的"赤脚医生"制度在落后的农村地区提供了初级护理,为不发达国家提高医疗卫生水平提供了样板。世界银行和世界卫生组织把我国农村的医疗合作称为"发展中国家解决卫生经费的唯一典范"。

城镇这一时期的医疗制度主要是以企业职工为对象的劳保医疗制度和以机关单位干部为对象的公费医疗制度,政府通过卫生部门向享受人员提供制度规定范围内的免费医疗服务。

劳保医疗制度是中国劳动保险制度的重要组成部分,其实施对象是企业职工。1951 年颁布的《中华人民共和国劳动保险条例》标志着我国劳保医疗制度的诞生。劳保医疗是我国国营企业职工患病或负伤按照劳动保险制度所享受的个人免费医疗办法。实行劳保医疗的企业职工,他们的医药费用凭单据由单位全额报销,其供养直系家属实行半额报销。医疗费用的资金来源是企业的福利费用,属于企业自我医疗保障。由于劳保医疗分散在各个企业自行管理,企业"办社会"现象十分严重,加重了企业的社会负担。

公费医疗制度是国家机关、事业单位、社会团体工作人员实施提供免费就医待遇的医疗保险制度。公费医疗费用由政府拨款,被保险人凭工作证和公费医疗证按照平均分配的原则免费就医,向每一个被保险人无偿提供他们治疗时所需要的卫生医药资源。

不管是劳保医疗制度还是公费医疗制度都实行的是零价格的医疗付费方式,这种医疗服务付费方式刺激了不合理的医疗需求,使一部分消费者的消费行为发生偏差,"小病大养""一人公费劳保,全家看病吃药"的现象比较普遍。同时,不限额报销的形式带来了医疗资源浪费现象,医院和医生则只管提供服务,在医疗服务的提供者和消费者都不承担费用责任的情况下,医疗经费超支严重,医疗资源利用效率低下。

无论是农村的合作医疗制度、公费医疗还是劳保医疗制度,都是计划经济的产物,都带有"大锅饭"的特点,它们所包括的对象是非常具有普遍性的。当时,尤其是在城镇,由于实行了免费医疗制度,从某种意义上说,也就没有必要建立医疗救助制度。

二、现代医疗社会救助制度的建立

中国现代医疗救助制度是与社会主义市场经济体制相适应，与现代社会保障制度相结合的医疗救助制度，它与我国的职工医疗保险制度、城镇居民医疗保险制度和新型农村合作医疗制度共同组成了我国的基本医疗保障网络，在保障功能与作用上补充了医疗保险制度保障不足的问题，是我国医疗保障制度的最后一道防线。

（一）建立现代城乡医疗救助制度的背景

在农村，合作医疗作为中国农村医疗保障的主体，20世纪60—80年代，在保障农民健康、提高农民生活水平方面曾发挥了重要作用。20世纪70年代末到80年代中，随着家庭承包责任制推行、人民公社制度废除，农村经济体制发生了巨大的变化，集体经济名存实亡，以集体经济为依托的农村基层卫生组织和合作医疗制度也遭到严重削弱，农村合作医疗出现了萎缩，农民失去了最基本的医疗保障，农村医疗卫生状况急剧恶化。这导致大部分农民看不起病，"因病致贫""因病返贫"现象不断出现。为改善农村医疗卫生状况，减轻疾病对农户家庭的冲击，从20世纪90年代起，我国政府积极在全国范围内开始探索、重建农村合作医疗制度。2002年10月29日，《中共中央、国务院关于进一步加强农村卫生工作的决定》明确指出：要"逐步建立以大病统筹为主的新型农村合作医疗制度""到2010年，新型农村合作医疗制度要基本覆盖农村居民"。2003年初，我国政府开始试点推行新型农村合作医疗制度。自此，我国农村合作医疗制度建设步入了一个新的阶段。

在城镇，在实行公费医疗和劳保医疗制度的过程中，由于机关和用人单位对职工医疗费用包揽过多，职工不负担或负担很少的医疗费，缺乏自我保障意识和节约意识，资金浪费严重，对政府财政形成了巨大压力，因此医疗保障体制的改革刻不容缓。1998年，在国务院发布了《关于建立城镇职工基本医疗保险制度的决定（国发〔1998〕44号）》后，要求在全国范围内进行城镇职工医疗保险制度改革，所有用人单位（包括机关事业单位）及其职工全部参加城镇职工基本医疗保险制度。此后，全国大部分地区根据文件精神，陆续取消了公务员公费医疗，对在职和退休公务员（离休人员除外）实行医疗保险，完成了与城镇职工基本医疗保险制度的接轨。同时，国发〔1998〕44号文要求城镇所有用人单位，包括机关、事业单位、社会团体、企业（国有企业、集体企业、外商投资企业、私营企业等）、民办非企业单位及其职工，都要参加基本医疗保险。基本医疗保险费由用人单位和职工共同缴纳。其中用人单位缴费率控制在职工工资总额的6％左右，职工缴费率一般为本人工资收入的2％。至此，劳保医疗逐渐被城镇职工基本医疗保险所取代。

同一时期医疗体制的改革也正如火如荼地进行。1984年，中共十二届三中全会通过的《中共中央关于经济体制改革的决定》，标志着城市经济体制改革全面展开，这为中国医疗卫生体制改革奠定了基础。1984—1997 年期间我国基本确立了市场导向的医疗体制改革模式，医疗机构引入城镇企业改革的承包责任制，实行企业化运作的经营模式。政府倾向于激励医疗机构自收自支，以此替代财政在卫生领域的开支。此时激励机制将医生、医疗机构收益与服务供给规模相捆绑，医疗机构倾向于通过增加收费以获取利润并提高医护人员收入。政府财政逐步退出卫生领域，鼓励医院创收，将医院设定为差额财政拨款单位，具体做法就是首先增加医院收费项目，其次通过承包责任制的确立合理化医院收费。在这样的背景下，医院开始注重效益而忽视公益性，积极创收，通过增加服务项目、提供过度服务和超前消费等手段来推动医疗消费的增长，以增加经济收入，这就导致了医疗费用不断上涨。

（二）现代城乡医疗救助制度的建立

随着改革后原有的农村合作医疗纷纷解体，城市公费医疗制度和劳保医疗制度向医疗保险制度转变，原有的全面医疗保障网被打破，现行的医疗保障制度只能覆盖部分人群，大部分城市低保对象、农村五保户、农村特困家庭等困难群体无法享受到医疗保障。尤其是在医疗费用不断上涨的背景下，困难群体看病难、看病贵问题更加突出，因病致贫、因病返贫的现象越来越严重。因此，国家开始出台医疗救助政策弥补医疗保障制度的不足，着力解决困难群体的看病问题。党的十六届三中全会提出了建立健全包括社会医疗救助在内的多层次的医疗保障体系。《中共中央关于构建社会主义和谐社会若干重大问题的决定》提出了"建设覆盖城乡居民的基本卫生保健制度"的战略构想，并将"发展社会医疗救助""完善城镇职工基本医疗保险""建立以大病统筹为主的城镇居民医疗保险""推进新型农村合作医疗"并列提出，作为实现全民医保目标的四大基本措施。2003 年 11 月，民政部、卫生部、财政部颁布《关于实施农村医疗救助的意见》；2005 年 3 月，国务院办公厅转发民政部、卫生部、劳动保障部、财政部《关于建立城市医疗救助试点工作意见》以来，中国初步建立起覆盖城乡的医疗救助制度框架与服务体系，医疗救助制度成为医疗保障和医疗卫生服务体系重要部分。2009 年 6 月，国家民政部等四部委下发了《关于进一步完善城乡医疗救助制度的意见》（民发〔2009〕81 号），这标志着我国医疗救助制度改革进入一个新的阶段，这份文件中明确提出了"要用 3 年左右的时间，在全国基本建立资金来源稳定，管理运行规范，救助效果明显，能够为困难群众提供方便、快捷服务的医疗救助制度"。

我国目前已经建立了面对农村困难居民的医疗救助制度和面对城市困难居民的医疗救助制度，两种制度既相区别，又相互贯通，为城乡困难居民提供最大限度的医疗卫生服务，保障城乡全体居民都能够较为均等地享受到最基本的医疗卫生服务。我国城乡居民医疗社会救助方式主要有以下几种：

（1）医疗费减免。这是医疗社会救助的基本形式。这种形式主要是通过政府颁布文件，强制要求国有医疗机构对医疗救助对象在挂号费、治疗费、药费、住院费等费用实行一定比例的减收或全部免收，设置起付、封顶和共付比例对自负费用进行限制。符合享受医疗社会救助条件者在公立医院看病时凭救助证享受 20%～30%（甚至更高比例的折扣）的减免，医疗服务的成本由公立医院和医疗救助资金分担。其依据是国家对公立医院有较大的资本投入，且是免税的，因此应该通过让利的形式承担部分社会责任。

（2）医疗大病救助基金。贫困人口的医疗困境主要表现为无力承担高额的医疗费用，特别是大病重病的费用。政府为解决特困职工因经济收入过少，同时又因负担医疗费用过重而基本生活得不到保障的问题，对鳏、寡、孤、独及发生特殊困难或特殊疾病的人员，政府出面多方筹集资金，建立特困人员医疗社会救助资金，对特困人员因医疗费支出过大造成的困难给予救济，以减轻他们就医的直接经济负担。如《上海市城市贫民疾病医疗补助办法》规定，对享受民政部门定期定量救济的"三无"人员和各类特殊救济对象基本医疗费用酌情给予大部分或全部补助。

（3）慈善救助。虽然政府对贫困人群的医疗社会救助工作有着不可推卸的责任，但要将政府财政投入覆盖到所有的贫困人群并长久坚持下去，就我国目前的国力来看是不现实的。因此，依靠社会的力量就显得尤为重要。开展慈善救助主要有慈善募捐和定期义诊。慈善募捐是由慈善组织或其他社会组织发起，对特定贫困病人开展献爱心募集资金活动，所筹资金专款专用，所剩部分再去救治新的对象。定期义诊是医院与社区达成协议，定期轮流派医护人员或医疗救助志愿者无偿到社区，对"三无"等符合医疗救助条件的人员进行义诊、上门服务。

（4）创立福利医院或慈善医院。这是地方政府出面组织、动用社会各界资源创立的专门为贫困人口服务的医疗机构。如上海浦东慈善医院是国内首家建立的慈善医院，也是上海市目前唯一的一家完全依靠社会力量支持运作的慈善医院。它是由上海市浦东新区人民政府和上海市慈善基金会浦东办事处发起建立的。普通医院是按诊疗和配药来全额收费的。而目前，随着国有企业的终生保障福利制度逐渐停止，退休的中老年和下岗工人，由于收入在贫困线以下，无力承担看病费用，无法享受到基本的医疗保障。上海浦东慈善医院正是基于这一需要而设立的，主要用于：为浦东新区符合民政部标准领取慈善医疗卡的弱势人群提供基本的医疗保障服务；为浦东新区的广大弱势人群提供一个具有初级医疗保健功能的中心；为浦东偏远及贫困地区的病人送医送药下乡，上门义诊；与浦东其他医院的 27 个慈善门诊点联网，方便持有慈善医疗卡的病人就近就医。

（5）实施专项医疗补助。为了实施医疗救助，一些地方采取专项补助、包干使用的办法,即由财政每年根据救助对象的治病需求,拨付一定的经费,专款专用,小病包干,大病补助。

(6)开展团体医疗互助。一些地方的工会、妇联等群众团体建立了医疗互助互济组织,经费来源于工会经费、个人缴费以及社会捐助等,当贫困职工、妇女或家庭无力支付医疗费用时给予一定的资助。如上海市总工会实施的《上海市职工保障互助会特种重病团体互助医疗保障计划》,对参加互助的职工患重病的,可得到定额补助。

(7)临时救助。为了缓解贫困人员医疗难的问题,解决医疗保险不能解决的问题,一些地方政府增大临时救济费解决贫困户患病不能支付医疗费的困难。临时救济费由市、县、乡财政和村级经费列支。

(8)建立平价医院。各地市都应选择部分公立综合医院,作为转换运行机制的试点,建立平价医院或平价病房,主要为参加合作医疗的农民、城市下岗职工、失业人员、低保人员、进城务工人员及老人、儿童服务。对"平价医院"实行预算式全额管理,收入上缴,支出由政府核拨。

三、农村医疗社会救助

2002 年,《中共中央、国务院关于进一步加强农村卫生工作的决定》提出建立和完善农村合作医疗制度和医疗救助制度,并明确了对农村贫困家庭实行医疗救助、实施以大病补偿为主以及对贫困家庭参与合作医疗给予资金补助的救助形式。2003 年 11 月,民政部、卫生部、财政部联合下发了《关于实施农村医疗救助的意见》,该文件是我国农村医疗救助体系建设的一个里程碑,标志着我国新型农村社会救助制度诞生。它将农村五保户、农村贫困户家庭成员列入重点救助对象,对农村医疗救助的目标和原则,医疗救助的对象、办法、程序,医疗救助的组织与实施等方面作出了进一步细化。2004 年,财政部、民政部关于《农村医疗救助基金试行办法》中对农村医疗救助基金筹集、管理和给付办法都进行了进一步规定。2005 年 8 月民政部、卫生部和财政部颁布的《关于加快推进农村医疗救助工作的通知》提出:2005 年年底以前,各省、自治区、直辖市所辖有农业人口的县(市、区)的农村医疗救助工作方案务必全部出台,加快了农村医疗救助制度建设的步伐。2011 年,政府医疗救助农村居民 6102 万人,政府医疗救助支出 103.3 亿元。

(一)救助对象

(1)农村五保户,农村贫困家庭成员。

(2)地方政府规定的其他符合条件的农村贫困农民。

救助对象的具体条件由地方民政部门会同财政、卫生部门制定,报同级人民政府批准。

(二)医疗救助服务提供机构

(1)已开展新型农村合作医疗的地区,由农村合作医疗定点卫生医疗机构提供医疗救助服务;未开展新型农村合作医疗的地区,由救助对象户口所在地乡(镇)卫生院和县级医院等提供医疗救助服务。

(2)提供医疗救助服务的医疗卫生机构等应在规定范围内,按照本地合作医疗或医疗保险用药目录、诊疗项目目录及医疗服务设施目录,为医疗救助对象提供医疗服务。

(3)遇到疑难重症需转到非指定医疗卫生机构就诊时,要按当地医疗救助的有关规定办理转院手续。

(4)承担医疗救助的医疗卫生机构要完善并落实各种诊疗规范和管理制度,保证服务质量,控制医疗费用。

(三)救助办法

(1)开展新型农村合作医疗的地区,资助医疗救助对象缴纳个人应负担的全部或部分资金,参加当地合作医疗,享受合作医疗待遇。因患大病经合作医疗补助后个人负担医疗费用过高,影响家庭基本生活的,再给予适当的医疗救助。

(2)尚未开展新型农村合作医疗的地区,对因患大病个人负担费用难以承担,影响家庭基本生活的,给予适当医疗救助。

(3)国家规定的特种传染病救治费用,按有关规定给予补助。

医疗救助对象全年个人累计享受医疗救助金额原则上不超过当地规定的医疗救助标准。对于特殊困难人员,可适当提高医疗救助水平。

(四)申请、审批程序

农村医疗救助的享受对象及救助金额,由个人向村民委员会提出申请,如实提供医疗诊断书、医疗费用收据、必要的病史材料、已参加合作医疗按规定领取的合作医疗补助凭证、社会互助帮困情况证明等。村民委员会受理后,张榜公布,经村民代表会议评议无异议的上报乡镇民政所并填报《农村医疗救助申请审批表》。乡镇民政所根据需要,可以采取入户调查、邻里访问以及信函索证等方式对申请人的医疗支出和家庭经济状况等有关材料进行调查核实,对符合医疗救助条件的上报县(市、区)民政局审批。县级民政部门根据县级人民政府的具体规定审批,对符合医疗救助条件的家庭核准其享受医疗救助金额,对不符合享受医疗救助条件的,当面通知申请人,并说明理由。医疗救助金由县财政拨付给县民政局,县民政局直接划拨乡镇民政所专用账户,乡镇民政所凭三联单直接发放给救助对象。

(五)救助基金筹集与管理

农村医疗救助基金是用于农民贫困家庭医疗救助的专用基金。基金通过政府拨款和社会各界自愿捐助等多渠道筹集,按照公开、公平、公正、专款专用、量入为出、收支平衡的原则进行管理和使用。

1.医疗救助基金的筹集

各地要建立医疗救助基金,基金主要通过各级财政拨款和社会各界自愿捐助等多渠道筹集。

地方各级财政每年年初根据实际需要和财力情况安排医疗救助资金,列入当年财政预算。县级人民政府要建立独立的农村医疗救助基金,基金来源包括财政拨款、彩票公益金、社会各界自愿捐助、利息收入等。

县级以上财政部门对实行农村医疗救助制度的困难地区给予资金支持。中央财政对中西部等贫困地区农村医疗救助给予适当支持,具体补助金额由财政部、民政部根据各地医疗救助人数和财政状况以及工作成效等因素确定。补助下级的预算资金全部通过国库划拨,预算外资金的划拨按相关规定办理。

2.医疗救助基金的管理

农村医疗救助基金的筹集、管理和使用情况,以及救助对象、救助金额等情况应通过张榜公布和新闻媒体等方式定期向社会公布,接受社会监督。农村医疗救助基金必须全部用于农村贫困家庭的医疗救助,任何单位和个人不得截留、挤占、挪用。民政、财政、审计等部门要定期、不定期对农村医疗救助基金的使用情况进行监督管理,发现问题及时纠正,并及时向当地人民政府和有关部门报告。民政部、财政部根据需要,对各地医疗救助基金使用情况进行抽查。若发现虚报冒领、挤占挪用、贪污浪费等违法违纪行为,将依法严惩不贷。

四、城镇医疗社会救助

2005年民政部、卫生部等《关于建立城市医疗救助制度试点工作意见的通知》拉开了城市医疗救助的序幕。通知提出,从2005年开始,用2年时间在各省、自治区、直辖市部分县(市、区)进行试点,之后再用2~3年时间在全国建立起管理制度化、操作规范化的城市医疗救助制度。从此,城市居民医疗救助工作全面展开。

(一)救助对象

救助对象主要是城市居民最低生活保障对象中未参加城镇职工基本医疗保险人员、已参加城镇职工基本医疗保险但个人负担仍然较重的人员和其他特殊困难群众。具体条件由地方政府民政部门会同卫生、劳动保障、财政等部门制定并报同级人民政府批准。如北京市规定的城市医疗救助对象为:享受本市城市居民最低生活保障待遇的人员;享受本市城市居民生活困难补助待遇的人员;经当地民政部门审核认定,符合本市城市低收入家庭认定条件并取得《北京市低收入家庭救助证》的城乡低保边缘家庭成员;本市规定的其他特殊生活困难人员。

(二)救助标准

对救助对象在扣除各项医疗保险可支付部分、单位应报销部分及社会互助帮困等后,个人负担超过一定金额的医疗费用或特殊病种医疗费用给予一定比例或一定数量的补助。具体补助标准由地方政府民政部门会同卫生、劳动保障、财政等部门制定。对于特别困难的人员,可适当提高补助标准。县级以上地方政府民政部门、卫生部门共同协商,确定为当地救助对象提供医疗救助服务的医疗卫生机构,原则上参照当地城镇职工基本医疗保险甲类用药目录、诊疗项目目录和医疗服务设施目录制定医疗救助对象医疗服务标准。

我国医疗救助事业才刚刚起步,救助资金的有限,促使更多的试点地区选择了大病救助为主的模式。大病救助病种范围较狭小,多集中在 10 种疾病范围内,病种多以恶性肿瘤、慢性肾功能衰竭、急性重症肝炎等伤害大、疾病负担重的为主。大多数地区选择门诊和住院相结合的救助模式。门诊救助多以定额救助的形式开展,或发卡,或发券,部分地区采取门诊减免。

县(市、区)民政部门按照量力而行、尽力而为、量入为出、收支平衡的原则,会同卫生、劳动保障、财政等部门对本地区救助对象上一年度或前三年医疗费用实际支出情况进行认真分析测算,科学合理确定城市医疗救助标准,并可根据城市医疗救助基金实际收支情况对救助标准适时进行调整。

(三)救助程序

城市医疗救助由个人向社区居民委员会提出书面申请和相关证明材料,居民委员会受理后,张榜公布,无异议的上报街道办事处(乡镇人民政府)并填报《城市医疗救助申请审批表》。街道办事处(乡镇人民政府)对上报的申请表和有关证明材料进行审核;县(市、区)民政部门对街道办事处(乡镇人民政府)上报的有关材料进行审批,并报同级财政部门复核。城市医疗救助资金由县(市、区)财政拨付给县民政局,民政部门委托给街道办事处(乡镇人民政府)发放,或由县(市、区)民政部门通过银行、邮局等直接支付给救助对象。有条件的地方,应实行国库集中支付。

(四)资金的筹集、管理

县(市、区)人民政府要按照多方筹资的原则,建立起中央、省、市、县(市、区)各级财政分担为主,彩票公益金和社会各界捐助等其他社会投入为辅的城市医疗救助资金筹资体系,主要包括:民政部、财政部根据困难地区城市医疗救助人数、财政状况以及工作成效等因素确定中央财政补助资金分配方案;省级财政对困难地区给予适当补助;地方财政部门根据本地区开展城市医疗救助工作需要和财政支付能力,在年度预算中安排的城市医疗救助资金;民政部门从留归本部门使用的彩票公益金中按照一定比例或一定数额安排用于城市医疗救助的资金;社会各界自愿捐赠用于城市医疗救助的捐赠资金;城市医疗救助基金形成的利息收入;按规定可用于城市医疗救助的其他资金。

城市医疗救助基金要纳入社会保障基金财政专户,实行专账核算,专项管理,专款专用,不得提取管理费或列支其他任何费用。县(市、区)财政部门在社会保障基金财政专户中建立城市医疗救助基金专账,用于办理基金的汇集、核拨、支付等业务。县(市、区)财政预算安排的资金按季或按月划拨至本级财政部门城市医疗救助基金专账;经批准用于城市医疗救助的彩票公益金应及时由财政专户划拨至城市医疗救助基金专账;县(市、区)财政部门收到上级补助资金之后应及时全额划拨至城市医疗救助基金专账;社会各界的捐款及其他各项资金按属地化管理原则及时交存县(市、区)财政部门城市医疗救助基金专账。县(市、区)民政部门也应设立城市医疗救助基金专账,用于办理基金的支付和发放业务。城市医疗救助基金年度收支计划由地方民政部门会商财政部门后报同级人民政府批准后执行。民政部门定期向同级财政部门和上级民政部门报送收支计划执行情况。

医疗救助资金的筹集、管理和使用,以及救助对象、救助金额等情况应定期向社会公布,接受社会监督,任何单位和个人不得截留、挤占。

五、其他形式的医疗救助

(一)慈善机构的医疗救助

慈善医疗社会救助行为是指热心参与和支持公益事业的企业、个人等社会力量对国家或各地方合法成立的各种慈善机构的各种形式的捐赠,由慈善机构对贫困人群进行的医疗救助行为。对于这些机构是否符合受赠条件,国家都下发了条例或者通知,在资金的管理和使用方面,也有相关的规定。但由于医疗救助制度的区域性很强,因此各地方也因地制宜,根据实际情况制定了不同的政策。

(二)世界银行贷款项目中的贫困救助

除各地政府积极探索建立医疗救助以外,国内外研究机构和国际组织也进行了大量实验、研究和有益的探索,其中影响最大的就是世界银行贷款综合性妇幼卫生项目(简称卫生Ⅵ项目)、秦巴卫生子项目和中国基本卫生服务项目。

(1)卫生Ⅵ项目中包括了扶贫医疗救助的内容,为使贫困地区妇女和儿童能够公平地享受到基本的妇幼卫生服务,改善其因贫困而不能利用已有卫生保健服务的现状,通过县政府投资(按照全县总人口人均 0.1 元的标准)和社会捐赠等筹资形式,为贫困地区的妇女和儿童提供孕产期保健、高危孕产妇住院分娩、产科并发症、小儿重症肺炎和腹泻疾病的医疗救助。

（2）秦巴卫生子项目，原属于我国政府和世界银行合作的"世界银行贷款秦巴山区综合开发扶贫项目"中的一个子项目，后经我国政府和世界银行决定，将该子项目纳入卫生Ⅷ项目的B部分。该项目于1998年10月启动，其中B领域为特困人口医疗救助，计划至少要覆盖项目地区20%的最贫困人口，为他们提供最符合成本效益的预防保健和住院服务（结核病除外）。

卫生Ⅷ项目是我国政府利用世界银行贷款实施的第8个卫生项目，它的全称是"加强中国农村贫困地区基本卫生服务项目"。项目以"改善农村贫困地区卫生服务体系能力和提高卫生服务利用水平，保证当地居民获得基本医疗卫生保健服务，在农村贫困县人口实现可持续的健康改善"为目标，覆盖我国中西部7个省（市）的71个国家级和省级贫困县的3178万人口，是我国涉及贫困地区范围较大，受益人口较多的卫生项目。该项目总投资1.068亿美元，英国政府通过卫生Ⅷ项目提供了1501万英镑的赠款。卫生Ⅷ项目自1998年10月正式启动以来，在项目地区开展了大量与特困人口医疗救助有关的活动，明显地改善了项目地区特困人口对基本卫生服务的可及性，降低了因病致贫的风险，受到了当地政府、基层干部和群众，特别是困难家庭的欢迎，并为国家出台农村贫困人口医疗救助政策积累了经验，起到了很大的推动作用。

第四节　中国医疗救助制度的发展与完善

一、中国医疗救助制度运行中存在的主要问题

总体上分析中国城乡医疗救助制度在设计和实施中存在两个主要问题：医疗服务的可及性问题和城乡分割问题。

建立城乡医疗救助制度的目的是缓解因病致贫，解决贫困家庭看不起病或缓解其医疗负担过重的问题，要为贫困家庭使用医疗服务创造条件，提高贫困人群对医疗服务的可及性。但现行医疗救助制度对享受医疗救助设置了多重条件，与一般的社会救助往往将"贫困"作为接受帮助的条件不同，医疗救助是在救助对象具有"贫困"特征的基础上，又对其享受救助的条件有进一步的限定。如疾病种类、服务类型（门诊或住院）、服务提供者（定点或不同级别的医院）以及发生医疗费用的数额（起付线）等有明确的规定。这些"条件"的设定不只关系到受助者实际获得的救助是否充足或能够得到多少帮助，还直接影响到困难群体使用医疗服务的可及性，由此对医疗救助制度能否惠及贫困者产生影响。有些贫困者很可能因为不能支付自付部分的费用，而不符合后者享受条件，被排除在救助范围之外。反之，如果不对自付费作出规定，医疗救助就会成为"免费午餐"，造成有限救助资源的浪

费。这是医疗救助中的两难选择,有待今后在实践中不断破解。

医疗救助城乡分割,表面看城乡没有多大差别,遇到重大疾病,可以得到基本相同标准的救助,但如果考虑城乡居民的个人支付能力和其他保障因素,这个基本相同标准的救助,对农村居民低支付能力来说就是不公平,导致农村居民无法享受与城市居民一样的医疗待遇。即同样的救助标准,对于农村困难居民来说是不可及的。这也有待在今后的救助实践中对救助条件和救助标准等作出符合实际的调整,提高医疗服务的可及性和公平性。

除此之外,我国城乡医疗救助还存在以下具体问题:

(一)医疗救助资金缺乏有效筹集机制且总量不足

资金的筹集是顺利开展医疗救助的必要前提,对困难群体实行的医疗救助应是一个持之以恒的过程,而不是短期行为。但目前,一些地方的医疗救助资金大部分仍采用临时救助的形式,资金筹集分散,且大多以一次性为主,无法确保资金筹集的稳定性和可靠性。同时由于各地社会经济水平存在巨大差异,无法通过详细的测算来制定一个全国统一的筹资标准,仅仅是根据财政实际能力的大小给予一定的资金补贴,因此难以制定长效可持续的基金筹集机制。

我国医疗救助资金总量投入相对不足,供需矛盾尖锐,无法满足贫困群体对医疗救助的进一步需求。我国医疗救助资金的筹集方式主要有财政拨款、卫生机构筹资、企业捐赠、社会慈善资金等,但资金来源的主渠道还是财政性资金。因此,医疗救助的规模和水平在很大程度上受到财政资金的数量和到位情况的制约。然而,政府财政资金投入力度相对较小。20世纪90年代以来,全国卫生总费用逐年增长,政府财政预算的卫生支出也年年增加。政府财政对卫生事业补贴的绝对数有所增长,但增长幅度明显低于国民经济增长速度,也明显低于财政支出的速度。

(二)医疗救助水平较低,可及性差

医疗救助水平较低主要表现在医疗救助费用补助起付线门槛较高、封顶线过低。由于医疗救助资金供需矛盾导致资金瓶颈,各地都相应设置了享受医疗救助权利的关卡,主要是设置了高起付线、低封顶线。"起付线"的救助门槛将一部分贫困救助对象挡在医疗救助的大门之外。贫困救助对象要想获得医疗救助,必须首先自己设法支付医疗费用,在报销时,起付线一般达到数百元,这对已经陷入贫困的救助对象来说,是一个根本不能充饥的"画饼"。另外,封顶线也使贫困群体很难从医疗救助中获益,因为封顶线将救助压缩在一个较小的范围内,往往贫困群体在大病中的医疗费用少则上万、多则几十万。尤其对于患重大疾病如恶性肿瘤、尿毒症,需要长期化疗或持续透析治疗的患者来说,更是杯水车薪、救助乏力;有的甚至由于无力支付起付限额而最终放弃了申请救助的权利。

救助水平偏低还表现为救助项目单一、救助病种较少。目前医疗救助主要是实施大病、重病救助，并且在开展大病救助的地区，一般只限十几种病的救助，在大病的种类中只占极少部分，救助范围狭窄，客观上限制了特困人口对医疗救助的利用。鉴于财力的承受能力和资金总量有限，很多常见病、多发病和慢性病并未列入救助之列，这些未在病种规定范围内的医疗需求会因为缺乏保障而导致贫困。

(三)管理体制混乱，职责不清

我国各地的医疗救助工作主要依靠民政部门管理，财政、卫生等部门均从各自的角度出发开展工作，相互间缺乏有机的联系，从而使医疗救助资金不能充分合理利用；部门之间的协调往往不够及时，往往出现资金不能够按时到位，数据平台不能够通畅共享，甚至主管部门缺位或争议主管部门等问题，导致求助者或求助无门，或不知找谁，造成医疗就诊延误。

同时，很多地区医疗救助由于部门职责不清存在多头管理与无人管理双重状态。当向政府争取医疗救助资金时，民政、卫生等部门纷纷要求管理使用这笔资金，可是一旦有弱势群体需要医疗救助时，或者各个部门之间往往相互推诿，或者降低医疗救助质量和服务水平。

(四)医疗救助相关法律制度不健全

我国医疗救助方面的规章制度并不少，但是迄今为止还没有制定出相关的法律制度，这就使得现行的医疗救助行为失去了规范性与强制性，在实施救助过程中经常产生随意性。例如，由于没有相关法律法规，人们很难弄明白对弱势群体的医疗救助究竟是有关部门的神圣职责还是这些部门的一种善举。如果我们能够明确医疗救助就是职能部门的义务和职责，并在经费上予以保障，那么不仅这些部门的救助行为会比以往更加规范，而且也会使那些被救助者能够比较坦然地接受医疗救助，从而保护他们的健康权益。没有严明的法律也会导致医疗救助资金使用与管理上无章可循，甚至被挪作他用。所有这些，均表明应当尽快建立健全我国城乡弱势群体医疗救助制度，规范各种医疗救助行为。

(五)没有协调好医疗救助与其他政策之间的关系问题，特别是与新型农村合作医疗和城镇居民基本医疗保险的关系

一方面，由于对医疗救助的政策宣传不到位，贫困群体很容易将医疗保险和医疗救助混淆。参加医疗保险的人员，只有在享受医疗保险后仍有困难的特困人员，才能申请医疗救助。但是，现实中越过医疗保险这道界线，直接进入医疗救助的现象时有发生，这就加重了医疗救助的压力。也有把互助性救助混同于医疗救助的情况存在。这些保障方式在医疗保障功能上有异曲同工之效，但在实施过程中应当理清相互关系。

另一方面,虽然医疗救助制度与新农合制度、城镇职工和居民医疗保险制度的衔接已经有相关文件作出规定,但都属于指导性建议,尚未有具体实施办法,有待进一步探索。

二、完善中国医疗救助的思路

我国医疗救助的发展思路应该是以政府为主导,社会力量广泛参与,通过医疗机构提供服务的综合救援行为,旨在恢复患者健康,维持其基本生存能力,即在筹资机制上,以政府投资为主,同时充分利用民间力量多方筹集医疗救助资金;在基金管理上,应采用专项基金形式,财政增加预算安排,由专门机构负责进行运营;在救助方式上,应充分利用好现有的各级医疗机构和社会救助管理部门,做好就诊、转诊制度和救助待遇审批与审批制度的衔接工作。

我国城乡差异、各地区经济社会发展水平差异都非常大,而且在医疗卫生领域的需求水平、供给状况、管理体制上也都有着广泛的不同,因此建立和健全我国的城乡医疗救助体系,应在广覆盖、低标准的原则下,实行分类指导,稳步推进,不断调整和改善政策的设计和管理,使制度的设计有利于惠及贫困群体。当前具体要做好的工作包括:

(一)加大资金投入力度,建立多方筹资机制

充足稳定的资金来源是保障我国医疗救助制度有效运转和正常实施的必要前提。从历史发展进程来看,任何一个国家都无法将所有贫困患者的医疗费用全部包揽下来,因此,建立一个可持续、多渠道的资金筹集机制尤为重要。第一,正确认识、充分重视政府公共财政在医疗救助资金来源渠道中的基础性地位和保障性作用,不断强化政府责任,进一步扩大医疗救助资金的筹集规模。就 2012 年 8 月审计署公布的城乡医疗救助基金审计情况来看,在 2011 年医疗救助总基金收入200.94 亿元中,中央财政、地方财政及其他渠道来源所占比重分别为 65.62％、30.95％和 3.43％(131.86 亿元、62.19 亿元和 6.89 亿元)。中央财政投入比重的持续扩大将更好地促进我国医疗救助事业的顺利发展。第二,积极动员全社会力量共同参与,实行"政府行为,社会支持"的筹资政策。实施医疗救助还需要建立社会多元化的筹资模式,主要包括医保基金、福利彩票、慈善基金、商业保险、社会捐助、爱心奉献,以及个人、企业及国际组织支持等。第三,使救助资金筹集制度化,开征社会保障税,由税务部门统一征收管理,建立医疗救助专项资金,对需要医疗救助的困难人群进行公平合理的分配。这样可以借助法律手段强制筹资,使企业和个人(尤其是高收入者)应承担的义务用法律的形式固定下来。这种筹资方式具有征收面广、标准统一、筹资稳定性强、力度大等特点。同时,建立专项医疗保健基金或专项救济基金,以解决贫困地区,尤其是革命老区或边远山区医疗救助财力不

足的难题,进一步完善相应的监督管理机制,做到救助基金专款专用。

(二)改进救助程序,逐步提高医疗救助水平和可及性

简化准入程序,变事后救助为事前、事中和事后相结合救助。事后医疗救助在提高医疗服务可及性和实现应保尽保方面的效果较事前救助要差。对于低收入群体而言,事后救助方式使他们可能因为无力垫支巨额医疗费用而不能进入救助范围,降低了医疗服务的可及性,并且导致报销金额和比例具有不可确定性,阻碍低收入群体对医疗服务的消费,特别是对于收入弹性较高的医疗服务和慢性病医疗服务。因此,在医疗救助具体实施上,宜采用事前、事中和事后相结合的救助方式。通过卫生保健制度实现人们少生病,保障良好的健康条件,依据收入并兼顾其他标准确定救助群体,在疾病发生时及时提供保障,在事后对负担仍然较重的贫困群体提供救助。

此外,在农村,要进一步扩大救助范围,将常见病、多发病和慢性病列入救助之列,提高救助标准和救助比例,降低农村医疗救助起付额度,实现住院或大病救助的"零门槛",努力使医疗救助制度普惠农村困难群体,实现应救尽救;同时,应以新型农村合作医疗为依托,全面建立医疗救助、新型农村合作医疗和医疗保险"三办合一"的一站式结算进程,从而实现不同医疗保障制度间医疗费用信息、人员信息和就医信息的共享,为农村困难群体提供方便。在城市,要努力提升并完善城市贫困人口的医疗服务可及性,充分发挥社区卫生服务机构的载体作用。社区卫生机构在提供方便、快捷、综合、廉价的卫生服务方面具有很大的优势,政府应积极推进卫生进社区工作,不仅要加强社区卫生设施建设,更要重视全科医生和专业护士的培养与配备,逐步形成"分级就诊、双向转诊、康复到社区"的有序就医局面,努力实行以社区服务机构为平台、多部门协力配合、全社会共同参与的新型医疗救助制度,最大限度地满足城市困难群体的医患需求。

(三)严格管理、规范操作,建立完善的医疗救助管理体制

明确各部门职责,实现部门间利益整合,避免部门间的推诿扯皮,对于确保贫困患病群体得到最基本的医疗服务,实现医疗救助政策同原有医疗保险等制度的整合具有决定性的作用。首先各相关职能部门应明确分工,各司其职。民政部门是管理主体,要与财政部门、卫生部门、劳动保障部门加强合作。民政部门利用传统上一直负责城市弱势群体生活的优势,利用现有的民政救助工作网络,建立并健全医疗救助运作机制;卫生部门要加强对提供医疗服务的医疗卫生机构的监督管理,规范医疗服务行为;有关部门要加强对医疗救助药品和医疗价格的监督,确保定点医疗救助机构药品价格和医疗费用的公正、合理。其次,要进一步理顺医疗保障与医药卫生体制间的关系,提高医疗救助对患病群体的服务可及性,进而使救助

基金充分发挥其功能与效益。同时,应建立医疗救助信息管理制度,定期报告救助资金使用状况,对救助者的医疗服务、健康状况、家庭收入等情况进行定期核查、通报和反馈。

(四)加快医疗救助立法进程,健全医疗救助政策法规体系

立法先行,循序渐进是一项普遍的规则。要不断加强医疗救助法律法规制度建设,使医疗救助有法可依。从国外经验看,凡是医疗救助事业发展较规范的国家,都有相对完善的法律法规制度保障,如新加坡的《穷人医疗救助法》、英国的《医疗救济法》等。目前我国医疗救助制度建设还停留在行政规章、部门规章层面,一些地方政府在医疗救助的管理模式和运行规则上进行了大量的探索。在医疗救助政策法规体系建设中,应根据我国各地经验和实际情况,先制定政策,解决眼前急需解决的问题,并不断完善政策,在此基础上制定部门规章,然后再着手法律的制定,形成科学合理的医疗救助的制度体系。具体来说,应通过统一完善的立法建设,明确救助对象、救助方式、救助标准、救助主体及救助程序、资金来源渠道等相关实施细则,防止出现资金滥用、筹资困难、多头管理或管理瘫痪等不良现象;同时,确定医疗受助者的法律权利与义务,对骗取或挪用救助金的行为给予相应的法律处罚,进而避免有限救助基金的大量流失,促进医疗救助事业的良性运行与发展。

(五)完善医疗救助与医疗保险制度的衔接,实现无缝保障

第一,完善医疗救助与新型农村合作医疗制度的衔接。医疗救助制度通过对贫困群体资助参保、提供直接补助或负担一定比例费用来减轻疾病致贫风险;新农合以履行缴费义务为前提,通过报销一定比例医疗费用来保障人们病而无忧。二者在衔接实施中,医疗救助制度着重对因病陷入贫困但尚未参加新农合的人员提供事中和事后的救助服务,事中服务包括门诊减免、药品床位减收及总医疗费用优惠等,事后对经过帮助后仍困难的人员提供二次补助,对于身体健康但未参加新农合的贫困群体,实行资助参保。对于已资助参保的人员,帮助其缴纳新农合方案中规定的起付线部分比例,或承担共付线、超过封顶线的部分比例,对自主参加新农合且因病报销后负担仍然较重的人员提供二次救助。新农合则通过降低起付线、扩大报销比例、提高封顶线等方式为贫困群体提供政策优惠,并根据各地区农民患病病种的特点,将未纳入医疗救助病种范畴的地方病、慢性病及一些特殊病种纳入新农合大病统筹。

第二,完善医疗救助与城镇基本医疗保险以及其他社会救助制度的衔接。在与城镇基本医疗保险制度衔接上,要确保医疗救助内容与城镇基本医疗保险项目的内容相匹配。医疗救助制度资助贫困群体参加城镇医疗保险,对符合享受医疗

保险的资助者,帮助其负担或缴纳部分起付线、共付线及封顶线的比例。医疗保险制度对纳入保障范围内的受助者在门诊、住院方面给予一定优惠,并适当降低起付线比例、扩大共付线和封顶线的范围,对享受医疗保障补偿后负担仍然较重者,通过医疗救助制度提供二次保障。在与最低生活保障制度的衔接方面,国务院颁布的《城市居民最低生活保障条例》没有涉及医疗问题,对患大病、重病的贫困者进行救助后,可以适当考虑将生活仍然困难的居民纳入最低生活保障制度,解决其基本生活问题。在医疗救助制度与《农村五保供养工作条例》的衔接上,对常见病和重大病的救助要各行其责,逐步形成前者主要资助参加合作医疗解决大病问题、后者主要解决五保对象常见病问题的制度格局。

医疗救助是医疗保障领域的最后一道防线,它提供的保障是对城乡医疗保障体系的一种补充。正在迅速推进的城镇医疗保险制度是我国医疗制度的一项重大改革,它将和农村新型合作医疗制度共同为我国城乡居民的医疗问题提供有力的保障,而城乡医疗救助制度只能解决医疗保险和合作医疗无法解决的那部分居民的医疗需求。因此,城镇基本医疗保险和农村新型合作医疗制度的全面实施与保障效果也是医疗救助制度发展的前提和基础。

理论探讨

医疗救助制度与医疗保险制度的衔接问题

一、医疗救助制度与医疗保险制度衔接的必要性

1. 医疗救助制度与医疗保险制度衔接能够弥补各自的政策空白,有利于提高贫困人口的医疗保障水平,增强贫困人口卫生服务的可及性

医疗救助和医疗保险是两种不同性质的医疗保障制度。医疗救助制度是在政府的主导下,动员社会力量广泛参与的一项面向弱势群体的医疗救助行为。它作为多层次医疗保障体系中的最后一道保护屏障,目的是将一部分生活处于低收入甚至贫困状态的社会弱势群体网罗在医疗保障体系之中,通过实施社会医疗救助制度,为他们提供最基本的医疗支持,缓解其因病而无经济能力进行医治造成的困难。目前,我国农村医疗救助的受益对象一般是五保户、低保户和优抚对象,城市地区的受益对象一般是城镇低保家庭及其成员。基本医疗保险制度是公民患病和非因工伤而需要医疗服务的,由社会保险基金向其提供医疗给付的保险。医疗保险的目的在于使患病或者受伤的群众能够得到及时的医疗救助,并缓解群众所遇到的暂时的经济困难。医疗保险是为世界各国所普遍关注的社会保险项目。由于两者的制度性质不同,决定其管理主体分别为劳动和社会保障部门与民政部门。

我国自 1998 年建立城镇职工基本医疗保险制度、2003 年建立新型农村合作医疗制度、2007 年开展城镇居民基本医疗保险制度以来,经过 10 多年的努力,我

国基本形成了覆盖全民的中国特色的基本医疗保障体系框架。但从实际情况来看,2009年我国城市医疗救助资助参加医疗保险的实际覆盖率只有46.87%,农村的实际覆盖率有87.65%,城乡贫困人口还未实现应保尽保。然而,城乡贫困人口较普通人有更加巨大而迫切的卫生服务需要。根据世界银行对卫Ⅷ项目地区的调查资料显示,贫困地区居民的两周患病率是全国平均水平的1.60倍,两周患病天数是全国平均水平的1.95倍,因病休工天数是全国平均水平的2.10倍,卧床天数比全国同期家庭卫生服务调查的结果高出1.74倍。与此同时,贫困地区居民的慢性病患病率是全国平均水平的2.20倍。

目前,我国医疗救助制度建设相对薄弱,资金不足,医疗救助的水平偏低,仅仅依靠医疗救助制度无法解决贫困人口的就医问题。对于体弱多病的贫困人口来说,他们有强烈的参加医疗保险的意愿,但是由于经济原因无力参合;同时较高的起付线降低了贫困人群参保的预期收益使他们不愿参保。这就容易形成"因病致贫、因贫返病、贫病交加"的恶性循环。通过两个制度的衔接,不仅使贫困人口可以享受到医疗保险制度的报销,在此基础上享受医疗救助制度的补贴,发挥两种制度的各自优势,改善城乡贫困群体的医疗不利状况,而且能够提高贫困人口的医疗保障水平,增强贫困人口卫生服务的可及性。

2.医疗救助制度与医疗保险制度衔接有利于节约制度运行成本,提高制度运行效率

医疗救助制度与医疗保险制度两者还存在着紧密联系、相辅相成的关系。

首先,二者都是由政府主导实施的,具有较为一致的政策目标。从城市医疗救助制度与城镇居民基本医疗保险制度的关系来看,政府在政策的制定和实施中起绝对的主导作用。两项制度的最终目标在于保障城镇居民健康,减轻疾病经济负担,提高城镇居民卫生服务的可及性,促进城镇社会和谐发展。从农村医疗救助制度和"新农合"制度的关系来看,两项制度的政策目标都是为了有效缓解农村"因病致贫、因贫致病、贫病交加"的问题,降低农民由于疾病带来的经济负担,提高农民的健康水平。

其次,二者的对象范围有较大的重叠性。城镇居民医保的参保对象面向全体社会成员,也包括了大部分的医疗救助对象。大部分救助对象符合参加城镇居民基本医疗保险的条件和享有医疗救助的权利。"新农合"是面对全体农村居民的医疗保险制度,农村困难群体也应该享受该项制度,通过不同的途径和模式来帮助贫困农民参加"新农合",能够较好地解决这部分困难群体的医疗保障问题。

最后,二者拥有共同的医疗服务提供者。尽管城乡居民的保险制度与医疗救助制度具有不同的制度性质,不同的管理主体,但是二者有着共同的医疗服务提供者,即定点医疗机构。城镇居民医疗保险制度从2008年实施至今,已经建立起

市、区、街道三级居民医保定点医疗机构服务网点,承担着不同重点的医疗服务功能。医疗救助选择与居民医保一样的医疗机构作为定点单位,在居民医保网络系统的基础上增加医疗救助信息需求,便可把救助对象享受两种制度的服务方统一起来,既方便了群众,又节省了医疗救助运行的管理成本。在农村,各"新农合"制度运行时间一般都早于医疗救助,已经形成了三级卫生服务网络、比较成熟的运作方式和组织原则。如果单独建立一个完整的医疗救助制度运作体系,包括信息采集、资格审核、报销、费用支付等,就需要配置相当的人力、财力和物力,而医疗救助的对象仅占农民人口的 5%,这就会造成制度运作成本过高的现象。实现医疗救助和"新农合"的有效衔接有利于节省人力、物力、财力,节约运行成本、提高效率。

3. 实现两种制度的有效衔接,有利于提高我国健康保障的公平性

医疗保障制度的公平性主要包括横向公平和纵向公平。横向公平是指从全社会角度看,不同人群能平等地享有国家提供的基本医疗保障,它要求医疗保险在制度设置、保障范围和保障待遇等方面应对社会所有人员提供一种平等、公开、公平的参与和保障机会。当然,由于人们在收入水平和保障需要上存在差异,单一的医疗保险形式很难满足社会各类人群的医疗保障需要,必须建立缴费水平和保障待遇呈多层次的医疗保险供社会各类人员选择。纵向公平是指从参保人个体角度看,参保者不仅能拥有医疗保障,而且能享受到医疗保障所带来的医疗服务,它表现为医疗服务的可及性。社会各类人员不仅可以参加医疗保险,而且更重要的是同样的医疗需求应该得到同样的医疗服务。个人分担是医疗保险制度的一项重要原则,一定比例的自付是医疗保险健康、持续运行的重要保证。参保人员的个人医疗负担应该与本人的实际承受能力相适应,所以全社会设定整齐划一的起付标准和自付标准,看似公平,实非公平。对于一些高收入阶层来说"门槛"相对较低,缺乏制约力度,效率低下;而对于一些低收入群体来说,"门槛"又过高,难以跨越,造成一些困难人员即使参加基本医保后仍极有可能承担不起高额的医疗费用而很难享受医疗服务。另外,重大疾病和慢性病患者要承担高额自付费用和疾病相关的经济损失双重压力,往往导致因病致贫。通过资助贫困居民参保、取消或降低"门槛费"等措施实现医疗救助制度与医疗保险制度衔接,就能够提高贫困居民对医疗服务的可及性,体现医疗保障制度的横向公平性与纵向公平性。

世界卫生组织和瑞典国际发展合作组织(SIDC)在《健康与卫生服务的公平倡议书》中就提出了一个界定:公平意味着生存机会的分配应以需要为导向,而非取决于社会特权,公平和公正的关系应该处理得更恰当,或者通过措施来降低人群间(不考虑收入)卫生的不公平性,或者集中解决那些健康状况最差的人(不论贫富)的卫生问题。这奠定了医疗救助与基本医疗保险制度衔接的基础。

二、医疗救助制度与基本医疗保险制度衔接的方式

医疗救助制度与基本医疗保险制度的衔接主要体现为：农村居民医疗救助制度与新型农村合作医疗制度的衔接，城镇居民医疗救助制度与城镇居民基本医疗保险制度的衔接。医疗救助制度与城镇职工基本医疗保险制度衔接得到了国家政策层面的支持，目前一些地区也在积极实践和探索。

从我国农村的实践来看，农村居民医疗救助制度与新型农村合作医疗制度衔接的方式主要有以下四种：

(1)帮助医疗救助对象参加"新农合"，这是两种制度衔接的最低层次。由民政部门出资帮助五保户、低保户、特困人口等医疗救助对象参加"新农合"，使其具有获得合作医疗补偿的机会。但是，具体实践的结果只能使救助对象加入到"新农合"制度中来，却无法从制度中受益。因为，对于救助对象而言，"新农合"的起付线无疑是一道"高门槛"，他们无力承担。如果只是出资帮助医疗救助对象加入到"新农合"制度中来，结果只能是让非救助对象享受到更高的利益。

(2)降低或者取消"新农合"的起付线。对于贫困人口来说，"新农合"的起付线是一道"高门槛"，因此，由民政部门来填补起付线以下的资金，降低或者取消"新农合"的起付线，使救助对象"低门槛"甚至"零门槛"进入到"新农合"，是保证他们从制度中受益的一种有效途径。

(3)"新农合"补偿后，医疗救助进行二次补偿。医疗救助对象进入"新农合"后可以享受到"新农合"的报销补偿制度，但是对于贫困人口而言，"新农合"较高的自负比例仍然使他们在经济上无力承担。这就需要医疗救助对其进行二次补偿，即救助对象的医疗费用由"新农合"补偿报销后，民政部门对其自付部分再进行一次报销补偿。通过这种方式解决贫困人口的医疗费用问题，提高医疗保障水平。

(4)临时性救助。目前，实行"新农合"的绝大部分地区都设置了住院的封顶线。对于患重大疾病的农民来说，尤其是中西部地区农民，受封顶线限制，享受过"新农合"报销制度后自己仍然要承担一大笔医疗费用，最终还是会引发"因病致贫"的问题。因此，部分地区在具体的操作过程中，对于患大病的非医疗救助对象采取临时救助的方式来解决医疗费用问题，保障农民不致"因病返贫"。

从我国城镇的实践来看，城镇居民医疗救助制度与城镇居民基本医疗保险制度的衔接也有五种方式：

(1)资助救助对象参加居民医保，为其构筑抵御医疗风险的第一道防线。

(2)对救助对象居民医保起付线与医疗救助起付线的差额救助。

(3)对居民医保补偿后的个人负担部分的再救助，减轻贫困居民疾病经济负担。

(4)对发生高额医疗费用的救助对象实施三次救助，有助于减轻重大疾病对贫困家庭经济的冲击,并在一定程度上缓解贫病交错的现象。城市医疗救助与居民医保制度相衔接的救助模式,使受益对象享受两次补偿:第一次是居民医保住院、门诊特定项目和门诊慢性病的保险补偿;第二次是困难群众医疗救助补偿。除此以外,困难群众发生高医疗费用还可以再申请特别医疗救济,这相当于三次救助。经过三次补偿,大大提高了贫困居民抗疾病经济风险的能力,减轻了重大疾病对贫困家庭的经济冲击,在一定程度上缓解了贫困家庭贫病交错的恶性循环。

(5)从医后救助向医前、医中混合救助方式转变,医疗保险与医疗救助同步结算实施,提高医疗救助的效率。目前,国内绝大部分城市医疗救助制度均采用医后救助的补偿方式。医后救助需要救助对象诊疗期间个人先垫付费用,贫困家庭由于难以拿出高额医疗费用,往往有病不看,小病扛成大病,延误了诊治的最佳时期。2008年8月,广州市医疗救助对象统一通过民政部门信息网络端,被资助参加居民医保,并为其医保信息添加困难人群类别。救助对象在居民医保定点医疗机构发生医疗费用,只要刷卡便可识别出其医疗救助身份,居民医保系统即时按照医疗救助政策进行救助金额的医疗机构记账,无需个人垫付费用后再到民政部门申请医疗救助。这种救助方式从根本上改变了过去困难居民自行结算医疗费才能享受医疗救助的制度缺陷。同时也借助现有的社会医疗保险信息系统实现智能化的业务操作,节省了医疗救助管理成本,提高了医疗救助制度运行的效率。

三、医疗救助制度与基本医疗保险制度衔接存在的问题

1. 医疗救助资金缺乏、利用率偏低

按照制度设计,医疗救助资金来源于政府拨款和社会各界自愿捐助,是多渠道筹资。从各个地区实际情况看,资金主要来源于政府拨款,造成了医疗救助在运行过程中的资金缺乏。资金的缺乏限制了医疗救助与医疗保险的有效衔接,有些地区仅仅实现了最低层次的衔接,即帮助医疗救助对象参加医疗保险。受医疗保险起付线的限制,救助对象仍然不能从制度中受益,有些地区则是直接对救助对象实行医疗救助报销制度,没有将两种制度衔接起来。资金利用率较低。一方面,政府财政拨款没有根据地区之间的差异做好资金的合理分配。另一方面,在实践中还存在医疗救助资金结余率偏高的现象。

2. 各部门之间协调不力

医疗保险主要由社会保障部门负责,医疗救助主要由民政部门负责,医疗服务供给主要由卫生部门负责,政府财政补助通过财政部门拨付。在制度政策层面,许多省市都出台了相关政策,包括民政部门牵头,负责贫困人群的认定、资助参保和二次补偿费用等,社保部门、卫生部门和财政部门共同做好贫困人群的医疗救助。但是,在管理实施过程中,部门之间缺乏沟通,各部门仅从各自利益出发考虑问题,对其他部门的工作不够了解,甚至互不信任。例如,民政部门主要考虑低保人群的医疗救助,帮助低保人群参保,不直接参与贫困人群社会医疗保险的具体工作,对于医疗保险的影响难以把握。社会保障部门主要负责医疗保险费的征缴和支付,难以考虑划分出针对特困人群支付补偿标准。

3.衔接过程中农村救助对象的确定存在困难

农村医疗救助的对象是农村五保户和农村贫困家庭成员以及地方政府规定的其他符合条件的农村贫困农民,但是在具体的实施中,由于对农户逐一调查需要很大成本,同时各种影响因素难以指标化、不能进行精确的量化分析和统计,农村五保户和农村贫困家庭的确定就存在一定的操作困难。从实际情况看,还有不少困难群众也交不起参合费,需要政府的资助。这就导致医疗救助的对象难以确定,不能顺利实现两种制度第一个层面的衔接。

4.缺乏医疗救助信息共享平台

建立共享信息平台在全国一些地区进行试点并取得成效。但是仍有许多地方由于缺乏共享信息平台,难以有效建立起动态管理机制,社保、卫生部门难以协调一致参与贫困群体的医疗服务和救助,降低了医疗保障的可及性和公平性。特别是许多西部地区,由于地方经济困难,缺乏信息技术支撑,加之一些领导认识、重视不够,共享平台建设方面面临更大困境。许多地区医疗救助的补助仍采取事后支付的方式,救助对象患病后需要个人垫付医疗费用,且医疗报销、补助手续比较繁琐,而许多困难群众因高昂医药费用的垫付和补助的繁琐手续而回避医疗服务,造成了医疗服务的可及性和服务利用的公平性难以得到实现。

5.对医疗救助政策的社会认知不全面

许多地方民政部门利用多种形式开展了医疗救助政策的宣传,使广大居民了解医疗救助对象、程序、补偿及二次补偿,提高社会对医疗救助政策的认知及对医疗救助的利用。但医疗救助对象大多是社会边缘的弱势群体,其文化程度低,对新事物的认知能力相对较差,这些都将导致因居民对政策不知或理解不当而产生无法得到补偿的结果,直接影响到医疗救助受益的公平性和救助资源的利用效率。

四、进一步推进医疗救助制度与基本医疗保险制度衔接的思路

1.扩大救助资金来源,提高资金利用率

为完善我国城乡医疗救助制度,中央财政不断加大资金的投入,2003年只有3个亿,到2008年已经达到了50.46亿,2009年中央财政安排的医疗救助资金已经达到80.53亿,政府对于医疗救助体系已经投入了大量的资金。针对救助资金缺乏的现象,还应该发展社会各种力量进行筹资。例如建议慈善组织给予慈善救助、发动社会力量捐款等。要提高救助资金的利用效率。一方面中央财政的资金投入要有一定的倾斜,加大对比较落后的中西部地区的资金投入。另一方面,按照"量入为出、应救尽救"的救助原则,为避免年内资金沉淀,救助资金结余率不应超过

10％。风险金的提取每年也不宜过多。

2. 加强部门间的协作,提供"一站式"服务

要做好医疗救助制度与基本医疗保险制度的衔接,各个部门之间的协作至关重要。福建省福州市推出的医疗救助和"新农合""一站式"服务模式不仅实现了衔接过程中各个部门的良好协作,也极大地方便了农民群众,值得各个地方参考借鉴。其中,财政部门负责及时安排资金并及时下发到医疗救助和"新农合"资金"一站式"结算服务专用账户,同时对资金使用情况进行监管;民政部门负责救助对象审核认定工作并建立救助对象动态数据库,方便对其提供高效、便捷的结算服务;卫生部门通过"一站式"服务结算专用账户,结合救助对象动态数据库,实行"新农合"补偿和医疗救助一并结算;"新农合"管理中心对定点医院的相关业务进行实时审核,及时向民政部门汇报救助工作的实施情况。

3. 科学界定救助对象

民政部门在确定救助对象的过程中应严格审批程序,落实调查工作,提高政策的执行力。尤其是在审批过程中,民政部门要切实采取入户调查、邻里访问等方式对申请人的健康状况、家庭经济状况、医疗支出等进行深入了解和调查。提高村民对政策的知晓率,在救助对象确定过程中发挥村民的舆论监督作用,减少操作过程中的人为因素。对于救助对象要实行动态管理,定期更新救助对象,确保制度的相对公平性。

4. 信息平台共享,实现保障公平

政府机构应搭建起公用的信息平台,实现信息共享,使其能实时同步更新贫困居民参保、家庭收入与支出、患病及贫困状况等信息,帮助政府工作人员了解其实际生活状况,测算贫困群体可承受的医疗费用负担,在政策制定上和具体操作上做到更加可行、有利,切实帮助困难群众减轻医疗负担,实现社会保障的公平性。目前在一些经济发达省份的大中城市积极探索实施了"一站式结算",利用"一卡通"实现了患者与社保、民政、财政、卫生等部门的实时结算,缓解了贫困人群"看病难,看病贵"的压力。

5. 加大宣传力度,提高居民对救助政策的社会认知

加强对贫困人群和一般人群的宣传,可根据在校学生、低保户、老年人等各类群体的特点,借助学校、社区、医院等有利条件,利用电视、网络、媒体、黑板报、宣传栏、宣传册等宣传工具进行知识普及,通过宣传教育、有奖知识问答等方法提高居民对医疗保险、医疗救助政策的知晓率,同时做好对相关政策的解释工作,消除认识上的误区和顾虑,完善制度间的配套措施,促进政策实施公平。

6. 健全医疗卫生服务体系,完善医疗保障制度

必须进一步加强基层医疗机构的建设,引进和鼓励卫生技术人才到基层工作,

并提供政策优惠。要建立健全医疗卫生体系,完善医疗保障制度建设,为发挥制度衔接对保障贫困人群卫生服务可及性、公平性的作用提供必要的保障。

思考:

谈一谈对我国医疗救助与医疗保险关系的认识,并分析二者衔接过程中存在的主要问题及完善对策。

复习思考题

1.试评价美国和英国医疗救助制度的覆盖人群和救助项目上的主要差别。

2.我国医疗救助的现状如何? 存在哪些问题? 应从哪些方面入手完善?

第七章　教育救助

　　贫困家庭由于缺乏相应的经济基础,贫困人口自身及其子女往往会因为贫困而不能接受良好教育,这对他们来说无疑是不公平的。为保护每个人都能行使接受教育的教育权,不少国家政府实施了教育社会救助制度,以此提高全民教育素质,实现经济社会长远持续发展。本章主要介绍了教育救助的基本理论,国外教育救助制度的主要内容和做法,结合我国实际,分析了我国教育救助制度的现状、存在的问题及完善思路。

第一节　教育救助概述

一、教育救助的内涵、特征和主要功能

(一)教育救助的内涵

　　教育救助,是指国家和社会团体为保障适龄人口能获得接受教育的机会,从物质上对贫困地区和贫困学生在不同阶段提供援助的一种社会救助项目。不管是国内还是在国外,教育救助都有悠久的历史,在推进社会进步方面发挥了重要作用。早在封建时代及其以前,统治阶级就把知识视为统治的利器,但由于当时以传授知识为特征的传统教育始终处于少数人的控制之下,再加上生产力水平低下,所以接受教育还只是有一定经济条件的家庭的特殊消费品。在中世纪,受文艺复兴运动的促进,代表处于萌芽状态的新兴资产阶级思想意识的宗教改革运动率先将教育引向普通民众,"公共教育"思想出现。以马丁·路德为首的新教在与保守的中世纪宗教对抗中,明确意识到要想把神与人相结合的宗教思想推行下去就必须实现"人人应接受教育"的设想。在这种思想强烈影响下,以德意志为中心的中欧部分地区实行了具有最原始公共教育性质的义务教育制度。由于这种公共教育带有强迫的性质,那些家境贫寒的人在送子女上学的同时必然要遭受经济上的阻碍,于是当时的教会与行政就承担起资助学童的义务。这就是人类历史上最早出现的教育救助的雏形。

　　随着近代工业革命的发展,欧洲资本主义国家对劳动生产技能的要求越来越高,机会平等观念被引入教育之中,各国日益意识到推广公共教育、提高国民素质的重要性。国力的竞争变成了教育的竞争。为了让更多人接受义务教育甚至高等

教育,许多国家开始以法律的形式将对贫困家庭的教育救助固定了下来。各国除了增加义务教育投资、延长义务教育年限外,纷纷设立奖学金、助学贷款等助学措施,使贫困家庭子女能有机会接受高等教育。欧美各国教育能有如此之高的普及程度,与教育救助制度紧密相关。

对教育特别是义务教育的投入有时候不像其他经济投资一样会带来直接经济效益,但它所产生的社会效益及人力资源长期来看是一个国家和社会发展的最根本动力。贫困地区的经济落后决定了其教育的滞后,贫困家庭的经济困窘也同样限制了他们对子女教育的投入。为此,国家和社会有责任对这些地区和家庭给予经济上的援助,使他们同样享有受教育的权利。

目前,教育救助的主体主要有国家、社会团体和个人。国家是教育救助的主体,它通过财政拨款的方式,对贫困地区和贫困家庭子女就学提供特定补贴和资助,以帮助其完成学业。国家也可以通过制定相应政策,使这些弱势群体享有一定政策优惠。同时,随着经济的发展,社会团体和个人在教育救助上的作用也越来越明显。许多社会团体、慈善组织纷纷成立各种教育救助基金等对贫困学生进行援助;投身慈善的个人如邵逸夫、李嘉诚等企业家通过捐建教学楼、设置奖学金等进行教育援助。社会团体和个人在教育救助上的作用也越来越明显。

根据受助对象即受救助客体的不同,教育救助可分为三个层次。第一个层面是对贫困家庭子女的整体社会救助。这里包括对城镇贫困家庭子女及农村贫困家庭子女的教育援助。第二个层面是对贫困地区的整体社会救助。由于历史及自然等客观原因的存在,一些地区的经济发展相对落后,使得这些地区的适龄人口无法正常接受教育,同时,这些地区的教学场所、设备和师资往往都处于短缺的状态,这同样也影响了适龄人口接受教育的机会,因此对贫困地区的资金和物质上的资助也是教育救助要考虑的重要方面。第三个层面是对贫困落后国家的社会救助,即国际间的教育援助。从国际社会的角度来看,对发展中国家的教育援助,也是促使这些国家实现全民教育的重要手段之一。例如,自1962年在突尼斯启动中学建设项目到2011年为止,世界银行已通过1500多个项目对全球教育投资了690亿美元,仅2010年就高达50亿美元以上。国际金融公司(IFC)也自2001年将重点放在教育以来,到2011年为止,已在46个私营教育项目中投资了5亿美元。

(二)教育救助的特征

与其他社会救助相比,教育救助具有以下特征:

(1)救助效应的间接性。教育救助的对象非常明确,其救助的是应当接受教育的适龄人口,包括接受初等教育和高等教育的学生。教育救助的间接性主要体现在两方面:一是教育救助往往不是直接对这些学生发放救助资金或物品,而是对这些困难学生的家庭进行补贴或学费减免。这主要表现在受助学生多是未成年人的初等教育的社会救助上。二是教育救助往往不是直接困难学生或学生家庭发放救助资金,而是对他们进行间接上的经济援助,包括书杂费的减免、提供勤工俭学的机会以及提供贷款等。

(2)救助实施的连续性。通常情况下,教育救助不是一次就能完成的。学生受教育是一个持续的过程,少则几年,多则十几年。在这个过程中,学生通常是没有其他经济收入的,困难学生的家庭往往在短期内也不能使经济状况有根本好转,因此,教育救助常常需要有一个持续的过程,即对困难学生的援助不是一次性的,而是分阶段(通常是以学期或学年为一次)对困难学生进行救助。

(3)救助形式的多样性。从不同阶段看,可以分为初等教育和高等教育的社会救助。初等教育的救助方式和高等教育的救助方式也是不尽相同的。从初等教育阶段来看,主要是对困难学生进行学杂费减免和助学补贴。对于高等教育来说,在对其进行助学金补助和学费适当减免的同时,更提供了助学贷款这一形式。从救助的不同程度来说,可以分为直接救助和间接救助。直接救助包括学费的直接减免和提供助学金等,间接救助则主要体现在高等教育救助中的提供勤工俭学机会及申请贷学金。

(三)教育救助的主要功能

(1)具有很强的反贫困功能。根据人力资本理论,个人因为受教育程度低、工作能力差、就业经验不足,往往会削弱其在劳动力市场的竞争力,造成其工作报酬偏低,个人及其家庭陷入贫困而依赖社会救助的可能性因此增高的逻辑,教育救助提供经济支援和医疗补助等现金支持、职业训练或就业辅导的服务支持来补充贫困家庭的收入不足,并增进家庭中个人的人力资本,以衍生较高的工作所得收入,促进其脱离贫穷,走向经济自立,是降低贫穷、创造财富的最有效方法之一。

(2)促进教育公平和社会公平。教育公平是教育权利的平等,也是教育机会的均等。从受救助的学生角度看,数额有限的社会救助金,不仅给他们带来了物质援助,更重要的是为他们提供了奋发成才的机遇。教育能显著地改善人的生存状态,增进社会公平,因而被视为实现社会平等"最伟大的工具"。

(3)促进国民经济发展。一个国家的经济要发展,凭借的是这个国家劳动生产率的提高,而劳动生产率的提高又需要这个国家国民素质的提高。这时的国民不是指一部分社会精英,而是整个国家的公民,这里的素质也不仅仅是身体素质,它更是指包括技能在内的文化素质的提高。从某种意义上来说,教育救助的目的除了求得社会公平外,很大程度上也是为了追求效率、促进整个国民经济更快更平稳的发展。

二、教育救助制度的主要形式

根据受教育的阶段和受教育者经济困难程度的不同，教育救助的形式也有所不同，具体表现在：

(一)初等教育阶段

(1)免费义务教育。许多国家通过法律法规的形式将免费义务教育作为中小学教育阶段的适龄儿童接受教育的重要措施，对提高人口整体素质、推进经济社会持续稳定发展发挥了重要作用。

(2)助学金。这是许多国家针对贫困家庭学生实行教育救助的一种比较通用的措施。提供助学金往往是定期的，一般以一个学年、一个学期或者一个月为时间单位提供助学金。有些国家根据学生贫困程度和学习成绩提供不等的助学金，如分为一等助学金、二等助学金和三等助学金等。它通常是由学校或者国家发放的。

(3)困难补助。这也是许多国家提供给贫困家庭学生的一种常见的教育救助项目。困难补助往往是一种临时性措施，不定期地提供一定金额的补助，解决贫困学生的燃眉之急。而且，有些国家把困难补助分为开学补助、交通费补助、伙食补助、教科书补助等。它往往也是由国家或者学校实行的一种措施。

(二)高等教育阶段

(1)奖学金。奖学金主要帮助经济困难并且学习优秀的学生完成学业，它是由高校或者校外单位或者国家发放的。这是许多国家普遍采用的一种教育救助措施。但它的不足之处在于享受奖学金需要与学习成绩挂钩，即使家庭贫困但学习成绩不好的学生往往领不到奖学金，因此它在教育救助方面的作用是有限的。

(2)助学贷款。助学贷款是很多国家通常采用的一种教育救助措施，虽然它的历史不长，但越来越受到各国的重视。助学贷款是由金融机构为贫困大学生提供的一种帮助，但作为商业机构，它最终是以追求利润最大化为目标的，因此，为了能够使得这项工作顺利展开，国家给予一定的优惠政策，如国家承担贷款利息等。

(3)勤工助学。许多国家的大学生都勤工俭学，因此，勤工俭学能够帮助贫困大学生渡过学习期间的经济难关。很多国家的大学都为大学生介绍和提供勤工俭学的工作岗位，其中主要介绍校外的学生能够而且法律上允许的各种工作岗位，在校内为学生尤其是贫困学生提供各种勤工俭学的机会。这项措施不仅解决了贫困大学生的经济困难，而且提供了在社会上锻炼的机会。

(4)补助金。补助金往往是由各级政府或者大学提供的一种教育救助项目。在许多国家，中央和地方拨出专款对贫困大学生进行困难补助。有些国家的高校也从自筹资金中拿出一部分来帮助贫困大学生完成学业。这种高校补助，在有些国家是政策明确规定必须实行的,也有些国家虽然没有明确规定但也是鼓励高校采取这方面的措施。补助金主要解决学生在校期间的生活费问题,往往属于一种临时性措施。

(5)学费减免。学费减免是很多国家普遍采用的一种教育救助项目。在许多国家,高校的学费往往是比较昂贵的,尤其对贫困大学生来说是一个很沉重的负担,因此,通过学费减免可以大大减轻贫困大学生的经济困难。但在有些国家,学费减免与学习成绩相挂钩,只有成绩优秀的学生才能享受学费减免,这样难免会产生有些需要帮助的贫困大学生得不到学费减免。

当然,由于不同国家的经济基础、贫困人口和家庭的贫困状况、接受教育人员的素质等参差不齐,于是在不同教育阶段,各国实施的教育救助形式也不完全相同。

第二节　国外主要国家的教育救助制度

一、美国教育救助

美国一直重视教育救助制度的建立和完善,并积极通过立法、各部门有机配合等推进教育救助活动。仅从学生贷款的角度看,自贷款实施之日起到 2009 年,美国联邦教育贷款总额已经超过 1.17 万亿美元,其中联邦家庭教育贷款金额 8780 亿元(1965—2009),联邦直接学生贷款 2920 亿美元(1994—2009)。

(一)初等和中等教育

1965 年,伴随约翰逊总统向贫穷宣战的《伟大社会计划》(Great Society Program),诞生了《初等与中等教育法》(Elementary and Secondary Education Act)。该法是美国基础教育法案,其内容体现了联邦政府对全国公立基础教育学校的要求。最初的《初等与中等教育法》重点关注入学与公平。该法案实施至今,已经历 8 次重新认可。2001 年《不让一个孩子掉队法》(No Child Left Behind Act of 2001)是对该法案的最新认可。经过几十年的补充,体现教育公平思想的美国教育救助制度日趋完善。

(1)对低收入学区。政府预算中,美国联邦政府对中小学教育给予最优先地位。所有符合年龄要求的儿童和少年都有免费在所居住的地区上公立小学和中学的权利。目前,全美 90% 以上的儿童和少年在公立中小学接受教育。联邦政府向州和地方政府的教育拨款计划均由国会法案确定。联邦政府最大的一个教育拨款计划是"一号计划"(title one program),用于低收入学区为学习成绩不佳的学生提供教学帮助,其主要目的是使低收入家庭的孩子不因其家庭贫穷而降低学业成绩。

接受拨款的学区主要是按该学区中来自低收入(低于贫困线)家庭的学生人数来决定的。全美大约 2/3 的小学得到此项拨款。集中拨款的目的是为贫困儿童集中的地区提供额外的补助,以满足其特殊需求。

(2)对少数民族及低收入群体。联邦政府和州主要通过立法和拨款资助,大力开发补偿教育计划。如 1981 年的《教育巩固与提高法案》颁布,教育部提出了面向处境不利学生的教育救助法案(计划)。该法案使包括 5％的印第安人或亚洲人、28％的黑人、27％的拉美人、41％的白人受益。除联邦计划外,半数以上的州也提出了自己的补偿教育计划。在对符合补偿教育的学校和个人资格认证上,联邦政府进行了严格规定:防止孤立这些贫困的处境不利者,尤其是少数民族族裔;必须重新理解公平与正义的内涵,对那些处于不利社会地位的人给予较多的教育资源,以补救其不平等的处境等。

补偿教育计划的具体措施:资金投入方面,政府为低收入家庭孩子集中地区的地方教育机构提供财政支持;课程内容方面,重视基本技能教育;教学方式方面,注重师生互动和课堂教学正规化等。实践证明,补偿教育计划是一项有效的教育发展政策,为国家的稳定发展产生了不可估量的作用。

(二)高等教育

美国联邦政府对大学生的资助从"二战"结束后对退伍军人的安置问题开始。经过半个多世纪的发展,如今,高等教育救助已经形成了一套比较完善而行之有效的资助体系,政府、学校及民间组织已成为大学生的资助主体。政府可以分为三级,即联邦、州和地方,民间则包含慈善机构、企业、团体组织及个人等的捐赠。他们共同为贫困生提供了性质各异、项目繁多、数额不等的资助。

1.联邦政府提供的资助

联邦政府的资助在整个资助体系中起着支柱性作用,约占资助总额的 60％多,主要有三种资助形式:

(1)助学金(undergraduate scholarships and graduate fellowships)。助学金是一种不需要偿还的财政援助方式,分为:

①佩尔助学金(Pell grant)。该奖学金是针对有经济需要且尚未获得学士学位或职业学位的本科生设立的,目的是保证来自弱势群体的大学生拥有必要的生活费、学费等。佩尔助学金的资助数额根据项目拥有的基金多少每年作出适度调整。2009—2010 学年度个人获得的最大资助额为 5350 美元。

②补充教育机会助学金。该奖学金是为基于额外需要的本科生所设立的资助方式。接受佩尔奖学金资助且家庭极度贫困的学生申请此奖学金可得到优先考虑。依申请时间、本人财政状况、所在学校资金量等,申请者每年可得到 100～

4000 美元不等额度的资助。如果学生已申请联邦工读计划或联邦佩尔奖学金,他将被自动视为联邦补充教育机会助学金的资助对象。

③全国 SMART 助学金。该助学金是为专攻物理、生命科学、计算机科学、数学、工程学、外语和跨学科专业的大学三、四年级全日制学生所设立的资助方式。作为佩尔助学金的进一步补充,全国 SMART 助学金要求申请人具备佩尔助学金获得资格,且学业成绩优异,平均成绩在 3.0 以上。该资助项目可以为符合条件的学生提供每年最高 4000 美元的资助。

(2)工读计划。该计划是联邦政府通过高校为家庭经济困难的本科生提供校园工作或校外社区服务工作的机会,使其获得一定数量的资金用于支付教育费用的经济资助项目。学生工资发放所需资金的 80% 来源于联邦财政拨款,剩余20% 由各高校自行筹集。

(3)学生贷款。学生贷款是由政府或商业银行对在读大学生提供的、旨在帮助低收入家庭学生以自己将来的收入解决大学期间学费和生活费用问题的资助金。规模和影响较大的助学贷款主要有"帕金斯贷学金(Perkins loans)"、"斯坦福贷学金(Stafford loans)"和"联邦直接贷学金(federal direct loan program)"。

①帕金斯贷学金,原名"国防贷学金",由《国防教育法》设立,20 世纪 80 年代起用现名。1994 年,该项贷学金最高借贷金额是 3000 美元。资助条件和优惠有:a.资助对象是家庭经济状况低下的学生;b.学生在校学习期间的利息由政府支付,还款期间年利率 5%;c.借贷的学生毕业后,如参军服役、到特定公立中小学任教等,可部分或全部免贷学金;学生毕业离校 9 个月后开始还款等。

②斯坦福贷学金,原名"国家担保贷学金",由《1965 年高等教育法》设立,1978年《中等收入学生协助法》颁布后规模扩大,20 世纪 80 年代起更用现名。贷学金由商业银行提供资金借贷,联邦政府提供担保,资助对象是有经济资助需要的学生。还款利率为 6.8%,高于帕金斯贷学金。1994 年政府规定不超过 8.5%。它有政府贴息和政府不贴息两类,政府贴息的利率更低一些。

③联邦直接贷学金。它是美国联邦政府直接给人学生提供的贷款,不需要任何抵押,享受低利率,并提供延期还款或展期。贷款分补贴和非补贴两种。1994年 7 月,美国开始实施联邦直接贷学金方案。联邦教育部是该贷学金贷款人,借贷学生毕业后直接将还款交还给联邦教育部。自 2010 年 7 月 1 日起,所有新的联邦大学生贷款都依托联邦直接贷学金项目、由教育部提供经费的大学金融援助办公室负责。联邦直接贷学金贷款利率较低而支持率较高。

2.高校提供的资助形式

许多大学也根据自身的经济实力为学生提供种类多样的资助项目,主要分为:

(1)学院助学金。特长奖学金和特长奖励金是比较著名和普遍的两大学院助学金,授予的依据是学生的学术成就、领导能力和艺术成就。财政需要有时也可作为被考虑的条件。部分特长奖励金只提供给家庭有较大财政困难的学生。

(2)工读计划(work-study)。工读计划俗称为勤工俭学。在美国许多大学,基本上每个办公室都聘请了学生做助理工作,以此来解决他们的财政需求。

(3)助学贷款。美国大多数大学每年都会从学校办学经费中拨出部分资金专门用于学生贷款,或与银行一起共同作为贷方帮助学生解决财政困难。例如,GATE(guaranteed access to education)助学贷款是斯坦福大学和银行共同作为贷方为学生提供的一个可选择的、非联邦的助学贷款项目。该贷款采用浮动利率且无支付创始费和担保费的要求。学生可以在毕业6个月后开始偿还贷款。

3. 州政府提供的资助形式

美国的各个州都有其各自的高等教育资助体系。尽管资助项目因州的不同而各具特色,但仍多以助学金、奖学金、工读计划等形式出现。以威斯康星州为例,资助项目类型:助学金有威斯康星高等教育助学金,威斯康星学费助学金,鼓励才干项目助学金,印第安学生援助助学金,少数民族大学生保持助学金,视、听残障学生助学金等;奖学金有优秀学业奖学金;贷款有少数民族教师贷款、护理专业学生贷款、教师教育贷款、视力残障专业教师贷款。除了上述三种资助项目之外,威斯康星州还有其他优惠政策,例如学费互惠。所谓学费互惠,是指威斯康星州和其他州,比如明尼苏达州,建立的一种互惠协议。协议规定,威斯康星州的学生若去明尼苏达州的公立大学上学,只需按当地学生的缴费标准交学费,无需另外付费,当然,作为交换,明尼苏达州的学生来威斯康星州接受教育也可享受同等优惠。

4. 社会各界和其他组织提供的资助形式

在美国,社会上的各种组织,如宗教团体、少数民族组织、各种职业联盟等也为有财政需要的学生提供帮助。除此之外,来自私人、慈善团体和公司企业的捐赠也成为每年财政援助资金的一个重要组成部分。基本上美国每所高校都有专门负责募捐的部门。对于一些知名高校,捐赠是其重要的收入来源。"到2004年夏末,哈佛大学得到的捐赠已超过240亿美元。"

为了合理利用资助资源,有效实施资助以保证教育机会均等,美国联邦教育部给这些名目繁多的资助进行了一个优化整合,打成一个包,即资助包(financial aid package),使最需要获得经济资助的学生获得最大最有效资助。所谓资助包,是把提供给学生的全部资助,即把所有联邦政府的、非联邦政府的各种资助,如奖学金、助学金、贷学金、校园工读混合成一个"包",以便协同帮助学生解决在校时的经济困难,其核心是大学通过规范合理的配置,使每个学生都能理解和核算出自己的大学成本,获得与其困难程度相称的经济资助。资助包最初由美国大学入学考试委员会设计开发。《高等教育法》颁布后,美国国会在大学委员会的基础上制定了更具权威的配置"资助包"的国会方法。

要获得资助包,需完成以下步骤:

第一步,计算上学成本。学生的上学成本主要有五项指标,包括学杂费、文具书籍、食宿费、交通费和其他费用。具体的上学成本由美国大学委员会每年按全国6大地区和4类院校分别测算并公布。

第二步,计算"预算家庭贡献"。家庭贡献是由家庭收入、家庭财产积蓄、家庭人员健康状况等综合因素决定的。其计算公式是:(家庭收入＋财产＋学生个人储蓄)－(平均生活开支×家庭人口)。由于计算比较复杂,大学委员会也核算出美国各地的参考标准,高等院校和学生家庭都可以根据这个标准来估算。

第三步,计算学生"经济资助需要"。计算公式是:上学成本－预期家庭贡献＝经济资助需要。这个一般由高等院校来计算。

第四步,学校公布一揽子资助的基本配比标准,并按学生的经济状况向学生提供混合资助。资助的形式包括:助学金、家庭贡献、父母贡献、工读费。

第五步,报告其他资助,及时作出调整。学生如果获得其他资助,就必须主动报告,学校及时作出资助金额的调整。

该资助发放的原则是将总成本不相同的资助项目组合按阶梯排列,并按被资助者经济需要和经济承受力的大小与之相匹配。所反映的是美国社会对大学生资助的多元目标追求,包括:①解决经济困难,实现教育机会平等;②体现由美国当代教育经济学家约翰·斯通提出的家长与学生、纳税人及企业四方等高等教育受益者"分担教育成本"的思想;③扩大自由选择,体现权利公平,培养独立精神;④鼓励诚实和竞争,提升教育质量。在资助包政策中,助学金、贷学金、校园勤工俭学不能覆盖全部上学经济资助需要,各种名目的奖学金也被纳入资助包中,旨在鼓励学生努力学习,取得良好的资质。

二、英国教育救助

经过100多年的补充完善,英国已形成了比较健全的教育救助制度。

1. 初中等教育

早在20世纪60年代中叶,英国就开始推行"教育优先发展区计划",目的是缩短不同地区教育教学水平和质量存在的差距。1967年公布的《普劳斯顿报告》(the Plowden Report)奠定了该计划实施运作的基础。根据《普劳斯顿报告》,教育优先发展区的选择指标包括学生家庭状况、家长职业、住宅状况、有无福利资助、儿童入学率等。英国教育与科学部的通知进一步将学生家长的经济地位、学生家庭生活基本设施的缺乏情况、学生家庭领受政府资助状况、学生学习障碍比率等作为选择指标。教育优先区选定后,优先补助的重点是学前和社区中小学教育。到 2009 年,英国小学学生数量基本没变,依然是 400 多万,但教师和教辅人员大幅增加。教师人数从 14 万人增加到了 19.8 万人,教辅人员也达到了 13 万人。

2. 高等教育

英国的高等教育一直有精英化传统。扩大高等教育参与,让更多的不拥有特权的社会群体和非传统的接受高等教育的年轻人参与高等教育,是 20 世纪 50 年代以来各届政府一直坚持的一项积极政策。自 1977 年起,英国公立大学全日制本科生的学费和生活费都是全免的。学费由国家拨款支付,生活费则由地方政府根据父母的实际收入情况来决定是否支付和支付多少。到了 20 世纪 80 年代,由于种种原因,学生得到的生活费补助实际价值开始降低,而且低等社会阶层学生参与高等教育的机会仍较低。1988 年,英国颁布《有限贷学金》白皮书,改革免费加助学金政策,启用贷学金资助政策,目的是体现高教成本分担理念。大学生资助政策从"免费加助学金"逐步向"收费加贷学金"资助政策转变。通过立法、财政手段等,英国的大学生资助政策经历了从无偿资助到有偿资助的转变。目前,英国高等教育社会救助形式主要有:

(1)助学贷款。1990 年,英国出台了贷款政策,规定个人可以通过抵押贷款解决一半的生活费,另一半生活费由政府补助或由父母支付。原来的免学费的措施仍旧不变。贷款是由国家从银行借出并支付利息,国家支付的利息比率约占贷款总数的 1/3 左右。同时,由于政府在不提高税收的基础上无法继续为高等教育提供足够的资金,便开始逐年降低高校生均拨款的数额。高校把解决资金短缺的希望寄托于向学生收取差额费用。差额费用的提出在社会上产生了很大反响,很多人担心它会带来社会不公的问题。于是,迪尔英委员会通过调研,提出了对高校学生资助的建议:维持学生的生活费补助和贷款政策,通过收取统一标准的 1000 英镑学费(平均培养费的 25%)来解决高校的经费困境。统一标准的学费或部分生活费可以通过还款以未来收入为基础的贷款来支付。

(2)学费贷款(student loans)。全日制和半日制的大学生可以申请学费贷款。学费贷款包含了在校学习期间的每门课程的费用,直接交给大学。如对于 2012 年 9 月 1 日新入校的全日制大学生,公立大学学生的贷款额度为 9000 英镑/年,而私立大学的学生为 6000 英镑/年。一旦他们工作后年收入达到 2.1 万英镑之后就应当偿还贷款本息,当收入低于 2.1 万英镑时,则还款暂时中止。利息率随通货膨胀率的变化而变化,在校期间的利息率为通货膨胀率 3%,全日制大学生可以申请生活费贷款(maintenance loans),获得生活费贷款取决于你的家庭收入、住址(见表 7 - 1)、学习年限和已获得助学金的多少等。

表 7 - 1　住址不同时获得生活费贷款的情况

你的住址	生活费贷款
住在家里	£4375
远离家乡和伦敦之外	£5500
远离家乡但在伦敦之内	£7675
海外留学一年	£6535

　　(3)助学金(grants)。助学金只对全日制学生提供,以弥补学生生活费和学习费不足的支出。助学金无偿提供,不许返还。助学金分生活补助金和特殊补助金(maintenance grant or special support grant)。2012 年 9 月 1 日以后入学的家庭年收入低于 42600 英镑的全日制大学生可申请获得用于生活支出的生活补助金。如果获得生活补助金,生活费贷款就会减少。补助标准如表 7 - 2 所示。特殊补助金是针对有特殊资格获得该补助金的全日制大学生而言的,这些资格包括:你是一个单亲父(母);你的配偶也是学生;你有点残疾等。这不会降低你的生活费贷款。

表 7 - 2　不同家庭年收入的生活补助标准

家庭年收入	生活补助金(年/生)
£25000 or less	£3250
£30000	£2341
£35000	£1432
£40000	£523
£42600	£50
over £42600	no grant

三、日本教育救助

　　日本长期以来重视教育救助及其立法,特别是第二次世界大战战败后,为了让贫困人口接受高质量教育,日本制定和颁布了系列教育立法,保障贫困人口和贫困地区获得必要的教育权,提高人口教育和文化素质。

(一)义务教育

　　第二次世界大战战败后,日本以教育机会均等和公平为原则,从制度层面上积极推行义务教育均衡发展。1947 年起,日本政府相继颁布了《教育基本法》《学校教育法》《教职员许可法》等法律,突出了教育民主和教育公平的理念,积极主张"教育机会均等"和"男女同校",极大地促进了男女受教育权的平等。战后不久的

1948 年,日本中小学入学率很快就达到了 99.27%。此后,日本还先后颁布了《义务教育费国库负担法》(1952)、《边远地区教育振兴法》(1954)、《关于国家补助贫困儿童教科书费用的法令》(1954)、《日本学校供给膳食法》(1955)、《学校保健法》(1958)、《学校安全法》(1959)、《关于国家对上学困难学生给予补助的法令》(1961)、《关于义务教育诸学校学科用图书无偿措施法》(1962)等法律,详细规定了学生的学习用品、交通、修学旅行、供餐、医疗、学校安全费等补助措施;1963 年实行中小学教科书免费供应制度,保障教育公平,使所有的孩子都能上学;等等。

为振兴偏僻地区教育,实现义务教育区域间均衡,日本 1954 年实施了《偏僻地区教育振兴法》,制定了《偏僻地区教育振兴法实施令》《偏僻地区教育振兴法实施规则》,增加了法律的可操作性。为了使偏僻地区学生享有同等的教育条件,法律明确了各级政府必须承担的责任:文部省负责对各级政府职责履行情况进行指导、协调和监督;国家财政对所需经费实施补助,补助额度为 1/2;都道府县负责研究适合偏僻地区教育的学习指导方法、教材、教具等,设立师资培训中心,确保教师进修所需差旅费及相关经费;市町村负责为偏僻学校提供教材、教具,为学校教职工兴建住宅,提高福利待遇,设立音乐、体育等设施,实施师生健康管理,为学生上学提供交通方便。为保证经费补助政策的有效实施,日本进一步建立了完备的偏僻地区教育财政补助制度。此外,还有就学奖励、理科设备费、教材费补助等项目,为偏僻地区教育发展提供了有力保障。1953 年,补助偏僻地区教育的预算仅 7000 万日元,1954 年为 1.82 亿日元,翻了一番;1994 年此项预算总额已达到 167.89 亿日元。1990 年启动公立学校计算机配备和网络普及计划。1995 年,文部省将偏僻地区学校和城市的学校通过光缆连接,通过导入电视会议系统积极开展双向授课活动和教师的研究与交流活动。

(二)高等教育

日本贷(奖)学金制度多种多样,有政府和民间团体设置的,也有地方和全国性组织团体设立的,其中规模最大、范围最广,且由政府出资实施的育英奖学金制度是构成日本高等教育助学贷款制度的主流。日本制定专门的《日本育英会法》规范高校贷学金行为。

日本育英奖学金制度由日本文部省创建于 20 世纪 60 年代。该制度分为两种:一种是无息的贷学金,适用于出身贫寒、经济困难的大学生;另一种是所有学生都可申请的有息贷学金。前者申请条件严格、名额有限,而且逐年趋于减少,贷款数额标准只设一种;而后者条件宽松、名额逐年增加、贷款数额分为四种,学生可任选。规定有息贷款的年息上限不可超过 3%,下限一般为 0.5%,而且在学期间(4年)无息,贷款利息从毕业后算起,20 年内必须连本带息还清。

育英奖学金申请方法有三种:一种是在升大学之前申请,即预先申请;第二种是升学以后申请;第三种则是应急申请。第三种主要针对家长失业、生病等突发性情况引起的经济困难,致使正常学业无法维持的学生发放。申请助学贷款的条件集中于两个方面,一是学习成绩,二是家庭经济情况。奖学金制度规定,大学学习成绩应在上中等、高中时的成绩各科平均为 3.5 分以上;家庭年收入(如 4 人家庭)在 1340 万日元以下(通过提交纳税证明进行核实),具备上述两种条件者均可报名申请。贷款还有一定的限制,如私立院校的学生一般贷款数额高于国立院校,和父母一起生活的走读学生低于独自生活的学生,偿还贷款所需要的时间和偿还次数也由此各异(见表 7 - 3)。日本大学生在校期间享受到的贷学金毕业后必须偿还,只是在还款利息上有不同要求。贷款分期偿还,还款期因学校的不同而不同:一般大学毕业 6 个月后开始还款,失业者可酌情推迟;还款期短期大学在 10 年内,其他学校在 10 年以上,医科类为 20 年;对于毕业后到中小学、公立学校和科研机构工作的借款学生,可申请免除部分甚至全部还款责任,而提前还清贷款的可得到一定折扣;因不可抗拒原因如死亡、更新换代劳动能力的,可免除继续还贷义务(见表 7 - 4)。目前,日本育英会提供支援的助学贷款每年可使 18%～20% 的大学生受益,每人获得的贷款额可支付公立学校学费和 1/3 生活费,或者支付私立学校学费和 1/4 生活费。

表 7 - 3　日本助学贷款制度的偿还情况(单位:日元)

区分			贷款月额	贷款总额	偿还月额	偿还分期数
大学	公立	走读	45000	2025000	12053	168
		独立	51000	2295000	12750	180
	私立	走读	54000	2430000	13500	180
		独立	64000	2880000	15000	192

资料来源:张玉琴.日本:高收费制度下的资助政策[N].中国教育报,2006 - 09 - 22.

表 7 - 4　日本助学贷款基本情况(四年制大学)

区分	无息助学贷款	有息助学贷款
贷款人数	40.6 万人(比去年减少 1.6 万人)	39.2 万人(比去年增加 6.1 万人)
事业费(日元)	2214 亿(减少 72 亿),其中政府资金 919 亿(减少 127 亿)	2952 亿(增加 506 亿),其中财政融资资金 2779 亿(增加 487 亿)
贷款对象	高中、大学、短大、高专、研究生等	高中、大学、短大、高专、研究生等

区分		无息助学贷款	有息助学贷款
贷款月额(日元)		6.1 万(私立大学、独立生活)	3 万、5 万、8 万、10 万
贷款标准	学习成绩	高中成绩 3.5 分以上、大学成绩上中等	高于平均成绩、有特长、有学习愿望
	家计	994 万日元以下(私立大学、4 人家庭)	1340 万日元以下
偿还办法		毕业后 20 年以内	毕业后 20 年以内(连本带利)
偿还利率		无利息	0.5％～3％,上学期间无息

资料来源：张玉琴.日本:高收费制度下的资助政策[N].中国教育报,2006 - 09 - 22.

由于受日本经济衰退的影响,大学毕业生就业难或者就业后收入低于经济景气时的收入等现象普遍存在,使毕业后无法按期偿还贷款的毕业生不断增加,仅 2004 年,未偿还助学贷款的毕业生就达到 25 万人,涉及贷学金金额 507 亿日元。除助学贷款外,大学也提供勤工俭学的机会和学费减免,以减轻学生经济上的负担。

第三节　中国教育救助存在的问题与完善思路

一、中国教育救助制度的历程和现状

1949 年成立的中华人民共和国在一个较长的时间段内实行了几乎是全免费的教育政策:初等教育免交学费,只收少量杂费;高等教育免交学费和杂费;研究生教育不仅免交学杂费,而且拿工资上学。受人口众多、经济发展不平衡等现实国情制约,国家财政包干教育的做法无法实现教育普及,1988 年,中学入学率仅为 37％,大学入学率只占适龄人口的 2％左右。为迅速提高全体公民文化素质,适应现代化发展对人才的需求,1986 年全国人大颁布了《中华人民共和国义务教育法》,明确规定凡年满 6 周岁的儿童,不分性别、民族,应当入学接受规定年限的义务教育。2007 年,国务院出台了《关于建立健全普通高校高等职业学校和中等职业学校家庭经济困难学生资助政策体系的意见》。2010 年,国务院又出台了《国家中长期教育改革和发展规划纲要(2010—2020 年)》。自 2007 年以来的 5 年间,一个覆盖学前教育、义务教育、普通高中教育、中等职业教育和高等教育的学生资助政策体系逐步确立。国家资助政策体系健全从制度上保证了"不让一个学生因家庭经济困难而失学"的宏伟目标。

2010—2011 年,全国累计资助普通高校、中职学校、普通高中、义务教育阶段学生 1.56 亿人次,资助金额 1836.76 亿元,资助学生人数与金额连创历史新高;2011 年资助金额比 2009 年增加 308.7 亿元,增长 45.6％。两年来,全国 2.66 亿人次农村义务教育阶段学生享受国家免费教科书,覆盖面达 88.1％;1.8 亿学生享受地方免费教科书,覆盖面为 59.6％。另外,在学费补偿、国家助学贷款代偿政策引导下,两年来全国高校共有 6.55 万名毕业生赴基层单位或艰苦行业就业,9.14 万名学生应征入伍服义务兵役。

(一)学前教育和义务教育

学前教育一直是我国教育发展的薄弱环节。针对此问题,教育规划纲要明确提出,"到 2020 年,普及学前一年教育,基本普及学前两年教育,有条件的地区普及学前三年教育"。为落实这一要求,2010 年 11 月,国务院印发《关于当前发展学前教育工作的若干意见》,提出了"建立学前教育资助制度,资助家庭经济困难儿童、孤儿和残疾儿童接受普惠性学前教育"的政策。2011 年 9 月,财政部、教育部印发的《关于建立学前教育资助制度的意见》按照"地方先行、中央补助"原则,从 2011 年秋季学期起建立学前教育资助制度,地方政府对经县级以上教育行政部门审批设立的普惠性幼儿园在园家庭经济困难儿童、孤儿和残疾儿童予以资助。幼儿园从事业收入中提取 3％～5％的资金,用于减免收费、提供特殊困难补助等。

我国颁布的《中华人民共和国义务教育法》明确规定,对接受义务教育的学生免收学费。进入 21 世纪以来,国家逐步加大对义务教育阶段学生的资助力度。从 2001 年秋季开始,试行为贫困地区家庭经济困难学生免费提供教科书。2003 年,国务院在《关于进一步加强农村教育工作的决定》中提出,要建立健全资助家庭经济困难学生就学制度,争取到 2007 年全国农村义务教育阶段家庭经济困难学生都能享受到"两免一补"政策(免费教科书、免学杂费、寄宿生生活补助),努力做到不让学生因家庭经济困难而失学。2005 年 12 月,国务院颁布《关于深化农村义务教育经费保障机制改革的通知》,全面推行"两免一补"政策。从 2007 年秋季学期开始,国务院决定向全国农村义务教育阶段学生免费提供国家课程教科书,同时建立部分国家课程教科书的循环使用制度;确定中西部农村义务教育阶段家庭经济困难寄宿生的生活费基本补助标准(小学生每生每天 2 元,初中生 3 元)。2008 年 8 月,国家决定免除城市义务教育阶段公办学校学生学杂费。至此,我国全面实现城乡免费义务教育。2010 年、2011 年,国家先后两次提高中西部地区农村义务教育阶段家庭经济困难寄宿生生活补助标准,目前小学生 4 元、初中生 5 元(按每年 250 天计算),所需资金中央财政按照 50％的比例给予奖励性补助,地方财政应承担的 50％部分,由省级财政统筹落实。此外,针对部分地区特别是贫困地区农村中小学生营养不良问题,从 2011 年秋季学期起,在集中连片特困地区实施农村义务教育学生营养改善计划。2012 年 5 月,教育部、中央宣传部等 15 个部门又联合发布了《农村义务教育学生营养改善计划实施细则》及其五个配套文件,中央财政按照每生每天 3 元的标准为试点地区农村义务教育学生提供营养膳食补助,所需资金中央财政全部承担。目前,在义务教育阶段全面免除了城乡义务教育阶段学生学杂费,对农村学生和城市家庭经济困难学生免费提供教科书,对农村家庭经济困难寄宿生提供生活补助,同时推行农村学生营养改善计划,因贫失学、辍学问题从根本上得以解决,适龄儿童、少年接受义务教育权利得到切实保障。

普通高中阶段,国家建立以政府为主导、国家助学金为主体、学校减免学费等为补充、社会力量积极参与的普通高中家庭经济困难学生资助政策体系。从 2010 年秋季学期起,中央和地方共同设立普通高中国家助学金,每年资助学生约 482 万名,平均资助标准为每生每年 1500 元,具体标准由各地结合实际在 1000～3000 元确定,资助面约占全国普通高中在校生总数的 20%,其中:东部地区为 10%、中部地区为 20%、西部地区为 30%,可适当向少数民族倾斜。普通高中要从事业收入中足额提取 3%～5% 的经费,用于减免学费、设立校内奖助学金和特殊困难补助等。完善捐资助学相关优惠政策措施,积极引导和鼓励企业、社会团体及个人等面向普通高中设立奖学金、助学金等。

中职教育阶段,国家建立以国家助学金和国家免学费为主的资助政策体系。国家助学金资助对象为具有中职学校全日制正式学籍的在校一、二年级所有农村户籍的学生和县镇非农户口的学生以及城市家庭经济困难学生。资助标准为每生每年 1500 元,按月直接发放到受助学生中职资助卡中。对公办中等职业学校全日制学籍一、二年级在校生中农村家庭经济困难学生、城市家庭经济困难学生及涉农专业学生(艺术类相关表演专业学生除外),以及三年级涉农专业学生及顶岗实习困难专业中的家庭经济困难学生免除学费,免学费标准按各省(区、市)人民政府及其价格主管部门批准的学费标准确定。对在政府职业教育行政管理部门依法批准的民办中等职业学校就读的一、二年级符合免学费政策条件的学生,按照当地同类型同专业公办中等职业学校免学费标准由财政给予补助。免学费资金由中央财政统一按照每生每年 2000 元标准,与地方财政按比例分担。农村家庭经济困难学生分地区、按比例确定:西部地区按在校生的 25% 确定;中部地区按 15% 确定;东部地区按 5% 确定。西藏自治区和新疆维吾尔自治区喀什、和田、克孜勒苏柯尔克孜三地州农村户籍的所有学生全部享受免学费。城市家庭经济困难学生分地区、按比例确定:西部地区按在校城市学生的 15% 确定;中部地区按在校城市学生的 10% 确定;东部地区按在校城市学生的 5% 确定。2009 年实行农村家庭经济困难学生和涉农专业学生免学费政策后,2010 年秋季学期起,将免学费政策覆盖范围扩大至城市家庭经济困难学生。目前,免学费政策对象为公办中职学校全日制正式学籍的一、二、三年级在校生中农村和城市家庭经济困难学生以及涉农专业学生。安排中等职业学校三年级学生到企业等单位顶岗实习,获得一定报酬,用于支付学习和生活费用。中等职业学校每年安排不低于事业收入5%的经费,用于学费减免、勤工助学、校内奖学金和特殊困难补助等。

(二)高等教育

贫困大学生能否顺利进入大学校门、完成学业成为众多家庭经济困难学生及其家人担心的大事。近年来,贫富差距和社会分配的不公造成贫困大学生人数和比重呈快速增长趋势。高校家庭人均年收入1000元以下的特困生及家庭人均年收入在1000元至2000元之间的贫困生数量巨大,有的高校贫困生比例接近50%。而且,来自农村贫困家庭的学生数量不减,来自城市贫困家庭的学生也在增多。为保证贫困大学生不因经济困难而放弃接受高等教育,中国政府和社会各阶层从多个方面进行了努力。

1.助学体系发展阶段

自新中国成立以来,中国高等教育发展可分为高福利的助学制度(1949—1986年)、"奖、助、补、减"助学制度(1987—1998年)、助学贷款制度(1998年至今)等三个阶段。

(1)高福利助学制度(1949—1986年)。公有制的计划经济制度和较小的高等教育规模,使国家成为高等教育的单一投资者,受教育机会成为面向特定群体的公共产品,群体内每个成员不仅不需履行投资责任,而且在生活上享受福利(如助学金、定粮供应)等。

(2)"奖、助、补、减"助学制度(1987—1998年)。改革开放带来的生活水平提高,物价上涨等,使原有的国家补助标准特别是生活补助难以维持正常消费,大学生贫困问题出现。1987年,原国家教委和财政部研究制定了针对贫困大学生的"奖(奖学金)、助(勤工助学)、补(困难补助)、减(减收或免收学费)"制度。由于国家助学资金有限,受益者只是贫困学生中的一部分,未从根本上解决大学生贫困这一问题,制度的效益较低,但保证了部分贫困家庭学生接受教育的权利。

(3)助学贷款制度(1998年至今)。随着高校办学投资体制的改革,个人开始对接受高等教育承担部分投资责任,再加上宏观经济环境的变化和贫富差距加大,贫困家庭子女上大学难的问题凸显。1998年,中国人民银行、教育部、财政部等部门建立了助学贷款制度,1999年在北京、上海、天津等八个城市进行了试点,2000年在全国范围内推行。由于该制度实施了较严格的准入机制,如需提供"本地担保"等,制度的可操作性较低。于是,2001年8月,三部门又制定了补充意见,财政部就助学贷款的操作程序等制定了相关规定,如将助学贷款确定为无担保贷款,贷款发放银行由工商银行扩大到农业银行、中国银行、建设银行,合法、规范操作下的呆坏账全额核销等,大大降低了制度的准入"门槛",可操作性提高。2004年,为进一步理顺国家、高校、学生、银行之间的经济关系,健全国家助学贷款管理体制,基本满足高校经济困难学生需要,最大限度降低国家助学贷款风险,教育部、财政部、中国人民银行及银监会联合颁布了《关于进一步完善国家助学贷款工作的若干意见》,进一步完善了国家助学贷款政策。

2.救助形式和标准

根据《中华人民共和国高等教育法》规定,高等学校的学生应当按照国家规定缴纳学费。家庭困难学生,可以申请补助或者减免学费。同时,国家设立奖学金,并鼓励高等学校、企业事业组织、社会团体以及其他社会组织和个人按照国家有关规定设立各种形式的奖学金,对品学兼优的学生、国家规定的专业的学生以及到国家规定的地区工作的学生给予奖励。国家设立高等学校学生勤工助学基金和贷学金,并鼓励高等学校、企事业组织、社会团体以及其他社会组织和个人设立各种形式的助学金,对家庭经济困难的学生提供帮助。高等学校的学生在课余时间可以参加社会服务和勤工助学活动,但不得影响学业任务的完成。目前,我国已在高校建立了以国家奖助学金、国家助学贷款、学费补偿贷款代偿、勤工助学、校内奖助学金、困难补助、伙食补贴、学费减免等多种方式并举的资助政策体系,同时实施家庭经济困难新生入学"绿色通道"。

(1)国家奖学金、助学金,包括中央和地方出资设立的国家奖学金、国家励志奖学金和国家助学金等。国家奖学金是奖励特别优秀的二年级以上(含二年级)的全日制普通高校本专科(含高职、第二学士学位)在校生。国家奖学金每年奖励5万名学生,每生每年8000元。同一学年内,获得国家奖学金的家庭经济困难学生可以同时申请并获得国家助学金,但不能同时获得国家励志奖学金。试行免费教育的教育部直属师范院校师范类专业学生符合规定条件的,同样可以获得国家奖学金。国家励志奖学金奖励资助品学兼优、家庭经济困难的二年级以上(含二年级)的全日制普通高校本专科(含高职、第二学士学位)在校生,每生每年5000元。同一学年内,申请国家励志奖学金的学生可以同时申请并获得国家助学金,但不能同时获得国家奖学金。试行免费教育的教育部直属师范院校师范类专业学生不再同时获得国家励志奖学金。国家助学金,主要资助家庭经济困难的全日制普通高校本专科(含高职、第二学士学位)在校学生的生活费用开支。资助面平均约占全国全日制普通高校本专科(含高职、第二学士学位)在校学生总数的20%。全国平均每生每年3000元。同一学年内,申请并获得国家助学金的学生,可同时申请并获得国家奖学金或国家励志奖学金。试行免费教育的教育部直属师范院校师范类专业学生,不再同时获得国家助学金。

（2）助学贷款（贷）。国家助学贷款是由政府主导,金融机构向高校家庭经济困难学生提供的信用助学贷款。国家助学贷款利率执行中国人民银行同期公布的同档次基准利率,不上浮。贷款学生在校期间的国家助学贷款利息全部由财政支付,毕业后的利息由借款人全额支付。为鼓励金融机构承办国家助学贷款的积极性,建立贷款风险分担机制,财政（高校）对经办银行给予一定的风险补偿。国家助学贷款是信用贷款,学生不需办理贷款担保或抵押,但需要承诺按期还款,并承担相关法律责任。按照学生申办地点及工作流程,国家助学贷款分为校园地国家助学贷款与生源地信用助学贷款两种模式（见表7-5）。

表7-5　校园地国家助学贷款、生源地国家助学贷款和一般商业性助学贷款的区别

	校园地国家助学贷款	生源地信用助学贷款	商业性银行助学贷款
经办机构	通过学生所在学校资助部门向经办银行申请	生源所在地县级学生资助管理中心	开办此项业务的商业银行和城乡信用社
贷款对象	家庭经济困难的全日制普通高校本专科生（含高职生）、第二学士学位学生和研究生	已收到高校、高等职业学校和高等专科学校的录取通知书或在校的本专科学生、研究生和第二学士学生;学生入学前的户籍与共同借款人的户籍均在本区县;学生当年没有获得其他助学贷款;学生所在家庭经济困难	年满18周岁具有完全民事行为能力的在校大学生、研究生
贷款利率和利息	执行贷款发放时中国人民银行公布的人民币贷款同期同档次基准利率。在校期间的贷款利息全部由财政支付,毕业后的利息由借款人全额支付	执行贷款发放时中国人民银行公布的人民币贷款同期同档次基准利率。在校期间利息全部由财政补贴;毕业后两年为宽限期,只需偿还利息。宽限期到毕业第二年12月20日为止,以后每年偿还本息	按法定贷款利率执行
贷款担保	无贷款担保,但需承诺按期还款,并承担相关法律责任	信用贷款,共同借款人信用担保	采用保证、抵押、质押等担保形式

	校园地国家助学贷款	生源地信用助学贷款	商业性银行助学贷款
学校介入程度	学校深度参与	学校证明借款学生的身份	学校一般只负责证明借款学生的身份及在校表现
贷款额度	最高贷款额度每生每学年 6000 元	每个学生每年申请的贷款额度不低于 1000 元,不超过 6000 元,具体金额根据学生学费和住宿费实际需求确定	一般在 2000～20000元之间
贷款期限	毕业后的 1～2 年内选择开始偿还本金的时间,最长为毕业后 6 年内	为 6～14 年,原则上按学制加 10 年确定,最短不低于 6 年,最长不超过 14年。全日制本专科学制超过 4 年或继续攻读研究生学位、第二学士学位的,相应缩短毕业后还贷期限	各商业银行规定期限不同

(3)学费补偿贷款代偿。国家对中央部门所属全日制普通高校应届毕业生,自愿到中西部地区和艰苦边远地区基层单位就业、服务期达到 3 年以上(含 3 年)的,实施学费补偿和国家助学贷款代偿。毕业生在校学习期间每年实际缴纳的学费或获得的国家助学贷款低于 6000 元的,按实际缴纳的学费和获得的国家助学贷款两者就高的原则,实行补偿或代偿;在校期间每年实际缴纳的学费或获得的国家助学贷款高于 6000 元的,按照每年 6000 元的金额实行补偿或代偿。每年补偿或代偿总额的 1/3,分 3 年补偿代偿完毕。地方高校毕业生学费补偿贷款代偿由各地参照中央政策制定执行。从 2009 年起,国家对应征入伍服义务兵役的高等学校毕业生在校期间缴纳的学费或获得的国家助学贷款及其产生的利息实施一次性补偿或代偿,从 2011 秋季学期起,国家对应征入伍服义务兵役的高等学校在校生在校期间缴纳的学费或获得的国家助学贷款实施一次性补偿或代偿,补偿或代偿最高金额不超过 6000 元;对退役后复学的原高校在校生实施学费资助,学生每学年实际缴纳学费高于 6000 元的按 6000 元资助,低于 6000 元的按实际缴纳的学费资助。

(4)勤工助学(助)。这是高等学校组织学生参加勤工助学活动,进行高校收费制度改革的一项重要配套措施。原则上每周不超过 8 小时,每月不超过 40 小时。学生参加校内固定岗位的勤工助学,其劳动报酬由学校按月计算,每月 40 个工时的酬金原则上不低于当地政府或有关部门制定的最低工资标准或居民最低生活保障标准。学生参加校内临时岗位的勤工助学,其劳动报酬由学校按小时计算,每小时酬金原则上不低于 8 元。这项活动不仅有利于学生德、智、体、美全面发展,而且可以使学生通过参加劳动取得相应报酬。这是对广大学生,特别是家庭经济困难学生的有效资助办法。许多高等学校均设有专门的勤工助学管理机构和专职管理人员,并设有"勤工助学基金",专门用于支付参加勤工助学活动学生的劳动报酬。高校有计划地组织学生参加校外勤工助学活动,在帮助学生维护个人合法权益的同时,监督用人单位和个人及时兑现学生的劳动报酬。这项措施深受大学生尤其是贫困大学生的欢迎,在一定程度上解决了他们的燃眉之急。

(5)学费减免(减)。对公办全日制普通高校中家庭经济特别困难、无法缴纳学费的学生,特别是其中的孤残学生、少数民族学生及烈士子女、优抚家庭子女等,实行减免学费政策。这些学生提出申请,学校核准后酌情减免学费,具体减免办法由高校按规定办理。从 2007 年秋季入学的新生起,国家在北京师范大学、华东师范大学、东北师范大学、华中师范大学、陕西师范大学和西南大学六所教育部直属师范大学实行师范生免费教育。免费教育师范生在校学习期间,免除学费、免缴住宿费,并补助生活费。

此外,各高校利用自有资金、社会组织和个人捐赠资金等,设立奖学金、助学金;对发生临时困难的学生发放特殊困难补助,建立"绿色通道"制度,即对被录取入学、无法缴纳学费的家庭经济困难的新生,学校一律先办理入学手续,然后再根据核实后的情况,分别采取不同办法予以资助等。

二、中国教育救助制度存在的问题

改革开放以来,我国针对不同教育阶段制定了相应的教育政策,使贫困家庭子女的教育问题得到了一定程度的解决,但是目前教育救助还存在着救助资金投入不足,高中教育和中职教育救助措施相对单一,教育资源配置不合理等问题,制约了我国教育救助政策的实施效果。

(一)救助资金投入不足

随着我国对民生问题的重视,财政教育支出的总规模不断增加,但是财政教育支出仍存在着相对规模不足、结构失衡的状况,阻碍着我国教育事业的发展。近年来,我国财政教育支出占财政支出的比重呈下降趋势,从 2001 年的 16.2% 下降到 2010 年的 13.9%。财政教育支出占 GDP 的比重偏低。财政教育经费占 GDP 的比重,是国际公认评价各国教育投入的主要指标。财政性教育经费支出占 GDP 的比例在 2010 年才达到 3.1%,低于 5.1% 的世界各国平均水平。教育投入的整体不足,导致教育救助上的资金投入也明显不足。

(二)高中阶段教育(包括职业高中)社会救助措施相对单一

与义务教育阶段和高等教育阶段相比,高中阶段(包括职业高中)的教育救助体系显示出其不完善性。高中阶段学生需缴纳学费,而银行往往不会给高中生贷款,高中生也很难找到适合于自己的勤工俭学工作,紧张的学习也不允许他们去勤工俭学。在这种状况下,家庭贫困的高中生为了完成其学业,其唯一可行的办法是借债。如果借不到钱或不愿借债的话,就不得不辍学。这样,对该生的将来会产生很大的负面影响。

(三)大学生教育救助还存在一些问题

国家奖学金、助学金资助范围较小,只有百分之几甚至更少的获奖比例,对于大多数贫困生来说,是无法获得的;勤工俭学岗位少、报酬低;学杂费减免因享受的条件太苛刻,使能享受的大学生数量非常有限。各项救助偏向成绩好的学生,成绩差的学生很难得到救助。银行发放助学贷款,积极性不高,而且存在低风险偏好,特别困难的学生很难获得这一贷款。救助资源校际间差别很大,不知名大学救助资源短缺。各自为政,系统合力不足,影响了政策实施的效果,造成一部分贫困生得不到应有的救助,而另一部分贫困生重复资助,救助资源严重浪费。

(四)教育资源配置极不合理

与世界各国相比,我国的高层次教育特别是高等教育支出比例过大,处于普及地位的义务教育的投入过低,高层次教育的生均经费和投资数量高于较低层次的教育;城市投入过大,农村投入不足。在农村,教育投资的8%由中央财政支出,而剩余的92%由各级地方财政(大部分由县级以下财政)支出。受县级财政实力有限的制约,中国投资到义务教育的投入就非常有限,这在西部经济落后的农村地区表现非常突出。

(五)救助程序缺乏规范

主要表现在:我国对弱势群体采取的资助措施大都具有临时性特点,有钱就资助,没钱就不资助,随意性很大,对救助弱势群体发挥的作用很有限。教育救助工作分散在各区县财政部门、教育部门和民政部门,各个机构责任分工不明确,在教育救助政策落实过程中容易出现推诿现象。教育救助金发放不规范,导致有的贫困生得不到救助以致失学、有的贫困生却得到重复救助、有的救助金没能及时发到贫困生手中等问题出现。

此外,我国教育救助还存在着救助对象界定不清,立法层次不高,重经济救助,轻心理救助,教育师资和教育设施短缺方面的资助不足等问题。

三、中国教育救助制度的完善思路

作为一个经济基础薄弱、教育发展的区域和层次高度不平衡的发展中大国,中国要提升其综合实力和国际竞争力,必须根据本民族的特点和发展潜力,通过不断深化教育体制改革,尽快建立起管理科学、运行有效、目标明确的贫困生教育救助制度。

(一)加大教育救助的资金投入,支持民间教育救助团体的发展

建立健全教育救助制度,最关键在于资金的保障。应加大中央和地方各级财政对教育救助工作的投入,提高教育救助在财政预算支出中的比例。借鉴国外的做法,通过政府发行教育彩票募集资金,并将资金直接用于对弱势群体的教育支持。进一步拓宽资金渠道,发挥民间团体的作用,培育、支持更多的民间救助团体和基金会,承担更多的救助事业。继续深入持久地开展希望工程、烛光工程、春蕾计划、1+1助学活动以及社会各界开展的其他助学活动等。

(二)完善教育救助政策体系

针对我国高中阶段教育社会救助措施相对单一的缺陷,需要通过进一步完善教育救助政策体系,把高中阶段困难家庭子女的教育救助也纳入整个教育救助体系中,通过学费减免、困难补助、奖学金等形式完善我国高中阶段教育救助政策。大学阶段要进一步扩大国家奖学金和助学金的资助范围,使更多贫困生受益;大力扶持助学贷款、拓宽勤工助学渠道,充分利用社会资源,不断开拓校内勤工助学基地和校外勤工助学基地;国家助学金要向经济困难的学生倾斜;将助学贷款的性质由商业性贷款转变为政策性贷款,由政府提供专项资金并承担银行的风险和损失,实行更为优惠的利率甚至无息的贷款,调动银行积极性;整合教育救助相关部门的系统资源,疏通财政、教育、民政以及地方政府的基层组织间的沟通渠道,实现多部门的分工与协作,避免出现相互推诿和救助重叠现象。

(三)推动教育资源公平配置

首先,要确立教育公平和社会公平的理念;其次,国家应建立财政性教育经费投入向基础教育倾斜的政策机制,采取倾斜政策重点扶持基础教育发展,建立合理财政转移制度,推动教育资源的均等化配置,实现教育资源向农村贫困地区和西部地区倾斜,缩小地区教育差距;再次,改革现行不合理的教育制度,建立受教育群体的利益表达和利益协调机制;最后,应积极探索多种教育资源有效配置的途径,如加大区域之间、校际之间的对口支援,积极支持民办教育发展,利用民间渠道来筹集教育资源以提高教育资源总量。

(四)建立良好的教育救助运行机制

首先,尽快建立起全国性的教育救助信息网络平台,建议以居委会和村委会为支撑,协同财政、教育、民政各部门,建立一个教育救助信息网络平台,为教育救助提供一个透明、完善的平台,实现全国联网,信息共享,使得教育救助受理部门能够有效核实申请者信息,确定正确的受助对象;其次,利用网络平台公开贫困学生的信息,对救助对象的基本情况进行动态跟踪,避免冒领救助资金现象的出现;最后,通过网络平台对领取教育救助金的实际情况进行动态管理,让全社会了解教育救助的实施状态,加强社会监督,预防弄虚作假现象的发生。

(五)完善教育救助法律法规

完善教育救助制度立法,应包括以下内容:应明确受教育权是公民的基本权益,应受到国家法律和政策的保护;明确各级政府是教育救助的主要责任者;建立系统的认定管理机构,对接受教育救助者的资格进行认定;实行救助资金动态跟踪,保证教育救助的公平公正。完善相应的教育救助政策和法规,使教育救助政策程序运行规范化。

此外,还要实行多样化的教育救助方式,除了通过经济资助解决贫困生上得起学的问题,还应该逐步建立健全心理援助机制,对教育救助对象进行全方位的心理辅导,及时干预学生自卑、敏感、自我封闭等心理,纠正学生行为偏差。各级教育部门还应通过师资援助,改善教学硬件条件等,为教育救助对象提供一个良好的学习环境。

案例分析

希望工程播种希望

提起希望工程,我们眼前都会浮现出大眼睛女孩渴望上学的宣传画。

一个普通的乡村女孩,几乎每个人都见过她的照片,但却鲜有人知道她的名字,她就是中国希望工程的形象代表苏明娟,她出生在安徽金寨县桃岭乡张湾村一个普通的农家,父母靠打鱼、养蚕、养猪和种田、种板栗为生,一家人过着辛劳拮据、简朴的乡村生活。是希望工程为她和像她一样的贫困少年点燃了生活的希望。

新中国建立之初,我国实行的是几乎全免费的教育政策,初等教育免缴学费,只收少量杂费。随着我国政治经济形势的变化,国家投入严重不足,使农村特别是农村偏远落后地区的义务教育陷入困境。尽管 1986 年《义务教育法》中规定国家对接受义务教育的学生免费,但并未实行真正的免费教育。20 世纪 90 年代,我国的义务教育实行的是国务院领导下的地方负责、分级管理、以县为主的体制,义务教育经费主要由地方政府承担,县乡基层政府成为义务教育经费负担的主体。经济落后的困难地区县乡财力薄弱,不堪重负。1992 年颁布的《〈义务教育法〉实施细则》规定:实施义务教育的学校可收取杂费,从此越来越多的杂费一路攀高。农村贫困地区的困难群体子女出现了上学难问题。

1991 年冬天,苏明娟和她的 5 个同学像往常一样走在去往学校的路上。天蒙蒙亮,远处的炊烟从很远的山那边升起来——还有一个小时的山路。对于这条羊肠小道,这些孩子已经再熟悉不过了。苏明娟挎着妈妈为她缝制的小书包,手里拎着一个炭炉,这是她在上课时用来取暖的,因为所谓的课堂不过是旧时的土地庙,年久失修,别说窗户,连土墙都残缺不全,如果没有这个小炉子,她的小手就会被冻僵,但即使这样,上学对这几个孩子来说,还是一件最快乐的事。因为山多地少,金寨县历来非常贫困。而苏明娟家每年的土地收成也仅仅够全家吃三个月,更多时候,她的父亲苏良友只能依靠每天起早贪黑上山砍柴、抓鳝鱼换来的钱买点口粮维持生计,因此苏明娟每个学期 100 多元的学费,就成为这个家最大的负担。这就是当时中国农村贫困地区少年求学的缩影和写照。

苏明娟命运的改变源于摄影师解海龙的一次偶然的发现,为了给希望工程拍摄宣传画,解海龙需要能够打动人心的乡村贫困儿童求学的画面。他看见了正在那儿低头写字的苏明娟,这时,正巧苏明娟一抬头,把解海龙的心牢牢地抓住了,孩子的眼睛特别大,有一种直抵人心的感染力,让人能从“大眼睛”里读出强烈的“渴望”。这张照片被中国青少年发展基金会选为希望工程宣传标识后,苏明娟也成了希望工程的形象大使。这张照片为全国各地报刊采用、印成招贴画等,成了在中国最著名的一张照片。苏明娟也因为这张照片得到希望工程的资助。2003 年,苏明娟进入安徽大学职业技术学院金融专业学习,实现了从小“我要上大学”的梦想。如今,希望工程“大眼睛”女孩苏明娟也已经成为银行白领。苏明娟的命运因为希望工程而改变了,许多捐款人被“大眼睛”画面感动,纷纷向希望工程捐款。从 1988 年到 2008 年初,希望工程募集资金逾 35 亿元人民币,其中资助贫困学生 290 多万名,援建希望小学 13000 多所,捐赠希望书库、希望图书室 13000 多套,培训乡村教师逾 35000 名。希望工程资助了无数像苏明娟一样的孩子,给无数困难家庭子女播种了希望。

2005 年,我国政府开始在农村地区全面实施“两免一补”政策,并逐步向城市拓展,希望工程最初要让农村穷孩子读得起书的愿望完全实现,某种程度上说,希望工程的使命已经完成。在此背景下,希望工程的资助策略进行了调整,将资助对象扩展到进城务工农民工子女、农村贫困地区家庭经济困难的中学生、中等职业技术学校的学生和大学生。希望工程的动员和服务方式也从单一的资金资助发展到“资金资助＋勤工俭学＋公益实践”以及心理援助、社工服务等多元化格局。2007 年 5 月 20 日,中国青基会对外宣布希望工程全面升级,将对学生的“救助”模式拓展为“救助—发展”模式,根据受助对象的需求,动员社会力量,继续为家庭经济困难学生提供助学金,让莘莘学子圆上学梦的同时,更加关注贫困学生的自我发展能力的提高,通过物质、精神多方面的持续扶持,帮助受助学生学会自助助人,希望工程在新的历史时期为更多的贫困家庭的子女播种爱的希望,让更多贫困家庭的子女实现个人的梦想。

思考:

结合我国目前贫困家庭子女在教育方面的困难,谈谈如何更好地发挥"希望工程"等社会力量在教育救助中的作用。

复习思考题

1.什么是教育救助?教育救助制度的内容有哪些?

2.国外教育救助制度对我国有何借鉴?

3.我国高等教育阶段教育救助政策的内容有哪些?现状如何?对进一步完善这些政策你有何思考?

第八章　住房社会救助

住房权和生存权、发展权一样,是联合国规定的重要的公民权利,是基本人权。住房问题的本质是中低收入家庭尤其是最低收入家庭支付能力与具有适宜标准住房价格之间存在的悬殊差距。提供住房社会救助,为中低收入阶层解决住房问题是政府的基本责任。解决低收入阶层住房问题一定程度上也是对政府执政能力的考验。本章介绍了住房社会救助的基本概念,国外住房救助制度的主要内容和做法,结合我国实际,分析了我国住房救助的几种形式,并分析了我国目前实施的保障性住房建设中存在的问题及完善思路。

第一节　住房社会救助概述

一、住房社会救助的内涵和特征

住房社会救助(housing aid),是指政府出台相应的社会经济政策,向中低收入家庭和其他住房困难的家庭提供住房现金补贴或直接提供限定标准、限定价格或租金的住房救助项目。住房救助的实质是由政府承担住房市场费用与部分低收入社会成员支付能力之间的差额,解决的是低收入阶层的基本住房需求。国家或地区不同,对住房社会救助的称呼不同,我国香港称为公屋和居屋;日本称公有或公建住宅;新加坡称组屋;我国内地将经济适用房、公共租赁房、廉租房以及一些保障性商品房统称为救助性住房,也称保障性住房。

住房社会救助的对象是无力进入市场购房或租房的中低收入家庭和住房困难家庭。其范围:一是住房达不到社会最低生活标准的、有困难(无法满足其基本生活需求)的居民家庭;二是依靠自己的力量无法自主解决目前住房弱势状况,未来的住房意愿也难以通过自身发展或房屋市场调整得以实现的居民家庭。

由于各国的具体情况不同,住房社会救助也表现出不同的特色,形成了不同的住房救助管理模式。根据政府在住房政策中的不同角色,保障覆盖模式可以分为特惠模式和普惠模式两种。特惠模式的特征是政府只对少数家庭给予特别资助,将保障性住房的供给作为对住房商品市场的补充,美国是特惠模式的典型代表。普惠模式的特征是政府对保障性住房给予大量财政支持,对大部分家庭的住房消费给予资助,目前采取普惠模式的典型代表是新加坡。

　　根据保障方式和环节的不同,可以分为供给导向型的公共住房政策和需求导向型的公共住房政策。供给导向型的公共住房政策(又称"补砖头")是国家采取直接供给住房的方式,通过增加住房数量、改变供应结构以降低住房价格,主要的政府行为包括公共建房计划、鼓励资助私人建房、修建和运营公共租房等。需求导向型的公共住房政策(也可称为"补人头")是国家采取间接发放货币补贴的形式,即向居民提供住房消费的补贴以保证低收入阶层也能拥有社会最低限度的住房居住水平,所应用的公共住房金融工具主要包括向居民直接提供的各种补助和补贴,包括低息贷款、贷款利息抵税,以及直接向居民发放住房津贴。

　　住房社会救助作为一种专项救助制度,具有如下特征:

　　(1)救助对象的针对性。住房社会救助是专门针对中低收入家庭(低收入群体和住房困难户),为解决他们的住房问题而设置的。除本人申请外,需通过政府部门的调查核实收入状况和住房状况,并经公示确认后才能享受相关的优惠和补贴。

　　(2)救助范围的狭窄性。住房社会救助只是针对少数自己无经济能力解决住房问题的个人与家庭提供相应的救济和补助,满足他们基本住房需求。它同实物福利分房有根本区别。

　　(3)救助时间的动态性。住房社会救助的享受对象随着工资、家庭就业人口、就业状况等的变化随时会发生变动。如果被救助者经济条件好转,超过了救助标准线,救助就应及时停止;反之,则要增加。对有些如失业、疾病或天灾等造成个人和家庭因经济条件明显下降至一定程度而属于补贴对象时,政府和有关部门应及时加以救助。这样才能体现出社会的公平和公正,真正保障无力购房者有房可住。

　　(4)救助效应的社会性。住房社会救助是国家再分配的一种表现,是国家稳定房价、稳定住房市场秩序,反映国家社会政策公允性和国家实施宏观调控、促进社会和谐的一种有效手段。进行住房社会救助,一方面可以以较低的社会成本较好地实现人人"住有所居"目标,另一方面有利于扭转住房市场投机炒作风气,还原住房消费本质,形成健康的、多元化和可持续发展的住房市场,同时,能够促进居民特别是低收入居民扩大消费水平,发挥住房的产业带动性,促进国民经济健康、持续、稳定发展。

二、住房社会救助的形式及内容

　　世界各国政府为中低收入者提供住房社会救助的形式,大致有以下几种:

　　(1)提供福利保障性廉租住房。廉租住房即由国家出资建设的规格适当、设备齐全、以低廉的可以被接受的方式向住房弱势群体成员或家庭提供的住房,保证其住房达到社会最低生活标准。廉租住房是针对最低收入者的一种住房保障政策,主要对象包括最低收入者、鳏寡孤独者、贫困户以及其他不能依靠自身力量获得基本住房的人。廉租住房政策框架是第二次世界大战后欧美各国在构建社会住房保障制度中逐步形成的。第二次世界大战后，英国平均每年建造14.3万套公房，保证为低收入贫困户提供住房，即使在20世纪80年代的私有化浪潮后，其公房比例仍高达34%。

（2）出售低于市场价格的经济适用房。经济适用房是国家为满足中低收入者的住房需求而提供的一种房屋，由政府或委托单位组织建造和供应，政府提供一定的划拨土地和减免税费等优惠政策，减免工程中的部分费用，使其成本略低于普通商品房。经济适用房主要由购房者来承担住房费用，但房价明显低于商品住房，具有一定的社会保障性质，介于完全市场化普通商品住房和保障性廉租住房之间。

（3）发放住房现金补贴。向低收入家庭直接发放住房现金补贴，帮助其购买或租住房屋，是住房社会救济的内容之一。它不是住房社会救助的最主要形式，但作为直接对消费者进行的补贴，在住房社会救助中也起到了不可忽视的作用。

第二节　国外主要国家的住房社会救助政策

近几十年来，世界各国为解决中低收入家庭和住房困难居民的住房问题，推动本国经济社会持续发展，先后采取了一系列的住房救助政策和管理措施。由于各国的具体情况不同，虽然其住房救助的目标是相同的，但形成的住房救助的政策和管理模式却各具特色。根据政府在住房政策中的不同角色，保障覆盖模式可以分为特惠模式和普惠模式两种。美国是特惠模式的典型代表。新加坡是普惠模式的典型代表。

一、美国的住房社会救助政策

美国是一个市场经济高度发达的国家。20世纪20年代以前，美国公民住房的实现完全依靠市场解决。公共住房在美国变为现实，是在罗斯福新政时期。大萧条发生后，为了复苏经济，促进房地产业发展，联邦政府开始介入住房问题。美国政府的住房政策主要依赖市场去配置，政府并不把为公民提供基本住房作为一种义务。大部分普通家庭要按照市场经济的规则，在市场上满足住房需求，美国95%以上的家庭是从市场上获得住房的。联邦政府的主要责任是对那些没有足够能力自己取得住房的人群，如老人、残疾人、单亲母亲等提供帮助，以保障他们的住房权。

（一）美国住房救助政策的主要内容

美国住房补助政策是其社会保障政策的一个基本内容，补助政策的主要内容是：贷款为老年人和残疾人修建住房；向低收入家庭发放住房津贴；政府出面向私人租赁住房,再分租给有资格享有公共住房的住户;政府对住房抵押贷款予以担保;对私人房主实行税收减免;地方政府发放免税债券筹集建房资金,联邦政府对偿还担保。

(二)美国住房补助的类型

美国住房补助的类型,主要是提供低租金的公共住房,房租补贴,住房贷款利息补贴,妇女、婴儿和儿童住房补贴,消除贫民窟和新镇运动,移民和非法移民的住房补助。

1.提供低租金公共住房

公共住房创设于 1937 年,是美国资助贫困家庭住房的一种最久远的项目。政府投资建造公共住房始于 1937 年《公共住房法》的颁布,该法规定由联邦住房与城市发展部(HUD)住房管理局负责提供拨款,用于建造公共住房,并资助地方政府建造供应给最低收入阶层。这种房屋主要用于出租,其租金标准根据家庭收入而定,一般为家庭收入的 1/3,不到一般住房租金的一半。这些住房只能供当地收入不超过中等收入 80% 的家庭购买或租用。但地方当局制定的申请购买或租用该类住房的资格标准比联邦政府制定的要严格一些,一般只有年收入低于中等收入水平 50% 的家庭才有资格申请购买或者租用。但有 25% 的住房提供给那些收入在该地中等收入 50%～80% 的家庭租用或者购买。公共住房的住户绝大多数是老年人和残疾人,超过 50% 的家庭居住了 20～30 年。目前大约有 1400 万家庭居住在公共住房中,其中 40% 为少数民族。

最初,联邦政府对公共住房的资助只是建筑费用,公共住房的运营费用由收取的租金承担。但随着运营成本的持续上升,贫困家庭无力支付全额运营费用。因此,1969 年联邦法律规定,联邦政府负责资助运营费用的一部分。

2.房租补助

房租补助即向贫困家庭提供住房租金补助,由贫困家庭自由选择居住地、租用私人或公共住房,避免低收入家庭集中居住所带来的各种社会问题,同时也可充分利用现有住房来解决贫困者的住房困难,减轻政府负担。这种补贴的依据是美国 1974 年《住房法》第八条的规定。20 世纪 80 年代补贴性住房项目已经超过资助贫困者住房的主要项目公共住房,资助了大约 230 万个家庭。目前,在接受政府住房资助的家庭中,大约有 60% 是选择租金补贴券形式。

房租补助是针对低收入者承租私人房屋而言的。政府鼓励私人将符合标准的房屋出租给低收入者,当低收入者承租后,低收入者将自己收入的 1/3 付给房东,其余由政府代付。例如,一间供出租的房屋,月租金为 900 美元,房客月收入 2100 美元,其中 1/3 是 700 美元,那么,房客就付 700 美元的房租,房屋署代付 200 美元。

3. 税收减免

鼓励私人开发商建造公共住房,也称"私人所有权项目"(privately owned project)。根据 1961 年《住房法》的规定,政府鼓励开发商建造供中低收入家庭租用的住房,"政府不直接参与住房建设,只是作为管理者与私人开发商签订合同,为其提供低价公有土地、提供贴息贷款、利息补贴、减免有关税费、支付房租补贴",并允许在合同期满后将廉租房转变为市场住房。

税收减免是通过对私人出租房收入税的减免间接地为低收入租户提供社会救助。若一个住房项目中 20％租给收入低于当地平均收入一半的人居住,或住房总数的 40％租给收入低于当地中等收入水平 60％的人居住,那么,该出租房即可获得税收减免。此类项目每年大约可提供 10 万～15 万套住房给低收入者居住。

4. 津贴房屋

津贴房屋指政府给予一定的税收优惠政策,由私人非营利机构具体实施并管理的房屋,主要租给 62 岁以上,且每年退休金不超过一家一口 20850 美元、一家两口 23850 美元、一家三口 26800 美元的老年家庭,各州、县、市根据当地情况,调整入住标准。

5. 购房补贴

对于能够支付月供房屋抵押贷款但没有足够的钱支付房屋首付款的美国家庭,实行购房补贴,一般可以享受免交贷款利息税、所得税,减免财产税的优惠,政府帮助购房者交齐首付款和办理房屋过户时的相关费用,同时为购房的中低收入家庭提供 1 万美元或是住房买入价格 6％的首付款资助。

6. 住房贷款

为了解决住房问题,美国还实行住房按揭贷款制度。美国的住房按揭贷款根据客户信用质量可分为三类:优级按揭贷款(prime mortgage)、超 A 按揭贷款(alternative A mortgage)和次级按揭贷款(subprime mortgage)。次级按揭贷款是相对于优级按揭贷款而言的,面向信用等级相对较低(个人信用分数 620 分以下)、收入证明资料缺失、负债较重的客户,如美国的低收入阶层和新移民。美国的次级贷款在 20 世纪 90 年代中期迅速发展,从 1995 年的 650 亿美元发展到 2003 年已达到 3320 亿美元,最高时期占整个抵押贷款的市场比例近 15％。次级贷款使很多低收入家庭实现了住房梦,并带来了房地产市场的繁荣,很多人通过次级贷款购房来进行投资,在房价不断走高时,即使贷款人无力偿还贷款,也可以通过房产增值获得再贷款来填补缺口,但当房价增长变缓或下跌时,借款人无法通过出售或再贷款来弥补资金不足,贷款人出售住房或者通过抵押住房再融资变得困难,就会违约,美国 2006 年次级贷款的违约率高达 10.3％,是优级贷款违约率的 7 倍。

大规模的违约使贷款机构也相继破产,最后引发金融危机。面对危机,虽然美国政府采取了很多措施,但还是没能尽快走出经济危机的阴影。

值得一提的是,美国的住房补助政策运作管理比较规范,首先由低收入者向政府房屋署提出申请,然后进行调查,调查核实后,准予排队轮候,至少需要2~3年以上。一旦不符合相关标准,便会搬出去,否则房租会大幅度提高,让你觉得比买房还贵。

二、新加坡的住房救助政策

建国初期,新加坡普通居民的居住条件恶劣,平均每户居民不足一间居室。据官方统计,当时200万人口中有40%的家庭住在贫民窟或棚户区,能住上像样住宅的人口只占居民总数的9%,人均住房面积只有3.13平方米,恶劣的住房条件导致公共卫生状况恶化和一系列社会问题,成为社会不稳定的重要因素,以至于政府将解决住房问题作为一项基本国策,在立国之初就提出了"居者有其屋"的口号。20世纪60年代初,新加坡成立了建屋发展局(Housing &Development Board,HDB),专门负责建造公共组屋,解决广大中低收入居民的住宅问题。初期,建屋发展局大规模兴建低标准、小户型住房;1964年,政府又宣布实行"居者有其屋"计划,推行住房自有化政策,鼓励中低收入阶层以分期付款方式购买组屋。现在的新加坡,已成为世界花园城市,组屋已成为当地住房市场的主体,85%的人住在其中,这种住宅比私人房地产市场上的商品住房便宜许多,得到普通民众的青睐。

新加坡的住房社会救助体系,也称"居者有其屋"计划、组屋计划,是政府主导型的、普惠模式的典型范式。从建屋发展局的成立到住房公积金制度的建立和执行,再到组屋计划的制订和实施等,新加坡的住房救助体系体现政府"居者有其屋"的住房理念。新加坡政府通过以下一系列政策措施来实现其"居者有其屋"的目标:

(一)政府主导组屋的开发与建设,由建屋发展局具体实施

新加坡是市场经济国家,但住房的建设与分配并不完全通过市场来实现,而是由政府主导公共住宅的开发与建设。在住房保障方面,新加坡政府一直都是其国人出色的管家和掌舵人,政府干预和介入很有本国特色。新加坡坚持以政府行政干预为主、市场调节为辅的原则,政府牢牢掌握了房地产市场的主动权,既解决了大部分国民的住房问题,也有效平抑了房价,其住房政策的侧重点是在政府组屋市场。政府公共组屋是由新加坡政府下国家发展部的建屋发展局统一发展建造和具体实施的。建屋发展局直属国家发展部,是一个独立的非营利机构,其财政预算纳入国家计划。"安得广厦千万间,大庇天下寒士俱欢颜,风雨不动安如山。"该局将杜甫的诗句作为局训,其目标一开始就非常明确,就是为低收入人群提供廉价房

屋。在发展公共住宅方面,建屋发展局是起主导作用的组织者。新加坡政府赋予其广泛的合法权力,它既代表政府行使权力,负责制定组屋发展规划及房屋管理;同时又作为最大的房地产经营管理者,负责组屋施工建设工程、房屋出售和出租,因此肩负着多重职能。多年来,建屋发展局一直都是新加坡唯一获授权的公共组屋机构,直到最近才有为数不多的私人发展商被允许参与公共房屋开发。

(二)政府严格控制土地资源,为组屋建设提供了强有力的土地、资金保障

土地是国家财富之源,也是组屋建设的基础和命脉所在。新加坡土地分国家所有和个人所有两种,其中,国有土地占土地总数的80%左右。新加坡政府将土地资源牢牢地掌握在手里,确保土地供应。1966年,政府颁布了《土地征用法令》,规定政府有权征用私人土地用于国家建设,可在任何地方征用土地建造公共组屋,政府有权调整被征用土地的价格,价格规定后,任何人不得随意抬价,也不受市场影响。根据该项法令,新加坡政府协助建屋发展局以远低于市场价格的价格获得开发土地,保证了大规模建设公共组屋所需的土地。

此外,为保证"居者有其屋"计划的真正落实,新加坡政府还以提供低息贷款的形式给予建屋发展局资金支持,支付大笔财政预算以维持组屋顺畅运作。政府每年都为建屋发展局提供建屋发展贷款,此贷款政府不追索还债,而且其利率明显低于市场利率。此外,政府对组屋的出售实行优惠,补贴亏损。为了使普通老百姓能够买得起房屋,组屋售价是由政府根据中低收入阶层的承受能力而不是靠成本来定价,远远低于市场价格,由此造成建屋发展局的收支亏损。这部分损失,政府核准后每年都从财政预算中给予补贴。建屋发展局作为组屋的管理者,还要承担组屋的翻新和改造费用。因此,建屋发展局仅靠其收入是难以为继而经营的,每年产生巨额财政赤字,在2008—2009财政年度,产生了21.19亿新元的赤字。为此,政府在财政上对组屋给予大量补贴,每年都向其注入巨额贷款和津贴。建屋发展局实行独立核算、自主经营的政策,其财政预算纳入国家计划。该局的经费由国家以低息贷款的形式划拨。2008 2009财政年度,政府向该局提供了14亿新元的住房发展贷款和471亿新元的抵押金融贷款。在政府给建屋发展局的津贴中,从1960年该局成立至2009年底,政府给予其津贴总额达192.81亿新元。政府财政支撑是新加坡组屋政策得以顺利实施的重要保障。

(三)强制性的中央公积金制度是其成功实施住房保障的关键支撑

新加坡公积金制度在解决本国居民住房问题的成功经验得到世界各国的普遍认同。新加坡1955年建立中央公积金制度,并成立中央公积金局专门负责整个公积金的管理运营。中央公积金制度不仅是政府规定的强制储蓄制度,也是一种强制性的社会保障制度,公积金的缴交由雇主和雇员各按雇员工资收入的一定比例

逐月缴纳,公积金的本息归雇员所有,通过强制缴纳、限制使用的方式实行。中央公积金制度规定,凡在新加坡有薪金收入的人都必须与其雇主将月薪按同一比例交存中央公积金局,缴纳率随经济和工资的增长而提高,20 世纪 70 年代调整为 8%、10%、15%,1988 年又调整为雇员交纳 24%、雇主交纳 12%。为了让更多的家庭能买得起组屋,1968 年,政府允许居民动用公积金购买组屋及支付每月的房屋贷款。为了支持国民购买组屋,中央公积金局在公积金账户上建立一个普通账户,用于家庭投资,其主要用来购买政府组屋,还可用于退休、住房、医疗、教育、投资增值等诸多方面。公积金会员可动用公积金存款购买新的或是转售的组屋。会员购买新组屋,能动用公积金普通户头的存款支付 20% 按柜金以及其余的购屋价。至于购买转售组屋,会员则可在建屋发展局委任的估价师决定的情况下,利用公积金存款来支付组屋购价。在这一计划下,低收入会员可以动用其公积金普通账户的存款作为首期付款之用,不足之数由每月交纳的公积金分期支付。如果普通账户的存款不足支付,可向建屋发展局贷款,用将来的公积金来偿还。这项规定使低收入者既能购房又不影响生活,极大地促进了低收入者购房的积极性。该项规定最初只针对最低收入家庭,1975 年后政府对中等收入家庭放开了限制。1975年,允许中等收入会员申请购买政府组屋。1981 年 6 月,中央公积金局又实施了"私人住宅产业计划",允许会员使用公积金存款在新加坡购买私人住宅,会员普通户头现有的存款和未来每月存入这一户口的公积金,都可用以购买住宅产业,或是偿还产业贷款。

除了受益于公积金制度以外,新加坡政府还实行了差别补贴政策。根据购买面积大小,给予不一样的优惠程度:在贷款方面实行差别对待,一般收入者的贷款额度为 80%,低收入者可达 90%;对没有能力购买的家庭,政府允许租用组屋;在住房翻新时,房子越大,补贴越少。

(四)以家庭收入水平为依据,实行公有住宅的合理配售政策

自 1968 年新加坡大力推行公共住宅出售政策以来,购房者日益增多,如何搞好公房合理配售,保障低收入家庭的合法权益,实现公平、有序的市场分配原则,成为建屋发展局的重要课题。为此,新加坡政府制定了缜密而严格的法律法规,对购买人条件、购买程序、住宅补贴等均作出严格规定,按照公平原则进行合理分配。政府制定了不同收入水平居民的购屋准入政策,并随着生活水平的提高调整收入顶限。在住房短缺时期,政府规定只有月收入不超过 800 新元的家庭才有资格租住公用住宅。在 20 世纪 70 年代,规定只有月收入在 1500 新元(1 新元约合 5 元人民币)以下者才可申请购买组屋,80 年代提高到 2500 新元,随后又放宽到 3500新元,目前,组屋政策已逐渐放开至 8000 新元。这样基本保证了 80% 以上的中等收入家庭能够购买到廉价的组屋。而对高收入水平的家庭(家庭月总收入超过

8000 新元），建屋发展局不负责提供组屋，而是通过住房商品化方式解决，从房地产市场直接购买私宅。

政府还以各种形式向国民提供大量的住房补贴，从而使组屋价格保持在普通居民能够承受的范围内。政府严格按照家庭收入情况来确定享受住房保障补贴的级别，购买的面积越大补贴越少。如一室一套的政府补贴 1 /3；三室一套的政府补贴 5％；四室一套的政府不仅没有补贴，而且按成本加价 5％收取租金。购买组屋一般需一次缴足相当于售价 20％的款额，余下部分由建屋局以低息贷款方式垫付，住户可用公积金在 5 年、10 年甚至 25 年内还清。实在无力购买的，如月收入少于 800 新元者，政府允许其租用组屋。在住房运作过程中，设计出高收入者的住房福利少、低收入者的住房福利多的分配方案，体现出国家富裕了老百姓也能分享利益的理念。

在购买程序方面，一般来说，符合政府配房条件的住户，一律排队等候政府分配住房。依购房者的经济收入水平区分层次，低收入者可以廉价租房，中等收入者可以廉价购房，其首付款和还款额以及还款方式都有所不同，能够适应不同收入水平居民的需要，确保他们买得起房。除高收入者不能购买组屋外，政府规定每户居民一生中最多只能购买两次组屋；新购的组屋必须在住满 5 年后，才能在市场上出售。组屋的转售价一般会高于居民当初的购买价，这不仅能满足居民基本的居住需要，还有一定的投资价值。

（五）因地制宜，精心设计与管理，制定科学合理的住宅建设发展规划

公共住房的选址和布局关系到城市总体规划的和谐。为此，建屋发展局的住宅发展计划建立在综合研究与分析的基础上。首先要详细分析历年住宅建设的数量和销售情况，核实申请购买组屋的家庭数量及其对户型、地点的要求以及各不同地区城市基础设施状况、社会服务设施状况和就业机会，并预测今后五年的需求量，选择最佳开发地点。通常只有在申购率超过 75％后，建屋局才会开始兴建。

根据新加坡人多地少的国情特点，建屋发展局在城市住宅建设的整体规划上，始终坚持"避开大道，直取两厢"的建设方针，避开房屋密集的市中心区，选择城市边缘地带起步。这样规划不仅有利于居民的疏散，而且由于这些地区拆迁量少，地价与基地处理费用比较便宜，从而大大降低了组屋建设的开发成本。只有在市区人口减少到一定程度、新区住宅充足的情况下，建屋局才会考虑集中力量进行旧城改造。在规划设计小区和新建组屋时，既考虑建筑体形的高低错落、色彩变化，又能充分利用室内面积合理布局，同时尽可能保存城市中的绿地。新加坡政府规定，不同规模的居住区要配套建设不同规模的福利设施。在建屋局进行土地开发后，由各职能部门负责建设。因此，所有的居住小区都建有完善的配套设施，包括商业中心、银行、学校、图书馆、剧院、诊所等，在组屋小区周边设有地铁站、公交站。随着地铁等交通设施的发展,组屋建设呈现出由近及远向外延伸的发展态势。

(六)出台法律严格限制炒卖组屋,确保组屋政策的顺利实施

新加坡于 20 世纪 60 年代制定并实施了《新加坡建屋与发展法》,明确了政府发展公共住房的方针、目标,同时还颁布了《建屋局法》和《特别物产法》等,逐步完善了住房法律体系。为防止有人利用组屋进行投机活动,新加坡政府制定了缜密和周全的法律法规,对居民购买组屋等行为进行严格的监控。新加坡政府对购买者条件、购买程序、住宅补贴等都制定了明确规定,并按照公平原则进行合理分配。政府制定了不同收入水平居民的购屋准入政策。政府采取一系列措施严格限制炒卖组屋的行为。根据新加坡政府的规定,任何人在买卖组屋时必须提供准确、翔实的资料。如果违反了政府组屋的规定,触犯条例的人可能会被告上法庭。限制居民购买组屋的次数,规定新的组屋在购买五年之内不得转售,也不能用于商业性经营。如果实在需要在五年内出售,必须到政府机构登记,不得自行在市场上出售。虽然一个家庭可以购买两次组屋,但是不允许同时占有两套组屋,如果要再购买新房子,旧组屋必须退出来,以防有人投机多占,更不允许以投资为目的买房。居民在获得组屋后五年之内不可以出租,五年后允许腾出半套出租,但房主必须与房客合住,不能将整套住房出租。所有申请租住组屋的人都需要持有有效期内的新加坡工作许可证或相关签证。由于严格执行了上述一系列措施,新加坡政府有效地抑制了"炒房"行为,确保了组屋建设健康、有序地进行。

新加坡政府虽然主张通过国家的力量给予低收入阶层一些照顾,以缩小社会的贫富差距,但却反对实行欧洲福利国家的社会福利制度。它认为,过分的社会福利不利于竞争,会使人民产生对政府的过分依赖性;政府的主要责任是授人以"渔",而不是送人以"鱼"。因此,新加坡的住房福利政策不是搞"平均主义",不是人人享受同样的福利,买到同样的房子,而是根据自己的能力来选购大小、档次、舒适程度不同因而造价也不同的住房。新加坡政府集中了大量人力、物力和财力,经过长期不懈的努力,最终使住房问题得到根本解决。

第三节　中国的住房社会救助

从前面的介绍可以看出,国外一般将用于救助中低收入住房困难家庭的住房称为"公共住房"。公共住房在各国的具体含义和表现形式有所不同,但基本上都包含了以下特征:一是具有或救助,或保障,或二者兼有的性质;二是主要为满足中低收入家庭,特别是住房困难人群的居住需要,部分国家(如新加坡、瑞典)也将供应范围扩大至中等收入人群甚至更广;三是往往通过制定公共住房政策并实施政策工具予以实现,带有很强的政策性。这和中国提出的保障性住房的概念是一致

的。保障性住房是政府在对中低收入家庭实行分类保障过程中所提供的限定供应对象、建设标准、销售价格或租金标准,具有社会保障性质的住房,包括两限商品房、经济适用房、政策性租赁以及廉租房。因此,中国的住房社会救助制度实际上就是目前的保障性住房制度。于是,建立完善的中国保障性住房制度就成为当前和今后有效解决社会主义市场经济发展中中低收入住房困难家庭住房问题的关键。

一、中国住房制度改革与保障性住房建设

新中国成立后,我国建立了社会主义制度,与这一基本社会制度相适应,我国建立了高度集中的政治体制和计划经济体制。在住房制度方面,我国逐步建立了公有制为主体、实物分配、低租金的福利性城镇住房制度。当时住房建设统一按国家的基本建设投资计划进行安排,各级政府和国有企事业单位住房建设资金的来源主要靠财政拨款,少量靠单位自筹,均需纳入基本建设计划,受基本建设规模的控制。从1958年到1977年的20年中,在"先生产,后生活""先治坡,后置窝"等"左"的思想指导下,住房基本建设投资受到削减。到1978年我国城镇人均居住面积已由建国初期的4.5平方米降至3.6平方米,出现了许多住房困难户,住房供给不足已成为严重的社会问题。

计划经济时期我国住房供给模式可以概括为国家投资主导下的福利性的实物分配制度。这一制度具有鲜明的特征:第一,住房体制完全是公有制为主导,并完全由国家投资。从1949年到1978年,超过90%的住房投资是由国家提供的。尽管私有住房并没有被完全取消,但公有住房始终居于支配地位,在1978年,74.8%的城市住房是公有住房。第二,住房以单位为基础,按照行政级别进行分配。公共住房由单位统一建设,然后通过单位以行政方式分配给本单位职工。这种分配方式使得有些干部有机会滥用职权,谋求个人利益,导致住房分配过程中出现种种腐败行为。一般情况下,住户可以一直租住在单位的住房里,其子女还可以继承。不同单位获得住房投资的渠道和数额不同,员工获得的住房福利也不同。第三,住房被视为一种福利,职工仅缴纳很低的房租。在20世纪70年代末,职工租住房屋的租金仅为每平方米0.13元左右,还不到维护成本的一半。住房成为一种福利待遇,甚至其维修也由国家负责。第四,多数居民都是通过租住单位公房来解决其住房问题,居民没有其他选择来解决其居住问题。

尽管我国计划经济体制下福利性的实物分配制度能够给大多数居民提供相应的居住条件,但是,这一住房供给模式存在明显的缺陷:第一,住房短缺,住房质量差,城镇居民的住房需求受到压制。第二,住房不平等,住房分配过程存在严重的腐败现象。第三,这种住房分配制度还阻碍了劳动力的流动。随着快速的城市化

和人口的增长,福利住房制度在 20 世纪 70 年代末受到了严重的挑战。一方面,政府无法承受无偿提供住房所带来的巨大财政负担;另一方面,城市居民迫切要求改善其居住条件。

改革开放以来,为了应对城市居民严重的住房危机,我国政府围绕住房制度改革进行了探索。改革的历程可以分为以下几个阶段:

(1)商品化改革阶段(1978—1993 年),其中,1978—1986 年为商品化试点阶段,1986—1993 年为商品化突破阶段。

1978 年,邓小平同志提出解决住房问题的政策能不能放宽一点的想法。1979 年原国家城市建设总局、国务院侨务办公室制定了《关于用侨汇购买和建设住宅的暂行办法》,鼓励华侨、归侨和侨眷用侨汇购买和建设住宅,并且规定所有权和使用权归自己,国家依法给予保护。这个暂行规定是住房商品化的萌芽。1980 年,邓小平同志又进一步提出城镇居民个人可以购置房屋,也可以盖房子,不但新房子可以出售,老房子也可以出售,可以一次性付款,也可以分期付款,10 年、15 年付清,以及房租要调整,逐步提高房租和对低工资职工补贴等设想。1980 年 6 月中共中央、国务院在批转《全国基本建设工作会议汇报提纲》中正式提出实行住房商品化政策。国家规定,"准许私人建房、私人买房、准许私人拥有自己的住宅"。

1986 年 1 月成立了国务院住房制度改革领导小组,由国务院主要领导同志亲自抓这项工作。至此,城镇房改工作直接由国务院领导进行。1987 年国务院住房制度改革领导小组在总结前一段售房试点经验的基础上,把提租补贴作为住房制度改革的基本环节,并于同年 8 月起在烟台、沈阳、蚌埠、唐山和常州等城市开始试点。其基本思路是"提高租金,增加工资",变暗补为明补,变实物分配为货币分配,通过租金的提高促进售房。1988 年 1 月,在总结试点城市经验的基础上,国务院召开了全国住房制度改革第一次工作会议。同年 2 月,国务院印发了国务院住房制度改革领导小组《关于在全国城镇分期分批推行住房制度改革实施方案》(国发〔1988〕11 号),提出"从改革公房低租金着手,将现在的实物分配逐步改变为货币分配,由住户通过商品交换取得住房的所有权或使用权,使住房这个大商品进入消费市场,实现住房资金投入产出的良性循环,从而走出一条既有利于解决城镇住房问题,又能够促进房地产业、建筑业和建材工业发展的新路子。"实施方案指出了当时第一步的改革任务,即"调整公房租金,按折旧费、维修费、管理费、投资利息、房产税五项因素的成本租金计租,抑制不合理的住房要求,促进职工个人购房,并从政策、立法、社会舆论等方面采取措施,引导和调节居民消费,使消费结构趋向合理,为实现住房商品化奠定基础。"下一步的改革任务是"在逐步增加工资和住房租金由成本租金提高到商品租金的基础上,进一步实行住房商品化,推动住房的社会化、专业化、企业化经营。"这一实施方案标志着我国住房制度改革已进入整体方案设计和全面试点阶段。1991 年 6 月,国务院发出了《关于积极稳妥地推进城镇住房制度改革的通知》,提出分步提租、交纳租赁保证金、新房新制度、集资合作建房、出售公房等多种形式推进房改的思路。1993 年 11 月,国务院房改领导小组在北京召开了第三次房改工作会议,改变了第二次房改会议确定的思路,代之以"以出售公房为重点,售、租、建并举"的新方案。这一方案的实施实现了我国住房制度改革商品化的突破。

(2)货币化改革阶段(1994—2003 年),其中,1994—1998 年为货币化过渡阶段,1998—2003 年为货币化突破阶段。

1994 年,国务院下发了《关于深化城镇住房制度改革的决定》,确定房改的根本目标,即建立与社会主义市场经济体制相适应的新的城镇住房制度,实现住房商品化、社会化,逐渐实现了从实物分房到货币分房的过渡。为此,该决定规定,我国城镇住房制度改革的基本内容是:把住房建设投资由国家、单位统包的体制改变为国家、单位、个人三者合理负担的体制;把各单位建设、分配、维修、管理住房的体制改变为社会化、专业化运行的体制;把住房实物福利分配的方式改变为以按劳分配为主的货币工资分配方式;建立以中低收入家庭为对象、具有社会保障性质的经济适用住房供应体系和以高收入家庭为对象的商品房供应体系;建立住房公积金制度;发展住房金融和住房保险,建立政策性和商业性并存的住房信贷体系;建立规范的房地产交易市场和发展社会化的房屋维修、管理市场,逐步实现住房资金投入产出的良性循环,促进房地产业和相关产业的发展。

1998 年 6 月国务院在北京召开了全国城镇住房制度改革和住房建设工作会议。会上讨论并在 7 月 3 日颁布了《国务院关于进一步深化城镇住房制度改革、加快住房建设的通知》(国发〔1998〕23 号)。通知进一步确定了深化城镇住房制度改革的目标是:停止住房实物分配,逐步实行住房分配货币化;建立和完善以经济适用住房为主的多层次城镇住房供应体系;发展住房金融,培育和规范住房交易市场。同时决定,1998 年下半年开始停止住房实物分配,逐步实行住房分配货币化。至此,我国已实行了近四十年的住房实物分配制度从政策上退出历史舞台。因而,国发〔1998〕23 号文被人们称为中国住房制度改革的里程碑,它宣告了福利分房制度的终结和新的住房制度的开始。同时,该文件确立的我国住房制度目标是 80%左右的居民购买经济适用房,10%左右的居民租赁廉租房,10%左右的居民购买、租赁市场价商品住房。

(3)市场化改革阶段。

2002 年以来,在全力推进城市化建设中,一些地方政府在"经营城市"的口号下,依靠大规模出让土地,收取 50~70 年的土地出让金来补充政府财力,导致土地供应混乱,土地开发过大。地方政府一次性出让土地使用权,还导致房地产开发商展开"圈地运动"。"圈地运动"抬高了地价,造成住宅价格居高不下,商品房供给结构失衡,"圈地运动"使房地产出现"虚热"。为了防止房地产引发金融风险,平抑房价,促进经济适用房发展,2003年6月13日,中国人民银行正式颁布了《关于进一步加强房地产信贷业务管理的通知》(银发〔2003〕121号),对房地产开发商的开发贷款、土地储备贷款、个人住房贷款、个人住房公积金贷款等7项贷款全面提高了"门槛"。但因央行房贷新政触动了中国地产界最敏感的神经——资金链,所以对新政,开发商几乎一致持质疑和反对的态度。此后,8月31日新华社全文播发了《国务院关于促进房地产市场持续健康发展的通知》(国发〔2003〕18号),提出要坚持住房市场化的基本方向,不断完善房地产市场体系,更大程度地发挥市场在资源配置中的基础性作用;坚持以需求为导向,调整供应结构,满足不同收入家庭的住房需要;坚持深化改革,不断消除影响居民住房消费的体制性和政策性障碍,加快建立和完善适合我国国情的住房保障制度。国发〔2003〕18号文与国发〔1998〕23号文最重要的不同是其第二部分"完善供应政策,调整供应结构"。文件第三条提出"完善住房供应政策。各地要根据城镇住房制度改革进程、居民住房状况和收入水平的变化,完善住房供应政策,调整住房供应结构,逐步实现多数家庭购买或承租普通商品住房;同时,根据当地情况,合理确定经济适用住房和廉租住房供应对象的具体收入线标准和范围,并做好其住房供应保障工作。"这一条,将国发〔1998〕23号文提出的"建立和完善以经济适用住房为主的多层次城镇住房供应体系"改变为让"多数家庭购买或承租普通商品住房"。国发〔2003〕18号文第四条还对经济适用房的性质和功能进行了重新规定:"经济适用住房是具有保障性质的政策性商品住房。"

2005年初,由于房价上涨过快,引起广大居民严重不满。在3月初的十届三次人大会议上,第一次把"重点抑制房地产价格过快上涨""继续整顿和规范房地产市场"写进了温家宝总理的政府工作报告中,作为当年宏观调控的一项重要任务。此后,中央推出了一系列治理整顿房价上涨过快、供房结构不合理和房地产市场秩序混乱等调控房地产市场的措施。3月26日,针对房价上涨过快的问题,国务院办公厅又发出《关于切实稳定住房价格的通知》,就稳定房价提出八条意见("国八条");4月27日,温家宝总理又召开国务院常务会议,研究进一步加强房地产市场宏观调控问题,并提出八项措施引导和调控房地产市场(即"新国八条")。尽管出台了上述政策措施,但稳定房价的目标并未达到。2006年5月,国务院又出台了稳定房价、整顿房地产市场秩序的六项措施(即"国六条")。

(4)保障化建设阶段(2007年至今)。

在坚持住房市场化改革大方向的前提下,针对房价上涨过快、百姓住房难的问题,2007年8月出台了《国务院关于解决城市低收入家庭住房困难的若干意见》,

提出要建立多层次住房保障体系,加快住房分类供应体制的实施,首次将廉租房明确为住房保障的重点,同时明确土地出让净收益用于廉租住房保障资金的比例不得低于10%。

2008年12月21日国务院办公厅在中国政府网发布《关于促进房地产市场健康发展的若干意见》。意见提出,加大保障性住房建设力度,进一步改善人民群众的居住条件,促进房地产市场健康发展——争取用3年时间基本解决城市低收入住房困难家庭住房及棚户区改造问题;进一步鼓励普通商品住房消费——加大对自住型和改善型住房消费的信贷支持力度,对住房转让环节营业税暂定一年实行减免政策;支持、引导房地产开发企业积极应对市场变化,支持房地产开发企业合理的融资需求,取消城市房地产税;强化地方人民政府稳定房地产市场的职责;加强房地产市场监测。

2010年6月,住建部等七部门出台《关于加快发展公共租赁住房的指导意见》,在全国范围内启动了公共租赁住房建设计划,其着眼点是解决中等偏下收入居民以及新就业人员、外来务工人员等"夹心层"群体的住房问题,标志着我国住房保障制度建设进入了新的阶段。在中共中央制定的"十二五"规划中,提出未来五年我国要建成保障性住房3600万套;到"十二五"末,全国城镇保障性住房覆盖率将从目前的7%～8%提高到20%以上,基本解决城镇低收入家庭住房困难问题。并进一步提出,今后我国住房政策是:加快健全房地产市场调控的长效机制,重点解决城镇中低收入家庭住房困难,切实稳定房地产市场价格,满足居民合理住房需求。健全住房供应体系,加大保障性住房供给,改善房地产市场调控,立足保障基本需求、引导合理消费,加快构建以政府为主提供基本保障、以市场为主满足多层次需求的住房供应体系。对城镇低收入住房困难家庭,实行廉租住房制度。对中等偏下收入住房困难家庭,实行公共租赁住房保障;对中高收入家庭,实行租赁与购买商品住房相结合的制度。建立健全经济、适用、环保和节约资源的住房标准体系,倡导符合国情的住房消费模式。多渠道筹集廉租房房源,完善租赁补贴制度。重点发展公共租赁住房,逐步使其成为保障性住房的主体。

住房社会救助不仅仅是城镇的专属,农村住房社会救助制度也在中国国内探索。农村危旧房改造补贴、灾后重建等政府专项住房救助资金也在国内不少省区实施。为解决好农村困难群众基本住房安全问题,2008年到2010年,中央逐步扩大农村危房改造试点范围,增加危房改造任务,加大资金投入,三年中央财政共安排117亿元补助资金,帮助试点地区完成约204万农村贫困户的危房改造。农村危房改造试点补助标准为户均6000元,在此基础上,对陆地边境县边境一线贫困农户,东北、西北、华北等"三北"地区和西藏自治区试点范围内建筑节能示范户每户再增加2000元补助。同时,中西部省(自治区、直辖市)在确保完成危房改造任务的前提下,要依据农村危房改造方式、建设标准、成本需求和补助对象自筹资金能力等不同情况,合理确定不同地区、不同类型、不同档次的省级分类补助标准,切实做好扩大农村危房改造试点工作。2014 年中央安排补助资金 230 亿元,支持全国 266 万贫困农户改造危房。补助标准为每户平均 7500 元,在此基础上对贫困地区每户增加 1000 元补助,对陆地边境县边境一线贫困农户、建筑节能示范户每户分别增加 2500 元补助。

作为全国统筹城乡综合配套改革试验区,成都推出了全国首个农村住房保障制度。2011 年 3 月,成都市政府出台《成都市人民政府办公厅关于建立农村保障体系的实施意见(试行)》,提出了建立农村住房保障体系的政策。该意见规定,在成都范围各区(市)县辖区内,符合当地住房保障条件的农村住房困难居民,均将纳入当地住房保障范围,满足其基本住房需求。家庭年收入和家庭财产收入符合当地的廉租房住房保障标准,家庭人口在两人及以上或年满 35 岁的低收入单身居民,人均自有产权住房面积在 16 平方米以下,可申请住房保障。2012 年 7 月,成都市金堂县 21 户农村居民顺利选房,成为全国首批享受到政府住房保障的农村居民。

从保障性住房的政策演变中,可以看到这样的发展脉络:1998 年以前,国家政策出现的具有典型意义的保障性住房只有经济适用住房,尚处于初步建立阶段,以公房出售为取向的房改是这一阶段的主要内容,集资合作建房作为打破旧住房体制的方式受到政策鼓励;1998 年至 2007 年,以经济适用住房为主体、包括廉租住房在内的保障性住房框架在国家政策指引下建立并发展起来,集资合作建房受到限制,市场化取向是这一阶段住房改革的重点,保障性住房体制和管理问题不断显化;2007 年以后,先以廉租住房为主体、后调整为以公共租赁住房为主体的保障性住房体系成为国家政策的重点扶植对象,这一体系扩展为包括经济适用住房、限价商品住房、廉租住房和公共租赁住房,且以租赁型保障房为政策取向。

可见,我国保障性住房体系是在住房制度改革的过程中不断探索形成的,是通过自上而下的改革完成的,其政策服务于我国整体经济发展阶段和与之对应的住房制度,并随着我国市场经济和政府公共服务职能的成熟而不断成熟。

二、保障性住房建设的意义

(一)满足低收入群体的住房需求,保障低收入群体的居住权益

一般意义上的住房保障体系偏向中低收入困难家庭,满足人们的基本需求,实现"住者有其居"。住房保障即意味着政府要对那些在住房市场竞争中处于极端不利地位的部分群体实行"托底"和倾斜性扶持,保证收入最低、条件最困难的居民在准市场的住房供应中能享受到基本的住房条件。保障性住房对于改善民生、促进

社会和谐稳定具有重要意义。

(二)在住房层面上反映国家社会政策的公允性

保障性住房是由政府对不能通过市场解决住房问题的人群进行相关政策、资金扶持,为中低收入群体提供居住场所,是国家再分配的一种表现,反映了国家社会政策的公允性。实行住房保障不仅仅是为了保护社会低收入阶层的利益,也是促进社会公平、和谐发展的需要。

(三)完善国家对住房市场的宏观调控,稳定住房市场秩序

保障性住房相关政策的实行可以稳定房价、稳定住房市场秩序,是国家对住房市场进行宏观调控的一种有效手段。大力发展保障性住房,一方面可以以较低的社会成本较快地实现人人"住有所居",另一方面通过提供安定的租赁住房或低于市场价格的住房,有利于扭转住房市场的投机炒作风气,还原住房消费本质,形成住房首先是用来居住的观念,形成健康的、多元化和可持续发展的住房市场,并由此促进金融与国民经济的稳定。

此外,加快建设保障性安居工程,不仅对相关产业具有很强的带动效应,而且能够改善城乡居民消费环境和条件,扩大城乡居民特别是低收入居民消费,促进我国宏观经济健康、持续、稳定发展。

三、中国住房社会救助的主要形式

(一)从供给角度看,我国的住房救助主要形式有经济适用住房、廉租住房和公共租赁住房

1.经济适用住房

经济适用住房是政府以划拨方式提供土地,免收城市基础设施配套费等各种行政事业性收费和政府性基金,实行税收优惠政策,以政府指导价出售给有一定支付能力的低收入住房困难家庭的具有保障性质的政策性住房。这类低收入家庭有一定的支付能力或者有预期的支付能力,购房人拥有有限产权。经济适用房具有经济性和适用性双重特点。经济性是指政府提供政策优惠,限定套型面积,住宅价格相对于市场价格比较适中,能够适应中低收入家庭的承受能力;适用性是指在住房设计及其建筑标准上强调住房的使用效果,而非建筑标准。党和国家面向广大中低收入家庭特别是对 4 平方米以下特困户提供的销售价格低于成本、由政府补贴的非营利性安居商品房,以及单位集资合作建房的,也属于经济适用房。

(1)保障对象和申请条件。

①保障对象。经济适用住房的保障对象是城市低收入住房困难家庭,具体是指城市和县人民政府所在地镇的范围内,家庭收入、住房状况等符合市、县人民政

府规定条件的低收入住房困难家庭。经济适用住房供应对象的家庭收入标准和住房困难标准,由市、县人民政府根据当地商品住房价格、居民家庭可支配收入、居住水平和家庭人口结构等因素确定,实行动态管理,每年向社会公布一次。

②申请条件。城市低收入家庭申请购买经济适用住房应同时符合下列条件:具有当地城镇户口;家庭收入符合市、县人民政府划定的低收入家庭收入标准;无房或现住房面积低于市、县人民政府规定的住房困难标准。资格申请采取街道办事处(镇人民政府)、市(区)、县人民政府逐级审核并公示的方式认定。

(2)政策优惠和建设管理。

①政策优惠。建设用地以划拨方式供应;建设项目免收城市基础设施配套费等各种行政事业性收费和政府性基金。经济适用住房项目外基础设施建设费用,由政府负担。经济适用住房建设单位可以以在建项目作抵押向商业银行申请住房开发贷款。购买经济适用住房可提取个人住房公积金和优先办理住房公积金贷款。

②建设管理。建设按照政府组织协调、市场运作的原则,可以采取项目法人招标的方式,选择具有相应资质和良好社会责任的房地产开发企业实施;也可以由市、县人民政府确定的经济适用住房管理实施机构直接组织建设。单套的建筑面积控制在60平方米左右,规划设计和建设必须按照发展节能省地环保型住宅的要求,严格执行《住宅建筑规范》等国家有关住房建设的强制性标准。经济适用住房的施工和监理,应当采取招标方式。住房的价格应当以保本微利为原则。销售应当实行明码标价,销售价格不得高于基准价格及上浮幅度,不得在标价之外收取任何未予标明的费用。

(3)退出机制。

经济适用住房购房人拥有有限产权。购买经济适用住房不满5年,不得直接上市交易,购房人因特殊原因确需转让经济适用住房的,由政府按照原价格并考虑折旧和物价水平等因素进行回购。购买经济适用住房满5年,购房人上市转让经济适用住房的,应按照届时同地段普通商品住房与经济适用住房差价的一定比例向政府交纳土地收益等相关价款,具体交纳比例由市、县人民政府确定,政府可优先回购;购房人也可以按照政府所定的标准向政府交纳土地收益等相关价款后,取得完全产权。已经购买经济适用住房的家庭又购买其他住房的,原经济适用住房由政府按规定及合同约定回购。政府回购的经济适用住房,仍应用于解决低收入家庭的住房困难。已参加福利分房的家庭在退回所分房屋前不得购买经济适用住房,已购买经济适用住房的家庭不得再购买经济适用住房。个人购买的经济适用住房在取得完全产权以前不得用于出租经营。

2.廉租住房

廉租住房是政府或机构拥有,用政府核定的低租金租赁给城镇最低收入家庭的普通住房。最低收入家庭对廉租住房没有产权,廉租住房只租不售。在房价疯涨、百姓居住难的背景下,廉租住房便成为了最低收入家庭住房的救命草。廉租住房不同于商品住房和经济适用住房。商品住房提供给高收入者,利润水平由市场决定,国家不直接干预商品住房的生产、分配、交换以及消费,房地产开发企业以获得经济效益为主要目的。经济适用住房面向广大中低收入阶层,在土地使用权的取得、税费等方面享受国家优惠,在房价中除了可计入 $1\%\sim3\%$ 的管理费外,还可计入 3% 的利润。廉租住房提供给城镇最低收入家庭,开发建设追求的不是经济效益而是社会效益,国家无偿划拨土地,税费大幅度减免,目的是为了降低廉租住房的开发建设成本。

(1)保障对象。

根据我国《廉租住房保障办法》(2007)的规定,我国廉租房的保障对象是:城市低收入住房困难家庭,即城市和县人民政府所在地的镇范围内,家庭收入、住房状况等符合市、县人民政府规定条件的家庭,可以申请廉租住房。

(2)保障方式和资金来源。

廉租住房保障方式实行货币补贴和实物配租等相结合。货币补贴是指县级以上地方人民政府向申请廉租住房保障的城市低收入住房困难家庭发放租赁住房补贴,由其自行承租住房。实物配租是指县级以上地方人民政府向申请廉租住房保障的城市低收入住房困难家庭提供住房,并按照规定标准收取租金。实施廉租住房保障,主要通过发放租赁补贴,增强城市低收入住房困难家庭承租住房的能力。采取货币补贴方式的,补贴额度按照城市低收入住房困难家庭现住房面积与保障面积标准的差额、每平方米租赁住房补贴标准确定。采取实物配租方式的,配租面积为城市低收入住房困难家庭现住房面积与保障面积标准的差额。

廉租住房保障资金采取多种渠道筹措。其资金来源包括:年度财政预算安排的廉租住房保障资金;提取贷款风险准备金和管理费用后的住房公积金增值收益余额;土地出让净收益中安排的廉租住房保障资金;政府的廉租住房租金收入;社会捐赠及其他方式筹集的资金。

(3)优惠政策和退出机制。

廉租住房建设用地,应当在土地供应计划中优先安排,并在申报年度用地指标时单独列出,采取划拨方式,保证供应。廉租住房建设免征行政事业性收费和政府性基金。鼓励社会捐赠住房作为廉租住房房源或捐赠用于廉租住房的资金。政府或经政府认定的单位新建、购买、改建住房作为廉租住房,社会捐赠廉租住房房源、资金,按照国家规定的有关税收政策执行。

已领取租赁住房补贴或者配租廉租住房的城市低收入住房困难家庭,应当按年度向所在地街道办事处或者镇人民政府如实申报家庭人口、收入及住房等变动情况。建设(住房保障)主管部门应当根据城市低收入住房困难家庭人口、收入、住房等变化情况,调整租赁住房补贴额度或实物配租面积、租金等。

城市低收入住房困难家庭不得将所承租的廉租住房转借、转租或者改变用途。城市低收入住房困难家庭违反前款规定或者有下列行为之一的,应当按照合同约定退回廉租住房:无正当理由连续6个月以上未在所承租的廉租住房居住的;无正当理由累计6个月以上未交纳廉租住房租金的。城市低收入住房困难家庭未按照合同约定退回廉租住房的,建设(住房保障)主管部门应当责令其限期退回;逾期未退回的,可以按照合同约定,采取调整租金等方式处理。

3.公共租赁住房

公共租赁住房,是指限定建设标准和租金水平,面向符合规定条件的城镇中等偏下收入住房困难家庭、新就业无房职工和在城镇稳定就业的外来务工人员出租的保障性住房。其目的是解决家庭收入高于享受廉租房标准而又无力购买经济适用房的低收入家庭、新就业无房职工和在城镇稳定就业的外来务工人员的住房困难。公共租赁住房通过新建、改建、收购、长期租赁等多种方式筹集,可以由政府投资,也可以由政府提供政策支持、社会力量投资。公共租赁住房可以是成套住房,也可以是宿舍型住房。

(1)保障对象和申请条件。

公共租赁住房供应对象主要是城市中等偏下收入住房困难家庭、新就业无房职工和在城镇稳定就业的外来务工人员。已享受廉租住房实物配租和经济适用住房政策的家庭,不得承租公共租赁住房。

申请公共租赁住房,应当符合以下条件:在本地无住房或者住房面积低于规定标准;收入、财产低于规定标准;申请人为外来务工人员的,在本地稳定就业达到规定年限。具体条件由直辖市和市、县级人民政府住房保障主管部门根据本地区实际情况确定,报本级人民政府批准后实施并向社会公布。对在开发区和园区集中建设面向用工单位或者园区就业人员配租的公共租赁住房,用人单位可以代表本单位职工申请。

(2)轮候与配租。

公共租赁住房采取轮候与配租制。轮候期一般不超过5年。配租结果应当向社会公开。公共租赁住房租赁期限一般不超过5年。市、县级人民政府住房保障主管部门应当会同有关部门,按照略低于同地段住房市场租金水平的原则,确定本地区的公共租赁住房租金标准,报本级人民政府批准后实施。承租人应当根据合同约定,按时支付租金。承租人收入低于当地规定标准的,可以依照有关规定申请租赁补贴或者减免。因就业、子女就学等原因需要调换公共租赁住房的,经公共租赁住房所有权人或者其委托的运营单位同意,承租人之间可以互换所承租的公共租赁住房。

(3)使用与退出。

住房所有权人及其委托的运营单位应负责公共租赁住房及其配套设施的维修养护,确保公共租赁住房的正常使用。政府投资的公共租赁住房维修养护费用主要通过公共租赁住房租金收入以及配套商业服务设施租金收入解决,不足部分由财政预算安排解决;社会力量投资建设的公共租赁住房维修养护费用由所有权人及其委托的运营单位承担。承租人不得擅自装修所承租公共租赁住房。确需装修的,应取得住房所有权人或其委托的运营单位同意。

承租人有下列行为之一的,应退回公共租赁住房:转借、转租或者擅自调换所承租公共租赁住房的;改变所承租公共租赁住房用途的;破坏或者擅自装修所承租公共租赁住房,拒不恢复原状的;在公共租赁住房内从事违法活动的;无正当理由连续6个月以上闲置公共租赁住房的。承租人拒不退回的,市、县级人民政府住房保障主管部门应当责令其限期退回;逾期不退回的,市、县级人民政府住房保障主管部门可依法申请人民法院强制执行。租赁期届满需续租的,承租人应在租赁期满3个月前向市、县级人民政府住房保障主管部门提出申请。未按规定提出续租申请的,租赁期满应当腾退公共租赁住房;拒不腾退的,公共租赁住房所有权人或其委托的运营单位可向人民法院提起诉讼,要求腾退。

承租人有下列情形之一的,应腾退公共租赁住房:提出续租申请但经审核不符合续租条件的;租赁期内,通过购买、受赠、继承等方式获得其他住房并不再符合公共租赁住房配租条件的;租赁期内,承租或者承购其他保障性住房的。承租人有上述情形之一的,公共租赁住房所有权人或其委托的运营单位应当为其安排合理的搬迁期,搬迁期内租金按合同约定的租金数额缴纳。搬迁期满不腾退且承租人确无其他住房的,应按照市场价格缴纳租金;承租人有其他住房的,公共租赁住房所有权人或其委托运营单位可向人民法院提起诉讼,要求其腾退。

(二)从需求角度来看,我国住房救助形式主要包括住房公积金制度和住房补贴制度

住房公积金制度是一种强制性住房储蓄制度,职工和单位必须按职工工资的一定比例向职工的公积金账户存款,增加职工的住房资金积累。其社会救助性质体现了增强职工的自我保障能力,通过住房公积金若干年的积累,职工的住房需求能力将在很大程度上得到加强。公积金管理机构用归集的资金向公积金缴存者提供优惠利率贷款,有利于保障中低收入居民的基本住房需求。

住房补贴制度就是政府针对城镇低收入居民的房租补贴制度,帮助这些居民租住政府提供的廉租房或到住房市场上租房。这一制度主要针对城镇低保户家庭。

四、中国住房救助制度存在的问题

我国住房救助制度在改善低收入家庭住房条件和促进经济增长方面起到了积极作用,但依然存在着以下问题:

第一,保障性住房政策的顶层设计不完善,供需矛盾突出。我国保障性住房建设和管理总体上带有探索性质,包括政策、机制、保障范围、保障方式等,在实施过程中,还存在着政策边界不够清晰、利益调节和退出机制不够完善等问题。目前,政府向社会家庭提供的保障住房类型主要包括经济适用房、廉租房、两限房和政策性租赁房四种类型。而各类型保障房之间的衔接关系不能很好地覆盖不同收入家庭的住房需求,造成城镇住房保障对象欠清晰,过度保障和保障不足并存,出现了"租不到、买不起"或"买不到也买不起"的夹心层家庭。这主要是因为保障房类型体系设计不合理,缺乏满足不同收入层次家庭需要的差别化保障住房体系的详细设计,对各种房型的保障功能定位不清、保障层次厘定不明。保障性住房仍然以满足城市户籍人口的住房需求为主,对在城市生活和工作的大量外来人口,尤其是进城务工农民的住房问题考虑的还不多,还需要在实践中不断完善。

第二,地方政府重视程度不够。主要表现为:一是政府投入保障性住房的建设资金投入不足,一些地方资金筹措存在一定困难,中西部地区资金压力更大一些,政府虽然提出了财政拨款、住房公积金增值资金、直管公房出售一定比例的归集资金、社会捐赠等多渠道、多形式的资金筹措机制,但在廉租房住房实践中,大部分资金仍主要来源于住房公积金增值收益,正是这种靠一条腿走路的方式造成了资金匮乏的现状。二是政府投向保障性住房的土地放量过少。究其原因是因为保障性住房投资大、周期长、公益性强、见效慢,不符合地方政府的理性选择。因此,地方政府注重商品房市场发展,忽视保障性住房建设,被动执行中央确定的保障性住房政策。有些地方的保障性住房用地未能及时完成征地拆迁,拉长了建设周期。由于上述困难,在实际中造成保障性住房的市场供应严重不足,特别是廉租房建设无法满足众多特别困难的家庭需要。

第三,住房公积金制度不尽合理。尽管我国于 1999 年颁布了《住房公积金管理条例》,2002 年进行了修改,但我国的住房公积金制度还很不成熟,在许多方面有待于进一步完善。我国住房公积金的覆盖面比较窄,仍没有覆盖到所有城镇职工特别是低收入人群。能获得公积金贷款的只是中高收入者,住房公积金制度的受益者主要是中高收入人群,出现了"穷人帮富人"的扭曲局面。另外住房公积金只能用于买房不能用于租房等也在一定程度上剥夺了职工公积金储蓄的支配权。

第四,建设及管理亟待规范。由于缺乏细化可操作的管理规范,保障性住房不仅存在建筑质量差、规划布局不合理等问题,而且存在小区配套设施不完善,远离市中心和交通不便等问题。缺失的个人税收制度、信用制度和财产登记制度以及缺乏公开透明的保障性住房的申请和退出程序,阻碍了我国保障性住房制度建立、完善和实施。按照我国相关政策规定,保障性住房只能出租或出售给中低收入的家庭,但在现实中大量的经济适用住房被高收入家庭或已有一套或多套住房的家庭所租用或购买,究其原因,主要是在我国缺失个人税收制度、信用制度和财产登记制度的前提下,仅凭单位一纸证明就能核定一个家庭的收入水平或财产价值。在收入核定上,瞒报、少报、不报现象普遍存在,弄虚作假随处可见。对于弄虚作假行为没有相应完善的制度加以规范和制裁,没有明确应该纳入刑法调节范围的行为。我国现行经济适用房政策中的受益者,究竟是指高收入以外的其他阶层还是指中等偏低收入阶层,目前政府没有明确的界定。就整个社会来说,目前也没有一个权威部门来判定家庭收入层次标准,而且金融机制的不完善又难以准确界定个人经济收入的多少,这就为政策执行留下了明显的漏洞,结果使得拥有价格优势的经济适用房被高收入者购买。缺乏有效的信息公开制度和公开透明的程序,也是影响保障性住房建设和分配的重要因素。缺乏公开透明的程序和实质性信息披露造成不同程度的暗箱操作、弄虚作假行为。我国公民固有的资源占有观念阻碍了保障房资源的利用效率。长期以来,部门或个人一旦获得某种资源,就会长期占有,没有退出制度的安排。目前,保障房退出机制不完善已成为住房保障制度推进的一大瓶颈。因收入增加或条件变化而腾退的人寥寥无几,这一方面造成政府负担越来越重,另一方面造成本该享受保障房政策的人没有享受到,而不该享受的人却不合理地占用了社会资源。

第五,法制不健全。法律以其公正性和强制性而成为社会保障制度的支撑点,完善的法律法规体系是稳步有序推进住房建设的根本保障。我国在城镇住房保障法律体系方面建立了《经济适用住房管理办法》《廉租住房保障办法》《公共租赁住房管理办法》《住房公积金管理条例》等相关的法规和规范性文件,但始终缺乏像新加坡那样统一而完善的住房保障法律体系,由于政策缺乏刚性的法律约束机制,使得低收入家庭的住房保障政策目标难以达成,政策执行情况很不理想,随意性较大。

五、完善中国住房救助制度的思路

第一,加强顶层设计,满足不同群体的住房需求。保障每一位公民的基本住房权是政府应承担的义务和责任。政府必须明确住房救助的对象,有购买能力的居民通过市场获得住房,住房困难群体通过相应的政策获得住房,逐步形成符合国情的保障性住房体系和商品房体系有效衔接的住房供给体系。我国是发展中国家，政府财力、物力有限，面对较大比重的中低收入家庭，建立多层次的住房保障体系尤为迫切。新加坡政府的"公共组屋"政策首要解决的是"有房住"，然后才是"有住房"，保障的是居住权而不是产权。因此，我国为了保障"夹心层"人群的住房公平权益，需要建立能够覆盖住房困难的中低收入人群的住房保障体系。公共租赁房是解决进城务工人员和大学毕业生这样的"夹心层"人群住房难的过渡性租赁房。经济适用房具有有限产权，由于经适房和限价房的产权可以转让，因此应防止保障性住房市场化导致福利流失。中央和地方政府应调整重心，加大对廉租房和公共租赁房的投入比例，缩小或者停建经济适用房。确保落实以"租"为主的保障房的供应，来保障低收入人群的居住需求，而不是使保障性住房变相地为投机投资行为提供平台。我国现阶段，住房的市场化使居民住房来源趋向多样化，如可以租赁单位公房，"购买"政府手中的单位福利房、经济适用房，从市场购买商品房、租赁私房等。但应明确区分"保障性住房"与"房地产市场"以"售"为主的形式住房。政府提供的保障性住房更应该体现社会公平和福利性。

第二，强化政府的主体地位。建立和完善住房保障制度是政府履行社会管理和公共服务职责的重要体现，是政府社会政策的重要组成部分，因此，政府应当成为构建住房保障体系的主体。政府作为公共住房保障制度的主体，应以管理监督者和直接参与者的双重身份干预住房市场，控制土地过量开发，遏制商品房价格过快增长，通过政府的调控来弥补市场失灵，以满足低收入住房困难家庭的基本居住需求。有必要组建一个独立的不以营利为目的的保障性住房建设与运营的专门机构。在国务院政府部门的统一管理下，各省、市设立分支机构，专门负责保障性住房的统一规划、统一建造、统一分配、管理和维护，各有关职能部门按照职责分工，密切配合。

明确保障性住房的公益属性，优先布局，优先配套公共设施。将优质、低价土地作为保障性住房建设的坚实基础，吸引企业和社会力量参与，确立"政府主导、市场运作"的机制。保障性住房投资的主渠道应该是各级政府。可以考虑让保障房投资与土地出让金挂钩，要求各地土地出让金的一定比例用于保障房建设，如可提高原规定的各地从土地出让净收益中安排 5％ 用于城镇廉租房建设的规定，将比例提高到 5％～15％ 或更高。做好政策性金融机构融资和社会融资的制度安排，充分发挥政府政策性资金（公积金、住房储蓄）和社会资金的杠杆功能，从而加强政府资金投入的有效性和可持续性。政府在保障房建设中可运用"公私合作伙伴关系"（public private partnership）机制，让民营部门参与到政府主导的保障房建设，从而使政府和民营部门实现双赢的局面。具体做法可采用 BOT 模式让社会资金进入到公共住房的建设中来。当然，增加政府财政预算拨款来筹措资金，将住房保障支出纳入国家财政正式年度预算,也是一条可行的途径。

第三,完善住房公积金制度。我们应建立配套的住房公积金监管和经营机制,保障配贷机制的公平合理。①要进一步扩大住房公积金的社会覆盖面,使其真正惠及低收入人群,切实提高住房公积金的功效;②要强化公积金的强制储蓄制度,适度提高公积金的缴存比例,扩大公积金的积累总量,解决公共住房建设的资金瓶颈问题,使政府可以利用这些资金建设经济适用房和廉租房;③细化公积金贷款政策,缩小公积金存贷利差,切实发挥公积金的特殊优势;④扩大住房公积金的使用和保障范围。政府要针对特困人群给予相应的补贴,开放低收入者住房补贴,减免房地产税费,以提高其购房能力,促进住房保障制度的顺利构建。积极发展住房储蓄和政策性住房抵押贷款,完善贷款担保机制,降低中低收入居民申请贷款的门槛,提高其购房能力,真正解决低收入家庭的住房困难。

第四,完善保障性住房建设和管理方面的规范。我国保障性住房建设要体现对弱势群体的人文关怀,在保障性住房选址方面要考虑居住的便利性。严把质量关,住房保障机构作为建设单位要对保障性安居工程质量全面负责,应借助相关政府监管资源强化对参建各方责任主体质量行为和工程实体质量的监督检查,严格落实工程建设各方主体和从业人员的质量责任,尤其要严把建筑原材料和部件的质量关。创新保障性安居工程建设管理思路和工作方法,加强工程质量监管信息化建设,使监管工作更加科学、公正、高效,是全面提升工程质量和品质的重要保证。

科学界定住房保障的范围和住房保障对象。科学划定住房保障线,可根据当地居民的实际收入水平与当年的商品房房价之比来确定住房保障准入线。健全准入审查制度,各城市政府应该制定详细的准入审查制度。一是要实施全面审查制度,对申请人的工资收入、工资外收入、个人资产、家庭消费等能够体现家庭或个人收入的情况作全面调查;二是实施独立调查制度,由专门住房保障部门成立独立调查系统,直接对申请人的资产和收入情况作调查;三是实施多方位调查制度,从房地产管理、工资管理、税收管理、个人银行信用管理、工商管理、公安户籍、证券投资、人力社保乃至消费领域的管理作多方位审查。完善和实施财产(包括住房)登记制度,通过信息共享甄别真正的保障群体;推行信息强制公开制度,向社会公开申请人的申请材料、审核人的审核结果和分配方案,任何单位和个人均有权查阅。对公示地点、公示期、公示内容、举报渠道等也要作出硬性的规定,并建立信息资料可以长期随时查阅制度。各地城市政府都应建立详细的保障性住房退出机制,实施保障性住房的动态管理,建立起廉租房、公共租赁房强制退出制度和经济适用房、两限房收益反馈和回购制度,以促进其保障功能可持续性。结合财产登记制度主动对受惠中低收入家庭的收入情况和住房情况进行核查,建立各地区统一的保障性住房信息网络。制定严厉的违规和违法惩罚制度,使违法者被制裁的几率和程度远远大于其获得的利益。

第五,加强法制建设。我国相关部门应尽快制定符合我国国情的统一的住房保障法律法规,从立法上规定住房保障的对象、保障标准、保障资金的来源等,并成立专门的政府机构来管理和运作住房保障方面的工作,确保住房保障资金和保障房真正发放到那些中低收入群体手中,解决住房领域的公平问题。期待着我国第一部《住房保障法》的出台,以填补我国保障房法律体系上立法的空白,并在实践中不断地完善。

案例分析

廉租房政策为何大打折扣?

中国城镇住房制度至今已推行了 20 多年的时间,改革起初设计的住房市场化配置、形成住房消费热点、拉动国民经济增长和改善城镇居民住房条件的目标基本实现。同时,中国城镇居民住房福利保障体系在经历了从原有的实物分房到后来一个阶段的整体市场化改革取向的根本变革之后,逐步进入理性发展,居民的住房保障权不断得到更高程度的价值认同,从而形成了现有的以针对城镇最低收入家庭的廉租房制度、针对城镇中低收入家庭的经济适用房制度和住房公积金制度为基本制度组成的框架体系。但由改革而产生的问题在近年来也更为突出地表现出来,这些问题表现为城镇最低收入家庭的住房保障制度落实难,住房公积金制度保障乏力,房地产市场的高价位畸形发展等。就廉租房来讲,主要表现为强烈的住房保障需求与较低的住房保障供给之间的矛盾,廉租房政策落实和管理问题,资金短缺等问题,这些问题的存在使廉租房制度大打折扣。

在北京、湖南、陕西等地调查发现,廉租房作为低收入家庭住房的"救命稻草",目前很难发挥保障作用,而"僧多粥少"则是当前廉租房建设的客观现状。一些地方政府的重视力度不够更使得廉租房建设"雪上加霜"。一些地方已建成的廉租房甚至如同"花瓶"成了摆设,丧失了其应有的保障作用。无独有偶,西安市廉租房政策也存在类似问题。

西安是我国廉租房工程建设最早的城市之一,从 1997 年开始,西安市政府每年就计划从财政中拿出 250 万元解决西安市贫困家庭缺房问题,这比 1999 年国家提出发展城镇廉租房要早 2 年多。2000 年廉租房资金积累到 1000 万元时,西安市政府便开始建设廉租房。2001 年竣工建成了 6 幢 264 套住房。然而此时,西安市仅六城区就有无房户 6186 户,再加上住房面积少于 7 平方米的,共有住房困难户 1.2 万户,264 套住房根本无法满足实物配租的需求,每年政府财政拿出的 250万元也是"杯水车薪",西安市廉租房政策一下子陷入了困境。就在这个时候,西安市廉租房政策突然被"冻结"起来,建好的廉租房白白空置了6年,而每年房子的维护费就要10多万元。一面是建好的廉租房白白空置着,而另一面却有那么多住房困难户要解决,这对西安市政府的廉租房政策来说实在有点尴尬。

直到2007年初西安市才开始重新落实这项惠民政策。2007年2月12日,西安市28户首批通过公开摇号方式获得实物配租资格的困难家庭领到了廉租房钥匙,这批廉租房的租金为3.85元/平方米·月,仅为市场价的1/3,租限3年。随后剩余的闲置廉租房都一一分配出去,对于没有获得实物配租的住房困难户,西安市政府对其发放租金补贴。西安市房屋管理局允诺,将再建2.3万平方米的廉租房,预计到2008年底前竣工,同时收购大小合适的经济适用房和二手房作为廉租房,让更多的人参与实物配租。

然而,2007年初西安市推出的这项廉租房政策再一次打了折扣。西安市经济适用房和廉租房管理中心有关负责人说,2007年西安廉租房整体预算资金为2500万元,其中市财政745万元,区财政745万元,西安市公积金管理中心995万元,其余资金由西安市房屋管理局自筹。然而到当年11月中旬资金上还有很大缺口,一部分政府部门该给的资金没有到位。而按照计划,2007年至2008年这两年将建2.3万平方米的廉租房,需要4000多万元的资金,没有钱哪行?

资金不足一直是过去10年间困扰西安市廉租房建设的最大难题。按照国家规定,我国廉租住房保障资金有两个主要来源:住房公积金增值收益和土地出让净收益。

西安市公积金的增值部分是廉租房资金的重要来源。据西安住房公积金管理中心办公室有关负责人介绍,按照国家规定,廉租房的补充资金可从公积金增值收益中提取,而公积金增值收益分为三个部分,一是风险准备金,可按照增值收益的60%提取;二是公积金中心的管理费,这部分没有明确规定,由西安市财政核准;另一块就是廉租房补充资金。然而截至2007年,没有任何一级政府部门对公积金用于廉租房的提取作出具体规定。西安市政府也没有出台相应实施细则,这就造成廉租房中心和公积金中心对具体提取数额存在不同意见。西安市公积金管理中心根据自己的计算,2006年拿出了200万元的廉租房补充资金,而据西安市经济适用房和廉租房管理中心计算,2006年西安市公积金管理中心要拿出1500万元,二者相差很大。2007年12月4日,西安住房公积金管理中心向西安市财政局账户划拨了1290万元的廉租房补充资金,并认为这是他们所能拿出的最多的公积金增值收益。

按照国家的规定,廉租房有一部分资金来源于土地出让金,但截至2007年,西安市到底有多少土地出让金,西安建设廉租房应从中具体提取多少,连西安市经济适用房和廉租房管理中心都不知道。在这种情况下,西安市廉租房建设出现资金短缺的情况是必然的事情。

西安市廉租房政策一再打折扣,如何打破目前的僵局,实现廉租房建设的快速发展,相关政府部门应拿出更多的责任心。廉租房政策涉及多个部门,需要各部门齐心协力共同办好。西安市每年廉租房的资金落实,就像"挤牙膏"似的,需要西安市经济适用房和廉租房管理中心不断地催促。而缺乏相关的配套政策,也使得资金的划拨不那么顺畅。几个相关部门之间经常因为划拨数额和比例的意见不一,而导致资金迟迟无法到位。

专家们认为,需要有一个权威部门来管理廉租房补充资金的划拨,协调各个部门之间的相互关系,制订出具体政策和计划。另一方面,各部门也不能只站在自己的角度考虑问题,政府也最好有一个整体规划来促进资金的更好流转。

西安市廉租房出现的问题,只是我国廉租房政策实施现状的冰山一角,全国还有很多城市也存在类似的问题,如何进一步完善我国廉租房政策成为迫切需要解决的问题。

思考:

我国廉租房政策实施中存在哪些问题?应如何进一步完善?

复习思考题

1.什么是住房救助?住房救助制度和一国的住房制度有何区别与联系?

2.如何看待我国住房制度改革的目标?基于我国的现实国情,您认为我国的住房制度改革目标还要做哪些完善?

3.借鉴国外的保障性住房的运作经验,我国如何完善保障性住房建设的相关政策?

第九章　法律援助

　　法律援助制度诞生于 15 世纪的英国,是世界通行的一种司法救助制度。通过法律扶贫、扶弱、扶残等形式,法律援助为需要法律服务并符合援助条件的公民给予必要援助,其宗旨是实现法律面前人人平等的宪法原则,完善社会保障体系。法律援助制度经历了由民间行为到国家行为,由分散、个别的救济到公民权利保护机制的发展历程。1994 年,我国建立了法律援助制度。自此之后,我国的法律援助制度发展迅速,无论是在机构建设、从业人员规模,还是在经费保障、办案质量和数量等方面都取得了举世瞩目的成就。本章介绍了法律援助的基本理论,国外主要国家法律援助的主要做法,结合我国实际分析了我国法律援助的现状、问题与完善思路。

第一节　法律援助概述

一、法律援助的基本内涵

　　"法律援助"英文表述为"legal aid",可翻译为"法律扶助""法律救助""法律救济"等。在不同经济制度和文化背景下,法律援助的内涵是不同的。在英美法系国家,对"民事法律援助"的表述大多采用"legal service",即"法律服务"。我国法学界都采用"法律援助"概念。根据《简明不列颠百科全书》的表述,法律援助是指在免费或者收费很少的情况下,对需要专业性法律帮助的穷人给予的帮助。日本的《法律援助法纲要》(草案)第一章"总则"第 2 条规定:"本法所称法律援助,是指就有关法律纠纷、法律事务对被援助者提供法律服务以及费用的援助。"韩国将法律援助定义为由律师或《公设律师法案》规定的公设律师提供法律咨询、诉讼代理和所有与法律事务有关的其他形式的支持。加拿大安大略省在《法律援助法》对法律援助定义是"本法和有关条例提供的专门职业的服务"。中国司法部《关于开展法律援助工作的通知》将法律援助定义为:"法律援助,是指在国家设立的法律援助机构的指导和协调下,律师、公证员、基层法律工作者等法律服务人员为经济困难或特殊案件当事人给予减免收费提供法律帮助的一项法律制度。"

　　综合以上分析,法律救助是为世界上许多国家所普遍采用的一种司法救济制度,其具体含义是:国家在司法制度运行的各个环节和各个层次上,对因经济困难及其他因素而难以通过通常意义上的法律救济手段保障自身基本社会权利的社会弱者,减免收费提供法律帮助的一项法律保障制度。其形式包括法律咨询、带拟法律文书、刑事辩护、诉讼代理、非诉讼法律事务代理等。它作为实现社会正义和司法公正,保障公民基本权利的国家行为,在一国的司法体系中占有十分重要的地位。

法律援助有狭义与广义之分。狭义的法律援助指对在案件诉讼代理中为经济困难的或特殊案件的当事人提供代理律师(法律援助工作者)服务的法律服务费的减免;广义法律援助不仅包括对在案件诉讼代理中为符合条件的申请人提供代理律师(法律援助工作者)服务的法律服务费减免,还包括当事人与法院诉讼有关的其他方面服务的服务费减免或全免。

法律援助体现的是受国家法律保护并以国家强制力为后盾的一种国家义务行为。国家或政府通过设立法律援助机构、提供法律援助经费、制定法律援助法等形式,授权法律援助机构和律师、公证员、基层法律服务工作者等法律服务人员和社会志愿人员履行国家对公民的法律援助义务或责任。这是现代法律援助制度区别于传统的律师个人的道义行为和社会团体慈善行为的最根本的标志。

二、法律援助的对象、特征、形式、机构和程序

(一)法律援助的对象和范围

根据有关法律援助和司法救助的文件,中国将法律援助的对象确定为经济困难或者突发事故无力支付法律服务费用的公民以及刑事诉讼中由法院指定辩护的被告人。具体是指:有需要代理事项但因经济困难无力支付代理费用的公民;因经济困难或者其他原因没有委托辩护人的公诉案件中的被告人;盲聋哑人或者可能被判处死刑而没有委托辩护人的被告人等。

我国 2003 年 7 月公布的《法律援助条例》规定:因经济困难没有委托代理人的,可以向法律援助机构申请法律援助,但对如何界定"经济困难",并没有一个全国统一标准。条例规定,公民经济困难的标准,由省、自治区、直辖市人民政府根据本行政区域经济发展状况和法律援助事业的需要规定。申请人住所地的经济困难标准与受理申请的法律援助机构所在地的经济困难标准不一致的,按照受理申请的法律援助机构所在地的经济困难标准执行。

条例规定五种刑事案件当事人申请法律援助不受经济条件限制,即犯罪嫌疑人在被侦查机关第一次讯问后或者采取强制措施之日起,因经济困难没有聘请律师的;公诉案件中的被害人及其法定代理人或者近亲属,自案件移送审查起诉之日起,因经济困难没有委托诉讼代理人的;自诉案件的自诉人及其法定代理人,自案件被人民法院受理之日起,因经济困难没有委托诉讼代理人的;公诉人出庭公诉的

案件,被告人因经济困难或者其他原因没有委托辩护人,人民法院为被告人指定辩护时,法律援助机构应当提供法律援助;被告人是盲、聋、哑人或者未成年人而没有委托辩护人的,或者被告人可能被判处死刑而没有委托辩护人的,人民法院为被告人指定辩护时,法律援助机构应当提供法律援助,无须对被告人进行经济状况的审查。

根据《法律援助条例》规定,法律援助的范围有六大民事、行政事项。这六大事项是:依法请求国家赔偿的;请求给予社会保险待遇或者最低生活保障待遇的;请求发给抚恤金、救济金的;请求给付赡养费、抚养费、扶养费的;请求支付劳动报酬的;主张因见义勇为行为产生的民事权益的。

(二)法律援助的特征

(1)国家性。法律援助是一种国家行为或者是政府行为,其实施主体主要是国家政府部门。从法律援助的本质来看,法律援助是被国家法律保护并以国家强制力为坚强后盾的一种国家义务行为,反映的是国家必须承担的国家责任。法律援助机构、援助人员由国家出资并管理。国际上,法律援助机构有政府机构管理、非政府机构(组织)管理且经费主要由国家拨付和政府机构与非政府组织共同管理三种管理模式。法律援助活动也包括由公职律师承担的法律援助、由社会组织和专职律师在国家统一组织下开展的法律援助和前两个模式并行实施的法律援助活动,其人员和活动都由国家出资并管理。

(2)援助的无偿性和优惠性。法律援助机构对受援对象减免法律服务费,法院对受援对象减免案件受理费及其他诉讼费用。这是法律援助最直观的特征。各国通行的做法是,根据受援人的经济条件,给予其全部减免费用的法律帮助。但是,也有一些国家采取独特的做法,如日本是受援人应先缓交律师费,将来再视受援人经济收入状况考虑逐步归还此项费用。

(3)司法救济性。法律援助体现法制、公正、平等这三大司法制度的基本理念。援助的对象大部分是经济困难者或特殊案件的当事人,具体包括一般援助对象和特殊援助对象。一般援助对象是指经济困难而无法支付或不能完全支付法律服务费用的贫穷公民;特殊援助对象是指身体残障人员,包括盲、聋、哑人、未成年人以及可能被判处极刑的被告人。通过对贫弱公民提供法律帮助使他们平等地进入诉讼程序,平等地行使诉讼权利,保护他们法定权利的实现,以维护司法公正。法律援助的司法救济性是其与以经济帮助为目的社会救济、社会保障制度的本质区别。

(4)援助提供主体及内容的法律专业性。法律援助的提供者主要是熟悉法律的人员,如法律援助专职人员、律师、基层法律服务人员、公证员等,此外,也包括法律院校的法律援助志愿者、社会团体及其他法律援助人员的积极参与,这些人员有一个共同特征,即均为具备一定法律技能和法律服务经验的法律专业人员,大都比较熟悉甚至精通法律,另一方面,他们行为的内容均具有较强的法律专业性。

(5)法律援助是法律化、制度化的行为,是国家社会保障制度中的重要组成部分。

(三)法律援助的形式和经费来源

我国法律援助的具体形式包括:法律咨询、代拟法律文书;刑事辩护和刑事代理;民事和行政诉讼代理;行政复议代理、仲裁代理及其他非诉讼事务代理;出具公证证明;其他形式的法律服务等。

法律援助的经费来源通过以国家财政拨款为主,社会各界人士自愿资助的多渠道、多方式筹集为辅。为争取更多的社会捐赠,国家税务总局专门就纳税人向中国法律援助基金会的捐赠资金按照法律法规规定的比例在所得税前扣除。国际上主要有缓、减交或免交诉讼费用;减交或免交律师费用;减交或免交公证费用等。

(四)法律援助的机构和实施主体

我国的法律援助机构已基本形成了四级组织的架构:在国家一级,1997年5月26日建立了司法部法律援助中心,对全国的法律援助工作实施指导和协调。司法部法律援助中心主要负责对法律援助工作进行业务指导,制定全国性的法律援助规章制度、中长期发展计划和年度工作计划,协调全国法律援助工作事宜,开展与国外法律援助团体及人士的交流活动,等等。同日,中国法律援助基金会成立,主要职责是募集、管理和使用法律援助基金,宣传国家的法律援助制度,促进司法公正。其基金来源主要包括国内社团、企业、商社及个人的捐赠和赞助;基金存入金融机构收取的利息;购买债券和企业股票等有价证券的收益等。在省级地方,建立省(自治区、直辖市)法律援助中心,对所辖区域内的法律援助工作实施指导和协调。在地、市(含副省级)地方,建立地区(市)法律援助中心,行使对法律援助工作的管理和组织实施的双重职能。在具备条件的县、区级地方,建立县(区)法律援助中心,具体组织实施本地的法律援助工作。在不具备建立法律援助机构条件的地方,由县(区)司法局具体组织实施法律援助工作。

中国法律援助的三个专业实施主体是律师、公证员、基层法律工作者。律师主要提供诉讼法律援助(包括刑事辩护、刑事代理和民事诉讼代理等)和非诉讼法律援助;公证员主要提供公证事项的法律援助;基层法律工作者主要提供法律咨询、代书、普通非诉讼事项的帮助等简易法律援助。

(五)法律援助操作程序

根据司法部的有关规定,法律援助操作的一般程序为:申请、审查(受理)、决定(指派)、(提供)援助、结案(归档)等。

(1)申请:法律援助应当由当事人填写法律援助申请表进行申请,申请后由义务机关所在地、义务人住所地或者被请求人住所地的法律援助机构依法受理。

（2）审查（受理）：法律援助中心自受理申请书后的 7 日内对申请进行审查。对审查中发现的问题可要求当事人提供补充材料或者亲自调查，同时要求与案件有利害关系的法律援助人员回避。

（3）决定（指派）：对审查通过的法律援助申请，在申请人与法律援助中心签订协议后，指派相应法律援助人员提供服务。

（4）（提供）援助：接受法律援助任务后，法律援助服务人员依照规定履行职责，为受援人提供相应服务。其认为需要异地调查取证的，可以向作出指派或者安排的法律援助机构报告，该机构可以请求调查取证事项所在地的法律援助机构协作。

（5）结案（归档）：援助事项办理完毕后，法律援助承办人员应当自结案之日起30 日内向法律援助机构提交立卷材料。法律援助机构应当自收到其提交的立卷材料之日起 30 日内进行审查。对于立卷材料齐全的，应当按照规定通过法律援助人员所属单位向其支付办案补贴。

我国《法律援助条例》规定，公民申请代理、刑事辩护的法律援助应当提交下列证件、证明材料：①身份证或者其他有效的身份证明，代理申请人还应当提交有代理权的证明；②经济困难的证明；③与所申请法律援助事项有关的案件材料。

申请应当采用书面形式，填写申请表；以书面形式提出申请确有困难的，可以口头申请，由法律援助机构工作人员或者代为转交申请的有关机构工作人员作书面记录。

法律援助机构收到法律援助申请后，应当进行审查；认为申请人提交的证件、证明材料不齐全的，可以要求申请人作出必要的补充或者说明，申请人未按要求作出补充或者说明的，视为撤销申请；认为申请人提交的证件、证明材料需要查证的，由法律援助机构向有关机关、单位查证。

对符合法律援助条件的，法律援助机构应当及时决定提供法律援助；对不符合法律援助条件的，应当书面告知申请人理由。

三、法律援助的意义

建立和实施法律援助制度，是加强民主和法制建设的客观要求，是实现社会公正和社会正义的重要法律措施。其意义主要体现为：

第一，法律援助制度体现了国家对法律赋予公民的基本权利的切实保障，有利于实现法律面前人人平等的宪法原则。

第二，法律援助制度为诉讼当事人提供平等的司法保障，有利于实现司法公正。

第三，法律援助制度有利于健全和完善律师法律制度。

第四,法律援助制度有利于健全和完善社会保障体系,保障社会稳定,促进经济发展和社会和谐建设。

第二节 国外主要国家的法律援助

西方早期的法律援助是一种慈善行为,人们期望律师为了公共利益依靠职业道德自发地向穷人提供免费法律服务,但这种建立在律师同情心之上的法律援助具有很大的局限性,随意性很大。为规避这种风险,政府也会付费给私人律师,让其为符合法律援助条件的人提供法律服务。19世纪末20世纪初,受法律社会主义思潮影响,法律援助的慈善行为性质出现了变化,逐渐向国家行为转变,政府在法律援助上开始扮演越来越重要的角色,并逐渐承担起了法律援助的主要责任。1910年,美国第一家公共辩护者机构成立,标志着法律援助中政府干预的开始。参与公共辩护的全部是领取工资的律师,他们为被援助者提供辩护的基金大部分来自国家税收。1949年,英国颁行《法律援助和咨询法》,预示着以国家出资的现代法律援助制度诞生。法律援助从慈善行为到国家责任的转化,对保障公民特别是弱势群体的合法权利具有极其重要的意义,它使法律援助有了资金上的保障,也使法律援助成为穷人维护自身权利的重要渠道。

一、英国的法律援助

(一)援助体系

英国是世界上最早建立法律援助制度的国家,也是该制度发展最为完善的国家之一。英国实施法律援助的方式是通过政府购买律师服务进行的,具体是由私人律师以律师事务所的名义参与竞标,由政府出资招标采购。英国的法律援助制度之所以较为发达,很大程度上是由于其政府对该项工作的重视程度较高,并且其发展历史相对较长,英国政府当前仍致力于实现第一流的法律援助服务,估计在未来的几十年内,英国仍将走在世界法律援助事业发展的前列。质量保证是英国法律援助工作的重中之重,为了确保向所有受援人提供合格的法律援助服务,英国在质量保证上做了大量的工作,建立了严格的质量规范体系。据报道,英国是世界上每件案件援助费最高的国家。1980年,其援助费达到22亿英镑,其中每件的花费为34英镑,而新西兰为10英镑、德国4英镑、挪威1英镑等。

英国的法律援助体系整体上可分为刑事法律援助、民事法律援助和特别诉讼(其中包括青少年犯罪诉讼、藐视诉讼)法律援助等三种主要形式。英国现行法律援助制度的重要法律渊源是《1988年法律援助法案》,该法案以法律的形式将以往的法律援助原则固定下来,并在之前的基础上作了相应的调整。1999年《接近正义法》(Access to Justice Act)的颁布,法律服务委员会取代法律援助委员会,其任务是维系和发展社区法律服务,控制法律援助质量。

在英国,不同刑事诉讼阶段提供法律服务的人员也不同,在侦查和审讯阶段,由值班律师或其派出的准律师提供咨询服务,准律师必须在签约律师的指导下进行法律服务工作。在高一级刑事法院审理的较为复杂和严重的案件,则由出庭律师为主要辩护人,此时事务律师为出庭律师提供必要的协助。最近几年来,英国法律援助案件数量增多,费用出现激增,因此,英国政府不断地改革和完善其法律援助制度。

(二)援助措施

为保证法律援助切实、有效发挥作用,维护社会正义,英国政府从援助资金来源、援助管理机构、援助对象等方面采取了一系列必要的有助于援助开展的措施,产生了较好的效果。

1. 资金筹集途径

资金主要来源于:①社会捐助。社会捐助是英国法律援助组织筹集援助基金的一条重要渠道,主要得益于法律援助真正成为一种社会公共性事务。②受助人的捐献。法律会给一个法律援助资金的限度,比较受捐人的收入和其他可处理资产额,如果受捐人的财产在该限度内,则要求受捐人在得到法律援助的同时,作为接受援助的一个条件,应依法向法律援助组织捐献法定数额的金钱或者资产。③政府拨款。英国的议会和财政部向法律援助委员会划拨一部分资金作为法律援助经费,并由法律援助委员会妥善管理和利用。

2. 法律援助机构

英国进行法律援助的机构主要有两类:一类是管理型机构,代表政府对法律援助工作实施管理,一般由独立的委员会负责管理,可以说,由管理机构委托法律服务机构提供法律援助是英国法律援助机构的一大特色。如英国法律援助委员会(The Legal Aid Board)是直接管理法律援助事务的法定管理机构,专门受理法律援助案件,拥有批准与否的决定权。1999 年,英国颁布了《接近正义法》,为更好地保证法律援助质量和控制预算,法律服务委员会取代法律援助委员会。法律服务委员会下设社区法律服务(Community Legal Service)和刑事辩护法律服务(Criminal Defense Service),负责威尔士和英格兰两个地区的法律援助工作。政府宪法事务部(Department of Constitutional Affairs)是英国政府负责提供法律援助资金支持和政策支持的主要机构。另一类是除第一类外的其他法律援助机构,包括地方法律援助实施机构及社会组织自发成立的法律援助机构。如小律师的职业团体法律社,法律社内设法律援助委员会并实施法律援助;移民事务咨询中心等均可受理法律援助申请。法律援助活动由律师公会负责。

3. 援助的对象

法律援助申请人要想获得民事法律援助,必须通过经济状况审查和案情审查。

经济状况审查,即根据申请人的可支配收入和可支配资产来决定是否应该向其提供民事法律服务。申请人要想获得法律援助,就必须同时满足法定的可支配收入与可支配资产的限额。通常民事法律援助服务的申请人只有符合以下经济困难标准时,才有资格获得免费民事法律援助服务:①每月可支配收入不足 300 英镑;②可支配资产不足 3000 英镑。如果申请人每月可支配收入超过 300 英镑但不足 698 英镑,或者可支配资产超过 3000 英镑但不足某个具体的上限时,经其本人同意,申请人可以获得分担费用的法律援助服务。接受特定国家福利津贴,如收入补贴、求职者津贴的人自动满足经济困难条件。当然,如果法律援助申请人属于低保人员、正在领取失业救济金的或者正在享受其他政府补助的,则无须接受经济状况审查即获得免费民事法律援助服务资格。此外,一般情况下,以下几类民事案件不能获得法律援助服务:人身伤害案件、因疏忽导致的财产损害案件、物权转移案件、土地边界纠纷案件、订立遗嘱案件、诽谤案件、信托法案件、公司法案件、合伙法案件等。

案情审查,即根据当事人申请的不同等级的民事法律服务,以提供此等级的法律服务可能产生的司法利益大小来决定是否应该向申请人提供法律援助。主要涉及两个方面的内容:一是对申请人案件胜诉的可能性有多大进行评估;二是对案件胜诉后,申请人所获得的财物多于所耗费的法律援助资源的可能性有多大进行评估。

根据服务方式的不同,在英国取得刑事法律援助需满足的条件也有所不同。①对于辩护帮助服务,如果案件可能被判处监禁刑,申请人需要满足可支配资产不足 1000 英镑,且每周可支配收入为 95 英镑的条件才能获得接受咨询及帮助服务的资格;如果案件不涉及刑事处罚,则不需经过任何资格审查。②对于辩护代理服务,根据《刑事辩护服务法案》,一般需满足司法审查和经济审查两个条件。一是司法利益审查。审查内容包括:申请人是否涉嫌重罪(即可能判处监禁刑或判决可能导致其丧失谋生手段、损害名誉等重大后果);申请人是否存在由于知识、智力、精神等原因不能理解法律及程序的情形,以及涉及重大法律问题的争议等。二是经济审查。成年申请人需接受对其(及其配偶)的实际年度收入的审查。申请人如果不满 16 周岁、16—17 周岁无个人收入并且与父母共同生活、不满 18 周岁正在接受全日制教育或者领取失业救济金的,均被视为自动满足经济审查条件。

二、美国的法律援助

(一)援助体系

美国的法律援助是由一个德裔美国移民组织发起的,他们在纽约市首次尝试向无力承担律师费的人提供法律援助。美国的法律援助体系主要由刑事法律援助和民事法律援助两部分构成。它们特点不同，各自独立运作。

1. 以公设辩护人为主导的刑事法律援助制度

美国刑事法律援助与民事法律援助分属不同系统，其中刑事法律援助以公设辩护人模式为主导。公设辩护人包括联邦公设辩护人和州公设辩护人，是指经联邦各级法院或者州各级法院法官聘任，在联邦政府或者州(市、县)政府财政支持下，服务于本法院公设辩护人办公室，为触犯联邦刑法或者各州刑法，没有经济能力聘请律师，且可能面临监禁刑的犯罪嫌疑人、被告人提供刑事法律援助的、具备刑事辩护资质的专职律师。公设辩护人办公室设置与检察官办公室设置相对应，是联邦政府、州(市、县)政府的职能部门。

除了公设辩护人模式外，一些州(市、县)还通过私人律师模式、合同制模式、非营利辩护机构或者法律援助协会为经济困难的犯罪嫌疑人、被告人提供法律帮助和辩护服务。私人律师模式是指法庭为无力聘请律师的被告人指定私人律师提供刑事法律援助，由政府向私人律师支付报酬。合同制模式采用政府与私人律师事务所签订合同的方式，为刑事被告人提供法律援助。而非营利机构和法律援助协会通过间接获得政府拨款或者慈善捐款开展刑事法律援助工作。

2. 以法律服务公司为主导的民事法律援助

按照《美国法律服务公司法》的规定，法律援助服务公司是一个独立的非公司法人性质的法定机构，具体负责民事法律援助工作。法律服务公司得到联邦政府拨款，按照各州贫困人口数向各州分配法律援助资金，为各州民事法律援助提供资金支持，而不直接向当事人提供法律援助。法律服务公司主要行使两个职能：一是经费拨付和管理。国会每年都要直接拨款给法律服务公司，法律服务公司再向全国各地法律援助机构拨款，并对拨款使用情况进行监督。法律服务公司设有财务管理办公室，负责对法律援助经费拨付与使用情况进行审计监督。在全国所有的民事法律援助资金中，法律服务公司提供的资金占80％以上。二是对接受其资助的各地法律援助机构的业务工作进行指导和规范，确保服务质量和效率，鼓励更多的执业律师参与法律援助工作。

(二)援助措施

1. 资金筹集途径

法律援助经费来源多元化是美国法律援助的最大特点，包括联邦和州各级政府财政拨款，律师信托基金、检察长基金、人权服务机构基金等各类基金及个人捐款，但主要还是以各级政府财政拨款为主。特别是近两年，作为第二大民事法律援助经费渠道来源的律师信托基金受到金融危机影响的情况下，民事法律援助经费更依赖于联邦政府拨款。刑事法律援助经费则完全由政府承担,根据联邦、各州立法规定,联邦公设辩护人的费用由联邦政府承担,州公设辩护人的费用由州(市、县)政府自行承担。公设辩护人办公室的经费主要来自各州和县政府的财政拨款。在没有公设辩护人机构的地方,政府则拨款给法院。由法院按案件付给接受指派的律师或律师事务所。大多数民间法律援助机构能从联邦法律服务公司那里得到一部分拨款。民事法律援助的经费除政府的拨款外,律师事务所、私人律师的捐助,公司和企业、基金会和慈善机构提供的资金等都是援助的资金来源。

美国法律援助资金来源的多样化,和其法律援助机构的设置和人员构成有紧密联系。美国法律援助机构人员中除了一部分理事代表穷人外,还有一些来自社会各阶层的代表,他们作为各阶层的代表,主要职责就是筹集法律援助资金。

2.法律援助机构

美国的法律援助带有官方的性质。刑事法律援助方面,在大城市和发达地区主要是设立公设辩护人办公室,聘用专职律师办理刑事法律援助,而在经济不发达和人口分散地区则主要通过私人律师模式或者合同制模式等开展工作。刑事法律援助由政府出资负责实施。援助标准由全国性公设辩护人法律援助机构(the National Legal Aid & Defender Association, NLADA)制定,通过举办一些专题研讨会和组织公设辩护人的培训,为公设辩护人提供信息和技术方面的支持。一些州还建立专门委员会对法律援助进行监督,以保障法律援助的高效、协调与经费开支合理。在民事法律援助方面,联邦政府设立美国法律服务公司,具体负责民事法律援助工作如负责确定民事法律援助项目,但具体实施是由私人律师以及民间法律援助机构来负责的,法律服务公司代表联邦提供资金的支持,向确定的民事法律援助项目和得到项目的合格机构给予经费资助。私立或民间法律援助机构和私人律师事务所,需要通过竞争从法律服务公司争取法律援助项目资金,很多时候,因为向法律服务公司争取资金难度较大,而且项目资金有限,其他渠道筹集资金也是民间法律援助机构筹资的主要方式。

另一个法律援助专职主体是法学院的法学"诊所"。这种方式起源于美国传统的"案例教学法",在此基础上不断发展。诊所服务的范围主要有三种:①校内真实当事人诊所,学生在教师指导下,在学校进行工作,学校挑选真实的当事人作为学生法律服务的对象;②校外真实当事人诊所,学生到公设辩护人机构或民事法律援助组织去实践;③模拟诊所,根据真实的问题,从中挑选并进行重新组织。目前的趋势是将上述三种方式结合灵活使用。同时关于学生参与法律援助,美国的各州分别制定了相应的学生执业规则。美国大学法学院以"诊所"项目的形式把法学教育与法律实践相结合,一方面充分利用了法学院丰富的学生资源,作为法律援助资源的补充;另一方面为学生提供了实践机会,增长实践经验。但是,学生的经验相对缺乏,为了保证美国的法律援助的质量,应采取相应的措施,弥补这一缺陷。

3. 援助的对象

律师帮助权是联邦宪法明确赋予美国公民的一项基本权利,在刑事诉讼全过程中,经济困难的犯罪嫌疑人、被告人均享有刑事法律援助权。美国公民享受免费的刑事法律援助的标准通常放得很宽,任何人只要出不起律师费都可以得到刑事法律援助。法律援助机构援助的对象多种多样,涉及美国各个种族、团体和年龄阶段的人。根据法律服务公司法的规定,所有收入在贫困线 125％ 以下的美国公民,都可以申请法律服务公司所资助的法律援助机构给予援助。根据这一规定,有1/5的美国人具备申请人资格。根据法律服务公司对法律援助对象的一份统计和分析,我们对法律援助对象可以有个概略的了解。

从工作状况看,多数法律援助对象并不是无业游民,他们中的多数人有工作,许多人还曾属于中产阶级。但是,由于衰老、自然灾害、失业、疾病或家庭解体等原因而变成了穷人。在 18 岁以上的美国人中,有 300 万人生活在贫困线以下,其中40％的人属于劳动阶层。从种族情况看,在接受法律援助机构的当事人中,白人占总数的 49.5 ％,黑人占 25.6 ％,西班牙裔占 18.9％,土著占 2.8％,亚裔及太平洋岛屿后裔占 1.7％,其他人占 1.5％。从年龄情况,法律援助对象中有 10％ 以上是老龄人,他们由于健康状况恶化,收入减少,在争取政府福利,如生活费和医疗保健等方面,经常需要法律服务。法律援助案件中有 70％ 牵涉到或影响到未成年人,包括住房、抚养及家庭等方面的法律事务。在美国对于未成年人来说,每 4 个 6 岁以下的儿童就有一人生活在贫困线以下,每 5 个 18 岁以下的未成年人中有一人生活在贫困线以下,未成年人是美国法律援助的重中之重。这是因为,得到法律援助就意味着可以要求不在一起生活的父亲或母亲支付抚养费,就可以获得适当的营养,就可以有接受教育的机会。法律服务公司及受其资助的法律援助机构一直非常重视对家庭暴力的受害者——妇女和未成年人的援助工作。

三、日本的法律援助

(一)援助体系

在日本,"法律援助"又称为"法律扶助",现行的法律援助制度分为民事(包括行政)、刑事两大类。民事法律援助制度由《民事法律扶助法》规定;刑事法律援助制度规定在《刑事诉讼法》之中,主要是国选辩护人制度。

日本的法律援助制度是在第二次世界大战之后确立并逐步完善起来的。由于战后社会和经济状况的恶化,很多人处于贫困状态,法律帮助需求较大,经过一段时间的发展,到1952 年日本成立了全国统一性的专门实施法律援助的机构——财团法人法律扶助协会。该法律扶助协会隶属于法务省,且按地域在全国各地设立分支机构,称为"支部"。截至 2004 年以前,法律扶助协会在全国共设 52 个支部,并在高等法院所在地设置了一级承上启下的机构,称为"地区协议会",负责法律扶助协会及其支部之间的沟通与协调。法律扶助协会依据《民事法律扶助法》负责全国民事法律扶助业务,而刑事部分则仅规定了起诉后的法律扶助由国选律师负责,对于起诉前的法律扶助却无规定。2004 年 6 月 2 日,为了使律师、律师法人及司法书记员等其他相关法律专职者提供更为平易近人的服务,日本公布并正式实施《总合法律支援法》,以完善总合性支援体制。2006 年 4 月,根据该法设立了由最高法院参与设立与运营、以独立行政法人为结构的日本司法支援中心,并于同年 10 月作为总合法律支援体制运营的主体,正式开始法律扶助业务至今。律师和律师协会等也是日本法律援助工作的主要参加者。若律师自愿为刑事被告人提供法律援助,他需要先登记,登记机关是律师所在地的律师协会,律师协会负责将律师登记为国选律师。之后,若有法律援助的需要,日本的法院会从律师协会登记的律师中选择律师为受援者提供法律援助。

(二)援助措施

1.援助经费来源

经费来源主要有两个渠道:一是由国家财政拨款,这是经费的主要来源。由法律扶助协会每年向法务省提出预算,经法务省审查批准后,列入国家财政支出计划。二是社会捐赠,这部分经费来源较少。

日本法律扶助协会的经费主要来源于日本律师联合会,其思想根源在于,将法律扶助当成律师的一种对于经济上有困难的民众义务提供免费法律资源的责任。直到 2004 年《总合法律支援法》才确定司法支援中心的运作全面由国库补助。换句话说,直到进入 21 世纪初,日本才正式确认法律扶助制度是国家应担负的义务。根据规定,司法支援中心的资本金全部由政府出资,且政府及地方公共团体之外的其他人不得向司法支援中心出资。

用于刑事法律援助的资金由政府专门管理,如有需要,政府会把费用分拨给各个法院,且这笔资金只能用于起诉后的法律援助。各地法院得到法律援助资金后,再由法官根据案情的难易程度给进行刑事法律援助的律师相应的援助报酬。律师协会负责支付国选律师的费用。刑事法律援助费用支付的程序是:法院先给律师协会,律师协会扣取 10% 费用后剩下的 90% 再给律师本人。用于民事法律扶助的费用主要来自政府拨款、财团资助和当事人返还。日本有许多自发的民事法律援助协会,日本民事案件的法律扶助等于先借钱给当事人,当事人在有足够支付能力的时候需偿还这笔费用,另一个前提是只有胜诉了才需要偿还。这样做有效地缓解了当事人关于诉讼费用的压力。如果当事人确实生活贫困,可以不用偿还这笔费用。但需经过日本法务大臣的严格审批,一般来讲免费的难度较大。所以一定程度上来说,法律援助协会的另一个主要工作就是追回法律援助的偿还金。但日本在免除费用上仍在做积极的努力,对经济严重困难的当事人和败诉的当事人一般不再让其偿还诉讼费用。甚至对于个别案件,即使胜诉了,对于生活确实困难的当事人,仍会免除其费用。此外,对于法律援助的扶持对象也有一定的要求,只给予离婚案件的被告,而对于民事其他案件的被告一般不给予法律援助。

2. 法律援助机构

日本法律援助的主管机关为法务省。具体的法律援助事务由法律扶助协会负责。日本设立一个法律扶助协会,同时在各地设立法律扶助协会的分支机构,其主要职能:一是对受援人的申请进行资格审查,并作出是否给予法律援助的决定;二是每年向法务省提交法律援助经费财政预算的报告;三是筹集和管理社会捐助的法律援助基金;四是向律师协会提供需要法律援助律师的信息。另外,日本在高等裁判所所在地还设立了一级中间机构——地区协议会,很好地联络法律援助协会和其支部之间的工作和协作。律师联合会和律师协会也是负责日本法律援助的机构,共同负责日本民事法律援助的管理和发展,具体职责是为扩大协会会员合作制度,提供足够的支持,提供法律援助服务所需设备和交付补助金。

自2006年10月起,涉及日本全国法律扶助的业务均由司法支援中心负责。日本司法支援中心业务主管部门为法务省,并设有评价委员会定期负责评估其执行。原民事法律扶助业务随着《民事法律扶助法》(2000年法律第55号)的废止,全部移交给司法支援中心负责处理,由其继承原法律扶助协会的相关权利和义务。刑事法律扶助部分则由法院指定国选辩护人之后,交由司法支援中心负责律师派任、缔约及酬金发放等业务。

在日本,由于法律援助案件律师收费过低,很少有律师愿意参加法律援助。此外,做国选律师赚不到钱,所以登记做国选律师的律师比较少。对于法律扶助协会的经费,目前日本的法律扶助协会的工作人员都是由律师协会的人员兼职,只有东京和大阪有专职人员。因此,日本现在讨论法律援助制度的改革,不过该改革目前还仅限于民事案件。2010年之前,日本刑事方面的法律援助制度不包括在国家法律制度之内。日本的法务省一直不同意将刑事和少年犯包含进法律制度之内,但由于律师协会一直在这方面进行持续的努力,2010年,这一目标终于得以实现,日本在起诉前将国选律师制度列入国家法律制度。

3. 援助对象

根据《日本司法支援中心业务方法书》第9条的规定,申请诉讼代理与诉状撰拟者应同时满足无资力、案件并非显属无胜诉希望及符合法律扶助宗旨等三个要件。

(1)"无资力"要件。

根据规定,"无资力"包含"所得"与"资产"均低于一定标准两个要求。一方面,对于"所得"(包含奖金红利)的一般规定为:

①单身的,月收入低于 182000 日元(约合 12000 元人民币)。可酌情增加(负担房屋租金或有未还尽贷款的,下同)额度为 41000 日元(约合 2700 元人民币)。

②家庭成员共 2 人的,月收入低于 251000 日元(约合 17000 元人民币)。可酌情增加额度为 53000 日元(约合 3500 元人民币)。

③家庭成员共 3 人的,月收入低于 272000 日元(约合 18000 元人民币)。可酌情增加额度为 66000 日元(约合 4400 元人民币)。

④家庭成员共 4 人的,月收入低于 299000 日元(约合 20000 元人民币)。可酌情增加额度为 71000 日元(约合 4700 元人民币)。

除上述规定外,家庭人数每增加 1 人,加计 30000 日元(约合 2000 元人民币)。当然,该标准一般也可视地区情形提高,如东京和大阪两地在上述各基准之上增加 10%。需要注意的是,夫妻均在岗领取工资的,申请人与配偶的月收入都要计入,但与申请人有讼争关系的配偶除外。与申请人同居的亲属(子女等)若明显属于负担申请人生活费用的,该金额应计入申请人的收入。因申请案件而获得的赔偿金、保险金等,若金额或支付方法不确定,亦可不计入收入。申请人及其配偶有医疗费、教育费或职业上必须负担的费用等,若认为会影响生计的,仍可以决定准予扶助。且若必须负担离异配偶赡养费的,可视为"负担不得已的支出"而加以扣除。

另一方面,对于"资产",除下述特殊情形外,均算作有资力的人:

①该资产是诉讼标的物的。

②生活必需的住宅及土地。

③申请人与配偶有讼争关系的。

④因支出医疗、教育、职业等必要费用而导致生活困难的。

上述收入及资产要件仅是一般性原则规定,即使与之不完全相符,但若根据申请案件的性质,申请人必须付出庞大的律师费用却无其他资金调度能力、若不予以扶助恐致申请人准备起诉有显著困难的,在计算资力时也可将此作为特殊情形加以权衡。

(2)"案件并非显属无胜诉希望"要件。

本要件中"并非显属无胜诉希望"具体指的是:

①因胜诉、调解或和解而存在解决该案件可能的。

②除前项情形外,因有委托代理人而可以使申请人获得利益的情形。

③即使案件相对方无资力，在扶助后虽无法立刻获得利益，但具有获得利益的期待可能性的。

（3）"符合法律扶助宗旨"要件。

符合法律扶助的宗旨，特指没有与法律扶助事业实现公正合理的社会秩序相悖的情形，如单纯为推销自身名气或宣泄报复情绪的申请、基于权利滥用等而有违社会正义的申请、极端高额或低额的申请，等等。此外还有一些即使符合扶助要件，仍可决定不予扶助的特例，如必须在国外进行扶助的案件、处理案件时需要极为特殊或专业能力才能胜任的案件，等等。

第三节　中国法律援助存在的问题与完善思路

一、中国法律援助的发展现状

中国的法律援助虽然起步较晚，发展时间短，目前尚处于萌芽状态，但1996年3月通过修订的《刑事诉讼法》第34条"公诉人出庭公诉的案件，被告人因经济困难或者其他原因没有委托辩护人的，人民法院可以指定承担法律援助义务的律师为其提供辩护。被告人是盲、聋、哑或者未成年人而没有委托辩护人的，人民法院应当指定承担法律援助义务的律师为其提供辩护。被告人可能被判处死刑而没有委托辩护人的，人民法院应当指定承担法律援助义务的律师为其提供辩护。"表明中国首次以立法形式确认了刑事法律援助制度，这是我国法律援助制度建设的一个重要里程碑。

1996年5月，全国人大通过的《律师法》对法律援助又作了专章规定。《律师法》第六章规定："公民在赡养，工伤，刑事诉讼，请求国家赔偿和请求依法发给抚恤金等方面需要获得律师帮助，但是无力支付律师费用的，可以按照国家规定获得法律援助。律师必须按照国家规定承担法律援助义务，尽职尽责为受援人提供法律援助。"这些规定进一步明确了公民获得法律援助的范围和律师依法承担的法律援助义务，为制定法律援助的专门立法奠定了法律基础。

此后，司法部和国务院先后于1997年成立了法律援助中心和中国法律援助基金会；司法部还先后与最高人民法院、最高人民检察院、公安部下发了有关法律援助工作方面协作的联合通知，规定了上述三机关在诉讼活动中有关法律援助工作的配合与衔接等问题，更加明晰了部门间的配合，有助于法律援助工作的开展。

2003年7月国务院颁行的《法律援助条例》对我国法律援助的性质、任务、组织机构、范围、程序、实施和法律责任等基本问题作出全面、具体的规定。它的公布实施，标志着我国法律援助工作进入了法制化、规范化的新阶段，具有中国社会主义市场经济特色的法律援助体系初步建立。为指导和规范法律援助案件办理工作,近年来,司法部联合最高法院、最高检察院、公安部制定了《关于民事诉讼法律援助工作的规定》(2005)和《关于刑事诉讼法律援助工作的规定》(2006),下发了《律师和基层法律服务工作者开展法律援助工作暂行管理办法》(2004)等规范性文件,对贯彻执行《法律援助条例》、规范法律援助案件办理工作发挥了重要作用。上述规范性文件分别从不同角度和工作环节对法律援助事项办理程序进行规定,并未形成统一的行为规范和服务标准,导致各地实践操作不统一,行为规范不健全。2012年2月,为规范案件办理程序,为困难群众提供符合标准的法律援助,司法部制定了《办理法律援助案件程序规定》。作为部门规章,《办理法律援助案件程序规定》严格依据和体现新修订的刑事诉讼法、律师法以及《法律援助条例》的基本规定,参照法律援助地方性法规、地方政府规章的相关规定,将各地工作实践中形成的行之有效的经验做法上升为制度,规范了法律援助案件办理中受理、审查、承办等环节的行为规范和服务标准,明确了相关环节办理时限,针对性和操作性更强,为规范法律援助实施工作、提高法律援助工作效率提供了有力的制度保障。

随着各地创造性地设置法律援助中心,开展法律援助工作,规范法律援助主体和程序,法律援助的社会影响力逐渐增加,受援对象数量逐年增加。法律援助在维护困难群众合法权益、促进司法公正中发挥着越来越重要的作用。"十一五"时期,全国共组织办理法律援助案件265万件,2011年办案量为84.4万件,年均增幅达27%。如针对农民工问题,2006年年初,中国法律援助基金会和全国律师协会签订了建立"农民工法律援助专项基金"的合作协议,承诺在两年内拿出100万元人民币的农民工法律援助专项资金。各地还成立了农民工法律援助工作站,这有效地维护了农民工的合法权益。中国的法律援助已逐步步入法制化、规范化的发展轨道。

二、中国法律援助存在的问题

中国的法律援助工作虽在一定程度上确保了"弱势群体"的合法权益得到公平实现,但也存在以下一些问题:

第一,法律援助范围相对狭窄。《法律援助条例》没有对经济困难的标准有一个统一而明确的界定,也没有对外国人和无国籍人是否可以成为法律援助的对象作出明确规定,中国的法律援助范围仅限于中国境内中国公民的刑事指定辩护和部分民事法律援助以及某些由政府指定承办的法律援助,尚不足以满足弱势群体和外国人的需要。援助范围具有片面、不完全性。虽然各地立法对法律援助的范围进行了扩展,但不能突破《法律援助条例》确立的基本框架,范围仍太狭窄。如行政诉讼案件中《法律援助条例》只规定依法请求国家赔偿等案件可以申请法律援助,而将其他如限制公民人身自由的强制措施、行政拘留等行政诉讼案件排除在外。行政机关的行政行为违法性未得到确认,公民要求行政赔偿及行政给付的权利就无从谈起,平等也就成为空话。比如在民事法律援助范围方面,根据《法律援助条例》规定,现在的民事法律援助范围只有前述几项。目前劳务工被用人单位恶意降薪、擅自变更劳动合同、无故辞退等索要经济补偿金、拆迁纠纷、破产改制企业员工合法权益被侵犯、企业破产后员工追讨安置补偿费等案件并未列入法律援助范围,而这些正是目前社会弱势群体具有强烈诉求的方面。利用诉讼手段提供法律服务成为法律援助的主要形式。通过诉讼程序则首先必须向人民法院缴纳诉讼费,否则人民法院不予受理。因此,法院能否立案是开展法律援助的条件和保证。法律援助的当事人都是经济非常贫困的老弱病残公民,他们根本无力承担诉讼费用。

第二,法律援助经费短缺。目前我国法律援助的经费来源缺乏保障,数额严重不足,不能有效满足弱势群体日益增长的法律援助需求。这种经费困难在县区基层和西部欠发达地区尤为严重。经费困难的主要原因,一是部分地区法律援助经费没有列入财政预算。据司法部法律援助中心数据,至 2009 年全国仍有 145 个法律援助机构未经政府编制部门批准,主要集中在县区级(133 个),身份尴尬。机构未列入政府编制,经费就更不可能列入地方财政预算,来源不稳,难以持久。没有稳定的经费来源,只靠律师及法律工作者的自觉性和积极性无偿提供法律援助,很难长期维持。经费短缺在一定程度上制约着法律援助者办案的积极性,影响了法律援助的办案质量。二是大部分地方财政拨款偏少,各级各地差异较大。大部分县区基层和西部欠发达地区的地方财政只解决了法律援助机构的基本人员和办公经费,而没有解决业务经费。在我国现行财政体制下,中央和省级财政较为宽裕,而县级财政普遍困难,法律援助经费又主要靠同级财政拨款,县区法律援助机构每年所获拨款数额可想而知。三是法律援助经费来源渠道狭窄。我国法律援助经费以政府财政拨款、社会捐赠及行业奉献(主要指律师免费的义务办案)为基本来源,同级财政拨款占法律援助经费的绝大部分,社会团体和个人捐赠很少或基本没有。来自司法部法律援助中心的统计数字显示,我国每年需要法律援助的案件超过 70 万件,而实际得到援助的不足四分之一。造成这种状况的主要原因是法律援助经费严重短缺。据介绍,目前国家每年拨付的法律援助经费平均每人不足 6 分钱,远远低于发展中国家的平均水平。

第三,法律援助工作人员业务素质较低,区域律师资源配置不平衡,人员短缺。我国法律援助工作主要由律师、基层法律工作者和公证员等来具体实施。高校和社会法律援助志愿者是法律援助工作的有力参加者。近年来,具有法律职业资格或律师资格的人员数量逐年上升,但在法律援助机构注册的律师数逐年下降,具有法律职业资格或律师资格的人员所占比例呈下降趋势。非法律专业人员进入过多,个别基层法律援助中心在编人员中只有一名,甚至没有具有法律职业资格或律师资格的人员。此外,社会经济状况的区域差异导致了区域律师资源的不平衡,经济发达地区律师多而集中,经济欠发达地区律师少而分散,城镇和农村的律师资源处于绝对稀少的状况。今后一个较长时期内,随着法制建设和普法工作的不断发展,人们的法律和维权意识逐渐增强,加之一系列其他因素,我国需要法律援助的人数将急剧增加,但法律援助提供者却出现严重不足。法律援助的供求比例严重失衡。

第四,法律援助机构区域差距较大,基层机构运转困难。由于地区发展的不平衡,以及重视程度和经费等原因,法律援助机构区域差距大。能有效发挥法律援助功能的机构主要集中在东部沿海城市和内部大中城市,而西部欠发达地区以及其他的偏远地区,能提供法律援助的机构却很有限,西部地区绝大多数援助机构不具备基本的办公、办案条件,没有独立的专业法律人员,这些严重制约了我国法律援助事业的进一步发展。

第五,缺乏一部完整的法律援助法。法律援助制度是一个国家民主法制化进程的重要标志,世界上许多国家建立了较为完备的法律援助法制体系,出台了专门的法律援助法。中国虽在有关法律,如《律师法》、《未成年人保护法》、《妇女权益保障法》、《老年人权益保护法》、《残疾人权益保障法》、《刑事诉讼法》和相关行政法规如《法律援助条例》等提出了法律援助的相关规定,为专门的法律援助立法作出了一定贡献,但我国还是缺乏一部专门的法律援助法,法律援助立法工作仍需进一步完备。

三、完善中国法律援助的思路

(一)拓宽法律援助范围

拓宽援助范围,可由国家修改《法律援助条例》,将居住达到一定时间的经济困难或无法承担相应法律服务费用的外国人和无国籍人士纳入我国的法律援助范围。扩大行政诉讼法律援助案件范围,应将所有"认为行政机关具体行政行为侵犯其人身权益的"行政诉讼案件都纳入法律援助案件范围。扩大民事法律援助案件范围,将劳动争议等与民生密切相关的案件纳入法律援助范围,只要经济困难的劳动者申请的劳动争议案件都应给予法律援助。此外,征地拆迁补偿纠纷、假冒伪劣农资损害赔偿纠纷及工伤、医疗事故等与民生密切相关的案件也应纳入民事法律援助范围。大力促进对非诉讼类法律援助的运用。非诉讼类法律援助,是指由政府设立的法律援助机构组织法律援助人员和社会志愿者,主要以调解形式,为符合法律援助条件的当事人提供免费的、诉讼之外的法律援助,以保障其合法权益的一项法律制度。非诉讼类法律援助工作范围广泛,实施主体多元,针对性强,可以使有限的司法资源得以有效、充分的利用,从而降低司法成本。

(二)建立法律援助经费保障机制

着重强调政府对法律援助的责任和义务。国家应牵头按省级或大经济区域统一确立法律援助个案经费的最低补贴标准,并直接落实到办案律师或法律工作者个人。特别是法律援助业务经费要有专项资金作为保证,由国家强制指令县区基层政府把法律援助活动经费列入财政预算,设立资金专户,由审计、监察部门负责监督,防止挤占挪用。中央政府应该在经费上承担更多的或者说主要的义务,可以仿效美国根据各州贫困人口数量占全国贫困人口总数的比例拨付联邦法律援助资金的方法,大力扶持中西部和基层的广大县区,特别是贫困县区,并以此带动全国法律援助工作的正常开展。借鉴我国香港法律援助辅助计划的经验,设立省级法律援助辅助基金,接受本地社会资金的捐助,由于中国人有较强的本土情结,省级法律援助辅助基金更能激发本土情怀,更好地吸纳当地民间资金的投入。在法律援助经费支出上以本省居民为主,逐渐覆盖在本省工作、学习、生活的非本省籍人士。设立发行法律援助公益福利彩票,国家应考虑在公益彩票中增设法律援助彩票,募集社会资金,所获收益全部用于法律援助事业。积极发挥社会团体组织如工会、共青团、妇联、残联等在法律援助中的补充作用,可以通过对社会团体开展法律援助进行有效的指导,特别是鼓励有关社会团体主要参与办理维护本社团成员权益的案件,调动社会团体组织的积极性,大力开拓社会资源,进一步满足不同层次的法律援助需求。合理分担法律援助费用,可以采取免费和减费并行的法律援助模式。若受援人完全符合法律援助条件,尤其是经济条件,则可享受全部免费的法律服务;若受援人在经济上有能力分担一部分法律援助费用时,则享受部分免费的法律服务。

(三)提高法律援助机构人员专业素质,合理配置律师资源

以法律或政策的形式通过律师事务所或律师协会规定部分律师每年必须提供一定的无偿法律援助案件,作为其每年的审核标准。以增加办案补贴和提高社会荣誉等方法吸引社会律师参与法律援助工作。提高在法律援助机构的注册律师、具有法律职业资格或律师资格人员所占比例。严把法律援助机构进入关,严格控制非法律专业人员的进入,加强现有人员的法律业务培训,鼓励符合条件的现有人员参加司法考试,增加公职律师数量,在人员编制既定的情况下可以考虑让司法系统内部具有职业资格的人员兼任公职律师,真正让司法局从注重管理职能向法律专业服务型机关转变。探寻多种方法解决律师资源配置问题,一是设立法律援助公职律师制度,规定公职律师最低人数标准,作为司法改革的内容上升到国家政策层面。公职律师参照公务员管理,使基层和欠发达地区能够留住人才。要制定严

格的公职服务年限,可规定服务 5 年以上方可流动。二是国家出台政策,鼓励高等院校法律毕业生到基层和欠发达地区服务,鼓励法学院学生到基层和欠发达地区的法律援助机构实习,参与法律咨询、法律宣传等活动。三是鼓励经济发达地区和大中城市的律师到欠发达地区履行法律援助义务,并计入社会评价体系中。四是实行律师或法律工作者聘任制度。基层和西部欠发达地区律师资源少,特别是没有律师的县区,可根据《国家公务员法》第 95 条规定在司法行政部门或法律援助机构实行职位聘任制。

(四)加强基层法律援助机构的建设,缩小各地区之间的差距

法律援助是政府实现公平正义、维护社会和谐的责任,而我国现有法律援助机构本身即是政府的机构之一,所以从中央到地方各级政府应切实重视法律援助机构的建设。把全国所有的县级以上法律援助机构都纳入政府机构编制,保证基层机构基本的办公场所和办案条件,把其作为一项从上到下的制度建设工作由中央和省级政府执行。此外,法律援助机构要开展工作离不开法律援助工作人员。为保障法律援助机构的正常运作、职能的有效发挥,应当为各级法律援助机构(包括法律援助网络)配备与其承担的职责相适应的工作人员。特别是区、县一级的法律援助机构,担负着具体组织实施法律援助工作、直接面对广大城乡困难群众提供法律援助的重要职责,必须解决好人员问题。

(五)尽快制定和颁布专门的法律援助法

现行的《法律援助条例》已经实施 10 年,许多规定已不能适应和满足发展的需要,许多新的问题亟须法律规范,如法律援助机构性质多种多样,有的是行政机构,有的是事业单位,有的参照公务员管理,有的是公益类事业单位,等等,机构性质的不一致严重影响其功能的发挥;各地经费保障也参差不齐,越是贫困地区法律援助经费越没保障;还有法律援助的知晓度不高,法律援助的覆盖面不广,法律援助的门槛过高等,使许多困难群众、夹心阶层不能享受到法律援助服务,这些都要通过制定法律援助法加以解决。《法律援助法》应当充分总结《法律援助条例》及各地法律援助地方立法的经验与不足,借鉴国外法律援助立法的优秀成果,在《法律援助条例》的基础上,进一步充实、细化内容,对我国法律援助的性质,法律援助机构的设置、职能,法律援助的对象、条件、范围、实施者,法律援助的程序,法律援助的经费,法律援助质量及监督管理,行政机关、司法机关的法律援助责任等作出明确的规定。

案例分析

农民工法律援助的困境

近年来,越来越多的农民工合法权益受到侵犯却得不到有效保护,为其提供法

律援助是维护农民工合法权益的有效途径。为农民工提供法律援助有一系列法律依据,2006 年初,国务院出台了《关于解决农民工问题的若干意见》,其中在第 29条指出,要做好对农民工的法律服务和法律援助工作,要把农民工列为法律援助的重点对象。对农民工申请法律援助,要简化程序,快速办理。对申请支付劳动报酬和工伤赔偿法律援助的,不再审查其经济困难条件。所有这些都是为了确保农民工能够依法维权。但是在为农民工提供法律援助的过程中还存在着一些问题,需要引起重视:

第一,农民工因民事维权引发刑事犯罪的现象已有显现。

一些地方农民工刑事犯罪率高,这是与农民工的社会地位和文化水平有很大的关系,但其中也有不少是因为维权未果,采取暴力维权所致。如江西籍民工黄永兴因讨薪不成而持刀伤人就是其中一个典型案例。黄永兴经亲戚介绍于 2005 年春节后在上海港务工程公司洋山道堆项目下属申川施工队干木工活,先后被包工头拖欠工资共 4000 余元。工程结束时,包工头以工程款尚未结算为由拒付拖欠的工资,仅答应给黄 200 元路费,让其回江西老家。黄多次讨要工资未果,恼羞成怒,于 2005 年 6 月 28 日晚用菜刀将包工头砍伤,该包工头经抢救无效死亡,黄因涉嫌故意伤害罪而被捕。同样发生在 2005 年 5 月,甘肃省甘谷县农民工王斌余因追讨工资无果而连杀四人。已发生的类似案件不是个案,应当引起执法部门和维权机构的高度重视。据统计,2005 年上海市办理的刑事法律援助案件中,外来人员高达 55.4%。分析这些案件可以发现,有相当多的案件是因民事纠纷处理不当转为刑事案件的。据福建省统计,2004 年和 2005 年提供的刑事法律援助指定辩护案件中,农民工犯罪案件比例高达 90%,案件类型集中在盗窃、抢劫、故意杀人、故意伤害等几种暴力犯罪。农民工暴力维权、"另类维权"严重影响到社会稳定,法律援助机构和其他维权部门应该投入更多的人力财力,下大力气做好农民工的维权工作,及时疏通化解矛盾。

第二,农民工依法维权成本高、难度大。

农民工遭受侵权后,即便是进入了法律维权程序,也面临重重困难,常常是耗费了时间和精力,最后得不到满意的结果:

一是仲裁、诉讼环节多,农民工维权成本高。首先,农民工在申请劳动仲裁或提出诉讼时必须先交纳仲裁费、诉讼费;涉及致残或医疗事故的还要交纳伤残等级鉴定费或医疗鉴定费等;急需医疗费要求申请法院先予执行的,还必须提供财产担保,农民工大都是外地人,一般无法提供财产担保。其次,劳动法和相关法律规定了劳动仲裁前置程序及一裁二审制度,大量简单的劳动争议案件必须经过劳动仲裁、法院一审、二审、强制执行才能完成,导致农民工维权之路过于漫长。如果是工伤维权则程序更为复杂,维权的程序最高可达 19 项程序。而且,很多工伤保险待遇的获得,需要经过多次的劳动争议仲裁与民事诉讼程序。浙江金华市法律援助中心办理一起农民工工伤赔偿案件,从 2003 年 7 月立案,至 2005 年 7 月,就工伤认定问题经多次的申请行政复议、诉讼,最后得到劳动部门的工伤认定之后向法院提起诉讼过程中,当事人因无钱医治死亡。

二是农民工维权案件调查取证难。多数农民工不知道要签订劳动合同、不懂得如何签订劳动合同,或在用人单位拒不签订合同的情况下接受用工条件,使各方面权利得不到保障,相当部分用人单位依法管理依法经营的意识不强,加之一味地追求自身的经济利益,不愿与农民工签订劳动合同,也不按规定为其交纳养老保险,造成农民工案件普遍存在着无劳动合同、无养老保险和无福利待遇的"三无"现象。在发生劳动纠纷时往往难以证明劳动关系的存在,农民工往往连工资卡、饭票等都拿不出来,甚至不知道用人单位的名称。同时,企业和雇主会利用各种关系打通关节,为自己开脱,拒不出证,有的设置障碍阻挠律师调查取证,甚至故意损毁证据,工友或证人考虑自身利益不愿或不敢作证,有的医院也因为农民工拖欠医疗费用而拒绝出证。调查取证困难直接影响到维权的效果。

三是农民工维权案件执行难。根据《工伤保险条例》的规定,参加工伤保险期间用人单位职工发生工伤的,保险待遇由工伤基金支付,未参加工伤保险的,由该用人单位按照条例规定的工伤保险待遇项目和标准支付费用。实践中,用人单位不交纳工伤保险费,农民工的工伤保险待遇无保障,最终无法兑现工伤赔偿。在诉讼环节,由于农民工收入低、财产少,在仲裁或诉讼过程中申请法院对侵权人的财产采取财产保全或先予执行时无法按照法律的规定提供相应的担保,往往导致农民工赢了官司却得不到赔偿,胜诉判决成为一纸空文。另外,由于农民工维权案件程序多时间长,到案件终结时,有的用人单位已不存在或老板已逃之夭夭,导致案件执行困难或无法执行。

第三,法律援助机构、人员、经费保障不力。

各级财政对法律援助经费预算不足,不能保证法律援助工作全面开展。我国 2005 年度各级财政用于法律援助的拨款总额为 26220 万元,人均占有法律援助经费仅为 0.21 元。由于缺乏必要的资金支持,办案律师无法完成正常的调查与取证工作,各法律援助机构和法律援助人员也会怠于提供法律援助。

第四,法律援助部门协作机制尚未健全。

《法律援助条例》规定,法律援助是政府责任,而且各有关部门都有保障法律援助得到实施的责任。目前,虽然大多法律援助机构都与劳动仲裁、法院等在缓、减、免当事人案件受理费、方便律师阅卷等方面达成共识,与工会、妇联等社会团体也建立一定的工作联系,初步建立起法律援助的绿色通道。但是在具体案件办理的过程中仍缺乏协作机制,存在条块分割、条规优先、资源分散,甚至拒不配合的现象,导致农民工为了一个案件要来回奔走于各有关部门之间,增加了农民工的维权成本。有的部门在处理涉及农民工的问题上不积极,对需要他们协调参与的问题拖延搪塞,对他们掌握的一些证据材料不提供,影响律师调查取证。

思考:

农民工法律援助的现状如何? 如何完善对农民工的法律援助?

复习思考题

1.什么法律援助? 我国现阶段实施法律援助有何意义?

2.国外法律援助的实践对我国有何启示?

3.我国目前法律援助的制约因素有哪些? 如何更好地完善我国的法律援助,保障弱势群体的利益?

第十章　特殊人群救助

残疾人、贫困老人和流浪乞讨人员都是社会的弱势群体,给这些群体提供救助可以改善他们的生存状态,保障他们的基本权益。本章界定了残疾人救助的概念,对残疾人救助的内容、我国残疾人救助的改革和完善进行了探讨。在对贫困老人的人口学特征、救助内容阐释的基础上,分析了我国贫困老人救助存在的问题并提出了相关对策建议。对流浪乞讨人员救助重要性分析的同时,重点论述了我国流浪乞讨人员救助制度演进的过程。

第一节　残疾人社会救助

一、残疾人的定义和残疾人社会救助需求

根据《中华人民共和国残疾人保障法》第二条的定义,残疾人是指在心理、生理、人体结构上,某种组织、功能丧失或者不正常,全部或者部分丧失以正常方式从事某种活动能力的人。残疾人包括视力残疾、听力残疾、言语残疾、肢体残疾、智力残疾、精神残疾、多重残疾和其他残疾等类别。

残疾人在认识环境、生活自理、经济自立和社会交往等方面存在不同程度的障碍和困难,是一个规模巨大的、迫切需要得到国家和社会帮助的弱势群体。他们的社会救助需求包括生活保障需求、康复需求、就业需求、教育需求、社会服务需求等几个方面。

(1)生活保障需求。生活保障需求是残疾人最基本的社会救助需求。残疾人因丧失部分或全部劳动能力,缺乏个人收入,生活处于无保证的状态,他们希望在国家和社会的帮助下解决温饱问题,有尊严地生活。

(2)康复需求。残疾人希望借助医学治疗、辅助器械等方式,改善或恢复受损器官与功能,增强生活自理或参加社会活动的信心与能力。

(3)就业需求。劳动就业是残疾人自己养活自己的重要途径,是其全面参与社会活动的基础,是残疾人实现自身权益和价值的关键。他们希望国家和社会兴办残疾人福利企业等,安排残疾人集中就业。

(4)教育需求。作为社会公民,残疾人也有接受教育的需求。这就要求社会应面向残疾人投入基础设施、人力物力等教育资源。

(5)社会服务需求。户外活动以及适当地参与各项社会活动是残疾人生活的重要方面,但他们比一般人更需要无障碍设施、优先照顾和特殊照顾等社会服务。

二、残疾人社会救助的理念

(一)供养理念

人们通常认为,对于残疾人,特别是失去劳动能力的残疾人,最好的办法是由他们的家人或社会把他们供养起来。在经济不发达的国家和社会,这种供养仅限于完全丧失劳动能力的残疾人,在经济发达的国家和社会,残疾人的供养范围会根据供养能力有所扩大。尽管不同社会对残疾人供养的内容和水平有不同,但是一般说来,这种供养大多限于经济方面,或者物质方面,而对残疾人的精神需求和自身能力等估计不足。尽管对于残疾人,特别是严重丧失劳动能力的残疾人来说经济上的供养是完全必要的,但这并不是对残疾人进行关照的全部,难以满足残疾人多样化的生活生存需求。

(二)回归社会理念

回归社会理念是针对将残疾人封闭起来进行供养和照顾产生的弊病而提出来的。20 世纪 50 年代,美国社会学家戈夫曼研究了生活在庇护所的精神病患者的生活生存状况后认为,将残疾人收养于各种社会福利机构进行照顾,残疾人之间的刺激性的互动加上管理人员、医护人员对残疾人消极的、冷漠的态度和严格管制会使残疾人处于消极的社会关系之中。解决该问题的基本方法就是让残疾人走出封闭,回归社会。受回归社会理念的影响,改变院舍照顾这种既昂贵、效果又不好的救助模式的观念就逐渐被人们所接受,让残疾人回到他们熟悉的社区中去接受照顾,让他们在一般的社会中过正常的生活成为残疾人照顾模式的普遍选择,社区照顾是使残疾人回归社会的典型模式和理想选择。

(三)增能理念

增能理念认为,残疾人供养及照顾理念,把服务对象看做脆弱群体,忽视了残疾人的潜能、自立诉求和发展。增能理论则站在人的发展的立场上,认为通过一定的方法,可使残疾人在一定程度上恢复失去的机体的、社会的功能,并过上一般的、正常的社会生活。增能的作用不仅在于恢复残疾人原本丧失的机体的功能,而且可以增强他们的生活信心。按照增能理念,增能的方式多种多样,比如康复训练可以使残疾人已丧失的机体功能得以恢复,教育和培训可以发掘残疾人的潜能,外界生活及活动条件的改善可以减少他们表现自己能力的障碍,等等。

三、残疾人社会救助的内容

（1）生活救助。在生活救助方面,国家和社会采取扶助、救济和其他福利措施,保障和改善残疾人的生活,具体措施包括对无劳动能力、无法定扶养人、无生活来源的残疾人按照规定予以供养、救济;举办福利院和其他安置收养机构,按照规定安置收养残疾人,改善其生活;减免农村残疾人的义务工、公益事业费和其他社会负担。

（2）残疾人康复。残疾人康复是指通过治疗、训练等方式,改善、恢复和补偿残疾人的各项身体功能,使其减轻能力障碍,获得最大限度的日常生活能力,为其重新参与社会生活提供身体方面的必要条件。受康复技术水平的制约,目前还不可能使所有的残疾人都能达到完全康复的目的,因而只能有选择、有限度地使部分残疾人通过多种途径,达到减轻残疾程度或基本康复。残疾人康复的具体内容包括:诊断和处理;医疗和护理;社会、心理和其他方面的咨询和协助;进行自理训练,包括行动、交往及日常社会技能;提供辅助器械、行动工具及其他设备;开发和运用社会各种资源,开展康复工作训练计划,以充分满足残疾人及其家属的需要。

（3）残疾人教育。残疾人教育是指国家和社会保障患有残疾的儿童、青年和成年人享有平等的初等、中等和高等教育机会,使残疾人教育成为教育系统的一个组成部分。《关于残疾人的世界行动纲领》指出:会员国应保证残疾人有平等接受教育的机会,包括使最严重残疾的儿童享受义务教育。残疾人教育包括残疾人基础教育、残疾人特殊教育、残疾人职业教育、成人教育和残疾人高等教育。在教育方式上,国际社会强调凡可以接受普通教育的残疾人,尽量进入普通学校;对不具有接受普通教育能力的残疾人进行特殊教育和培训。

提高残疾人受教育水平是残疾人全面实现自身价值的基本条件,是社会进步的表现,是衡量一个国家教育发展水平的标志之一。实践证明,无论是对残疾儿童的特殊教育,还是对成年残疾人的职业技术教育,都能极大地提高残疾人的自身综合素质,缩小与健全人的差距,使残疾人能较快地融入社会,增强其生存能力。从残疾人的角度看,接受特殊教育是他们应该享有的一项基本权利。通过接受代偿性训练,可以在一定程度补偿丧失的感官功能,为进一步接受教育、参加正常的社会生活创造条件。从社会的角度看,对残疾人进行教育、训练,使他们获得基本的生活能力和一定的谋生能力,有利于社会的和谐发展。

（4）残疾人就业。按照《残疾人就业条例》[①]的界定,残疾人就业是指符合法定就业年龄有就业要求的残疾人从事有报酬的劳动。国家对残疾人就业实行集中就

---

① 《残疾人就业条例》,2007 年 2 月 14 日国务院第 169 次常务会议通过,自 2007 年 5 月 1 日起施行。

业与分散就业相结合的方针。目前,城市残疾人就业有三个主要渠道:一是在福利企业中集中就业;二是在机关、团体、企业、事业单位等组织中按比例就业;三是在社区和民办非企业单位就业或从事个体经营。农村残疾人则从事种植业、养殖业或家庭手工业等以获得报酬。

(5)残疾人社会服务。残疾人社会服务是指社会为方便残疾人生活,满足残疾人物质文化生活需要,为残疾人提供各种无障碍设施、信息交流无障碍服务、各种优先服务和照顾。残疾人社会服务的主要项目包括:国家和社会为保证残疾人享用公共建筑、公共设施、公共住房和公共交通工具而专门提供的无障碍设施,如盲道、坡道、残疾人专用电梯等;为残疾人接受和传播信息而提供的信息交流无障碍服务,如盲文、手语、字幕、特殊通讯设备等辅助技术或替代技术;为残疾人享用公共设施、公共交通工具,进入博物馆、图书馆、旅游景点等提供的减免费照顾;公共服务机构为残疾人提供的优先服务和辅助性服务,如指定的停车场、座位、购物优先等;为残疾人参与文化体育活动创造机会、条件和提供服务;为残疾人提供的法律等服务;在全社会提倡和实现人道主义精神,消除对残疾人的歧视和偏见,激励残疾人自强自立,建立和谐的社会生活环境;鼓励和促进残疾人参与社会的政治生活,保障其政治权利。

四、中国残疾人社会救助制度的发展与完善

(一)中国残疾人社会救助制度的历史沿革

(1)形成阶段。新中国成立后,针对残疾人的社会救助制度,一是构建城市残疾人社会救助制度。1950年,国家制定并发布了《革命工作人员伤亡褒恤暂行条例》,为战时伤残人员提供了必要的保障。1951年,国家颁布了《中华人民共和国劳动保险条例》,其中涉及职工在伤残后获得必要物质帮助的办法。另外,政府举办了一些社会福利机构和福利企业,为残疾人提供各种保障。二是构建农村残疾人社会救助制度。1956年颁布的《高级农业合作社示范章程》第53条规定:"农业生产合作社对于缺乏劳动力或者完全丧失劳动能力,生活没有依靠的老弱、孤残的社员,在生产和生活上给予适当的安排及照顾",这一规定为农村残疾人提供了一定保障。三是成立了残疾人组织。1960年,经国务院批准,将中国盲人福利会与中国聋哑人福利会合并成立中国盲聋哑人协会。

(2)停顿阶段。"文化大革命"期间,残疾人社会救助事业受到严重干扰和破坏,唯一的残疾人组织——中国盲聋哑人协会被迫停止工作;残疾人生产自救组织被强行合并、撤迁或撤销;盲聋哑学校被迫收缩或停办。在此期间,中国残疾人社会救助事业停滞不前,甚至出现倒退。

(3)恢复和发展阶段。中共十一届三中全会为残疾人社会救助事业的恢复和

发展提供了良好契机。1984 年成立的中国残疾人福利基金会,通过各种途径为残疾人服务,保障残疾人的基本权益。1985 年开始起草的《残疾人保障法》,为残疾人的社会救助制度提供了法律支持。1988 年成立的中国残疾人联合会,协助政府为残疾人提供各种社会救助。在政府和社会各界的大力支持与参与下,中国残疾人各项保障事业取得了很大的进展。1990 年,国家出台了首部保障残疾人权益的法律《中华人民共和国残疾人保障法》,从制度层面对包括残疾人的权利作出规定。2008 年 4 月修订后的《中华人民共和国残疾人保障法》正式颁布,对残疾人社会救助工作作了更加系统、具体的规定。

(二)残疾人社会救助制度建设存在的问题

新中国成立以来,中国残疾人社会救助事业受重视的程度不断提高,独立性逐渐增强,体系建设日臻完善,保障水平也有了显著提高。但总体来说,残疾人社会救助制度本身还不成熟,难以充分满足残疾人的需求,存在的问题表现在以下几方面:

(1)模式选择不够明确。在如何建立残疾人社会救助制度,即如何选择发展模式方面存在两种思路:一种思路是残疾人社会救助制度应当自成体系;另一种思路则认为,残疾人社会救助制度应当融入社会普通群体的社会救助制度之中。由于存在理论分歧,发展模式的选择成了难题。发展模式选择不够明确,直接影响了相关社会政策的制定,并进而影响了残疾人社会救助体系的建设。

(2)覆盖面偏小。残疾人群体是我国社会救助制度和低保制度覆盖的重点人群之一,但由于这一群体就业困难、收入低下,贫困率远比其他社会群体高,因此,目前的覆盖面远不能满足残疾人的需求。究其原因,一方面是财政在社会救助方面的投入不足,能够享受社会救助的标准比较严格,使得一部分收入较低但又高于救助标准的残疾人得不到救助,被排斥在体制之外;另一方面,在我国有着社会救助需求的残疾人数量十分庞大,国家的社会救助供给与残疾人的救助需求严重失衡。

(3)体系不完善。现有的残疾人社会救助制度以最低生活保障为核心,形成了最低生活保障"一枝独秀"的格局。而社会救助制度本身是一个系统工程,需要各子系统相互配合,才能取得良好绩效。残疾人社会救助制度既需要有最低经济扶助的部分,也需要有医疗救助、教育救助、住房救助、就业援助等,救助体系的不完善,会影响残疾人社会救助制度整体功能的发挥。

(4)城乡二元结构特征明显。现行的残疾人社会救助制度表现出重城镇、轻农村的特点。城镇残疾人从 1999 年国务院颁布《城市居民最低生活保障条例》开始,就享有享受低保的权利。而农村残疾人享有低保则从 2007 年才起步。残疾人救助有城乡两套标准,城镇残疾人的救助标准明显高于农村残疾人。

(5)不能体现出特别扶助的特点。目前最低生活保障制度实行的"应保尽保"原则,即实行普遍性原则,实施对象是全体低于低保标准的贫困家庭,而不仅仅是残疾人家庭。社会救助体系对于残疾人没有体现出特殊性或定向性,即缺乏对残疾人贫困者的特别扶助,意味着残疾人社会救助制度仍依附于原有的"一刀切"的社会救助制度。

(三)完善残疾人社会救助制度

(1)明确残疾人社会救助的发展模式和方向。一是用科学发展观来引领应用理论研究,从社会公正和可持续发展的角度来探讨如何更好地统筹发展城乡残疾人社会救助事业,逐步消除社会保障领域的"城乡二元结构",实现社会公正和社会和谐。二是要加强对人道主义和新残疾人观的理论研究,探讨在经济全球化背景下如何更好地保障残疾人充分享有社会救助权利。三是要研究国外,特别是发达国家残疾人社会救助制度建设模式的特点、经验与教训,掌握残疾人社会救助制度建设的一般规律,为构建我国残疾人社会救助制度提供借鉴。四是要应用经济学、社会学、管理学理论研究我国残疾人社会救助制度模式,对原有模式进行创新。

(2)积极扩大残疾人社会救助的覆盖面。经过多年努力,我国残疾人社会救助体系已有一定规模,但仍然有数量庞大的残疾人特别是农村残疾人被排斥在这一体系之外,他们的社会救助需求得不到满足,造成了社会不公平。近年来我国经济实力明显增强,已经具备扩大覆盖面的物质基础。因此,应抓住时机构建专门的残疾人社会救助制度,为残疾人特别是暂时或永久丧失劳动能力的残疾人提供救助。

(3)建立多层次、综合性的社会救助体系。造成贫困的原因是多方面的,单一的最低生活保障制度在救助贫困对象时存在多种制约,因此救助手段也应是多元的,带有一定的综合性。综合性的社会救助体系应以最低生活保障救助为主,同时辅以医疗救助、康复救助、住房救助及教育救助等手段。

(4)拓宽基金筹资渠道,完善残疾人社会救助标准的调整机制及基金运行机制。在中央财政和地方财政拨款的基础上,应拓宽筹资渠道,采用福利彩票、扶贫资金、社会捐赠及其他方式来筹集资金。应建立物价指数变化分析体系,提高预警水平,建立与物价水平变化和社会经济发展相适应的主动调整机制,使残疾人社会救助标准能实现动态的自然增长。完善基金运行机制,健全监督体系,实现保障对象的有效分类管理和动态管理,减少乃至消除错保、漏保、人情保等不良现象的发生,提高资金的社会效益。

(5)加强残疾人社会救助政策法规体系建设。我国已在宪法、法律、行政法规、部门与地方规章、规范文件等五个层次上初步明确了残疾人的社会救助权益。但总体上残疾人社会救助政策法规体系还不完善,需要进一步加强残疾人社会救助政策法规体系建设。

第二节　贫困老人社会救助

中国具有悠久的助老济贫传统。中国古代社会就专门设置济贫、养老等机构,用于救助贫困老人。近代以来,受资产阶级民主革命和西方福利思想的影响,对贫困老人的救助逐步上升为国家行为。1949 年后,中国政府对贫困老人的救助行为带有明显的集体福利和计划经济体制痕迹。20 世纪 80 年代,尤其是 20 世纪 90 年代以来,最低生活保障制度在全国范围内迅速扩展,越来越多的贫困老人被纳入救助范围之内。

一、贫困老人的特征和救助原则

(一)人口学特征

中国是在经济尚不发达的背景下进入人口老龄化社会的,老人个人人力资本的缺失以及不可抗力等因素的共同作用,使得贫困老人问题凸显出来。杨立雄的研究认为,中国老年贫困人口总规模近 1800 万,老年贫困发生率超过 10%[①]。从人口学特征看,贫困老人中,女性贫困人口远远多于男性;高龄老人的贫困比例高于低龄老人的贫困比例;农村老人的贫困比例高于城市老人的贫困比例;农村少数民族老人的贫困比例高于汉族老人的贫困比例;受教育程度低的老人遭受贫困的风险明显高于受教育程度高的老人;无论是城市还是农村,夫妇双方健在,并在一起共同生活的老人发生贫困的比例较低,未婚老人发生贫困的比例最高。

(二)救助原则

在开展贫困老人社会救助过程中,应遵循以下原则:

(1)保障基本生活,动态调整原则。贫困老人的社会救助需求是一个逐步被满足的过程:一是贫困老人社会救助需求的内容随着整个社会基本生活需求内容的调整而调整;二是贫困老人社会救助需求应与社会对需求的实际满足能力和经济社会发展水平相适应。当前应重点解决贫困老人的吃穿住医等基本生活需要问题,随社会经济的发展再逐步扩大救助范围,提高救助水平。

(2)分类救助原则。一是地区之间经济发展水平的差异导致贫困老人社会救助标准和内容存在差异。中国各省区在收入和生活水平上存在比较大的差距。在这种情况下,各地救助标准和救助内容不能强行统一。各地应根据本地区的条件合理确定

[①] 采用农村贫困线和 1 天 1 美元两个标准,测得农村老年贫困人口规模在 1400 万人以上;采用城镇最低生活保障标准和 1 天 2 美元两个标准,测得城镇老年贫困人口规模在 300 万人左右。这样,中国老年贫困人口总规模近 1800 万,老年贫困发生率超过 10%。杨立雄.中国老年贫困人口规模研究[J].人口学刊,2011(4).

贫困老人社会救助的标准和救助内容。二是家庭类别、年龄的不同导致贫困老人社会救助需求不同。独居户与二代户、三代户中的老年人的社会支持网络、基本生活成本不同;低龄老人与高龄老人在生活、照料、医疗方面的需求也不同。家庭类型和年龄的差异,必然导致对贫困老人的社会救助标准和救助内容应区别对待。

(3)权责明确原则。贫困老人社会救助应合理划分政府、社会、家庭和贫困老人个人四方面的责任,防止社会救助责任主体的混淆以及由于救助各方对职责的推诿所导致贫困救助的高成本、低成效。

(4)资源整合原则。贫困老人救助隶属于社会救助,建立贫困老人救助模式不是对现有社会救助模式的替代,而是现有社会救助模式的补充和完善。因此贫困老人救助要纳入现行社会救助体系,在充分依托现有社会救助的组织机构、管理体制、工作程序、基础设施和服务手段的基础上,对具体内容进行适度调整,以体现出贫困老人社会救助在制度安排方面的特殊性和针对性。

二、贫困老人社会救助的形式和内容

(一)贫困老人社会救助的形式

从救助主体角度,可以将贫困老人社会救助的形式分为两类:一是政府力量对贫困老人的社会救助,主要包括制度性的社会救助措施、开发式助老扶贫以及针对特殊群体的专项救助措施。二是社会力量对贫困老人的救助,主要有以下形式:公益性社会组织救助、自助互助、志愿服务以及个人结帮扶、认养助养贫困老人等。

(二)贫困老人社会救助的内容

(1)最低生活保障制度。即把贫困老人优先纳入到最低生活保障范围,确保应保尽保。贫困老人低保金标准应该比一般救助对象高出 $10\%\sim20\%$。对有特殊困难老人,比如空巢贫困家庭中的老人、子女下岗失业家庭中的老人、失地贫困农民家庭中的老人、子女残疾家庭中的老人,以及高龄贫困老人适当提高低保救助标准。考虑到人民生活水平的逐年提高和物价不断上涨等因素,最低生活保障标准应每年进行调整。此外,应当在源头上采取一些防范措施,避免过多老人由于制度不健全、不落实或其他人为因素陷入贫困、纳入低保,从而增加保障负担。

(2)医疗救助。对农村五保老人和城镇三无老人(无生活来源、无劳动能力、无法定赡养人)的门诊和住院等医疗费用由政府全包,即由主管医疗救助的民政部门实报实销。在城镇对一般低保家庭中的贫困老人,其大病门诊和住院发生的费用,个人负担超过一定额度的,应按比例给予救助。在农村,开展新型农村合作医疗的地区,贫困老人可免缴或只交纳部分资金,参加当地合作医疗,享受合作医疗待遇,因患大病经合作医疗补助后个人负担医疗费用仍然过高,个人或家庭无力承担的再给予适当的医疗救助。在尚未开展新型农村合作医疗的地区,对因患大病个人负担费用难以承担,影响家庭基本生活的,给予适当医疗救助。同时与其他医疗救助对象相比,贫困老人应当享受适当的优惠,比如在享受医疗救助时,适当降低个人应负担的额度限制,提高个人应负担限额之外医疗费用的救助比例,提高合作医疗补助额度等。设立"贫困老年人专项医疗救助资金"、创立专门为贫困人口服务的福利医院或慈善医院、开展老年群体医疗互助以及社会慈善医疗救助等多种形式,对贫困老人开展医疗救助。

(3)生活照料。改造现有为老服务设施,改变服务模式,充分挖掘现有为老服务设施的潜力。应当采取国家、集体、企业、个人多渠道筹措资金,以多种所有制形式,共同投资开发老年服务设施和老年服务业,推动发展托老服务、医疗保健服务、日常生活照料服务、老人互助服务等多种形式的社会化服务项目或形式。在此基础上,采取各种有效形式开展对贫困老人的居家养老服务、提供生活照料。同时,不断加强基层社区老人协会组织的建设,积极开展老年互助活动。政府应加强对农村地区敬老院建设的投入,对生活自理有困难的五保老人实行集中供养。

(4)住房救助。在农村将住房维修和新建工作纳入农村贫困老人救助的范围,实施"安居工程",采取政府投资、社会捐助、集体补贴等形式筹集资金,为居住危房和居无定所的贫困老人免费修葺或兴建住房,改善贫困老人的住房条件。在城镇,对贫困老人的住房救助可采取两种制度:一是租金减免制度。由民政部门出具证明,对贫困老人家庭减免公有住房租金。二是廉租房制度。主要采取两种形式:一是实物配租,即政府提供住房,租金减免;二是资金配租,即按人均居住面积最低标准计算,不足部分由政府按中心城区的标准给予现金补助,供其另租住房。

(5)法律援助。逐步建立较为完善的老年法律援助、法律服务组织网络,为符合条件的贫困老人就地、就近、及时提供优质法律援助和法律服务。法律援助机构对贫困老人提出的法律援助申请,应依法及时受理,简化程序,优先审查,做到"应援、尽援、优援"。法院、检察院和公安等部门应减免为贫困老人办理法律援助案件中的调查取证等收费,多方降低办案成本,努力构筑"法律援助绿色通道"。

(6)贫困老人优待措施。政府在为贫困老人提供救助的同时,应出台对贫困老人的优待帮扶政策,降低其生活费用。贫困老人除享受低保金救助外,应享受家庭成员就业、就医、就学、用电、用水等优待政策。对由贫困老人抚养、在中小学就读的孙子女,应减免其学习费用,使他们不至于因贫辍学。优先安排贫困老人家庭的下岗失业子女,以增强家庭赡养能力。

(7)开发式助老扶贫。对具有一定劳动能力的低龄贫困老人,尤其是农村贫困老人,采取发展式扶贫救助的办法。建立起政府主导和协调的非政府组织、私人机构和社区组织等多方参与的扶贫网络。具备条件的地区,应积极扶持发展老年经济实体,优先吸收贫困老人就业,并为贫困老人提供就业介绍和创业辅导等服务。政府应增强对助老扶贫项目的管理和服务职能,做好扶贫项目的先期立项以及中后期的动态跟踪、评估、反馈和服务工作,选择适合贫困老人的投资少、见效快、效益好的种植、养殖以及加工等项目;加强对贫困老人的技术培训、指导和市场信息供给;注意物质扶贫与精神扶贫相结合;对项目在用地审批、资金供给、税收、公共设施费用等方面提供优先、优惠或减免。

三、中国贫困老人社会救助存在的问题

一是救助缺乏分类性和针对性、救助标准低。现有的社会救助措施对不同身体状况、不同年龄段、不同家庭类型人群的区分关注不足,尤其是对贫困老人群体与其他救助群体的需求差异重视不足,对贫困老人的救助标准也相对偏低,难以满足贫困老人的实际救助需求。

二是救助项目单一。由于受经济发展水平和财政投入力度的限制,当前对贫困老人的救助项目,大多局限在基本生活救助,而在其他如医疗、住房、生活照料等方面的社会救助项目比较欠缺。

三是救助措施滞后,社会资源动员不足。从政府层面看,部分地方政府由于对老年贫困基本信息掌握不充分和对救助工作的重要性认识不足,导致政府对老年贫困群体的救助措施滞后,救助落实工作不到位。作为救助载体的老年服务设施建设落后于实际需求。另外,从社会资源的动员看,缺乏有效的动员社会力量参与贫困救助的措施或机制,社会力量参与渠道有限,未能形成制度化、经常性的社会行为。

四是救助资源缺乏整合。从目前各涉老救助工作机构的整合角度看,救助机构之间缺乏协调和沟通。从救助政策及操作层面看,目前低保、医疗救助、住房救助、司法救助等救助政策之间缺乏有效的衔接,救助政策体系内部需要进一步整合。

四、国外贫困老人社会救助措施

按照国际经验,要应对较大规模的贫困,最有效的制度设计是建立比较健全的社会救助制度。中国贫困老人救助模式的建构,应有选择地吸收国外发达国家及发展中国家的相应经验措施。

(一)主要发达国家对贫困老人的社会救助措施

发达国家采取了多种措施对贫困老人进行救助。美国建立起比较完善的社会救助体系,贫困老人可以享受补充保障收入、住房救助、医疗救助和食品补助计划等多种救助项目。在补充保障收入计划中,美国联邦政府为没有工作或者工作年限不够,不能领取养老保险金,长期从事低收入工作,退休后,养老保险金不足以维持最基本的生活的老人设置了按月发放的专项补助金,借以保障他们的最低生活

需求。该专项补助金的名称叫"补充保障收入（SSI）"。联邦政府规定,个人资产
（包括现金收入、银行账户、股票、债券等）不超过 2000 美元,夫妻共有资产不超过
3000 美元的 65 岁以上的贫困老人、老年盲人和残障人士,都可以申领 SSI 补助
金。住房和汽车不作为个人资产计算在内。SSI 补助金是一种社会救济性质的资
金,申领者需要接受联邦政府严格的"收入与财产检测":联邦政府要求,申领者先
要完成所有其他现金福利的申请,比如能以特殊折扣价购买食品的食品优惠券和
用于支付医院看病取药费用的医疗与医药补助等。SSI 补助金由联邦财政部拨
款,社会保障局负责发放。2009 年,联邦政府为 770 万贫困老人、老年盲人和残障
人士支出了 420 亿美元的 SSI 补助金,平均每人每月获得 674 美元补助。各州情
况稍有差异,有些州在联邦政府核定的补助金额基础上又增加一些州补贴①。

　　二战后,日本先后出台四部法律:《国民年金法》(1959 年)、《老人福利法》
(1963 年)、《老人保健法》(1982 年)、《护理保险法》(2000 年),分别从经济收入、社
会福利、医疗保健、生活护理四个方面,保障老人基本生活和权益。日本采取现金
与实物和服务形式,对贫困老人采取生活救助、住房救助、医疗救助、居家生活照料
等多种项目的救助。英国根据贫困老人的年龄段、家庭类型和需求种类实施不同
的救助待遇。澳大利亚、德国、韩国有针对贫困老人的专项救助措施或津贴
补助②。

(二)部分发展中国家对贫困老人的社会救助措施

　　部分发展中国家在自身的社会救助体系内,对贫困老人也实施了富有成效的救助。
智利政府实施的社会救助计划中,涉及贫困老人救助的项目主要有:养老救济金、统一
家庭补贴和住房补贴。此外非政府组织在贫困老人救助中也起着重要作用。

　　2011 年,印度共有 1690 万生活在贫困线下的老年人,根据"英迪拉·甘地国
家老年退休金计划"领取政府养老金。根据印度政府的声明,2011 年 6 月 9 日,印
度政府调整了城市贫困居民中可领取养老金者的年龄档次,老年贫困人口因此将
提早得到政府养老金计划的帮助。根据"英迪拉·甘地国家老年退休金计划"领取
养老金的城市贫困居民领取养老金的年龄档次将从以前的 65 岁调低到 60 岁;80
岁以上的城市老年人,最低养老金将从 200 卢比调高到 500 卢比。这一调整将使
720 万生活在贫困线下的老年人,以及 260 万 80 岁以上的老年人受益③。秘鲁、阿
根廷的食品援助计划,孟加拉、泰国和阿根廷针对贫困群体采取发展式扶贫救助的

①　美国的贫困老人生活补助计划[N].新民晚报,2011 - 09 - 15.

②　俞飞.域外如何保障老年人权益[N].新京报,2013 - 07 - 13.

③　胡唯敏.国外老人:印度贫困居民 60 岁可以领养老金[EB/OL].[2011 - 06 - 10].http://gb.cri.cn/
27824/2011/06/10/3245s3273072.htm.

方式,对探索中国贫困老人的救助方式也具有积极的参考意义。

在国外的社会救助体系中,贫困老人是社会救助的主要受益群体。对贫困老人的救助涉及生活、医疗照顾和住房等多个层次,包括现金救助、实物、服务等多种形式。老人的救助标准一般要高于其他人群。

五、完善中国贫困老人社会救助制度的建议

(1)确保贫困老人救助工作的落实。把贫困老人救助工作,纳入政府经济和社会发展中长期规划和年度工作计划,健全相关法规政策,并定期考核救助工作进展落实情况。

(2)建立救助工作的统筹协调机制。建议国务院统一协调民政部、人力资源与社会保障部、财政部、教育部、住建部、卫生部、农业部、司法部、全国老龄办、国务院扶贫办等部门的工作,推动上述机构在各自的职责范围内明确分工、各司其职,使各项救助工作相互衔接和相互配合,在实现社会救助工作一体化的基础之上,实现贫困老人救助工作的一体化。各涉老救助部门在制定相关救助政策时,要充分考虑老人的基本生活需要,从制度上防范老年贫困化。

(3)建立社会力量动员机制,广泛动员社会各方面的力量,多渠道、多层次地参与贫困老人救助行动。充分发挥老龄事业发展基金会、慈善总会、扶贫基金会、残疾人基金会、社会工作协会等公益性社会组织的作用,对自觉动员资源参与扶贫救助的公益性组织,政府应给予资金补贴和政策扶持。应推广建立为老年人服务的志愿者队伍,建立志愿者表彰激励机制,规范管理,形成志愿者与老人服务对象长期稳定的服务关系。

(4)健全救助工作的财力机制,完善资金的投入、发放和使用制度。各级政府在编制财政预算时应贯彻公共财政的理念,提高社会救助在财政预算支出中的比例,并根据本地区 GDP 增长和财政收支情况,合理增加救助资金,不断提高救助水平,确保包括贫困老人在内的社会救助对象共享改革发展的成果。健全救助资金的使用制度。设立专项账户,确保专款专用,健全相应的财务报告、审计、监管制度,做到来源公开、用途公开、结算公开、审核程序公开。

(5)建立救助对象动态管理机制,及时掌握贫困老人变化状况。应建立快捷方便的贫困老人申报和统计制度。设立动态性贫困老人档案,做好贫困老人资格审查工作,定期论证和确定需要救助的老人,及时预测贫困发生、发展趋势,对接受救助的贫困老人跟踪访问,分析救助状况及其效果,确保贫困老人得到及时和足额的救助。为有效整合社会救助资源,避免救助对象的遗漏和重复,有必要在街道、乡镇建立社会救助所,实现救助款物"一个口子"申请救助、发放的规范化运作机制,提高救助工作的准确性和及时性。

(6)区别不同对象,确定贫困老人救助金的发放形式。考虑到贫困老人比较复杂的致贫原因和实际生活状态,应采取每月固定救助金、一次性救助金、临时救助金三种资金发放形式。

(7)加强救助服务设施建设。中央和地方财政应加大对福利院、敬老院、老人活动站等服务设施建设的投入。也可以采取募集社会捐赠、发行福利彩票、推行股份合作制等方法筹集建设资金,采取公办公营、公办民营、公办民助、民办公助、民办民营等多种形式,建立起适应城乡不同特点、设施配套、功能齐全、服务形式多样、管理规范的救助服务设施,形成健全的老年人救助服务体系,为救助工作的顺利开展创造良好的条件。

第三节　流浪乞讨人员社会救助

一、流浪乞讨人员的界定及流浪乞讨的危害

流浪乞讨人员是指以流浪、乞讨方式度日的生活无着落人员。有的学者将流浪乞讨人员分为七个类型:一是贫困流浪乞讨者。贫困流浪乞讨者人数虽然不占多数,但其生存状况恶劣,自身发展能力匮乏,逐步演变成职业乞丐的可能性很大。二是疾病流浪乞讨者。疾病流浪乞讨者包括:精神疾病流浪者、无力负担医药费求乞集资的重病者、遭家人遗弃在街头乞讨度日等死的绝症患者、为亲人筹集医药费而流浪乞讨的人员。疾病流浪乞讨者是极度困难的人群。三是短期流浪乞讨者。短期流浪乞讨者包括:进城打工一时找不到工作的人,一些失业者,进城被偷、骗、盗、抢的人,寻求夫妇、父母、兄妹未果而流落街头的人。其中,找不到工作,失业,被偷、骗、盗、抢的人占短期流浪者中相当大的比例。短期流浪乞讨者并不甘心目前的结局,所以他们会在不同城市间反复流动,继续寻找工作机会。短期流浪乞讨者一般不会向职业乞丐流动。四是反复流浪乞讨者。反复流浪乞讨者是指以自身的技能、残疾、疾病、意愿为依托,认同并主动选择流浪乞讨为生活方式的人员。反复流浪乞讨者往往具备满足乞讨的一技之长,如某些技艺,有的将自身残疾作为乞讨的工具,有的能掌握行人的心理,懂得用各种伪装的方法强行索要。反复流浪乞讨者愿意以乞讨为生,并伴有恶性乞讨、举家乞讨,甚至有小偷小摸现象。五是违法流浪乞讨者。违法流浪乞讨者是指违反《社会治安管理条例》情节严重,以挟持儿童作为乞讨工具的乞丐团伙组织者或以乞讨为掩护的偷盗团伙组织者。他们具有如下特征:①拥有组织资源。②"丐头"收入较高。③掌握了一批能从事乞讨的儿童人力资源。④有社会关系网络和社会资本资源。"丐头"指挥他的组织系统,教唆、胁迫、租借、贩运未成年儿童和残疾儿童乞讨乃至行窃,并让这些儿童为他带

来丰厚利益。六是越轨流浪乞讨者。越轨流浪乞讨者可以分为三类:一类是团伙乞丐。他们是为相互依靠自觉自愿聚集在一起的,主要的乞讨手段是团伙合作、欺骗行人、强讨恶要等。第二类是游手好闲的流浪者,一边乞讨一边捡垃圾,为抢夺地盘、资源大打出手,有的一边乞讨一边干些偷盗的营生,这类乞丐以青少年为主,身强力壮,智力正常,已经十分认同流浪乞讨生活。第三类是参与挟持儿童,将儿童作为乞讨工具的人员。以上三类人都不同程度存在坑、蒙、拐、骗、偷、盗、参与挟持儿童为特征的行乞行为。与违法行乞者相比,他们具有违反社会准则,违反公共秩序及违法倾向,但只是参与者、跟随者,违法程度相对低,所以不将他们列为违法流浪乞讨者。七是未成年流浪乞讨者。未成年流浪乞讨者是指年龄在 18 岁以下,脱离家庭和离开监护人的看护,流落到社会上超过 24 小时,失去基本生存和可靠保障而陷入困境的少年和儿童。

流浪乞讨的危害和影响主要表现在以下方面:

(1)影响社会稳定。流浪乞讨人员一般是整个社会最贫穷的人,当他们不能维持最起码的生存时,往往容易铤而走险,在社会上公然为非作歹。他们中不乏借乞讨之名、行违法犯罪之实的犯罪分子,从而会在一定程度上破坏我国所建立的社会和谐的大环境。

(2)削弱了社会大众的同情心及对弱势群体的关注与救助。由于对流浪乞讨人员乞讨者的身份、经历、贫穷的真实性真假难辨,导致部分社会大众拒绝捐助流浪乞讨人员。这种漠然久而久之就会导致社会对弱势群体的关注与救助变得薄弱,而且这种被削弱的同情心影响到青少年,尤其是儿童,将对社会产生重大影响。

(3)引发其他社会问题。流浪乞讨人员素质低下问题,以及由家族化乞讨所引发的家庭伦理等社会问题,都应引起我们的重视。

二、流浪乞讨人员社会救助的现实意义

(一)保障公民的生存权利

给社会共同体中的每个人提供尊严和保证基本的权利是国家的责任。宪法中明确规定了个体生存权的内容,帮助公民生存是国家必须承担的社会职能,失去生存能力的人享有获得必要物质帮助的权利。在救助制度中,生存权原则主要体现在三方面:一是生存的保障义务由国家履行,二是国家制定与其经济状况相一致的生存标准,三是国家有使低生存标准的人达到这一标准的具体措施。法治社会建设的前提是人的生存权的保障,对流浪乞讨人员的救助是国家宪法关于尊重生存权原则的具体化。通过对救助对象、范围、标准及救助机构设置、职能、法律责任的具体规定,保障处于生活危机边缘的流浪乞讨人员实现生存权利。

(二)体现政府责任

政府顺应民意,以注重为百姓安居乐业、自由生活提供保障为目标,制定并施行《城市生活无着的流浪乞讨人员救助管理办法》,强调救助的自愿性,进站、离站的自由性,救助资金政府保障以及公安机关淡出救助管理领域等,符合当代社会救助制度的特点要求。同时,《城市生活无着的流浪乞讨人员救助管理办法》对社会弱势群体进行救助,是一个国家社会经济力量的表现,也是政府负责任的表现。随着社会经济的发展,因社会制度的不尽完善,导致了社会贫富差异、地区差异、城乡差异等问题较为突出。对弱势群体施行救助,发展社会福利制度,是政府对社会问题、社会矛盾产生的责任承担,是政府以民为本、负责为民的体现,也是政府克服市场缺陷,最大限度地防止和化解社会危机,稳定社会、促进和谐的能力表现。

(三)推动城市资源的公平配置与使用

随着城市化的不断发展,农村人口大量流入城市,与城市居民参与就业、居住、教育等城市资源的竞争。但由于个人、家庭及社会原因,市场条件下的利益分配显然倾向于城市居民,处在竞争劣势的外来人口则沦为社会的弱势群体,成为城市边缘群体,并逐渐疏离主流社会,滋生反抗主流社会的情绪和心态,既不利于社会和谐,更不利于发展。对之实行救助,由所在地城市政府提供各种的经济援助和服务,从公民权利而言是对流浪乞讨者自由选择城市、平等享受城市公共资源权利的认同。从城市资源的分配手段而言,救助就是通过政府干预,调整城市不同群体的利益状态,使陷入困境的社会成员得到一定的社会支持,有一个恢复、调整的机会,以便在一个相对公平的起点上参与社会竞争,推动城市资源的公平配置与使用,共享社会成果,从制度上预防和缓解社会矛盾。

(四)推动社会价值的良性转变

首先是对人的尊严的再认识。人脱离了动物界,且有了自我意识后,便具有了人的种属尊严。人的尊严程度、尊严感随着社会的进步而不断强化。对流浪乞讨人员推行救助,将处于困境的群体以政府职责的高度和标准予以援助,视其为城市中的一员,以自愿为原则接受帮助,是平等看待流浪乞讨人员地位,尊重其选择与权利的体现,反映了公民权利的实现程度。其次是对贫困看法的改变。中华民族历来崇尚勤劳、自强、自立。过去我们过多地强调贫困主要是个人原因所致,将贫困等同于"好吃懒做",认为勤劳必能致富。然而随着经济和社会的发展,尤其面对剧烈的经济转型期,各种社会矛盾涌现,人们逐渐意识到贫困不能只归咎于个人因素,贫困更多是社会制度和社会结构的产物,救助是政府对贫困问题进行的某种干预,是维护社会公平的必要的制度安排。最后是扶危济困理念的转变。扶危济困是传统的优良美德。历史上不乏无偿救济的慈善之举,但所谓"慈者,爱出于心,恩被于物也",行善施舍是附有恩情的,行善者在施舍物的同时也在施恩。而现代意义上的社会救助乃是出于履行国家责无旁贷的义务,保障一国公民平等权利,明确救助的基本宗旨是保证被救助人员的最低生活水平,维护社会公平,实践社会正义,是对获益较少者的一种积极的规范的补偿。这也是救助与救济的本质区别。

三、流浪乞讨人员社会救助制度的演进

(一)收容遣送制度

1. 《收容遣送办法》的演进

收容遣送是中华人民共和国成立之初就实施的整治社会秩序的工作。1982年国务院发布的《城市流浪乞讨人员收容遣送办法》(以下简称《收容遣送办法》)规定收容遣送的对象是家居农村流入城市乞讨、城市居民中流浪街头乞讨、其他露宿街头生活无着的人员。民政部门当时认为,收容遣送的对象主要由四部分人组成:因灾害或生活困难流浪乞讨者,他们是社会救济对象;以乞讨为生财手段的好逸恶劳者,属于特殊教育对象;既流浪乞讨又无理上访或偷摸拐骗从事违法活动者,属于社会治安管理对象;少数犯罪逃逸或流窜者,属于刑事惩治对象。这样,收容遣送成为一项涉及社会救济、社会教育、社会管理和社会治安的多元性社会事务行政管理工作。

20 世纪 90 年代,特别是进入 90 年代中期以后,农村经济增长速度的放慢使越来越多农村劳动力进入城市务工、经商,每年规模达 8000 万人左右。与此同时,城市国有企业改革使得下岗、失业日益严重,在一定程度上造成人员在城市之间的流动。大规模的、无序的流动人口必然给城市的公共秩序带来冲击,于是,流动人口就成为人口管理的重点。1991 年 5 月,国务院印发《关于收容遣送工作改革问题的意见》(国阅〔1991〕48 号),将"三无"人员(即无合法证件、无固定住所、无稳定收入的人员)纳入收容遣送之列。后来,收容遣送人员又扩大到"三证"(身份证、暂住证、务工证)不全的流浪人员。1995 年中共中央办公厅、国务院办公厅的有关文件再次强调加强流动人口的管理,收容遣送越来越紧密地与治安管理联系在一起,成为治安管理的重要组成部分。

2. 《收容遣送办法》的异化

20 世纪 90 年代以后,收容遣送在城市治安管理方面获得了重要的地位。然而,政府的治安管理能力却明显不足,引起《收容遣送办法》在执行中产生了异化,表现为:

第一,在性质上,收容遣送基本上丢掉了社会救济的成分,变成单纯的治安管理,即对被认定为对危害城市社会秩序者的强制性收容和管治,被收容者在收容所

遭到毒打也时有发生。"孙志刚案件"只是被揭露出来的、比较典型的一例。

第二,收容遣送的对象从生活没有着落的流浪乞讨人员和其他流浪乞讨者变为流动人口,特别是农村进城但证件不全、住所不定者。

第三,自上而下的刚性收容遣送任务和不严格的收容遣送规则促使某些人员为了完成任务而滥用权力甚至以权谋私。见诸报端的有:某些城市擅自扩大收容范围,那些刚刚进入城市尚未找到工作的农民被收容起来。在某些情况下(比如在城市中有大的政治活动时),一些正常的进城务工者被当成收容遣送对象而遭受驱赶。某些"执法者"为了完成上级分配的收容任务,野蛮地对待进城农民。有的收容所将收容变成"创收"手段,向被收容者收取数额不菲的"遣送费""赎身费"。

3.《收容遣送办法》异化的制度原因及其后果

(1)《收容遣送办法》异化的制度原因。

《收容遣送办法》由顺利执行到发生变异,再到异化,在收容遣送过程中发生不容忽视的违规及恶性事件,虽然有治安管理人员个人方面的原因,但也应该反思制度方面的原因。

第一,用治安管理替代了对流浪乞讨人员的救济和教育。虽然收容遣送从一开始就有治安管理的目标追求,但对流浪乞讨人员而言,社会救济目标应该被放在首位,但在现实中,这一目标几乎完全让位于治安管理。

第二,刚性的任务要求和低约束的手段之间存在矛盾。自20世纪80年代中后期以来,我国的行政管理系统普遍实行"目标责任制",实际上是自上而下地强制完成任务制。维护社会稳定是政府工作的一项重要任务,这一任务带有强烈的政治性,具有刚性特点。在收容遣送工作中,表现为上级有收容遣送任务指标,而手段上却缺乏应有约束,因而出现了随意扩大收容范围和采用不合法手段的现象,造成乱收滥抓。

第三,对收容遣送工作缺乏必要的监督。由于收容遣送被纳入治安管理,在不少城市又由公安部门执行,这使得收容遣送成为一个封闭的过程;收容所的工作,也因其特殊性质而处于封闭状态,被收容人员没有反映自己意见的机会,对收容遣送工作也没有有效的社会监督,因而产生了执法者违法的现象。

第四,经费约束使收容遣送由救济变为创收。工作经费的约束使收容站的运行发生困难,为此,一些收容站在收容对象身上打主意,如收取"赎身费",权力成为一些人非法谋取不义之财的手段。

(2)产生的不良后果。

第一,损害了弱势群体的合法利益。在加强流动人口管理和城市社会秩序治理的目标下,流入城市后生活无着落的流浪乞讨人员获得的合法救助减少,一些进城务工、但暂无机会者的合法权益受到伤害。

第二,恶化了城乡关系。由于后期的收容遣送主要是针对流动人口的,而流动人口中又以进城务工的农民为主,因此,收容遣送在某种程度上是用戒备的观点来对待进城农民的,也恶化了进城农民对城市的看法。

第三,丑化了政府的形象。随着《收容遣送办法》被滥用,政府已不再扮演对生活无着落的流浪乞讨人员的救济者的角色,而是管治流动人口,有的地方甚至靠此创收、以权谋私,极大地损害了政府形象。

第四,积聚社会不满,积蓄社会冲突。异化了的收容遣送是以强制、权力、惩罚为特征的,在此过程中某些工作人员的粗暴、对人身的伤害带来被收容者的不满,并可能形成潜在的社会冲突。

(二)流浪乞讨人员社会救助制度

2003年6月20日,时任国务院总理温家宝签署国务院381号令,颁布《城市生活无着的流浪乞讨人员救助管理办法》(以下简称《救助管理办法》),并于2003年8月1日施行,同时废止《收容遣送办法》。从《救助管理办法》的文本内容来看,它是对《收容遣送办法》的某种程度的替代和改进,而这种替代和改进与《收容遣送办法》已不适应我国社会发展的需要及在收容遣送中出现的问题有关。从管制性的收容遣送到社会救助,体现了流浪乞讨人员社会救助制度的进步,这种进步体现在:第一,平视受助对象而不是污化受助对象。《救助管理办法》用比较平等的眼光去看待受助对象,认为他们在城市生活中遇到了暂时困难,而不是他们的本性有问题。第二,救助而不是管制。在工作方法上,重点是帮助生活无着落者度过困难,帮助他们恢复正常生活,而不是把他们视为社会秩序的破坏者而进行管制;对流浪乞讨人员的救助管理基本上脱离了公安系统,而由民政部门负责,基本上排除了管制的成分,这是本质性的变化。第三,给受助者以选择的权利。《救助管理办法》给予流浪乞讨者向救助站求助的自由,规定他们的合法权益不能侵犯,从而把受助者的选择置于重要地位。这体现了现代社会福利制度对人的尊重。第四,政府承担社会责任。《救助管理办法》反映了政府的责任意识,从经费保障到提供服务,政府基本承担了全部责任,这在一定程度上摒弃了个人责任观,符合现代社会救助的主流意识形态。

四、流浪乞讨人员社会救助管理流程

(一)申请救助

符合条件的流浪乞讨人员自愿到救助站申请救助。公安机关和其他有关行政机关的工作人员在执行职务时发现流浪乞讨人员的,应当告知其向救助站求助;对其中的残疾人、未成年人、老年人和行动不便的其他人员,还应当引导、护送到救助站。流浪乞讨人员申请救助时应当如实提供本人情况,如姓名、性别、年龄、民族、

身份证号码、健康状况、户籍所在地、经常居住地、享受社会保障情况、流浪乞讨经
过、联系人情况、来站方式以及求助需求等。

(二)核实登记

救助站向求助的流浪乞讨人员告知救助对象的范围和实施救助的内容,对属
于救助对象的,填写《求助人员申请救助登记表》;对不属于救助对象的,不予救助
并告知其理由。对因年老、年幼、残疾等原因无法提供个人情况的,先提供救助,再
查明情况。对拒不如实提供个人情况的,不予救助。

(三)实施救助

救助站根据受助人员的需要无偿提供下列救助:①提供符合食品卫生要求的
食物;②提供符合基本条件的住处;③对在站内突发急病的及时送医院救治;④帮
助与其亲属或者所在单位联系;⑤对没有交通费返回其住所地或者所在单位的,提
供乘车凭证。救助期限一般不超过10天。对于自愿终止救助的,及时终止救助;
对受助期满且无正当理由拒绝离站的,终止救助。

(四)管理教育

对受助人员进行教育,教育他们遵守国家相关法律法规、公民道德建设实施纲
要和站内规章制度。通过教育,使他们树立劳动光荣的思想,依靠自己的劳动自食
其力,回归主流社会。

(五)离站返乡

受助人员返回常住户口所在地、住所地或者所在单位时没有交通费的,由救助
站发给乘车(船)凭证;对无行为能力不能自己返乡的受助人员通知其亲友或流出
地民政部门接回。

五、流浪乞讨人员社会救助的形式

对流浪乞讨人员要实施分类救助。

(1)针对贫病流浪乞讨者、短期流浪乞讨者、部分反复流浪乞讨者,可提供小额
资金援助等补救性救助。救助金额要根据情况而定,针对"被偷盗骗""投亲不遇"
等原因的被救助者,提供免费食宿和往返路费;针对需要小额资金援助的被救助
者,提供三个月被救助地最低生活保障金。凡接受过小额资金援助的人员继续流
浪,可采取集中安置,参加劳动的方法,让他们在自食其力过程中积累资金,培养积
累资金的能力。同时剥夺小额救助资金援助资格。

(2)除疾病流浪乞讨者、儿童流浪乞讨者之外,对其他流浪乞讨人员实施开发
式救助。开发式救助是指通过就业、学习技术、参与等过程,对流浪乞讨人员能力
资本进行再开发,最终帮助其回归主流社会。开发救助的性质为再就业技能孵化,

最终目的是培养出一个新劳动者。

（3）对自觉选择并执意流浪乞讨生活的反复流浪乞讨者、越轨流浪乞讨者实行维持基本生存的有限救助，同时提供心理辅导和行为干预，促使其承担行为责任。①街头救助。这是对习惯选择流浪作为生活方式的人员实行的一种低水平救助。所谓低水平救助，是指在一定时间内提供免费食品，天寒地冻时提供一些御寒衣物等。②限制乞讨。乞讨地点、方式、行为都不是无限的，要受到限制，在当代西方这是一项明确的法律规定。③规范行乞。行乞作为一种行为选择可以允许其存在，但应该受到现代契约社会的特殊约定，以保证行乞行为和普通行为之间达成妥协。

（4）对部分越轨流浪乞讨人员提供集中安置，促使其参加劳动。这既是一种有目的劳动力迁移方法，又是一种行为干预方法，通过劳动让他们积累资金，促使其形成新的行为模式，缓解对流浪乞讨行为的依赖。集中安置、参加劳动的意义在于：①使越轨流浪乞讨人员过上正常而稳定的生活，这对其流浪习性有一定矫正作用。②解决基本的生存保障。反复流浪乞讨者之所以依赖这种生活，很重要的原因是凭借他们自身能力很难找到工作，久而久之，他们就放弃寻找，将越轨乞讨视为"职业"。③转移劳动力，缓解贫困。那些反复的、越轨的流浪乞讨人员之所以不愿回乡，就是因为家乡太穷。所以简单地将他们送回家乡并不能解决问题。这些人一般身体健康，有劳动能力，可以通过转移劳动力方式，将他们转移出来，安置在经过选择的劳动场所。

（5）针对精神疾病、流浪儿童实施全面收养。对精神疾病流浪者的收容，关键是要建立精神疾病医院、社区工疗站、家庭三者之间的联系制度，以及争取政府资金援助。对流浪儿童要实行收养与教养相结合的制度。

（6）对挟持儿童和他人进行乞讨的丐帮头目要实施打击。严厉打击的对象应该是胁迫儿童、残疾儿童进行乞讨的"幕后人"，借乞讨之名行盗窃、抢劫等违法之实的乞讨团伙组织者。

复习思考题

1. 对残疾人进行社会救助应具有什么样的理念？
2. 残疾人社会救助的内容包括哪些？
3. 贫困老人的特征是什么？对其进行社会救助应遵循哪些原则？
4. 贫困老人社会救助的内容包括哪些？
5. 流浪乞讨的危害和影响是什么？
6. 《收容遣送办法》的异化表现在哪些方面？其产生的制度原因及后果是什么？
7. 流浪乞讨人员社会救助管理流程包括哪些环节？

第十一章　社会互助

从严格意义上来说,社会互助不是社会救助,但社会互助能够弥补政府救助的缺陷,对于缓和社会矛盾,保障社会弱势群体的生存,弘扬社会正气,提高社会精神素养起到了十分重要的作用。本章概括了社会互助的特征、主要形式;介绍了慈善及慈善事业的含义、功能和运作过程;总结了国外发达国家慈善事业的发展变化及其对中国的启示;分析了改革开放以来我国慈善事业发展概况、存在的问题及完善的对策建议。

第一节　社会互助概述

一、社会互助的含义

社会互助是人类社会赖以生存的最基本的观念和行为之一。从原始人群开始,人类就过着群体生活,这种生活方式使个人产生了对群体的认同感和对人类社会共同利益的认可,使人与人之间必须构成以积极的社会互助关系为经纬的社会支持网络。

(一)社会互助的概念

社会互助是指在政府的鼓励和支持下,社会团体和社会成员自愿组织和参与的扶弱济困活动。社会互助分为两个层次:一是从人类最为朴素的情感出发,纯粹利他主义的相互支持。二是从功利主义理性出发的相互依存。从人类社会的发展历史看,第一层次的社会互助贯穿人类社会发展的始终,只要有人类社会,就有这种相互支持。第二层次的社会互助从原始社会末期人类社会有了剩余产品之后日渐突出。到了阶级社会后,有了阶级、阶级矛盾和阶级斗争,从理性出发的相互依存就显得极为重要,甚至成为国家的一项重要职责。

现代社会中,社会化的生产与分工更加强了人们的相互依赖,社会互助行为变得更为普遍。作为一种价值观念和行为准则,社会互助对促进社会稳定和和谐、弘扬社会美德有重要的意义。

1993年中共十四届三中全会通过的《中共中央关于建立社会主义市场经济体制若干问题的决定》提出,社会保障体系包括社会保险、社会救济、社会福利、优抚安置和社会互助、个人储蓄积累保障。严格来说,社会互助和个人储蓄积累并不能作为社会保障制度,它们表现为一种民间的非正式的社会支持网络,主要是通过相关的社会成员和社会团体提供帮助。而社会救助则是一种正式的、以国家为主体的安全网,主要通过国家财政支持手段保障居民的基本生存权利。社会互助是双向的,主体和对象在不同时间和地点的不同互助行为中有可能发生置换;而社会救助是单向的,是实施救助的主体对救助对象的单向救助行为。社会互助和社会救助都是面向社会弱势群体的支持网络,由于现代社会救助提倡救助主体的多元化,所以一些社会互助行为也被纳入社会救助之中。

(二)社会互助的特征

社会互助具有自愿性和非营利性的特征:①自愿性意味着社会成员的互助行为不是强制的、被迫的,而是以自愿精神为背景的利他主义和互助主义。②非营利性是指社会互助行为的内在驱动力不是利润动机,而是希望满足社会成员的特定需要,为特定社会成员提供能够满足其需要的服务或商品。

二、社会互助的主要形式

从社会互助给予受助者提供的内容方面,可将社会互助分为两个子系统:一是为受助者提供资金的社会互助,包括社会捐赠、海外捐赠、互助基金、义演义赛义卖;二是为受助者提供服务的社会互助,包括邻里互助、团体互助、慈善事业。它们共同构成了社会互助。

(一)为受助者提供资金的社会互助

1.社会捐赠

社会捐赠是自然人、法人或其他组织自愿、无偿向公益性社会团体、公益事业和急需救助的群体和公民捐赠财产的行为。社会捐赠主要有两种形式:一是公民个人或企业、事业组织向各种基金会、慈善会等公益性组织及社会团体、科研机构、医院、学校等捐款捐物。二是公民个人之间的捐赠,如公民向有疾病的人、遭受灾害的人以及其他有特殊困难的人群提供物质帮助。

捐赠应遵循以下原则:①自愿和无偿原则。自愿原则是指自然人、法人和其他组织有决定捐赠或不捐赠以及捐赠什么、捐赠多少的权利,有选择捐赠对象进行捐赠的权利。任何个人或组织,都不能强行摊派或者变相摊派。无偿原则是指从民事行为上看,捐赠是一种赠与行为,受赠人取得捐赠财产,无须向捐赠人偿付相应的代价。②尊重捐赠人意愿的原则。捐赠是附有条件的赠与,捐赠人有权决定捐赠的数量、用途和方式;受赠人按照捐赠人的意愿使用财产是受赠人应尽的义务和职责,不得将捐赠财产挪作他用。③合法、不违背社会公德原则。捐赠应当遵守法律、法规,不得违背社会公德,不得损害公共利益和其他公民的合法权益。④不得侵占原则。公益性社会团体受赠的财产及其增值为社会公共财产,受国家法律保护,任何单位和个人不得侵占、挪用和损毁。

2.海外捐赠

海外捐赠是指国外的个人或组织出于人道主义或家乡感情向国内的个人、团体或项目馈赠资金或物资的行为或活动。海外捐赠主要包括两个方面,一是广大华侨、华人和港澳同胞、台湾同胞出于爱国爱乡之情,捐款捐物,造福桑梓,尤其在祖国遭受严重自然灾害时,慷慨解囊。二是来自外国政府和国际组织提供的用于发展经济、救助灾害等方面的资金和物资。

3.互助基金

互助基金是指为了化解某种风险,有同一风险保障要求的人组成集团,集团成员交纳一定的费用形成基金,用以补偿风险发生时造成的经济损失。随着互助基金事业的发展,互助基金出现了新的变化:一是互助基金的目标由成员自我保障发展到为向基金成员外的弱势群体提供帮助,这种转变使得不少基金会具有公益性质;二是组织形式上由一定群体自发产生到由一定社会团体来组织发动,它使得互助基金在规模和管理上大大加强,更有利于互助基金功能的发挥。

4.义演义赛义卖

义演义赛义卖是指由社会组织、团体或个人举办的,将其所得全部或大部用于社会救助事业的文艺演出、体育比赛或商业活动。

(二)为受助者提供服务的社会互助

1.邻里互助

邻里是人们以地缘关系为基础形成的一种初级社会群体,是生活在同一地域,能经久相处的若干家庭联合体。邻里互助是指邻里之间出于同情而自发地或由社区出面有组织地向急需得到某些服务而不能从正式渠道获得满足的人或家庭提供服务的行为或活动。邻里互助提供的互助服务包括:①生产上的互助。②生活上互相照顾和互相服务。③防卫外来侵害与干扰。④少年儿童社会化服务。如邻里之间对学龄前儿童、小学生的临时看护、学习辅导、入学(托)接送等。在现代社会里,邻里关系在农村社会比较浓厚,在城市相对淡化一些。近年来,随着现代居民小区的剧增和社区建设的发展,城市的社区和邻里互助重新引起人们的重视,不少社区通过"邻里互助卡"、"爱心超市"、邻里互助网站等新形式开展邻里互助。

2.团体互助

团体互助是指由工作单位、基层社区或社会团体组织的以提供义务服务或者互相提供互利服务为目的的活动。一种是社区和单位之间组织的互惠互利服务,如由街道办事处组织服务队,为生活小区或辖区内的写字楼提供物业管理服务。另一种是由社会团体(包括共青团、残疾人联合会、妇女联合会等)组织的有针对性的义务援助。如由共青团组织的"跨世纪工程"青年志愿者活动,基层社区以及以共青团、少先队等出面组织的对孤寡老人和军烈属的包户服务等。

3.慈善事业

慈善事业是社会广泛参与,慈善组织运作,由社会募捐、项目实施等组成的慈善活动体系。慈善事业是社会保障体系和社会公益事业的重要组成部分,是通过慈善组织的专门化、制度化运作实现社会财富第三次分配的方式。

第二节　慈善与慈善事业

一、慈善、慈善事业的含义

(一)慈善的含义

"慈善"在英语中与"charity"和"philanthropy"两个词对应。"charity"包含四种意思:第一,对穷人或困难群体的帮助、救助和施舍。第二,用于帮助处于需要的人的东西。第三,为了帮助救助对象而建立的机构、组织或基金会。第四,作为爱的一种美德。这种美德引导人们首先尊爱上帝,然后要对上帝施爱对象的某人自己和邻里表示仁爱之心。"philanthropy"包含三种意思:第一,增加人类福利的努力或倾向。第二,对全人类的爱。第三,为了提高人类福利的活动或机构。从词义上讲,"philanthropy"对应的含义为"公益慈善事业"。国外著名的社会学家克尔认为"如果将时间与产品转移给没有利益关系的人或组织,那么,这种行为就被称为'慈善'或'博爱'。"

在汉语中,"慈"是儒家伦理的概念之一,基本含义为"仁爱,和善"。"善"是指"心地仁爱,品质淳厚"或"好的行为、品质"。"慈"与"善"组合后的"慈善",是指善心与善举的结合。在近现代,"慈善"更多地被人们理解为个人、社会团体等主体通过捐赠财物、提供志愿服务等形式无偿救济、帮助他人的行为。

一般来说,"慈善"这种社会现象包括如下要素:①意愿或者情感,这属于精神道德层面的内容,慈善具有道德基础,在中国这种道德意向建立在传统的儒释道的思想资源之上,在西方这种道德意向来自基督教思想;②行动,即意愿在现实中的实现,也就是捐助钱物或提供义务的劳务等行为;③主体,即意愿的持有者和实现者;④客体,即受助者,是指那些因为贫穷、疾病、残疾或自然灾害等原因而身陷困境,无法自我摆脱困境的人;⑤财物,可以是资金、实物,也可以是劳务(如义工的服务);⑥途径,将以上各因素联系起来的机构或组织,比如各种慈善基金会;⑦制度,即支持、保护和鼓励慈善业发展的法律、政策等。

(二)慈善事业的含义和特征

慈善事业是社会生产力发展到一定阶段、社会文明发展到一定程度的产物,受社会历史发展诸多条件的制约。慈善事业一般是指建立在捐献基础上的民营社会性救助事业。它通过合法的社会中介组织,以社会捐献的方式,按特定的需要,把可汇聚的财富集中起来,再通过合法途径,用于无力自行摆脱危困的受助者。现代社会中,慈善事业以社会成员的慈爱之心为道德基础,以人道主义为思想基础,以社会捐助为经济基础,以民间公益团体为组织基础,以社会成员的广泛参与为发展基础,已成为社会第三次分配的重要形式和社会保障的必要补充。

郑功成认为慈善事业具有以下四个基本特征:①以社会成员的慈善心为道德基础;②以社会成员之间的收入差距和资源捐献为经济基础,经费来源于私人财富和企业捐助;③以社会性的民间公益团体或公益组织为组织基础;④完全以捐助者的意愿为实施基础,具有极大的自愿性。第一,慈善事业的经费主要来源是社会成员的自愿捐献,任何机构和组织不得强制人们实施捐助行为,捐助者对贫弱者和不幸者捐助与否以及捐助多少,均由捐助者自行决定。第二,慈善组织必须以捐献者的意愿为基础实施慈善项目。只要捐献者的意愿不违背社会公德和法律法规,捐献者有权要求慈善组织将资金等用于其指定的慈善项目甚至指定的救助对象。

二、慈善和慈善事业的功能

慈善是一种重要的物质和精神资源,是道德和精神文明的载体,也是物质文明的载体。慈善不仅成为当今社会和谐发展的重要力量,也是国家文明程度的标志。慈善的功能主要体现在以下几个方面:

(一)生活保障功能

劳动者因为老、弱、病、残等原因陷入生活、生产困境,在任何社会制度下都是普遍存在的客观现象。在目前社会保障留有"空隙"或存在保障不足的情况下,慈善和慈善事业的发展可以为陷入困境的社会成员提供更为广泛的帮助渠道,在一定程度上满足他们的生产、生活需要。

(二)社会稳定功能

慈善有利于促进社会公平,维护国家和社会的稳定。经济发达国家的经验证明,慈善和慈善事业的发展是国家稳定、社会和谐的一个重要保证。中国社会正处在一个从传统社会向现代化社会的转型时期,这一过程产生或加剧了许多社会风险,如工业化风险、市场竞争风险、失业风险、工伤增加风险、老龄化带来的社会养老风险等。在建立和完善社会保障制度的同时倡导发展慈善事业,以规避和防范这些风险,对于社会的稳定和经济的发展起到相当于"安全网"和"减震器"的作用。

(三)社会财富的第三次分配功能

在经济学中,慈善被视为对社会财富的第三次分配。与前两次分配相比,以民间为主导的"第三次分配"具有以下特征:①"第三次分配"具有自愿性和非政府性。"第三次分配"由民间个人或组织的自愿捐赠所构成。这是"第三次分配"与具有强制分配特征的政府再分配形式之间最明显的区别。②"第三次分配"具有无偿性。所谓"无偿",是指仅由当事人一方给付,另一方不必向对方偿付相应的代价。③"第三次分配"主体的多元性。参与"第三次分配"的主体既包括民间个人也包括民间组织和团体。其中民间团体(慈善组织)在现代社会"第三次分配"中发挥着重要的作用。④"第三次分配"的补充性,即传统的"第一次分配"和"第二次分配"仍然是社会财富分配的主渠道,"第三次分配"只是基于前两次分配在促进社会发展方面留下的空白领域发挥补充作用。

(四)思想教化功能

慈善和慈善事业通过道德行为的示范作用,从内心深处激发人们对人类社会的关爱和责任,使人们更有爱心,从而提升社会的道德水平。在当代中国,慈善文化是社会主义先进文化的重要组成部分,以奉献爱心为宗旨的慈善事业是我国落实思想道德建设、提高公民素质的重要载体和基点。

三、慈善救助的运作过程

慈善救助的运作过程包括以下环节:

(1)组织社会捐助,即慈善组织通过开展慈善宣传教育工作,发起募捐活动,动员和调动具有一定助人能力的单位和个人向慈善组织进行捐献。

(2)资金管理。对捐献的款物进行管理是慈善组织工作的重点和关键。在资金管理方面,慈善组织的任务是保证每一笔慈善捐助资金的安全,使之真正用于捐献者指定的救助项目。慈善组织对慈善资金只享有管理权和看护权,不拥有对慈善捐助资金的所有权。

(3)实施救助。实施救助,促进社会的和谐发展是现代慈善事业的最终目的。在实施救助方面,慈善组织必须充分发挥自身优势,明确界定救助对象,做好社会调查工作,在尊重捐助者意愿的前提下,保证将救助资金用在最适当的地方。

(4)接受监督。接受捐献者和社会各界的监督是确保慈善机构乃至整个慈善事业正常运行和健康发展的保证。在接受监督方面,慈善组织需要建立健全财务账册,严格财务管理制度,自觉接受捐献者、政府有关职能部门以及社会各界的检查和监督。

第三节　国外慈善事业的发展及对中国的启示

一、国外慈善事业的发展

(一)英国慈善事业的发展

早在 12—13 世纪,英国就形成了开办慈善事业与互助的传统,但受教会势力的影响,慈善事业主要掌控在教会手中,慈善组织的雏形主要表现为由宗教团体兴办的慈善基金会的形式。1601 年,英国政府颁布了世界上第一个有关民间公益组织的法规《慈善用途法》,该法不仅是英国整个慈善法体系的生长原点,也是公共权力首次介入民间公益性事业的标志①。

伴随英国工业化的进程,18 世纪后非营利慈善组织数目不断增加,公益活动领域不断扩展,如宗教慈善、扶贫救济、针对无家可归者提供住处等。19 世纪以来,为适应慈善事业不断发展的需求,英国政府在慈善事业方面陆续出台了多部法律,主要包括:1853 年《慈善信托法》、1872 年《慈善受托人社团法》、1888 年《永久营业和慈善促进法》、1958 年《休养慈善组织法》、《1960 年慈善法》(英国政府于 1987 年、1993 年与 2006 年对该法进行了修订)。现在英国施行的是 2006 年的《慈善法》、2005 年《慈善和信托投资法(苏格兰)》以及 2008 年《慈善法(北爱尔兰)》。这一系列法律制度的颁布和实施,确立了英国慈善事业的基本原则与制度。

1. 慈善组织制度

慈善组织是慈善活动的实施主体。英国目前存在多种慈善组织形式,常见的有三种:信托、社团和慈善公司。慈善信托属特殊信托性质,后两种组织模式属于慈善法人性质,即社团法人和慈善公法人。

(1)慈善信托组织形式。

慈善信托是英国早期最重要的慈善方式,通常体现为由委托人捐献或提供一定的财产作为信托财产,由受托人管理该项财产,并按照有关信托协议的规定,将信托财产用于信托文件指定的慈善目的。慈善信托具有以下特征:慈善信托以不特定的社会公众或特定的社会群体为受益人;慈善信托具有无限的延续性,即某一信托目的的实现或某些受益人的死亡,并不导致慈善信托的消灭;慈善信托不以严格确定的慈善意图为成立要件;慈善信托往往在法律上享有减免税收的优惠;慈善

---

① 刘坤.英国慈善法律制度对我国慈善立法的启示[J].社团管理研究,2001(2).

信托中对受托人的监督和控制、对信托财产诉请执行,依法由特定的公权机关行使,受益人没有特定的请求权;在大多数情况下,慈善信托的设立变更必须依法履行注册登记手续等。与慈善法人相比,慈善信托的成立方式较为简便,准入门槛比较低。此外,慈善信托的设立与运作资金要求也远远低于某些慈善法人,组织者仅需支付较低的注册资本,慈善信托即可成立。慈善信托设立后,委托人仅需支付给受托人一定比例的事务费(即管理费)即可。受托人组织形式的选择也比较灵活,在慈善信托法律关系中,受托人可以是营利机构也可以是非营利机构,可以不是法人,也可以不是慈善组织。

慈善信托一般适用于以下范围:救济贫困,救助灾民,扶助残疾人,发展医疗卫生事业,发展环境保护事业,维护生态环境,发展其他社会公益事业等。

(2)慈善法人组织形式。

慈善法人,即慈善性公益法人,是以从事慈善活动为目的,自愿而无偿地对受益人提供帮助的公益法人。1960年英国《慈善法》确立了慈善法人与慈善信托是慈善活动中互为补充的基本形式。

与慈善信托不同,慈善法人是拥有独立主体资格的慈善组织。以慈善为目的的财产属于慈善法人,其管理人员运营慈善法人的行为视为法人自身的行为,当然,慈善法人的管理人员的不法行为产生的法律后果也直接归属于慈善法人。与慈善信托受到的较为严格的约束不同,慈善法人在行动上具有较强的自主性,不必受制于财产提供者及相关受益人以及法院的限制,也无需受特别使用和管理办法限制,在遵守法律规定的前提下,其行事依据为其章程或遗嘱。这并不意味着慈善法人在行动上就可以毫无顾忌地行事,其行动仍受到较多的法律规制,比如准入门槛的设置、登记制度等。

慈善法人主要包括社团法人与慈善公司法人两种形式。社团法人是最为普遍的慈善组织形式。慈善公司法人,是一种专门为英国民间公益性组织设计的具有正式法律地位的公司式组织形式,这种组织于2006年《慈善法》中作为一种全新的公益性组织形式首次出现。公益性公司组织,顾名思义在组织形式上采用了有限责任公司的组织模式,这样组织模式最大特点一是有利于形成科学的决策,二是有利于善款的管理和运用。

慈善法人和慈善信托,二者各有所长,在慈善活动中发挥着互为补充的作用。慈善法人具有较为优越的经营能力,比较适合从事经营事业类的活动,对于那些以金钱给付为目的的事务,则更适合由慈善信托发挥作用。

2.慈善资金的筹集与运用制度

慈善活动的经费绝大部分来自于公众的募捐,面向公众直接开展的募捐活动包括在公共场所的募捐和挨家挨户的募捐两种形式。《慈善法》规定,不管是在公共场所募捐,还是逐户募捐,募捐者必须持有慈善委员会核发的公共募捐证书,同时要向募捐地主管部门提供公共募捐证书的复印件并在募捐前一天告知主管部门募捐的目的、募捐的期间、募捐的具体地点以及其他可能需要告知的事项。若不遵守以上规定,则募捐行为将被视为过错犯罪并根据具体情节对其即席判决,慈善组织将被处以不同数额罚金的处罚。要想正式开始募捐,发起者还需要在拟定募捐前一天向拟开展募捐活动的当地政府机关取得公共募捐的许可。

慈善组织筹集资金的用途,除按照捐助者的意愿使用外,法律中还规定了"近似原则"。"近似原则"认为,在捐助者的直接资助目标不能达到时,资金的管理者可以将捐款用于"最近似于捐助者意愿的其他目的"。但适用近似原则必须符合以下条件:初始信托目的不可能、难以实现或非法,委托人表明了将该信托财产用于慈善目的的一个一般性用途。

3.慈善事业的监管制度

英国 2006 年《慈善法》最大的进步是对慈善事业的监管进行了较为详细的规定。该法明确了慈善委员会的法律地位——具有特殊独立性的主管民间公益性事业的政府机构,它只对议会负责。除此之外,该法还用很大篇幅规定了慈善委员会的机构设置、人事配备、任务、职能与权限等。

依该法规定,慈善委员会的性质是对慈善事业进行监管的独立的政府机构。所谓独立的政府机构指的是,虽然慈善委员会的领导班子成员是由政府相关的部长任命,且其办公经费由财政部全额提供,但是其行使职权时却不受任何政府部长或其他政府部门管束。这种定位,一方面可以使其在行使职权时更具有权威性与公信力,另一方面还可以使其免受任何来自政府部门的压制,保证其职权的独立性与透明性。慈善委员会在不影响法定权力和职责的情况下,一般均通过改进管理方法、为信托人提供可能影响慈善事业的信息和建议等方式来保障慈善资源的有效利用。

慈善委员会的监管主要涉及以下两个大的方面,即慈善组织的注册管理和慈善组织的运作管理。

(1)对慈善组织的注册管理制度。

注册管理不仅是监管过程的第一道关口,而且是整个监管工作的基础。英国 2006 年《慈善法》明确规定由慈善委员会负责慈善组织的注册管理,慈善委员会的工作人员依据法律和该委员会制定的相关细则分两步对材料进行认真的评估——对慈善组织的评估和对人的审查。对慈善组织评估的要点是确定申请组织的性质是否属于民间公益性组织,主要审查该组织的使命、基本目标等,看其是否符合《慈善法》对民间公益性事业的定义,它的相关计划是否切实可行,是否能够保障它在今后顺利和持续地开展活动。对人的审查则是确认申请组织的管理层人选。如果是信托形式则审查托管人是否具备任职资格,在对托管人背景进行审查时,若慈善委员会认为必要,还可以向犯罪记录局等机构寻求合作。整个材料的审查时间需要 15 个工作日至三个月完成,根据所审查材料的具体情况,慈善委员会将做出三种结论:批准注册、对申请材料提出修改建议、不批准注册。对于第二种情况,申请注册者可根据慈善委员会的建议对申请材料进行补充,进而获得批准。

(2)对慈善组织的运作管理制度。

对慈善组织的日常运作管理,主要涉及慈善组织信息的公开与对其财务会计制度的监管。考虑到慈善法人是具有公共性的社会团体,法律要求其必须公开透明的运作,基于这种公共性,公众对慈善法人享有更多的知情权,慈善法人有义务向社会公开自己开展的慈善活动以及相关的财务状况,对于有公募资格的慈善法人来说,信息公开制度就更为重要。

①慈善组织一般性信息的监管。慈善组织信息公开的方式有两种:一是慈善委员会可以对非豁免的慈善组织进行调查,提供相关信息,并要求被调查人对所提供信息的真实性进行宣誓;二是任何团体或个人可以向慈善委员会披露其所获得的信息。为了保证慈善组织的日常运作更加透明,慈善委员会需要获取、评估和公开发布有关慈善委员会工作目标和日常工作情况的所有信息,确定和调查公众反映的管理不良情况或违法行为,及时采取防范和补救措施。身为政府部门,慈善委员会还要为政府各部的部长提供关于慈善委员会工作目标和日常工作情况的信息,提供相关的咨询服务,并提出有关建议和意见。

②慈善组织财务会计的监管。对慈善组织的财务会计监管,主要有以下几种措施:年度报表制度、审计与财务年度检查制度以及慈善组织的访问制度与调查制度。

年度报表制度是监管工作的核心。根据慈善组织的年度收入的不同,将其划分为四个层次,并要求不同层次的慈善组织按其年度收入状况填报不同的年度报表:上一财务年度收入为 1 万英镑以下的(包括 1 万英镑),填报蓝色的《最新年度信息》;收入在 1 万英镑至 25 万英镑之间的(包括 25 万英镑),填报紫色的《年度报表》;收入在 25 万英镑至 100 万英镑之间的(包括 100 万英镑),填报红色的《年度报表》;收入超过 100 万英镑的,不仅要填报红色的《年度报表》,还要填报《概要信息报表》。

为了保证慈善组织财务的公开透明,对于规模较大的慈善组织专门设立了审计与财务年度检查制度。根据 2006 年《慈善法》的规定:年收入在 1 万～50 万英镑之间的组织,如果其章程没有明确的审计规定,则必须接受独立财务检查员检查;若其年度收入超过 25 万英镑,独立检查员须具备法定的资格。对于年收入超过 50 万英镑的慈善组织,则必须接受专业的年度审计。若不按照法律规定接受审计与检查,慈善委员会有权提醒其必须承担的法律责任。对于其他尚未达到审计与检查的慈善组织,2006年《慈善法》也对其财务会计作出了要求,即无论规模大小,所有慈善组织都要管理好自己的财务账目以备慈善委员会随时检查,且账目应至少保存7年。

慈善组织的访问制度与调查制度。慈善委员会内设"评价访问组",专门对全国大大小小的慈善组织进行访问,通过访问,与慈善组织进行直接沟通与交流。当慈善委员会主动发现或者接到公众举报某个慈善组织存在严重的违法行为,或者其托管人发生了较大的问题且已经危害到慈善财产安全、公益性事业的声望和公众利益时,若其他的措施不足以解决问题、消除危害,则可以依法启动调查程序,对有关的民间公益性组织展开正式调查。

(二)美国慈善事业的发展

作为一个移民国家,美国慈善活动的源头可以追溯到西方的慈善传统。西方传统的慈善事业起源于基督教教会,由于基督教教义中的"普世"思想,教会一直都将救助贫苦作为宗教义务之一,教会的一些慈善方式如现场捐款等深深地影响着现代的慈善事业。早在中世纪,欧洲就出现了有组织的慈善事业,17世纪初已产生了宗教组织之外的慈善组织。美国的慈善事业秉承了欧洲的传统。美国波士顿大学美国史研究专家彼得·罗格还认为,美国本身的历史也是美国慈善事业的渊源之一。在五月花号来到北美大陆之时,船上所有的人都没有自己的私人财产,各种器具都是公用的,一旦一个人出现了困难,就会有很多人前来帮忙。在《美国的慈善事业》一书中,历史学家罗伯特·布雷姆那还澄清了一个事实,即美国土著对待第一批移民的态度比这些移民对待他们更显"基督徒"式的善良。宗教和历史的双重交错,使得美国人对慈善事业充满了高度的热情。

与欧洲国家相比,美国在现代慈善事业的起源与理念方面有着许多独特之处,私人基金会也远比欧洲发达。一般认为,现代慈善事业始于美国,美国钢铁巨头、公认的私人慈善事业奠基者之一安德鲁·卡耐基更是被公认为现代慈善事业的开创者,他的名言"拥巨富而死者以耻辱终"为广大慈善家所传诵。卡耐基曾说过,致富的目的应该是把多余财富回报给同胞,以便为社会带来最大、最长久的价值。卡耐基一手创立的卡耐基基金会是最早的一批现代慈善组织之一。商业化的操作理念渗透于现代慈善组织的运作之中,并与宗教慈善传统和美国式的平民社会观念一起,构成了现代慈善事业的灵魂。

在学理上,美国学者把社会分成三个大部门:一是政府,包括属于政府系统的机构;二是营利机构,包括企业、公司等;三是非营利机构,其中有一部分称为"独立部门",即按美国税法给予不同免税资格的慈善组织、社会福利团体和宗教组织。在美国,非营利性的慈善组织共有140多万个。这些组织的规模差异较大,有跨国的大型组织,也有很小的社区组织。它们关注文化、教育、卫生,以及消除贫困、为弱势群体服务、妇女与儿童权益保护、就业、环保、社区改造等问题。美国的普通民众也非常热心慈善事业,《时代》周刊曾发表文章称:"在每一位比尔·盖茨的身旁,都站着数以百万计的普通百姓。"值得注意的是,比起拥有巨大财富的人来说,低收入的人捐款的比例更高。有人作过统计,年收入在1万美元以下的家庭,他们捐出收入的5.2%;年收入在10万美元以上的家庭,他们的捐款比例仅为2.2%。对此,有一种解释是,因为低收入的人更接近社会底层,因此也更了解那些需要帮助的人的需求。

除了文化渊源之外,美国现代慈善事业的发达,还离不开制度建设。在《美国慈善法指南》的作者阿德勒女士看来,"美国慈善部门以其活力、多样性、经济实力和成长速度而格外引人注目。一个影响慈善业发展的重要因素是,美国有一个对慈善部门发展有利的法律环境。"法制、体制与机制的三位一体,是美国慈善事业一步步走向成熟的制度环境保障。

首先,完善的遗产税和慈善基金管理制度刺激着美国慈善事业的发展。一方面,美国的遗产税、赠予税以高额累进著称,当遗产在300万美元以上时,税率高达55%,而且遗产受益人还必须先缴纳遗产税,后继承遗产,所以富豪的后代要继承遗产会遇到重重阻碍。另一方面,建立基金会或捐助善款则可以获得税收减免,捐出多少钱就在所得税中相应扣除多少。进行慈善捐助不仅可以减少损失,而且有助于树立公众形象和产生模范效应。另外,国家还对基金会的运作有大量的免税减税优惠,使得慈善基金会可以获得其他企业无法企及的高回报。大部分慈善组织属于美国国税局501(C)(3)条款规定的机构。它们不仅是免税的,即不需要支付税款,而且这类机构得到的捐款对捐赠者来说,还享有法律规定的限额扣除税收的待遇。这些税收待遇具体包括:①免税;②所得税豁免;③捐赠减税。

其次,激励与约束并举保证了慈善组织的规范运作。慈善组织一旦成立,就要不断地募集捐款,管理者还要保证募集到的款项能够保值、增值。许多慈善组织除了进行慈善募捐活动和筹款宣传,并把钱用于慈善事业之外,还会从事两类营利性的投资以保证所募捐款的保值增值。第一类是购买共同基金、股票、债券等。第二类则是办工厂、搞贸易等。在优化激励机制的同时,美国对慈善组织的监管可分为四个层次。第一个层次是政府的立法和监督。在美国的大多数州,首席检察官有权监督和管理慈善机构,并对其活动进行规范。慈善机构也必须经常性地报告其业务活动和财务状况,如果慈善机构的董事未能履行其职责,州首席检察官则有权迫使该董事从他的私人财产中划拨出足够的资金对慈善机构遭受的损失给予赔偿。但总体来说,美国政府在监督非营利机构方面的立法相当宽松。各个慈善组织每年会向国税局详细报告本年度经费的来源和支出情况以及各项活动经费的来龙去脉。这主要是检查慈善组织的活动是否符合免税规定。但是,对于慈善组织如何使用所募集的捐款,并没有严格的规定,很大程度上靠自律。第二个层次是民间专业评估机构的监督。如美国慈善信息局,它制定了衡量基金会好坏的九条标准,其中包括:董事会管理职能、目标、项目、信息、财政资助、资金使用、年度报告、职责、预算。它每年分四次公布对全国几百家基金会的测评结果。公众往往根据它的公报来决定给哪个基金会捐款。第三个层次是媒体以及关心慈善事业的民众的监督。每个公民都拥有对慈善捐款使用情况的知情权,各类媒体更是关注基金会的运作情况。1992 年美国联合慈善基金会(联合之路)主席阿尔莫尼滥用捐款的丑闻就是由新闻界最先披露的。第四个层次是慈善组织的内部监管。在美国社会,自律观念得到普遍认同。内部监管作为自律的一种形式为各类慈善基金会所采纳。它们都建立了约束自己组织和成员的比较完善的标准、规则等。尤其是自主的申请、拨付及运营费用的预算、核销等都有一套严格的程序①。

二、国外慈善事业发展对中国的启示

西方国家慈善事业的发展经历了漫长而曲折的历史,积累了许多经验,对于中国的慈善事业发展具有重要的借鉴意义。

(1)完善的制度环境是慈善事业发展的必要条件。慈善事业发达的国家,政府很少直接参与慈善事业,而是通过政策,特别是从财税政策入手,强化政府支持力度。从发达国家的经验来看,政府对慈善事业的政策支持一方面是对企业和社会成员的慈善捐献给予相应的免税待遇,承认慈善组织的独立社会地位,并对有关慈善组织或机构给予必要的财政补贴;另一方面是对个人所得或遗产征收超额累进税等。财税政策向慈善事业倾斜,表面上看会影响政府的财政收入,但这种倾斜能够带动更多的民间财力来办社会公益事业和救灾济贫事业,从而减少政府的压力和负担。在美国,政府对慈善组织给予直接的财政资助,许多慈善组织可以直接获得政府的拨款,或者接受政府的委托并在政府的经费支持下开展相关的慈善公益活动。在英国,政府为推动慈善事业的发展,每年都要投入巨大的财政资源。这种做法不仅直接减轻了政府的事务负担,而且有利于慈善组织的生存与发展。

虽然政府与慈善组织在价值观上保持高度的一致性,在功能上强调互补与合作,但慈善组织同时又保持着独立性,并不因为受政府资助而受制于政府,政府并不过多干预或介入慈善组织自身的发展,而只是通过完善的法律与行政制度规范慈善组织的发展。美国虽没有专门的慈善法规,但是其完善的税收法规和慈善基金管理制度却大大刺激着美国慈善事业的发展。英国有相对完善的《慈善法》,同

---

①　姚俭建.文化传统与制度建设[J].人物,2006(5).

时有一套相对独立、职能完备、体系健全的行政管理体系。

（2）慈善事业的发展离不开规范的组织管理与全面的社会监督。在美国，政府对慈善组织的管理比较宽松，更多的是依靠慈善组织的自律。慈善组织内部均有严格的管理制度，有董事会与运作机构两套班子，财务机制公开透明，信息披露严格而又规范。在具体运作中甚至借鉴营利组织的管理模式，加强自身管理制度的完善。慈善组织在加强自律的同时，随时接受包括政府、专业评估机构、媒体及普通公民等社会各界的监督检查。美国政府对慈善机构及其财务活动有一套完整、规范的管理办法。根据联邦法，美国的税务局通过三种方式来监督慈善机构的动作：一是慈善机构提供的年度报表，包括年度收支明细账，其付给董事、执行官、骨干雇员和五个收入最高的员工的薪酬等；二是审计慈善机构的财务和经营状况，审计对象每年会有不同侧重；三是通过评估对违规的慈善机构给予处罚，最严厉的处罚莫过于取消一个组织的免税资格，不过这种处罚很少使用，更常见的是处以罚金，而且受到处罚的是参与违规行为的个人而非慈善机构。

在英国，慈善组织的登记注册和监督管理都有着严格的法律制度，完善的慈善事业立法为慈善组织管理提供了法律依据。同时相对独立、职能完备、体系健全的行政管理体系也最大程度地规范了慈善组织的管理运作。内政部及英国慈善委员会对慈善组织进行着全方位的管理规范和严格的监督，这种外部推进，有力地推动了慈善组织的内部改进，使慈善组织更加完善。

（3）慈善事业的发展需要浓厚的慈善氛围。西方慈善事业之所以发达，离不开慈善文化的熏陶。绝大多数美国人相信上帝，遵从基督教的道德原则。许多人把捐赠和做善事看成是对基督教原则的实践，是爱心的体现，因而得到一种极大的精神满足和快乐。同时，"志愿精神"在美国有根深蒂固的基础，没有这种精神，如果仅仅有物质金钱，美国社会慈善事业不会取得现在的成就。在英国，慈善组织众多，出现了工厂主、企业家、知识分子、政治家、工会活动家、社会活动家甚至普通市民们成立的慈善组织，在社会各个领域内从事慈善事业，慈善组织拥有大量的志愿者资源，慈善组织中的有酬员工所占比例较小，绝大多数是各种形式的志愿者，慈善氛围浓厚。

第四节　中国慈善事业的发展与完善

一、改革开放以来中国慈善事业的发展概况

改革开放以来，中国的慈善事业组织体系进一步发展、服务能力进一步提升、发展环境进一步改善，社会公众的慈善意识不断增强，中国特色慈善事业发展格局

初步形成。具体表现在以下几个方面:

第一,加强了慈善事业法规政策建设。现阶段,有关慈善事业的法律法规主要有《中华人民共和国公益事业捐赠法》、《中华人民共和国红十字会法》和国务院发布的《基金会管理条例》、《社会团体登记管理条例》、《民办非企业单位登记管理暂行条例》等。此外,信托法、民办教育促进法、企业所得税法、个人所得税法等法律以及财政部、民政部、国家税务总局等部门制定的有关规章中也有部分条款涉及慈善事业。

除了涉及慈善的相关法律法规之外,民政部对于慈善事业的政策支持也在逐步推进,2011 年 8 月,民政部正式发布我国慈善事业的"十二五"纲要,提出了"十二五"期间我国公益慈善事业发展的宏伟蓝图,意味着我国慈善事业将不断完善、逐步迈向更加阳光、公平、高效的发展轨道。2012 年初,民政部表示将进一步加大社会组织登记的范围,公益慈善类、社会福利类、社会服务类等三类社会组织将直接登记。中央的政策导向在地方也引起连锁反应,其中宁夏、广东、江苏、河南、四川等地纷纷出台促进慈善事业规划、指导意见和地方法规,一方面使地方政府发展慈善事业有了计划性、可行性,另一方面,也给国家制定政策提供了依据和基础。

第二,社会捐赠数额大幅上升。2006 年社会捐赠总额首次突破 100 亿元,以后逐年上升。从数额上看,捐赠总额从 2006 年的 127 亿元增加到 2011 年的 845 亿元,6 年间我国年均捐赠收入超过 668 亿元,平均年增长率达 62.71%。期间,2008 年和 2010 年,由于发生四川汶川地震和玉树地震的特大自然灾害,中国慈善款物捐赠总额均超过千亿元,有力地支援了抗震救灾和灾后恢复重建工作①。

第三,公益慈善组织快速发展。截至 2011 年底,全国共有社会组织 46.2 万个,吸纳社会各类人员就业 599.3 万人,形成固定资产 1885.0 亿元。中国的社会组织,特别是从事公益慈善的社会组织在中国政府的政策支持和培育引导下,通过不断研究社会需求、探索发展模式,已经开始成为经济社会发展的重要推动力量。中国慈善组织开展了大量慈善活动,成功运作了许多慈善项目,取得了显著的社会效益。在慈善组织开展的各类项目中,逐步形成了"希望工程""慈善超市"等数百个特色鲜明、具有广泛社会影响力的品牌项目。目前,公益慈善组织已成为吸纳就业、服务社会的重要平台。

第四,志愿服务活动广泛开展。志愿服务组织大量涌现,志愿者队伍不断壮大。上百万志愿者参加了北京奥运会、上海世博会、广州亚运会等重大活动的服务工作,众多志愿者埋头苦干在汶川特大地震、玉树特大地震、舟曲特大山洪泥石流

---

① 詹成付. 中国慈善事业的发展状况——在 2012 年中韩慈善事业发展研讨会上的讲话[EB/OL]. [2012 - 12 - 21]. http://www.csgyb.com.cn/bencandy.php? fid=43&id=3589.

等抗灾救灾一线,以实际行动向世人展示了志愿者的良好风貌。

第五,慈善理论研究与宣传普及工作进一步加强。开展了对慈善事业地位、作用、发展规律、推进措施等重大问题的研究,形成了专门的慈善研究机构和研究队伍。各地创建了形式多样的慈善日、慈善活动周等平台,举办了大量慈善活动,加大慈善宣传力度,扩大了慈善的社会影响与人们的参与度。

第六,慈善事业服务和管理机制进一步完善。2008 年,民政部成立了社会福利和慈善事业促进司,各省(自治区、直辖市)及部分基层民政部门增设或明确了促进慈善事业发展的职能机构。各地采取公益慈善组织在民政部门直接登记、建设公益慈善组织孵化器、推进公益慈善组织信息公开、开展政府购买服务、加强资金支持和项目扶持、创新慈善募捐载体等多种方式,加强了对慈善事业发展的支持与管理。

二、中国慈善事业发展存在的问题

与发达国家和地区相比,慈善事业在我国尚处于起步阶段,还存在许多问题。

(1)政府在慈善活动中的定位不科学。从慈善事业在中国的发展现状来看,政府并没有在慈善事业发展中得到科学合理的定位。在举行社会慈善活动的时候,政府会每年投入大量的人、财、物直接来开展慈善活动,以此来帮助各类的困难弱势群体,这不仅给政府增添了很大的财政和行政的负担,而且这也有可能会误导社会成员认为慈善事业是政府的职责之一,影响社会慈善文化的形成和完善。在政府和慈善组织的关系上,中国的慈善组织基本上可以说是政府部门的延伸,如中华慈善总会就具有政府背景;一些慈善机构的领导通常是由官员或已经退休的官员来担任。在中国,各级慈善机构都是属于国家事业性编制的,其专职工作人员的编制和工资及他们的各种福利待遇,都是由国家的各级编制部门来核定的,并由国家的各级财政来负责对他们财政的拨款,具有很强烈的行政化和官方性。这种强烈的依附关系导致了这些慈善组织先天的不足性,缺乏执行的独立性,对政府的依赖性很强,生存运作在很大程度上是依靠财政拨款和政策支持的,效率低,内部的管理体制僵化。

(2)慈善事业发展的社会氛围不浓厚。首先,传统财富观影响了慈善事业的社会氛围。受"杀富济贫""不患寡而患不均"等思想意识的影响,封建社会的富人群体在历次社会大变革、大动荡中遭受到较大冲击,于是人们逐渐就形成了不愿意露富、坚持守财的财富观念。其次,中国的慈善更强调给予者的大方和仁慈,更突出街坊邻里熟人间的互助,并不习惯向陌生人捐赠金钱。这种中国特有的由近及远、由亲及疏的慈善原则导致中国慈善事业的封闭性和内敛性,与慈善事业的开放性、广泛性、效率和公正等基本特征不相符合。再次,市场经济体制的影响。市场经济体制强调的是适者生存,受等价交换等各种市场经济原则的影响,慈善事业就被作为了一种无效益型的完全利他的行为。广大的社会成员,尤其是先富裕起来的富裕阶层中有一些人更看重的是市场竞争和经济收益,而遵循无偿、自愿的慈善事业是没有任何经济效益和回报的,所以他们排斥这种完全利他的善意行为。

(3)法规政策不完善。虽然我国政府正在积极建立有关慈善组织登记管理等方面的法律框架,但这并不意味着慈善组织的发展在我国已经受到法律的积极促进或保护。相反,现行法规中的许多规定在很大程度上不利于慈善事业的发展,它们带有控制、限制的基调和繁琐的手续规定等,成为制约慈善事业发展的因素。同时,各种法规制度之间及其实施主体之间经常出现的摩擦和不协调也是法规政策不完善的表现。

(4)慈善组织、机构不健全。我国当前的慈善组织是当代中国政治、经济、社会、文化发展到一定阶段的产物,和国外非营利机构相比,明显具有以下不足,如缺乏现代意义上的慈善基金会,尚没有建立起社会性、开放性的全国慈善事业网络化机构,而且机构成员的构成社会覆盖面偏窄;慈善组织公信力不足;慈善组织经营理念缺乏;慈善机构的组织建设不规范,慈善工作人员的专业素质有待提高,慈善事业的运行缺乏透明度;慈善公益系统的规范化、专业化和自律化有待加强。

(5)慈善事业发展缺乏有效的监管。第一,政府监管效率不高。按照《社会团体登记管理条例》和《基金会管理条例》的规定,对于慈善组织享有监督和管理的职能主体是民政部门、慈善业务主管部门、财政部门、审计部门。其中民政部门主要承担的是基金会依法注册管理、依法监督的责任。业务主管部门主要负责的是慈善组织的业务指导、日常管理、项目运作。税务、审计主管部门依法对基金会实施的是税务监督和审计监督的职能,但由于没有具体的监督实施细则,在现实生活中造成了多元监督主体之间的扯皮、推诿和摩擦的混乱状况。而且监督主体监督不到位也不承担责任,这就造成了监督主体对于监督管理的随意性和消极性。从政府部门对于慈善组织和慈善事业的监管现状可以很清晰地得出政府监管的低效率,这对于慈善组织和慈善事业的发展是极为不利的。第二,慈善组织内部监督机制不健全。慈善组织内部缺乏有效的约束自身组织机构和成员的标准、规则等,慈善组织的内部机构和成员缺乏有效的约束,发生了一些人为的负面事件,导致慈善资金利用的低效率和分配不合理情况时有发生。第三,社会监督机制有待完善。国外慈善事业的发展离不开社会公众和新闻媒体的舆论的监督。在我国虽然社会公众有权利对慈善组织的活动和各项资金使用等情况进行监督,但是,受民主责任意识较低的影响,社会公众对于慈善事业的参与和责任意识还相对较低,另外,一些社会公众受"不在其位不谋其政"思想的影响,缺乏对慈善事业监督的主动性。还有一些人认为自己的监督根本就无法实现,也导致了社会公众缺乏对慈善组织的监督意识。

三、完善中国慈善事业发展的对策建议

（1）完善慈善事业法规政策体系。推动出台慈善事业法、社会募捐管理条例、志愿服务条例等法律法规，推进《社会团体管理条例》《民办非企业单位管理条例》《基金会管理条例》等法规的修订与实施，鼓励各地积极出台促进慈善事业发展的地方法规政策，形成有利于慈善事业发展的多层次的法规政策体系，完善和落实社会募捐和捐赠的税收优惠政策，解决公益慈善组织登记难、募捐资格不明确、募捐行为不规范、信息披露与公开透明机制不健全、税收优惠政策落实不到位等问题。对于境外向公益慈善组织捐赠的用于慈善事业的物资，要依照法律、行政法规的规定减征或者免征进口关税和进口环节增值税。

（2）促进公益慈善组织发展。推进公益慈善组织孵化基地建设，培育和支持公益慈善机构加快发展，发挥公益慈善组织动员慈善资源的主体作用，引导公益慈善组织公平、有序竞争。推进公益慈善组织依据章程行事，完善内部治理结构，健全法人治理结构，实行财务公开、阳光运作、规范管理，增强公益慈善组织的社会公信力和透明度。推动公益慈善组织联合制定行业规则和行业标准，加强行业自律，提高行业管理水平。完善公益慈善组织的第三方评估制度，促进公益慈善组织加强自身建设，发挥好社会作用。扩大慈善超市和经常性社会捐助工作站（点）覆盖范围，改革运营机制，方便广大群众捐赠款物和提供服务。

（3）加强慈善事业人才和志愿者队伍建设。加快慈善专业人才培养工作，依托高等院校、科研机构和大型公益慈善组织，加快培养慈善事业发展急需的理论研究人才、高级管理人才、项目运作人才、专业服务人才、宣传推广人才等。大力推动慈善从业人员的职业培训工作，加强规范化培训教材的编写工作，设置有针对性的培训课程，采取灵活多样的方式，不断丰富慈善工作者的专业知识和技能。推动完善专职慈善工作者的人事、福利、薪酬和社会保险政策，增强公益慈善事业从业的吸引力，不断壮大慈善工作队伍。推动制定慈善行业从业标准和职称评定标准，提升慈善行业管理水平和服务效能。大力支持志愿者队伍建设，引导学校、机关、企业与公益慈善组织合作，鼓励各界人士参与社区和各领域的慈善活动，促进志愿服务经常化、普遍化。健全志愿者权益保障制度，建立和完善志愿者的注册管理、教育培训、时间积累、绩效评估、奖励表彰等相关制度，推动志愿服务广泛、深入、持久开展，满足社会各方面的需求。

（4）不断拓展慈善资源。建立和实施政府购买服务制度，采取项目资助、合同委托、社会招标等方式，扩大政府购买服务的规模，拓展购买服务的领域，形成多元参与、有序竞争、共同发展的慈善服务供给格局。规范慈善募捐主体和行为，创新

慈善募捐形式和载体,吸引公众通过在线捐赠、慈善消费以及慈善义演、义拍、义卖、义展等捐赠渠道奉献爱心。支持富有公信力的慈善品牌,稳步推进冠名基金等定向捐助方式发展。加大对福利彩票发行管理的政策支持力度,努力增加福利彩票发行量,不断加大福利彩票公益金对慈善事业的投入。推进公益慈善组织的国际交流与合作,吸引更多国际慈善资源为我国慈善事业发展服务。

(5)完善慈善事业监管体系。推进慈善信息公开制度建设,完善捐赠款物使用的查询、追踪、反馈和公示制度,逐步形成对慈善资金从募集、运作到使用效果的全过程监管机制。建立健全慈善信息统计制度,完善慈善信息统计和公开平台,及时发布慈善数据,定期发布慈善事业发展报告。加强对公益慈善组织的年检和评估工作,重点加强对信息披露、财务报表和重大活动的监管,推动形成法律监督、行政监管、财务和审计监督、舆论监督、公众监督、行业自律相结合的公益慈善组织监督管理机制。对慈善活动中的违法违规行为,要依法严肃查处。

(6)加强慈善文化建设。继承和发扬中国优秀传统慈善文化,吸收国际先进的慈善理念和管理方式,不断丰富与社会主义核心价值体系相统一,与人道主义精神、现代财富观、社会责任感等相融合的现代慈善文化。将慈善文化建设纳入社会主义精神文明建设,大力弘扬扶贫济困、诚信友爱、互相帮助、奉献社会的良好风尚。通过报刊、广播、电视、网络,大力宣传慈善知识和慈善人物的先进事迹,积极推动现代慈善理念和慈善文化进机关、进企业、进学校、进社区,对制作、播出、刊登慈善广告、慈善捐赠公告的行为给予鼓励,并依据国家政策减免相关费用。以学校、社区为主要载体,将慈善文化融入课堂,挂入社区宣传栏,开展形式多样的慈善教育宣传活动。加强慈善学科建设,制订慈善教育计划,指导学校在德育课程中培育慈善意识,弘扬慈善行为,并纳入学生素质评估中。推动慈善事业发展列入文明城市、文明单位、文明行业评比的指标体系,大力开展形式多样的慈善活动。继续完善和实施"中华慈善奖"的评选表彰,对作出突出贡献的组织和个人给予嘉奖和弘扬,发挥先进典型的示范作用。筹建中华慈善博物馆,发挥其展示、宣传慈善文化的作用。积极推动慈善周、慈善日等多种形式的慈善宣传活动,营造全民参与慈善的良好氛围。

(7)加强对慈善事业发展的组织协调。第一,完善组织协调机制。推动建立政府有关部门的协调机制,加大对慈善事业发展的支持力度,对公益慈善组织在社会动员、购买服务、税收优惠等方面给予支持。推动建立政府部门与公益慈善组织之间的协调机制和公益慈善组织间的协作机制,形成政府协调机制与行业协作机制互补,政府行政功能与行业自治功能互动,政府管理与行业自律有机结合的公益慈善组织管理格局。第二,切实履行民政部门职责。各级民政部门要认真履行慈善工作管理服务职能,完善指导、服务、协调和监管机制,切实发挥组织协调作用,推动有关政策的制定与落实,提供规范、高效、优质的服务。继续推动政府购买服务,委托公益慈善组织承办相关具体事务,为公益慈善组织发挥作用创造更大空间。加强对慈善理论的研究,充分发挥专家学者的作用,不断总结推广慈善事业发展经验,积极借鉴国际社会发展慈善事业的先进理念和经验,促进公益慈善组织加快发展,努力探索具有中国特色的慈善事业发展路径。

案例分析

比尔·盖茨慈善捐赠案例

一、案例回顾:比尔·盖茨捐赠之路

1995—2007 年,比尔·盖茨(Bill Gates)连续 13 年蝉联《福布斯》全球富翁榜首位。继 2008 年捐出全部身家 580 亿美元,又成为全球首善。其实,"首善"盖茨并非一天炼成,"为富不仁"阴影也曾很长时间与其大名连在一起。

(一)比尔·盖茨慈善思想转变

2006 年年底接受詹姆斯·摩根全球人道主义奖时,盖茨所坦露的两个人对他思想真正转变有重大影响。一位是他的母亲玛丽·盖茨。玛丽是一位大学教师,也是全国联合劝募的董事,母亲的身份对他有很大影响。盖茨很小的时候就将自己的部分零用钱捐给教堂和救世军(基督教慈善组织)。另一位是靠投资发家的巴菲特。因为巴菲特告诫他,慈善是回馈社会最好的方式,而且,把那么多财富留给孩子,对他们并无益处。

深沉触动盖茨思想转变的事是 1993 年秋天,他和后来成为他妻子的梅琳达等人到非洲旅游,他们在路上看到了无数饿得皮包骨头的孩子,当地人民的极度贫困激起盖茨心灵的震撼。然而,此时盖茨的怜悯之心只是受了一点点触动,却没有付诸实际行动。

(二)比尔·盖茨走向慈善捐赠路

从其思想转变的 1994 年起,比尔·盖茨开始真正地走向了慈善捐赠之路。按时间顺序,其一些最重要的慈善行为如下:

1994 年,受父亲老盖茨的影响,盖茨决定开展慈善工作,并建立了 9400 万美元的基金会。

1997 年,盖茨和梅琳达又成立了一个新的基金会——盖茨图书馆基金会——以帮助更多人使用科技资源。1999 年,盖茨图书馆基金会更名为盖茨学习基金会,工作重心变为资助家庭困难和少数族裔的学生。

2000 年年初,比尔·盖茨将微软公司首席执行官(CEO)的职位让给了他的大学朋友史蒂夫·鲍尔默,从而为慈善事业腾出了更多的时间。同是在这一年,盖茨决定将这两个家族基金会合并成为比尔及梅琳达·盖茨基金会,以促进全球卫生

保健和教育为重心。并在同一年,盖茨夫妇正式成立了"比尔和梅琳达·盖茨基金会",目前这一基金会的规模已是全球最大。仅从 2000 年－2004 年间,盖茨和他的夫人就向社会累计捐赠 100.85 亿美元。

2006 年 6 月 15 日,比尔·盖茨宣布,他将逐步移交其日常工作,以便将更多时间投入到"比尔与梅林达·盖茨基金会"所从事的慈善事业。为确保平稳有序过渡,盖茨为自己留出了两年的过渡期。2008 年 7 月 1 日之后,盖茨决定将放弃全部日常管理工作。

2008 年 6 月 27 日,美国微软公司创始人比尔·盖茨从这家世界上最大的软件公司执行董事长的职位退休,转任非执行董事长。退出微软日常管理的盖茨将把主要精力投入到慈善事业中去,他的 580 亿美元个人财产全数捐给名下的"比尔及梅琳达·盖茨基金会",用于资助全球的教育和医疗项目,其子女不会得到一分一毫。他说:"我和妻子希望以最能够产生正面影响的方法回馈社会。"他未来的人生都将奉献给慈善事业,换句话说,他将穷尽余生为社会上的弱势群体服务。

从铁公鸡到世界头号慈善家,盖茨的慈善转变历程值得深思。这一过程的发生,与其说是社会"逼捐"的迫使,不如说是盖茨人生观和价值观的重大转变,使他重新思考财富的意义。

二、关于盖茨慈善捐赠的观点综述

比尔·盖茨变成最负盛名的裸捐者、慈善家,引起了社会的广大关注。来自各方面的声音都有,有人认为盖茨善举的背后可能是"良心发现",也有人认为是微软的公关宣传或者是转移财产,但也有专家学者从企业家社会责任的角度公正评价。

(一)比尔·盖茨本人的自我评价

比尔·盖茨曾说:"我不是在为钱而工作,钱让我感到很累。"

1998 年 3 月 4 日,比尔·盖茨接受 PBS 电视台王牌主持人查理·罗斯(Charlie Rose)的采访时表示:把自己有幸掌管的巨额财富回馈社会,用到重要的事业上,如科技、教育、医学研究、社会服务及其他领域,这更利于社会,也更利于我的孩子。

2008 年 1 月份的瑞士达沃斯世界经济论坛上,比尔·盖茨曾作了《用市场力量和制度创新服务穷人》的演讲,他认为这是他最重要的一次演讲。演讲中他表明,"在我看来,人的本性中蕴藏着两股巨大的力量,一是自利,一是关爱他人。我们的挑战就是设计出一个新的制度体系,让利润和知名度这样的市场激励发挥作用,使企业更加倾向于为穷人服务。我把这种想法称为创新型资本主义(Creative Capitalism)。如果我们能够在 21 世纪的前几十年探索到满足贫困人口需要的方式,找到为企业带来利润和认可的办法,那么我们减少世界贫困的努力就可以一直持续下去。这个任务永远都不会结束,能投身这项事业,我内心激动不已。"

（二）国外态度及观点

盖茨悉数捐出 580 亿美元的消息虽然在许多国家引起很大轰动，但在美国本土却议论很少。欧美媒体和专家学者最关注的是盖茨离任后微软的未来，对盖茨的慈善捐款，往往一笔带过。美国人之所以大都以一种平常心看待此事，因为他们身处于这样一种慈善文化之中。

也有些西方媒体从恶意避税、投资污染项目、基金会被专制等方面对慈善捐赠行为进行了负面批评。批评之声是难免的。美国总统布什上任后，宣布计划取消联邦遗产税。但比尔盖茨的父亲和巴菲特、索罗斯等在《纽约时报》上刊登广告，明确反对这一计划，说明这些批评也是没有道理的。马克斯·韦伯（Max Weber，1920）用易懂的语言间接为这些批评作了回应："在一个完全资本主义式的社会秩序中，任何一个个别的资本主义企业若不利用各种机会去获取利润，那就注定要完蛋"。

美国人对盖茨捐赠的态度早在一百多前就已经有所体现。美国私人慈善事业的伟大奠基者之一安德鲁·卡内基（Andrew Carnegie）对慈善捐赠行为评价极高，他 1889 年在《财富的福音》一书中写道："过不了多久，那些遗留下巨额财富（而不在有生之年将之捐赠出去）的人们就会受到公众的唾弃。人死富有，死而蒙羞。"并在 1895 年 11 月发表著名演讲说："在巨富中死去，是一种耻辱。"

（三）国内态度及观点

国内舆论及企业家，侧重于惊叹盖茨巨额的募捐和没有给子女留下财产的大公无私，赞扬其为企业家精神做了真正的诠释，从而批判中国企业家的责任缺失行为。

曾康霖（2007）评价道："比尔·盖茨为什么会有这样的理念和创举，我想是因为他想尽到一个企业家的社会责任并有自己的信仰。"

2008 年 6 月 23 日，《齐鲁晚报》发表文章说盖茨不但是伟大的企业家，而且是懂得如何爱子女的好父亲。从这个角度看，盖茨给我们上了一堂生动的财富教育课。

何志成（2008）认为"富有的人应该比一般人更有社会责任感，更知道财富对社会的意义。盖茨把巨额财富看成是巨大的权利，同时也是巨大的义务。我们不能要求所有的富人都具有这样的价值观、财富观，然而，与盖茨的财富观相比，中国的一些富豪确实应该反思。他们大都以代际转移的方式来传承财富，不仅将财富全部留给后代，还要将他们谋取财富的取巧途径也留给后代。"

万润房地产策划有限公司 CEO 陆万东（2008）大加批判中国富豪，指出与盖茨的财富观相比，"中国的富豪大多把财富视为追求名利、追求个人价值的手段和目的。孟子说：'达则兼济天下'。遗憾的是，富豪们普遍缺失这种将巨额财富回报社会的慈善文化和心理认同。"

以上国内外的观点都从不同的侧面反映出人们对富人慈善捐赠行为的评价，也反映了国内外慈善文化和制度的差别。国内媒体和专家的观点对国内富豪的批判虽然并不全面和完全公正，但也反映出国内对"中国的比尔·盖茨"的期待非常迫切。

思考：

中国为何缺少比尔·盖茨这样的慈善家？

复习思考题

1. 社会互助和社会救济的区别有哪些？

2. 社会互助的主要形式包括哪些？

3. 如何理解慈善和慈善事业？

4. 试述慈善和慈善事业的功能。

5. 慈善救助的运行环节有哪些？

6. 中国慈善事业发展中存在哪些问题？如何完善？

第十二章　社会救助管理

社会救助管理是指国家和社会以法律、政策为依据，通过一定的程序，采用一定的方式或手段对社会救助活动进行规范、组织、协调、监督的过程，体现在社会救助的制度建设、管理体制和机制设计以及社会救助信息化、法制化建设等多个方面。本章介绍了社会救助管理涵盖的主要内容，分析了国外社会救助管理的基本经验，结合我国实际分析了我国社会救助管理存在的问题及完善思路。

第一节　社会救助管理概述

一、社会救助管理的内容与手段

社会救助是一项非常庞大的系统工程，涉及对象和管理的性质特殊，需要方方面面、各个部门的共同努力，需要一个科学运作、富有效率的管理体系。

管理是指通过计划、组织、指挥、协调、控制及创新等手段，结合人力、物力、财力、信息等资源，以期高效地达到组织目标的过程。社会救助管理就是国家通过一定的手段，结合人力、物力、信息等资源实现对社会救助相关事务的组织协调过程，其目标一是要实现既定的社会救助目标，体现社会公平，二是要在实现既定目标的过程中提高社会救助组织的运行效率，避免资源浪费和损失。

社会救助的管理内容主要有：①建立高效的社会救助管理体制；②以社会救济法律、法规为依据，制定可操作的具体的社会救助政策，特别是社会救助立法；③依法筹集、使用、管理社会救助资金；④运用信息化技术手段实现社会救助制度运行和管理；⑤社会救助对象资格的确定，救助标准的确定、调整、动态管理，申请救助的程序及其社会救助的经办服务等；⑥建立社会救助管理的监督机制。其中第五方面的内容属于微观层面的具体社会救助项目的运作管理，在前面各章均有所涉及。社会救助作为国家社会政策的重要内容，管理任务艰巨，管理内容复杂，因此，必须综合运用各种手段，主要有：

（1）行政手段：通过国家主管社会救助工作的职能部门——民政部，以及财政、审计、监察等部门的日常管理，来确保国家社会救助法律、法规、方针、政策的贯彻实施。它以社会救助法律法规为依据，亦可在法律的规范下制定具体的社会救助政策，作为具体操作的依据。

（2）**经济手段**：运用经济杠杆，如财政补贴、税收减免、扶贫开发、社会化筹资、扶助民间社会救助机构等来达到调节的目的。

（3）**法律手段**：国家通过制定、颁布有关社会救助的法律、法规来达到管理的目标。这一手段具有规范性、强制性、稳定性等特点，它是国家意志的体现。

（4）**社会监督**：社会救助对象、救助标准等的确定，要在公开、公平、公正的环境下和在不侵犯救助对象隐私的前提下接受群众评议、群众监督，确定的救助对象可通过网络、手机短信、报纸、电视等多种渠道或方式在一定范围内公布等。

二、社会救助管理体制

管理体制是指管理系统的结构和组成方式，即采用怎样的组织形式以及如何将这些组织形式结合成为一个合理的有机系统，并以怎样的手段、方法来实现管理的任务和目的。具体地说：管理的体制是规定中央、地方、部门、企业在各自方面的管理范围、权限职责、利益及其相互关系的准则，它的核心是管理机构的设置。各管理机构职权的分配以及各机构间的相互协调，它的强弱直接影响到管理的效率和效能，在中央、地方、部门、企业整个管理中起着决定性作用。

社会救助管理体制是由一系列对社会救助资源配置作出决策和执行的，具有互补关系的服务管理制度安排构成的有机体。

社会救助管理体制包括管理机构、管理内容和管理方式等，其核心为社会救助管理机构。我国社会救助管理体制改革大致经历了以下几个阶段：

（1）1949年至1954年社会救助管理体制初建阶段。1949年10月21日，中央人民政府政务院宣告成立，下设30个部、会、院、署、行，其中负责管理社会救助事务的行政部门主要是内务部，成立之初主要负责的社会保障事务就是救灾救济等工作。1953年8月在内设机构中开始增设了救济司，主管农村地区的救灾工作。1954年2月政务院于印发了《关于民政部门与各有关部门的业务划分问题的通知》，规范了民政部门与卫生部门、教育部门在社会救济业务管理方面的分工问题。

（2）1954年至1965年社会救助管理城乡二元化格局形成阶段。1954年9月，原政务院改称国务院，内务部改为中华人民共和国内务部。1955年5月加强了社会救济行政管理职能，社会司改名为城市救济司，救济司改名为农村救济司，农村社会救济与城市社会救济的行政管理职权首次明确，城乡社会救助管理二元化的行政格局基本形成。

（3）1966年至1976年社会救助管理体制的破坏阶段。1966年5月"文化大革命"开始，社会救济行政管理工作受到破坏。1969年1月，内务部撤销，其主管的社会救助事务被分散到公安部、财政部、卫生部等几个部门。公安部接管收容遣送等工作，财政部接管救灾、救济、优抚和拥军优属等工作，卫生部接管盲人、聋哑人、麻风病人、精神病人的安置、教育和管理工作。

(4)1977 年至 1984 年社会救助管理体制的复建阶段。1978 年 5 月中华人民共和国民政部成立,内设农村社会救济司和城市社会福利司负责社会救助行政管理工作。1982 年 3 月,第五届全国人大常委会通过了关于国务院机构改革问题的决议,我国改革开放后第一次行政体制改革正式启动。社会行政重心在农村和城市有所不同,农村侧重于社会救济,而城市则着重于社会福利;社会救济与社会福利的行政体制将由长期的胶着状态走向彼此分立。

(5)1985 年至 2002 年统一社会保障管理机构与社会救助行政体制的改革阶段。1985 年 9 月,党的十二届四中全会通过的《关于制定国民经济和社会发展第七个五年计划的建议》首次使用"社会保障"一词,并明确提出:"社会保障机构要把社会保险、社会福利、社会救济工作统一管起来,制定规划,综合协调"。这一时期民政部门的社会行政管理职能得以强化。民政部内设机构于 1988 年扩展为 14 个职能司(厅),其中,原有的农村社会救济司调整为救灾救济司、原有的城市社会福利司调整为社会福利司。这次改革正式确立了社会救济与社会福利的管理体制彼此分立的行政格局,同时,"救灾救济司"之前不再冠以"农村"字样,意味着社会救济行政不仅限于农村地区,城市同样需要强化社会救济管理,"社会福利司"之前不再冠以"城市"字样,意味着社会福利行政不限于城市,农村地区同样需要加强社会福利管理。显然,这将有利于统筹发展和科学管理城乡的社会救济和社会福利事业。

(6)2003 年至 2009 年大部制改革与社会救助管理体制的改革阶段。2008 年大部制改革正式启动,社会保障"大部制"改革也再次提上议事日程。新组建的人力资源和社会保障部虽然整合了人事部与劳动保障部,但并未成为一个统管"社会保险、社会福利、社会救济"的"大"社会保障部。民政部的社会保障职能在这次大部制改革中虽然没有被整合,但其内设机构也进行了比较大的调整,其中有关社会救助行政管理体制的调整主要表现在三个方面:一是将原最低生活保障司改为社会救助司,专司社会救助事务;二是将原社会福利与社会事务司组建为社会福利与慈善事业促进司和社会事务司;三是将原救灾救济司改为救灾司,专司灾害救助事务。至此,社会救助、灾害救助、慈善事业等社会救助事务实际上被分别划入了各司其职的三个主管机构。就民政部内设机构而言,基本形成了"权责一致、分工合理"的行政体制,这在新中国成立 60 年以来尚属首次。

目前,我国已经形成了政府领导、民政主管、部门尽责、社会参与、街道(乡镇)实施、政事分离的社会救助管理体制。

首先,民政部主管社会救助事务。从中央到地方,各级民政部门均设立了相应的管理社会救助事务的职能机构。中央人民政府到村(居)民委员会是纵向领导关系,而各级民政部门及其所属社会救助管理职能部门之间则只是业务指导关系。这是因为,各级民政部门均是各级政府的职能部门而不是中央政府民政部门的派出机构,因而其行政上受地方各级政府管辖。虽然地方政府要服从中央政府的领导,但救灾救济事务的管理却应以地方政府为责任主体。因此,各级民政部门中的救灾救济职能部门坚决服从各级政府的领导,而各级政府的领导又不能违背国家的社会救助法律法规和政策。依照法律、法规、政策行使职能,上级民政部门确保社会救济法律、法规、政策的贯彻实施,同时对下级民政机关的救灾救济事务管理给予业务指导。但凡由中央直接拨款的社会救助事务,民政部对下级民政部门开展该救助事务时与地方政府同享领导权,如特大自然灾害救助就不仅仅是业务指导关系。在这个体系中,村(居)民委员会是管理的基本层次,而县一级民政部门则是整个社会救助事务管理的最重要的环节。在民政部门主管社会救助工作的同时,我国也注意充分发挥各行业主管部门和财政、审计等综合部门的管理作用。

其次,我国的一些地方在整合救助资源、理顺管理体制的基础上,建立了市、市级机关部门、镇(乡、街道)和村(居)四级救助管理服务网络。其管理体制及内容具体如图 12-1 所示。

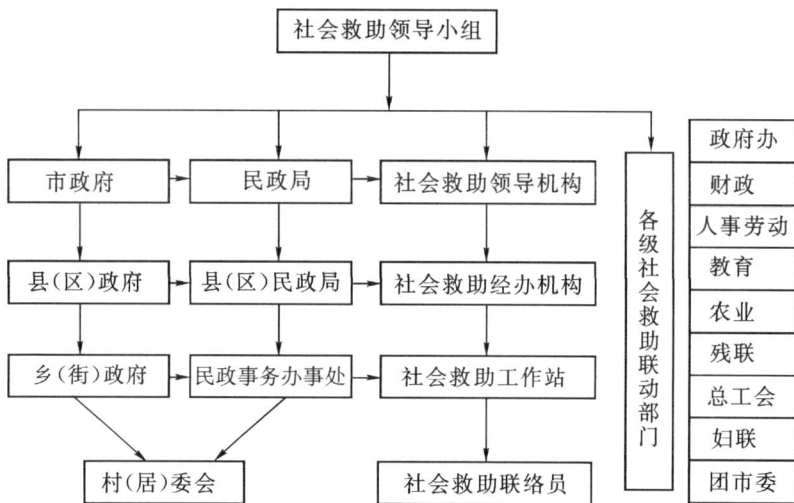

图 12-1　社会救助四级管理体制

①组建市社会救助体系工作领导小组。由市长担任组长,分管领导担任副组长,由市政府办、民政、卫生、财政、人事劳动、教育、农业、残联、总工会、妇联、团市委等主要领导为成员,领导小组下设办公室,办公室设在市民政局。市领导小组的主要工作职责是:负责承担组织、指导、协调、监督实施本市社会救助保障工作;按

规定要求筹措和使用政府的社会救助保障资金,确认社会救助保障对象,核准社会救助保障项目和资金。领导小组办公室的主要工作职责是:具体管理社会救助保障信息平台,汇总和整理社会救助保障工作情况的信息,召集成员单位例会等工作;负责对各镇(乡、街道)社会救助工作组织网络的建设,协调、监督和考核社会救助工作;定期向领导小组报告工作情况,提交工作意见和方案;全面了解和掌握全市困难群众的动态,组织协调全市救助保障工作,负责突发事件的应急救助,制订救助方案。

②相关职能部门联动。根据建立新型社会救助体系的需要,具有救助职能的部门和单位确定分管科室,落实一名社会救助工作联络员,负责全面了解和掌握本部门(单位)的救助工作动态,及时通报救助资金和救助对象情况,并上报市社会救助工作领导小组办公室。

③镇(乡、街道)社会救助管理站。各镇(乡、街道)在现有一名民政助理员的基础上再配备一名事业编制的救助专管工作人员。社会救助管理站由镇(乡、街道)分管领导、民政助理员、救助专管员和各个管理处(工作片)的兼职民政助理员组成,分管领导兼任站长,民政助理员任副站长,救助专管员和各个管理处(工作片)的兼职民政助理员为成员。其主要职责是:统一负责本辖区内的社会救助管理服务工作,宣传贯彻社会救助的法律法规;负责低保、“五保”、优抚、特困户等对象的社会事务管理;负责各救助帮扶组织机构的衔接与联系;审核本辖区的社会救助对象,确定相应救助途径;做到机构、人员、经费、场地、制度和工作“六到位”,并配备专用电脑,建立信息工作平台,组织开展各项社会救助工作。

④村(社区)级民政救助员(社区居委会要设立救助工作站)。宣传党的路线、方针和政策,包括民政工作各项法规、政策;开展调研,及时了解社情民意,协助镇(乡、街道)社会救助管理站摸清本区域内救助对象情况,做好上情下达、下情上报工作;负责联系低保、“五保”、临时救济、自然灾害救济等救助工作;主动协助镇(乡、街道)搞好殡葬服务和管理工作,积极倡导文明丧葬新风;协助开展老龄工作,保障老年人合法权益,提高老年人生活质量;帮助做好拥军优属等方面工作;积极参与村、社区自治工作。同时,建立健全救助工作队伍管理制度。健全救助对象申报、审核、公示制度,建立村救助员例会制度,使基层救助工作有章可依。确立政府救助主体地位,确保必要的救助投入,重大救助工作在政府统一部署下进行,日常救助工作以救助管理站为主,镇(乡、街道)机关干部配合。救助管理站建立后要及时做好资料整理和必需设备的购置,以保证救助工作正常运转。为实现救助资源整合和救助信息共享,市、市级机关部门、镇(乡、街道)三级要建立以信息化管理为中心的救助平台,并实行三级联网,促进救助工作的公开、公平和公正。

三、社会救助立法

社会救助是社会保障的主要支柱。近年来,我国的社会救助制度不断完善,救助内容不断拓展,国家建立了以城乡最低生活保障、五保供养、灾民救助等基本生活救助为基础,医疗救助、流浪乞讨人员救助、住房救助、教育救助、就业救助、生育救助、法律救助制度相配套,以临时救助制度为补充,与慈善事业相衔接的城乡社会救助体系,从制度上保障贫困人群的基本权利。但是,我国的社会救助法制建设相对滞后,2008 年,《社会救助法》列入《十一届全国人大常委会立法规划》,但目前还未立法。

社会救助法是社会救助事业的基本法,是社会救助工作的直接法律依据,也是社会救助制度建设的法律框架和支撑。我国《宪法》第四十五条规定:"中华人民共和国公民在年老、疾病或者丧失劳动能力的情况下,有从国家和社会获得物质帮助的权利。国家发展为公民享受这些权利所需要的社会保险、社会救济和医疗卫生事业。"社会救助法是落实此宪法权利的保障法,是宪法规范在社会救助过程中的具体体现。社会救助法本身隐藏着公平正义的价值,代表了一种理想和文化。作为一项法律规范,社会救助法从三个向度发挥其功能,即既要确定社会救助规则,又要确认社会救助的实施,张扬社会救助制度所体现的价值;既要确认和维护社会救助行为的合法性,又要尊重社会救助的真实性,坚持社会救助制度的真理性,回答社会救助法应当是什么、实际是什么等问题。

社会救助法是救助对象的权利保障法。根据国际人权法和国内法,贫困者最直接最重要的人权就是保障其"基本生活需要"的权利,也可称之为贫困者的基本权利,具体包括取得足够食物的权利——食物在数量和质量上都足以满足个人的饮食需要,无有害物质,并在某一文化中可以接受,此类食物可以可持续、不妨碍其他人权的享受的方式获得;健康权——不仅包括及时和适当的卫生保健,而且也包括决定健康的基本因素;适度住房权——应确保所有人不论其收入或经济来源如何都享有住房权利;人格权——这种权利必须加以保障,使之不受任何这类干涉和攻击……不管是来自政府当局或自然人或法人……政府应采取立法及其他措施,以禁止这种干涉和攻击,能够保护这种权利,国家立法最需要规定保护该条所定的权利;受益权——社会救助待遇是专属救助对象的"新财产"(new property),对其剥夺受正当程序的限制,政府在剥夺前必须经过某种听证,"属于不得随意放弃的权利";请求权——请求社会救助机关发放救助待遇的权利;等等。

社会救助法是救助机构的权力控制法。政府在我国当前的社会救助中掌控着话语权,是社会救助名副其实的决策者、管理者、执行者和监督者,其公权对社会救助的干预是全方位、全过程的。从权力划分来看,政府在社会救助中享有立法权、行政权;从责任划分来看,政府是社会救助的责任主体,承担制度设计、有效监管及履行给付等义务。对政府权力的法律控制是贯穿于社会救助法治全过程的中心主题,也是公民基本权利实现的决定性因素。"由于缺少对权力的有效制约,使得我国公民的人权也面临权力的巨大威胁,应该说这是我国人权立法亟待完善和加强的地方。"加强对行政权力的制约和监督是依法行政的核心,也是目前推进依法救助的薄弱环节。

社会救助法是救助监管和服务的程序规则法。每一种社会管理形式都会产生一套程序要求,正是这些程序要求保障了此种社会管理形式的公正性。英国学者韦德认为,"程序不是次要的事情,随着政府权力持续不断地急剧增长,只有依靠程序公正,权力才可能变得让人能容忍"。政府在社会救助中发挥的作用越积极、越重要,对于程序的要求也就越强烈。在社会救助监管过程中,是否承认和保障受助对象(包括申请人、利害关系人)的程序性权利是社会救助程序正当与否的前提;社会救助程序正当是预防和控制权力的"恣意"滥用或异化的有效措施,是提高社会救助监管效率的有效保障,还是满足受助对象的基本需求、实现他们的实体性权利目标的"最优"路径。社会救助法在规定实体性权利的同时,还必须明确规定社会救助的正当程序,即主管机关行使权力、救助对象(包括申请人、利害关系人)主张权利,以及二者承担义务所应当遵循的方法、步骤和时限等所构成的连续过程,具体包括社会救助申请审批的方式、过程、步骤、顺序,主管机关办理程序和时限,信息公开及信息反馈,对救助管理的监督方式和程序等,以从法律规范上规制社会救助法律关系主体严格按照法定程序行使权力(利),使强势的一方以遵守程序规则为正义依据,使弱势的一方避免缺乏程序常识导致不正义,保证社会救助的过程公正。

四、社会救助资金管理

(一)社会救助资金及其组成

社会救助资金指为满足救助对象的生活、生产(或促进就业),以及应对急难或其他特殊情况的需要所筹集起来的资金和物资的总称。社会救助资金原则上不包括各种途径筹集的用于社会救助的实物。但需要注意的是,社会救助资金经常以购买救助实物的方式开支,也常常以实物的方式提供给救助对象;社会救助经费筹集过程中也经常存在着大量的实物(物资),特别是社会捐赠或海外捐赠,在计算方式上,也常常将物资折合成货币计入社会救助经费里。

在福利多元主义思想和全球福利发展潮流的主导下,一些国家强调政府福利的重要性的同时,提倡家庭、社区、社会团体、企业、个人等都要成为社会救助经费的提供方。社会救助领域在强调国家承担社会救助主体责任的同时,社会救助主体的多元化也已经成为趋势,通过广泛发动社会力量,社会救助经费的筹集来源不断扩展。从各国目前的情况看,社会救助资金主要来源于国家财政拨款、社会筹集、信贷扶持和国际援助等。

1.财政拨款

财政拨款是社会救助资金来源的主要渠道,它包括中央财政拨款和地方各级财政拨款两种。目前,地方财政拨款分定期定量救济和临时性、应急性救济两类,此外,还包括财政扶贫资金。财政扶贫资金属于专项转移支付,是中央财政专项拨款的一个重要组成部分。判断这一拨款的性质要结合财政扶贫资金的出资主体、出资方式以及出资目的等因素来进行。财政扶贫资金是由国家财政部门无偿拨付的,用于扶贫的专项转移支付资金,其目的是使特定的人口摆脱贫困,以获得基本的生产条件与发展权利,具有公共性特征。

在我国,财政扶贫资金的使用范围包括支援经济不发达地区发展资金、新增财政扶贫资金、农业建设专项补助资金、以工代赈资金和财政扶贫专项贷款等。国家各项扶贫资金必须全部用于国家重点扶持的贫困县,分配的基本依据是:省、自治区、直辖市本年度贫困人口数量和贫困程度、扶贫资金使用效益和地方配套资金落实比例。地方各级政府投放的扶贫资金,根据本地区的经济发展水平和财政状况,应该达到财政扶贫资金总量的30％～50％。

2.社会筹集

我国改革开放以来,通过社会各方筹集社会救助资金的形式得到了很大发展,这项资金在社会救助资金中占的比重不断增大。社会筹集的形式主要有:①募捐。即社会团体或个人无偿捐赠的款物,有的是直接向受灾地区或贫困地区捐赠物资或现金,有的是捐赠给各种救灾扶贫经济实体、救灾扶贫互助储金会、敬老院、福利院等。②乡镇统筹,主要指农村由乡镇统一筹集粮款,供养"五保"户。③扶贫经济实体和社会福利企业享受的免税优惠待遇和利润分成。④救灾扶贫互助储金会的储金。

3.信贷扶贫

通过金融部门筹集融通资金,发放低息或贴息优惠贷款,支持贫困地区经济开发,扶持贫困户发展生产。自21世纪80年代以来,信贷资金在社会救助资金来源中的比重有逐步扩大的趋势。扶贫贷款项目主要从当地扶贫开发项目库中由农业银行自行选择,项目库由当地扶贫开发领导小组成员单位根据当地实际情况推荐,经当地扶贫开发领导小组确定纳入扶贫开发项目库。项目选定后,由农行根据"放得出、收得回、有效益"的原则,自主经营决策。目前我国信贷扶贫贷款的投放区域是592个国家扶贫开发重点县。扶贫贷款支持的重点放在农业产业化企业,把分散的农户与外面的大市场连接起来,同时改善贫困地区的基础设施,进一步提高农民素质。

4. 国际援助

我国接受多、双边援助,是从救灾领域开始的,而且是伴随着改革开放的步伐发展起来的。到 21 世纪初,我国共接受国际多、双边援助近 56 亿美元,实施了1000 多个项目。这些项目涉及扶贫救灾、工业技术改造、农业、林业畜牧业、教育、医疗卫生及艾滋病防治、环保、交通、能源、通讯、体制改革、司法合作、人力资源开发和提高政府管理能力等众多领域,其中 70% 的援助资金用于我国中西部地区的发展。

总体来说,社会救助资金实行多渠道、多途径筹集。各地政府应充分意识到社会的力量,并鼓励社会团体和公益性组织参与到社会救助中来,更应该为其提供良好的法律环境、政策环境和社会环境。这样也大大地扩展了社会救助资金的来源渠道,很好地解决了资金筹集问题。

(二)社会救助资金的使用

社会救助资金和物资受法律保护,任何单位或个人无权挪用、侵吞和挥霍。在社会救助资金使用中,应严格按照政策规定的救助范围、标准发放。发放中一般要经过个人申请→救助机构调查→救助机构审核批准等一系列法定程序,规避弄虚作假、平均主义和优亲厚友等违法违规行为。

社会救助资金的使用应遵循以下原则:

(1)专款专用和重点使用的原则。救助款的"专款专用"是指救助款的各项子类款项必须"专款专用",即救灾款只能用于救灾,"五保"粮款必须用于对"五保"户的救助,扶贫资金一定要用于扶贫等。各种社会救助款物,不能搞平均发配,要分清轻、重、缓、急,把有限的救助款物,用在最急需者身上。

(2)无偿使用和有偿使用相结合。把救助款物无偿地发给被救助者,是社会救助最主要的使用方式。但是,这种被动的输血型救助方式在一定程度上不利于调动救助对象自力更生、生产自救的积极性。有偿使用方式是把社会救助款中的一部分以低息或无息方式借贷给救助对象,扶持发展生产,限期使用,到期收回,周转使用。社会救助资金中的救灾扶贫周转金、信贷扶贫款、互助储金会储金等的使用,都是采取有偿使用方式的,被誉为造血型救助方式。

(3)分散使用与集中使用相结合。社会救助资金直接发放至救助者手中,单独使用,用于救助对象吃、穿、住、医等基本生活需求的被称为分散使用方式,社会救助资金一般都是采用这种方式。将社会各方面筹集起来的社会救助款捆在一起,集中用在扶贫地区或贫困户发展生产上被称为集中使用方式。

(三)社会救助资金支付形式

按救助资金实际发放形式可分为现金救助、实物救助以及以工代赈等。

(1)现金救助。它是指国家或社会救济机构以发放现金的形式,帮助社会成员摆脱生活困难的一种救助手段。现金救助源于古代的赈银救荒,在当代社会则表现为社会救助的主要形式,其特征是直接给被救助者发放现金,由被救助者根据自己的实际困难安排使用。在实际工作中,采用现金救助手段的主要是针对定期救助对象和部分临时救助对象。

(2)实物救助。它是指国家或社会救助机构以发放实物的形式,帮助社会成员解除生存困境的一种救助手段。实物救助的特征是不直接给被救助者发放现金,而是根据其实际情况和需要,用社会救助经费,购买一般生存资料和部分生产资料,无偿发放给被救助者。救助物资包括粮食、房屋、衣被、食品、餐具、建房材料、医药以及中小农具、化肥、种子、役畜等。实物救助的对象主要包括紧急抢救、转移安置的灾民,灾区老弱病残者和无法安排生活的重灾户,以及非灾区的严重或特殊贫困户。实物救助的原则是专物专用,不可滥发,更不能积压、贪污和挪作他用。

(3)以工代赈。它兼有现金救济和实物救济双重支付形式。它是中国历代赈灾济贫的传统措施,为春秋时期齐国的晏子首创,此后相沿成袭,迄今仍被广泛采用。以工代赈的基本内容是,由政府组织灾民或贫民兴修水利、堤坝、道路等工程,以结算工钱的形式帮助灾民和贫民渡过生活难关。以工代赈的方式既有赈款(以现金支付工钱),也有赈谷(以粮食、食品支付工钱)等,是一条积极的社会救助措施。按国家有关规定,工赈款由工程主办单位给付,因而一般未计入社会救助费中。

(四)社会救助资金的管理

社会救助经费管理是指国家和社会以法律、政策为依据,通过一定的程序、采用一定的方式或手段对社会救助资金进行规范、组织、协调、监督的活动过程。社会救助资金管理的内容,可以分为以下几个方面:①筹集资金的管理。它包括两方面的内容,一部分是国家的财政拨款,需要按定期定量救济和临时性应急救助实行预算管理;另一部分是社会集资和募捐,包括企业或个人捐资、捐物和社会有奖募捐,要求加强对集资或募捐方式、资金来向进行有效管理。②资金使用管理。社会救助资金和物资受法律保护,任何单位和个人均无权挪用、侵吞、挥霍,故在社会救助资金使用中,应严格按照政策规定的救助范围、标准发放,发放中一般要经过一系列法定程序,杜绝弄虚作假、平均主义和优亲厚友等违法违规行为。

由于社会救助经费的来源渠道不同,在管理中亦有所区别,其中国家拨款部分由民政部负责管理,并通过其基层机构及乡、村、街道、居委会具体办理社会救济的审核和发放;社会募捐部分则可以由社区或基金组织自行支配和使用,但应接受民政部门的监督,以保证救济金发放的公平。

社会救助基金的管理机构一般是地方政府成立社会救助管理工作领导小组,负责领导社会救助管理工作,负责协调、解决社会救助资金管理及使用中的相关问题。社会救助管理工作领导小组设在民政部门,负责领导小组的日常工作,负责对社会救助资金筹集、管理、使用等情况进行监督。各地方民政部门相应设立社会救助管理工作办公室,负责受理本辖区内特殊困难群体的社会救助申请,负责社会救助资金的管理、使用等工作。

管理社会救济金的机构除各级民政部门的救灾救济业务部门外,财务部门负有重要的管理职责。所以各省、直辖市、自治区民政厅(局)的财务处,地、市、州、盟民政局的财务科,应建立健全社会救助经费管理制度。街道、乡(镇)和村(居)民委员会均应指定财务人员管理社会救助事业费,并设置专用账簿,记录社会救助费的发放情况。各级财务管理人员应认真执行国家有关社会救助费的财务管理制度,遵守规定的使用范围,严格按程序和审批手续办事,对于不符合使用范围和制度的开支有权拒绝支付。财务人员在调动工作时,必须将经手的社会救助费账目和款物造具清册,连同簿据办理移交,经监交人和继任财务人员查核无误后,方准离职。如果发现账面不清或情节可疑,必须认真查究处理。县以上民政部门应该会同财政、审计部门,经常组织力量,深入重点地区或单位,检查社会救助事业费的使用情况和财务管理工作,发现问题应及时处理。对平均发放、滥支挪用、干部多占、徇私舞弊等现象必须切实加以纠正;对于贪污、盗窃、私分社会救助事业费或各种救灾救济物款的,除必须追回被贪污、盗窃、私分的款物外,还应依法严肃处理,情节严重者必须追究责任者的刑事责任。

社会救助资金实行分级筹集、分级管理、分级使用。本着量入为出的原则安排,不得超出本级实收额度。各级财政、民政部门及特困群体所在街道办事处必须设立社会救助资金专户,按财务制度单独核算,保证专款专用。财政部门设立的社会救助资金专户,用于办理社会救助资金的收缴、核拨业务;民政部门及特困群体所在街道办事处设立的社会救助资金专户,用于社会救助资金的发放。

社会救助资金的使用发放工作坚持公开、平等、民主的原则,实施规范化、公开化、动态化管理。每年定期向社会公布筹集和使用情况,接受社会舆论监督。民政、财政、审计、监察等部门应加强对各地社会救助资金的筹集、管理、使用等情况的监督,每年对各地进行定期检查,并采取不定期的方式进行抽查。对擅自改变社会救助资金使用范围、用途、对象的,虚报材料套取社会救助资金的,依法追究有关领导和当事人的责任。造成损失的,依法承担赔偿责任;构成犯罪的,依法追究刑事责任。

享受特困群体社会救助待遇的人员如有采取虚报、隐瞒、伪造等手段骗取社会救助的,由民政部门给予批评教育或警告,并追回其冒领的社会救助款。另外,城市居民对民政部门作出的不批准享受特困群体社会救助的决定或给予的其他行政处理不服的,可依法申请行政复议或提起行政诉讼。

五、社会救助管理信息系统

社会救助管理信息系统是指以计算机、因特网为主体的信息技术在社会救助领域中的应用。社会救助信息系统是整个社会救助体系的技术支撑。它涉及社会救助体系的各个层面,贯穿于社会救助工作的各个环节。20 世纪 80 年代以来,由于对信息的概念认识的不断深入,以计算机和数据为基础的信息处理开始过渡到以信息作为战略性资源管理阶段。信息的高速发展将对社会救助管理产生重要影响,如果运用得好,将产生良好的社会效果。目前,我国多个社会救助管理信息系统已经研发出来并应用于实际管理工作中,并产生了较好的社会效益。如从 2010年起,黑龙江省哈尔滨市建立了社会救助管理信息系统,联合多部门对低保、低收入家庭等社会救助对象进行审批,社会救助家庭收入、财产变化等信息分为月、季、年三类进行核对,提高了救助对象的审批合格率,防止了公共财政资金的流失。2012 年上半年,就检出不符合社会救助待遇人员 1615 人,节约财政资金 294 万元,与 2011 年全年检出 5627 人相比,同期下降了 3.4 个百分点。

社会救助信息化的主要内容就是将信息技术与社会救助业务相结合,构建社会救助管理信息系统。该系统是我国政府管理信息系统的一个重要组成部分,由计算机、通信网络、数据库和相应的管理软件,以及各种专业技术人员所组成。信息来源于劳动者个人和基层单位。通过对社会救助及相关数据的采集、加工、处理,形成多种有用的信息,提供给各级劳动保障部门的决策者、管理员和社会公众,以满足不同层次、不同人群的信息需求,达到信息共享,实现信息资源的有效利用。

目前我国不少地方社会救助管理部门利用计算机信息技术,对低保申请与审批、社会救助申请与审批中的每个环节进行统一管理,以防止在申请过程中出现重复申请等"作弊"行为。当前正在使用的社会救助管理信息系统包含了社会救助的重点救助工程:城市低保、农村低保、农村"五保"供养、城市医疗救助、农村医疗救助等。整个系统分为省、市、县三级,由县乡村在县级平台中完成数据输入、业务管理、资金发放等,数据通过互联网直接上传到市级和省级系统,完成全市、全省数据汇总和月报表上报。同时,社会救助管理信息系统实现了网上申请、审批和复查操作,能快速发现县内、跨县、跨市重复申请的救助对象情况以及救助对象基本信息、申请表信息、调查表信息、审批表信息的快速查询,并能将救助信息动态汇总,在网站上自动公开发布。

从系统功能上来说,社会救助管理信息系统基本上由以下几个基本方面构成:

(1)社会救助管理数据和信息的收集和整理。社会救助信息收集包括原始信息和再生信息收集两种。原始信息是相对简单、接近信息源的信息;再生信息是经过某种模式从原始数据中提取的信息。社会救助管理的再生信息主要是在不同的信息系统之间进行的,包括横向各个部门和纵向各级机构之间的关联数据、分系统合成数据、通过各类计量模型和统计模型计算的数据等。

(2)社会救助管理信息的存储。它涉及信息存储时,要考虑存储量、信息格式、存储方式、使用方式、存储时间、安全保密、使用授权等方面的要求,使组织信息不丢失、不失真、不外泄,并且方便使用。在不同的信息系统中,存储的要求是不一样的。日常业务信息系统,格式相对简单,时间短,但数据量大;管理信息与决策支持系统格式复杂,存储时间长,存储难度大;对于专家系统,不仅要存储大量的计量模型,而且还要大量背景和历史信息,对存储方式、时间、内存都有特殊的和复杂的要求。

(3)社会救助管理信息的加工。信息加工是一类特殊的信息合成模式。它一般是通过模型化方式提出信息需求,得出有用的管理信息,这在专家系统中较常用。社会救助管理信息加工步骤是:①管理项目及指标设置。对于复杂的管理模型来说,一些指标需要经过特殊设计才能反映出人力资源的特征。②管理信息提取模式构造。目前的模式主要有以下几类:a.计量模型,如线性和非线性计量模型;b.统计模型;c.管理模型,如成本管理、资源储备模型、线性规划模型、排队模型与对策模型等;d.特殊模型,如遗传算法、网络图、聚类模型等。这些模型是为了提取更复杂也更具参考意义的决策信息。③模型运行与报告,把模型运行取得的数据和分析结果、误差、背景、图表和文字解释一并输出,供决策者参考。

(4)社会救助管理信息的传递和提供。信息系统的最终目的是为用户提供基础数据、管理信息和决策支持信息。信息系统可以因管理者对信息内容、质量等要求选择不同的传递方式、提供方式。

社会救助管理信息系统的设计涵盖整个社会救助体系及流程。我国标准版社会救助管理信息系统的主体功能模块包括:城市低保、农村低保、农村"五保"、城市医疗救助、农村医疗救助等五部分,附属功能有社会救助网站、文件交流系统、信息发布系统、网上申请救助等。目前我国一些地方使用的社会救助管理信息系统分区县级标准版、市级标准版、市级综合版和省级标准版等几种不同的版本。

六、社会救助管理的监督机制

完善的监督机制是确保管理制度有效实施的重要基础。如果没有对社会救助制度健全的监督机制,无论该制度在当时的历史条件下是多么合理,运行多么规范,设计多么有效,随着社会经济及与社会救助相关的各种因素的变化,社会救助制度运行就可能存在不良的问题和后果。因此,加强对社会救助的监督,既是社会救助制度建设的要求,也是完善社会救助运行机制的需要,更是维护社会成员社会救助权益的要求。

对社会救助的监督应当包括三个层次:社会救助行政部门的监督、专职部门的监督以及社会监督。第一层次是社会救助行政部门的监督。社会救助行政部门的监督是指政府有关行政部门根据其管理职能,代表国家对社会救助制度的运行进行监督。它以日常监督方式为主,并按照本部门的监督和非主管部门的监督,一般寓于社会救助管理过程中。第二层次是专职部门的监督。专职部门的监督主要是财政监督和审计监督。社会救助资金的收支状况直接影响到国家财政状况的好坏,因此加强财政监督具有十分重要的意义。财政监督的主体是各级政府财政机关,监督的内容包括预算监督、缴费监督和财务监督。审计监督是由专门从事审计业务的部门对社会救助资金的收支、使用和投资运营的效益以及是否违反财经纪律进行的经济监督。从事审计监督的主体主要是国家审计机关,各级社会救助业务经办机构也应当建立相应的内部审计机构,社会审计组织也可以在国家审计机关的授权下从事社会救助的审计工作。第三层次是社会监督。社会监督是指社会救助的直接利害关系者或者其他群众组织,借助舆论的作用及其影响,对社会救助管理进行的监督。尽管它没有行政监督的权威性和审计监督的超脱性与专业性,但它的社会性对社会救助管理部门的管理行为产生很大的约束,大致分为工会监督、妇联组织监督、企业团体监督和社会舆论监督等。

第二节　国外社会救助管理的经验借鉴

他山之石可以攻玉,国外在社会救助管理方面积累的丰富经验,可以为我国改进和完善社会救助管理提供借鉴,这些经验可以总结为:建立了适合本国国情的社会救助管理体制;重视法制建设,为社会救助制度的推行提供立法保障;倡导资金来源的多元化;重视信息化建设。

一、建立了适合本国国情的社会救助管理体制

西方国家社会救助的管理体制是多种多样的,仅从中央政府和地方政府的事权和财权的划分角度来看,我们可以把西方发达国家的社会救助管理体制划分为以下几种:①中央政府集中管理型,如英国、澳大利亚和新西兰等国,均由中央政府确定社会救助标准并负责具体管理,并由中央财政拨款。②地方政府管理型,日本、瑞士、瑞典、芬兰和娜威等国,一般由中央政府制定社会救济标准,由地方政府

根据具体情况进行实施。③中央和地方政府分层管理型,法国、美国和卢森堡等国家实行这种体制。如法国,中央政府制定最低社会保障线制度并负责管理,部分专项救助由相应的社会机构统一管理,资金来源于中央政府及各种缴纳费用;其他非现金救助由地方政府出资并负责管理。

(一)中央政府集中管理模式

中央政府集中管理模式是指由中央政府制定规则、提供资金和进行管理。在实行此类模式的国家中,不同的社会救助项目之间的衔接配合比较好,整个救助体系内部的协调性较强。统一的资格标准使得社会救助体系更容易管理,成本也更低。该模式的救助体系还具有决策上的一致性和管理上的公平性等优点。相反,社会救助的地方化常常不利于救助事业的发展以及满足穷人的需要。从社会救助的历史发展来看,只有当救助事业在国家的统一领导下,社会的弱势人群才能够获得最大的利益。地方政府通常欠缺很强的自主性,并没有足够的财政能力去采取有效的救助行动。同时,无论是在技术水平上,还是在管理能力上,地方政府与中央政府相比都有一定差距。

(二)地方政府管理模式

支持地方政府管理模式的人则认为,与中央型救助管理体系相比,社会救助项目经费管理的地方化,可以使项目更能适应各地区的需要和财政能力。地方性的社会救助可以更好地满足个人的需要。地方政府通常比大的中央政府更了解自己地区的问题,对地区居民的特殊需要更为敏感。此外,在地区进行试点的风险要小于在全国推行救助改革试验,如果地区试点的改革是失败的,并不会对整体的社会救助造成重大的影响。一个地区的失败经验还可以成为其他地区的前车之鉴。除了成本较低的优点之外,地方政府管理的社会救助项目的透明度比较高。

(三)中央和地方政府分层管理模式

除了中央政府集中管理模式和地方政府管理模式之外,还有一种社会救助的模式是由不同级的政府共同分担财政责任。各级政府根据各自的财政能力,在资源转移问题上达成协议,共同负担社会救助的财政。这种模式的优点是,充分考虑到各级政府的财政能力,使一些财政能力不足的政府,不必在浮动或其他的脆弱的税基上,征收大量的税收。美国也采取中央和地方政府分层管理模式,美国的社会保障机构是随着社会保障制度的创立而建立起来的,由1935年的社会保障委员会到1939年的联邦社会保障部,1953年成立卫生、教育与福利部,由其下属的社会保障总署行使社会保障管理职能。社会保障总署下面设有公共救助局。市、州的社会保障机构称社会福利部,全国共有分布各地的办理社会保障具体事务的办公室1300个。经费支持方面,以往是州政府每支出1美元,联邦政府支出的配合款大约为 4 美元,而且配合款会充分考虑各州的经济状况。

以上三种模式各有利弊。从理论上讲,由地方进行经费管理的优势在于,能够确保救助金得到最有效的使用和最准确的发放。因为,在经费管理地方化的模式下,地方政府更有动力去对抗所有的现金形式的保障体系中普遍存在的道德风险。在社会救助中所谓的道德风险,是指被救助者及其家庭更加愿意依赖救助而不愿通过再就业来改善自己的处境。为了预防道德风险的发生,社会救助有一套专门的管理机制,这些机制包括家计调查和工作审查。家计调查是确保申请救助的个人或家庭必须是在某种特定的情况下无法依靠自己的能力去保证最基本生活的情况下才能接受救助;工作审查是被救助者要履行一些责任,例如积极寻找工作才能接受救助。申请人是否属于困难状况或者拥有被救助的条件,必须由社会救助的管理者来决定。但是受到一些因素的影响,管理者并不总是严格地执行这些审查规定。比如,当救助工作者在进行家计调查或工作审查的时候,因为会触及被救助者的隐私和生活,常会引起被救助者的不满,甚至引发冲突,从而加大调查的难度。此外,对申请人所进行的家计和工作调查,有时可能需要花费很多的时间,管理者不得不减少其他重要的管理活动的时间。因此,出于时间成本的考虑和受到调查难度的影响,救助工作者可能会减弱对道德风险的控制。而地方化的经费管理模式会对道德风险的控制产生积极的影响,因为在该模式下,地方政府需要独自负担救助的支出,出于成本控制的考虑,会对各个申请者和被救助者的生活和工作状况进行更认真的调查。

财政责任地方化会对救助者数量的控制以及约束救助成本起到很大的作用。具体来说,财政责任地方化在这方面的管理效果主要体现在以下三个方面:首先,由于地方机构独自担负救助的成本,地方救助机构会对社会救助的申请进行更加严格的评审;其次,对接受救助者的欺骗行为进行更加严厉的监控预防;再次,更加积极地引进培训和再就业等措施,帮助被救助者离开社会救助。一般来说,如果社会救助的支出完全由地方财政担负,以上各个方面所取得的成效,无论是对欺骗行为的控制,还是帮助被救助者重新就业所节省的成本都归于地方政府。因此,在地方化的管理模式下,地方政府最有动力去控制成本和实施一些积极的救助措施。相反,如果财政完全由中央政府负担,以上措施的所有收益都归于中央政府。如果财政由几级政府共同负担,这些成果也将会被各级共享。

但是,国家将社会救助责任转移给地方政府,也增加了地方所承受的财政压力。在进行救助财政体制的改革过程中,有的国家在给地方政府更大的自主权的同时,减少了中央对地方的财政支持。在财政收入水平最低的地区,社会救助的要求也最大,地方政府却无力提供适当的救助。而在财政地方化的过程中,经济条件好的省份,无疑会征收到更多的税收。无论是在发达国家还是发展中国家,各级政府间的财政能力都存在很大差异。因此,当地方经济状况差别较大时,要确保社会救助项目在国家内部各个地方都能得以有效实行,一定的再分配是必要的。否则,地方化会成为富裕地区脱离国家整体的社会救助的一种方式,导致国家救助的公平性降低。

当社会救助实行中央化的经费管理时,救助机构具备更大的规模,能够垄断服务的提供,取得规模经济的效果。这种模式下的救助机构,拥有更加充足的财政资源和专业技术去满足被救助者的需要,并且有较强的能力应对变化的政策环境。但是,对于地方的救助管理机构来说,因为不用负担任何成本,救助管理的动力就不足。另一方面,在救助管理地方化的模式下,因为救助机构规模较小、地方政府独自负担财政与管理成本,财政责任会很清楚,地方救助机构进行管理与节制成本的动力会更强。地方的救助机构会有更高的动力去进行改革,最大程度地满足被救助者的利益。但是因为成本由地方政府独自负担,财政的稳定性会下降。

中央与地方分层管理模式的缺点在于,当有一定数量的政府部门参与进入社会救助的管理时,就有可能产生成本转嫁现象。所谓"成本转嫁",是指一个救助管理机构采取措施使得救助责任转移到其他的机构,但最终并没有从实际上解决被救助者的基本问题。成本转嫁会发生在政策制定层面和政策执行层面:在政策制定层面,一些政府部门修改他们的项目政策时,会使得一些原属于其管理范围内的救助责任转移到其他政府;在政策执行层面,项目管理者会通过一些办法将被救助者推给其他的社会项目。成本转嫁的问题在联邦制国家尤为难以解决,有关救助政策的协议很难达成。在 OECD 国家,社会救助工作者将被救助者推向病残保险和失业保险的成本转嫁现象非常普遍。例如在瑞士的社会救助管理过程中,有的地方政府通过一些方法使被救助者具有可以接受失业保险的资格,或者帮助年龄大的被救助者申请残疾保险。通过这些方法,地方的救助支出得以减少,但代价就是增加了保险体系的负担。在联邦制国家,当救助责任由不同级别的财政部门共同负担时,其他形式的成本转嫁也会发生。例如,在对移民的救助中,移民的流出区与流入区政府之间有时候不愿对有关移民的信息进行共享,以此来转嫁对移民的救助成本,这造成了一种贫困的跨地区迁移的现象。在很多国家,例如瑞士和加拿大,都存在移民的贫困迁移问题。在瑞士的社会救助中,如果被救助者在不同地区间进行迁移,由地方政府支付被救助者的转移成本。一些居住在较小地区的被救助者为了得到更好的救助支持和服务,并使自己的隐私得到更好的保护,经常选择迁移到大的城市居住。

关于什么是最优的社会救助管理模式,要依据国家的具体情况而定。对于地方经济差距很大的国家来说,实行地方筹资,并且以地方官员的意志来决定救助金给付的救助体系是不适合的。因为单纯依靠地方筹资,该国内的贫困地区的政府将只有很少的资金来救助他们的穷人,甚至将贫困家庭排斥在救助体系之外。这使得国家中最需要救助的人,反而获得的救助会最少。在地方收入差距较大的国家实行地区化的财政和管理体系,会导致各地穷人接受救助的可能性以及所得到的救助金数额不同,妨碍地区平等。地区收入差距大的国家,更适合实行一个中央筹资和由国家统一制定救助资格的体系,以保证地区平等。另一方面,同样的地方化体系却可以在一个地方差异很小的国家发挥较好的作用。

二、重视法制建设,为社会救助制度的推行提供立法保障

英国早在 1601 年颁布了在人类历史上具有重大意义的《伊丽莎白济贫法》,史称旧《济贫法》。该法以传统的慈善救济为主要特征,把政府的济贫看做是统治者的恩惠。由于时代和条件的限制,该法律对穷人有不少歧视政策,带有惩戒性质,如该法规定凡接受济贫法救济的穷人,则同时也失去了公民权利。旧《济贫法》最富代表性的措施是建立"贫民习艺所",强迫贫民劳动,以杜绝当时十分严重的流浪现象,该法兼有强迫劳动和社会救济的性质。该法律的颁布意味着社会保障从临时性走向制度化,从随意性走向法律化,标志着西方社会保障制度的初步形成。18世纪下半叶,工业革命的开始使英国再次面临严重的社会问题,1795 年,英国颁布了《斯皮纳姆兰法》。该法的核心内容是按照食品这一基本生活资料价格的高低来确定人们的最低生活费用标准,开始把社会救助与基本生活费用的高低联系起来。它的实施在一定程度上缓解了英国社会的贫困状况,但该法令的实行导致济贫税大为增加,1810 年前后,已超过每年 600 万英镑。

1834 年,英国议会通过了新《济贫法》,宣布停止向济贫院以外的穷人发放救济金,只对济贫院内值得帮助的穷人提供救济,接受院内救济的人不再拥有选举权,以示对接受救济者政治上的惩罚,目的是让每一个贫民都知道应该通过个人的努力而不是政府与社会的帮助来摆脱贫困。新《济贫法》还创立了第一个全国性的行政机构——济贫委员会,将济贫由分散变为集中,克服了地方济贫管理腐败和不称职的局限,新《济贫法》奠定了现代社会保障立法的基础,形成了政府直接管理社会保障事业的传统,并成为以后欧美各国社会保障立法的典范。

随着英国工业化进程的推进、贫困问题的加剧和社会问题的复杂化,新《济贫法》规定的院内救济的办法根本无法解决越来越多的社会问题,废除《济贫法》,建立更科学、更人道、更有效的化解社会风险的的社会救助制度已经成为一种趋势。1906 年颁布的《教育法》规定由地方政府为贫困学生提供免费午餐,1908 年颁布的《养老金法》使英国建立了免费养老金制度,为英国大部分老年贫民提供免费的养老保障。1948 年英国颁布的《国民救济法》,建立起单一的救助制度,规定凡没有收入或收入太低而又没有交纳国民保险金者,可以领取国民救助金,在患病、伤残

和住房等方面还可以申请救助。该法的颁布标志着《济贫法》实施的终结和社会救助制度的正式建立。1976年该法经过修订,称为《补充救助法》,对社会救助的对象、内容等方面作了更为明确的规定,指出凡是16岁以上的英国居民,其收入来源不能满足最低生活需要者,都可以申请社会救助。

为了克服人们长期形成的福利依赖现象,激发人们工作的积极性,英国政府在2008年发表绿皮书称,那些长期靠领取社会救助津贴生活的公民今后将以出卖劳动力的方式获取社会福利。新的改革措施规定,那些领取救助津贴两年以上的公民将必须从事全职的社区工作,而领取时间为一年的居民则需要在所在社区工作至少4周,否则将被剥夺领取社会救助津贴的资格。此外,那些靠社会救助津贴生活的单身父母们在其孩子年满7岁后也要开始上班工作;吸毒者们获得福利的条件则是接受戒毒治疗;那些失去劳动能力的社会救助津贴领取者将接受独立医师的重新鉴定,以判断他们是否能够工作。这项福利改革措施于2009年开始实施。经过历年的补充和完善,英国形成了比较健全的社会救助制度,主要包括低收入家庭救助、老龄救助、儿童救助、失业救助及疾病救助等内容,"成为满足具有不同实际需求人们需要的一揽子解决方案"。

美国的社会救助制度又称为公共救助或福利补助,始建于20世纪30年代。1929年美国出现了经济恐慌与萧条引发的危机贫困问题,为了应对这一经济社会变迁,政府陆续采取了多项措施。1933年罗斯福总统提出"新政"方案,并于当年5月,签署了《联邦紧急救助法》,建立起第一个全国性的救助机构——"联邦紧急救助署",开辟了社会救助的新纪元。而对社会救助制度的产生影响最为深远的是1935年国会通过的《社会保障法》(Social Security Act)。这个法案的主要内容之一就是公共救助方案,它将妇女、儿童、老年退休、残疾与失业补偿纳入社会福利体系中,形成不同类别的救助体系。《社会保障法》的颁布,第一次使联邦政府参与到解决失业和贫困问题中来,是美国现代社会救助制度的开端。但是,公共救助方案在政策设计内涵上强调对"值得救助贫民"(deserving poor)的扶助,救助条件苛刻并呈现出明显的惩罚原则;从政策实施主体上将救助责任和权力推给了州政府;从政策的后果看则带给了贫困者明显的社会烙印。

20世纪60年代,伴随经济的成长、国力的雄厚以及民权运动的诉求,美国的各项社会福利制度开始全面完善,社会救助制度也进一步发展。与30年代由经济危机所引发的贫穷问题不同,60年代则主要是因为社会结构的改变以及工业化经济所导致的更具复杂性和多重性的结构性贫穷(structural poverty)。因此,解决的对策也更加全面而激进。肯尼迪总统执政期间,颁布实施了《公共福利修正案》,治理贫困的重点开始转向提高贫民的能力,从资助穷人实物、金钱开始转变为提供服务和技能培训,即由"输血"转向"造血"。1964年约翰逊总统倡导的"与贫穷作战"方案提出的措施有:一是强调"平等"的民权法案,希望消除人为的不平等与歧视;二是强调"减税"的减税法案来增加收入和提高购买力;三是强调"就业"的经济机会法案来激发潜力,开创就业机会,使每个人(尤其是贫困者)能够有充分可行的社会参与,消除贫穷从而缔造一个"大社会"(the great society)。到 1973 年,美国的贫困人口从 1960 年的 4000 万锐减到了 2300 万。虽然"与贫穷作战"方案是针对少数人群所设计的,但其蕴含着更深远的社会性目标,即试图通过排除社会与环境的障碍,不仅使贫困者获得救助,更重要的是消灭贫穷,并达到社会的和谐发展。1974 年《社会安全修正案》对公共扶助内容做了较大的改变,主要是将分类补充的公共救助整合为补充安全所得,并将之纳入联邦政府主管。公共救助体系包括以下几项:①补充安全所得;②失依儿童的家庭补助(AFDC);③医疗补助;④常规救助;⑤食物补助;⑥住宅补助。

随着福利开支的日益庞大,迫于公共舆论及财政负担的压力,自 20 世纪 80 年代开始,美国对社会救助制度进行了一系列重大改革,其中影响比较深远的是克林顿时代通过的《个人责任与就业机会调整法案》。该法案注重"工作"价值和"自立"精神,一方面对福利救济金领取者采取了严格的受助时间和工作小时等限制;另一方面,大幅减少用于直接资助贫困家庭的资金补助的比例,增加鼓励和帮助人们参加工作、自谋生路的资金比例。该法案废除了自 1935 年起施行长达 61 年的被视为"福利"同义词的失依儿童家庭补助(AFDC),新增了"需要家庭的暂时救助"(temporary assistance to needy families,TANF),修订了"补充性安全所得""儿童资助""医疗救助""儿童保护""儿童营养计划""食物券""社会服务综合补助款"等在内的多项福利措施。2002 年,布什政府深化福利改革的方案,出台了《为自立而工作法案》,在倡导通过就业自食其力的"工作福利",减少福利依赖的基础上,着力强调改善家庭结构,强化健康的婚姻关系,减少非婚生子女等。美国的社会救助体系包括老年人扶助、盲人扶助、残障扶助、TANF。这些政策都需要通过资产调查,内容包括:直接的金钱提供,以提高贫困者的购买力;直接提供生活必需品,如食物、住宅与医疗照顾;重点保护儿童和青少年的成长环境。

三、资金来源多元化

在救助经费来源方面,主要是由政府承担,并充分发挥社会力量,鼓励民间组织发挥作用,形成了多元化的资金来源渠道。例如,在丹麦,用于最低收入保障的救助支出,一半由国家预算承担,另一半由地方政府支出;在荷兰,国家负担 90% 的支出;在英国、爱尔兰等则 100% 由国家负担;在日本,救助所需资金也全部由财政拨款;有些国家,如德国,政府和慈善机构负责救助资金的 1/3,另外 2/3 的开支则采取一种"社会自治"的形式,由具有法人地位的各种社会保险管理机构承担;有些国家,如新加坡等,由政府通过公共援助计划对公民实施生活社会救助,同时社会团体也通过各种基金对贫困家庭给予一定的经济补助。瑞典的绝大多数社会救助资金来源于地方政府;美国则由联邦政府、州政府和地方政府共同负担,各自的比例由各州对该项目的实际支出和州人均收入来决定,人均收入较低的州,联邦政府负担的比例较高。在生活救助的资金来源和使用方面,韩国更是明确了各级政府的分担比例和业务范围,规定国家承担 80% 以上,道承担 10% 以上,市、郡承担 10% 以内,市、郡作为基层单位负责具体的救助业务。重视发挥民间组织在社会救助中的作用,也是各国政府普遍的做法。德国在立法中规定,社会救助要坚持政府和民间合作的原则,联邦社会救助法不得侵犯教会、宗教团体、民间福利团体的地位与活动,社会救助实施机构在与这些福利团体合作时,应考虑到其独立性,互相取长补短,并支持民间团体。

四、重视信息化建设

国外的社会救助信息化建设,最早始于 20 世纪中期。美国政府早在 1936 年就开始为每一个公民发放具有唯一标识号码的社会保障卡。社会保障号码制度是美国的一项重要的社会救助管理制度。社会保障号码亦称社会安全号码,它是了解、追踪当事人工作期间的收入、享有社会保障津贴的一种有效手段。在美国,绝大多数人都有社会保障号码,儿童也不例外。美国税收服务局规定,1 岁以上的被赡养人的退税单上均要注明社会保障号码。大多数州已经把社会保障号码作为婴儿出生登记中的必要内容,这一手续在婴儿出生时就已办妥。美国没有类似中国的身份证号码,所以美国的社会保障号码逐渐成为美国国民唯一终身使用的身份证明号码。受美国国会的委托,社保署为许多政府项目提供社会保障号码认证。在美国,以社保号为核心的信息系统,不仅在社会保障各项目中可以通用,其他社会化管理系统如银行信贷、个人税收监管、国家安全监督、人才流动等也可以应用。这种信息资源的共享不仅节约了社会管理成本,同时也有效地提高了全社会的服务水平。20 世纪 60 年代,美国社会保障署在 IBM 公司的配合下,建立了包括姓名、社会保障号码和薪水等项目的大型数据库,这曾经成为美国政府部门信息化建设的典范。此后,美国社会保障信息化水平逐渐提高,并于 1982 年推出了渐进式的"系统升级规划"。在实施 20 多年并耗资数十亿美元的税款以后,美国市民终于可以方便地访问社保系统的网络界面。德国是第一个开发国家健康信息网络的国家,1993 年开始建设,2006 年实现预定目标。德国采用高级安全加密技术的智能卡技术来存储个人医疗信息。在加拿大,1997 年成立了非盈利组织"健康保险咨询委员会",于 2001 年启动健康信息网络建设,至 2009 年末网络覆盖了一半人口的健康信息。英国正在建设发达国家中最复杂和最昂贵的健康信息系统,据称到

2014 年将使所有的医疗机构实现联网。

第三节　中国社会救助管理存在的问题及完善思路

尽管我国社会救助制度从计划经济时期面向特殊群体的"剩余模式"发展到覆盖全体社会成员的权利保障制度,救助理念发生了转变,制度体系不断发展完善,有效保障了贫困人口的基本生活,在救助管理体制、救助的资金来源、救助的信息化建设方面取得了一定的经验和成绩,但是,我国社会救助管理还存在着一些问题,完善我国的社会救助管理就是要迫切解决这些问题。

一、我国社会救助管理存在的主要问题

(一)法制建设滞后

目前中国城镇社会救助法律制度安排主要体现在《城市居民最低生活保障条例》中。当然,与最低生活保障制度配套的一些政策、法规等还不少,包括中央和地方的,但它们仅仅是作为所谓的"配套"而已,还不能真正地列入社会救助法律制度论述的范畴。这些政策还不成熟,各个地方都处于探索阶段,并不稳定和持久。除了国家统一的城市居民最低生活保障条例以外,地方也出台了不少相应的条例或办法,如《上海市社会救助办法》(1997 年 1 月 1 日起施行)、《广东省社会救济条例》(1999 年 3 月 1 日起施行,2010 年 7 月 23 日修正)、《北京市城市居民最低生活保障制度实施细则》(2000 年 12 月 15 日起施行)、《浙江省最低生活保障办法》(2001 年 10 月 1 日起施行)等。城市居民最低生活保障制度的内容安排是指构成城市居民最低生活保障制度各方面内容规制的总和,主要包括保障范围、保障标准、保障资金的来源与管理、工作程序、管理体制和运行机制等。

除了《城市居民最低生活保障条例》,城镇社会救助法律制度安排还包括《城市生活无着的流浪乞讨人员救助管理办法》。它规定:"为了对在城市生活无着的流浪、乞讨人员(以下简称流浪乞讨人员)实行救助,保障其基本生活权益,完善社会救助,制定本办法。"第二条更明确指出:"县级以上城市人民政府应当根据需要设立流浪乞讨人员救助站。救助站对流浪乞讨人员的救助是一项临时性社会救助措施"。为了配合该办法,民政部还及时颁布了《城市生活无着的流浪乞讨人员救助管理办法实施细则》。

在农村,我国目前的法律制度安排主要体现在《农村五保供养工作条例》(2006 年 3 月 1 日施行)中。2007 年中央一号文件明确提出:"在全国范围建立农村居民最低生活保障制度,鼓励已建立农村低保制度的地区完善制度,支持未建立制度的地区建立制度。"这标志着农村最低生活保障进入全面推进的新阶段。2007 年 7

月,国务院发出《关于在全国建立农村最低生活保障制度的通知》,对农村最低生活保障标准和对象范围、管理、资金来源作了规定。

2003年7月16日国务院通过了《法律援助条例》,自2003年9月1日起施行。该条例规定,国务院司法行政部门监督管理全国的法律援助工作。县级以上地方各级人民政府司法行政部门监督管理本行政区域的法律援助工作。直辖市、设区的市或者县级人民政府司法行政部门根据需要确定本行政区域的法律援助机构。

2007年9月26日建设部通过了《廉租住房保障办法》。办法规定,国务院建设主管部门指导和监督全国廉租住房保障工作,并对保障方式、房屋来源、申请核准、监督管理、法律责任作了明确的规定。

上述制度安排主要是以条例的形式出现,还没有上升到法律层面。其他相关社会救助法律规范分散在各部门法中,如《残疾人保障法》《老年人权益保障法》《未成年人保护法》《妇女权益保障法》等。2005年,《社会救助法》列入《十一届全国人大常委会立法规划》。但是,由于各种原因,《社会救助法》至今仍未颁布实施。

(二)作为社会救助主体的政府部门过于分散,各部门之间缺乏协调

从政府救助的层面看,虽有扶贫、劳动保障、民政、教育、工会等多个部门参加,并承担相应职能,但由于没有明确的责任主体,部门之间缺乏协调,信息不通,不仅影响了工作效率,增加了管理运作成本,而且造成当前社会救助难以满足贫困群体的不同救助需求。在现行分散管理体制下,管理机构政出多门,标准不一,各个救助主体之间互不衔接,形不成合力,综合救助能力减弱,甚至使政府在社会救助领域缺位、错位,以至于造成社会救助不能适应经济社会发展的要求。

(三)社会救助资金筹措机制不完善

社会救助资金主要来源于国家财政拨款和社会筹集,此外还有信贷扶持和国际援助。中央财政和地方财政拨款是社会救助基金主要来源。由于种种原因,我国每年投入的社会救助资金占中央财政支出的比例较低,属于世界上社会救助资金投入比例较低的国家之一,近年来,虽然救助资金拨款数额有了较快增长,但与贫困居民的迫切需求比较起来,仍是杯水车薪。我国现行的社会救助在制度规定上过于强调地方责任,而我国各地的经济发展水平不均衡,这使得经济较为发达的地方救助资金往往可以自给,经济落后地方财政困难的地方往往需要中央的转移支付和财政支持。但中央政府对于哪些是财政困难地区,需要提供多大比例的补助都没有制度化的规定,导致中央财政对救助资金投入的不确定性,形成了地方财政与中央财政之间的博弈。如有些地方财政困难的地区,在年初都会按上面"配套"的要求作出预算,这样中央拨款才会拨下来,但地方预算资金的兑现却不一定能实现,由于资金投入的不足,地方财政困难的地区还在救助的规模、救助水平上出现"看米下锅"的现象。

救助资金的筹措机制不完善,还表现在动员社会力量筹集资金的机制不完善。由于我国公益慈善发展的政策环境不健全,公益慈善机构社会公信力缺乏,公民慈善捐赠观念落后,社会筹资渠道不畅,慈善机构和社会的信息交流不足等原因,导致我国社会救助动员社会资源的能力弱,社会捐赠资金总量和我国的人口大国不相匹配。我国的城镇、农村以及灾害救助每年都需要相当数额的资金支持和保障。这些资金主要来源于国家的各级财政预算,由于数额巨大,财政资金往往也不能满足贫困居民的实际需要。

(四)社会救助运行机制不断健全完善,但仍然存在着效率低、科学性不强、繁琐复杂等问题

我国已经确立了低保标准的动态调整机制,低保标准与物价上涨挂钩的联动机制,社会救助审核审批机制,优化完善了社会救助申请、审核、审批流程,调查、评议、公示等程序逐步规范以及居民家庭经济状况核对机制,医疗救助"一站式"即时结算服务机制。这些机制虽然初步建立,但落实得并不好,在低保标准科学测算和动态调整、物价联动、审核审批、居民家庭经济状况核对、医疗救助"一站式"等方面都存在着不少问题。

(五)社会救助管理体制初具规模,日常管理日趋规范,但专业化、精确化、科学化程度不高,基层经办能力仍然较弱

我国已经建立了自上而下的社会救助机构和队伍,人员经费得到了一定程度的保障;建立了民政负责审核对象、财政负责资金筹集、银行负责资金发放的三方权力制约格局,形成了"低保对象有进有出、补助水平有升有降"的管理模式;信息化建设取得一定成效,基层人员业务素质不断提升。但同时还存在以下问题:基层人员配备和经费保障与快速发展的社会救助事业不相适应,人手紧、经费缺的矛盾相当突出;社会救助监管仍需进一步加强,关系保、人情保等违规现象以及低保固定化、平均化、保人不保户、应保未保、应退未退等问题时有发生;我国已经建立了最低生活保障信息系统,在中央、省、市、县四级建设了网络基础设施、经办服务平台、资源数据库和统计数据库,有力促进了各地城乡最低生活保障业务的开展,但目前我国社会救助信息化程度仍然较低,58%的县级单位仍是人工操作;基层人员流动快,培训机会少,业务素质提升难。

二、中国各地社会救助管理经验借鉴

(一)社会救助工作机构规范化(湖南省)

湖南省着力构建加强社会救助能力建设的长效机制,各级地方政府普遍成立了城乡社会救助体系建设工作领导小组,并先后出台了加强基层能力建设的文件,就基层社会救助的人手配备、经费保障等提出了要求。将社会救助工作纳入各级党委、政府的绩效考核,并将能力建设情况作为考核的重要内容之一。开展了以"制度建设、平台建设、能力建设、规范化建设"为主要内容,以"规范县级社会救助工作"为目标的社会救助工作规范化建设创优活动,探索建立社会救助绩效考核体系。社会救助规范化建设的结果将与整个社会救助资金的分配挂钩,对优胜单位采取"以奖代补"形式给予奖励,对达标单位给予通报表彰,对不达标单位进行通报批评、限期整改并通报当地党委、政府。在争取增加人员编制的同时,积极探索采取购买公益性岗位、公开招聘等方式,充实基层社会救助工作力量。大部分市(州)都通过市场化方式,逐步配齐了基层低保员队伍,经费全部由市、县两级财政负担。尤其是农村低保工作开展后,多数县(市、区)还在每个行政村指定一名村干部专职从事农村低保工作,由县财政每年发放工作补贴 600～1200 元。基层低保员统一更名为"民生服务员"。目前,全省社会救助工作机构已全面规范。省、市(州)、县(市、区)三级管理机构统一命名为社会救助局。省社会救助局局长高配副厅级,局内设 1 名正处级副局长,下设两个处室,共配备 14 名工作人员,14 个市州社会救助局全部高配或升格为副处级单位,122 个县(市、区)社会救助局全部高配或升格为副科级单位;2467 个乡镇(街道)全部成立了社会救助站;所有村(社区)都成立了社会救助服务中心。基层力量配备显著加强,社会救助的基础保障能力显著加强,逐步形成了有人做事、有钱办事、有条件干事的良好局面。

(二)社会救助操作程序规范化(重庆市)

规范操作程序是做好社会救助工作的关键。重庆市实施"五个规范":①规范审批流程。全市城乡低保申请审批程序统一为"九步流程",即户主申请——受理审查——调查核实——听证评议——张榜公示——街道(乡镇)审核——民政局审批——张榜公示——发放低保证和低保金,并规范了每个流程的具体操作办法,明确了每个环节的具体要件、责任主体,细化了调查核实、听证评议、张榜公示等关键环节的内容及处置方式。同时,对"九步流程"的 19 类表格实行格式、项目、要求"三统一",实现了从低保申请到资金发放的程序规范、要件统一,确保了低保操作过程规范,享受对象准确。②规范受理主体。全市城乡低保申请受理统一实行"一个主体,两级受理"。即乡镇人民政府(街道办事处)为城乡低保申请的受理主体,由民政办公室或社保服务大厅负责接收低保申请,凡申请材料齐全的必须受理;为方便困难群众就近申请,规定乡镇(街道)也可委托辖区的社区居委会、村委会承办低保申请接收,但受理的责任主体仍是乡镇人民政府(街道办事处)。③规范操作方式。在调查审批过程中,全面推行"三查一评两公开":对低保申请对象家庭收入实行入户调查、邻里访查、相关项目比对核查;在此基础上,实行乡镇(街道)和村(社)两级联动听证评议;评议结束后,村和社区将所有申请对象的听证评议结果全部张榜公示,接受群众监督,无异议后按程序全部报乡镇审核,并在区县民政局审批后再次张榜公示。④规范核查范围。将核查范围扩大到核实家庭财产和消费支出情况,并通过消费支出印证收入。⑤规范档案资料。全市低保对象申请审批资料实行村(社区)、乡镇(街道)、区县民政局三级分类建档管理,将城乡低保工作按文书、会计、业务三大类 13 项分别建档,明确了各级档案管理范围和保管期限,统一归档立卷方法和保管方式,确保低保工作档案健全、过程完整、全面规范。

(三)社会救助监督社会化(贵州省)

贵州省毕节地区推进低保监督社会化:一是聘请义务监督员。在全区 250 个乡(镇、办事处)各聘请 1 名民政工作及民政资金管理使用义务监督员,制定了激励措施,加强包括对低保资金在内的民政各项资金使用的监督。目前,义务监督员直接向地区提供的相关信息 100 余条,已查实 86 条。二是加强明察暗访。专门从地委办、行署办、地纪委、地委组织部、地区民政局抽调人员组建 4 个低保工作暗访组,对乡镇开展农村低保情况进行暗访,发现低保中违纪行为及时进行纠正并对相关人员进行问责。地区人大工委、政协工委还专门组建工作调研组,深入农村对低保工作进行督促指导。三是实行案件移送。地区民政局与地区检察分院签订了案件移送协议,对低保工作和民政各项业务工作中出现的违法案件,在调查并掌握初步证据的基础上,将案件移交检察机关依法查处。

(四)社会救助信息管理系统化(成都市)

成都市社会救助信息平台应用系统分为两个子系统,即"救助业务信息管理系统"和"救助体系宏观监管系统"。"救助业务信息管理系统"主要应用于社区、街道/乡镇等基层部门,完成救助信息的采集、救助业务的受理和办理工作,减轻了基层工作人员的手工工作压力,提高信息的准确性和基层的工作效率。"救助体系宏观监管系统"主要应用于各级领导、两级联席会议办和各业务主管部门,通过宏观监管系统,能够直观准确地掌握救助工作的开展情况,为救助工作的管理和指导提供直接的参考和依据。系统中,还应用了公司自主研发的数据交换平台产品 DT-DEP 来实现跨部门、多种形式、跨平台异构应用系统间的数据传输、转换和适配,从而实现数据的交换与共享。本系统开发,采用 J2EE 架构,以 JMS 和消息机制作为安全通信的基础,以 Java 技术开发实现跨平台技术,建立了数据交换的接口标准。系统能够独立于特定的硬件平台和操作系统,实现了良好的数据封装、交换和共享。目前,建设救助体系和救助体系信息平台系统,成都走在了全国的前列,在过程中不断摸索和创新。

三、完善中国社会救助管理的思路

(一)提升社会救助法的立法层次,规范社会救助的立法,明确政府职责

制定内容详尽、极具可操作性的《社会救助法》是推进社会救助法制建设的关键。加快制定出台《社会救助法》,要明确社会救助的原则、对象、内容、标准、资金来源、监管机构及法律责任等。通过提升社会救助法律的立法层次,由国家立法机关加以规范,使其能够不断地深入人心,成为保障我国城乡公民基本权利的一项重要的根本性制度,并在此基础上逐步健全配套法规和实施办法,形成社会救助工作有法可依、有法必依、违法必究、执法必严的法制环境和长效机制。以法律的形式,明确政府的职责范围和权力分配。政府作为财政支付的主体,必须以法律的形式界定其出资的数额、方式与范围,并以预算的方式划分政府在社会救助中必须履行的其他职责和承担的义务。对于政府未能依法履行自己的相应职责而产生的违法问题,也要制定相关的问责及惩罚机制;以法律的形式,规范政府社会救助机构的内部行政关系和职责分工。通过法律对政府权力进行合理分配,既要防止权力过分集中形成"垄断经营"权力,又要防止权力分散,多头管理,以致职能交叉,相互争功诿过,造成政府权力的"重复建设"和浪费。

(二)转变政府职能,加强各部门综合协调机制

合理确定政府间社会救助职责,中央政府应注重调控和均衡化方向,在规划资金、考评环节发挥作用;省级政府要发挥辖区内调控职能,确定救助标准和财政资金横向调节方向;县区级政府侧重于执行救助制度,适当承担财政支出责任。明确各级政府提供投入和支出的财政责任,形成清晰的政府职能框架。同时要稳步推行政府行政问责制,拓宽民众参政议政渠道,使政府救助工作有广泛有力的社会监督。同时深入推进"大部制"改革,调整和归并不同部门在社会救助工作中的职责。由不同部门负责的工作,要在各级政府领导下,在省—市—县(区)层面成立社会救助工作综合协调机构,实现各个部门社会救助工作的互联互动。总之,在管理体制上要建立起统一的由"政府主导、民政主管、部门联动、社会参与"的社会救助管理体制,对各项社会救助制度实行统一规划、统一管理,以克服现行社会救助政出多门、管理分散、效率不高的缺陷。

(三)应逐步建立起"政府出资、社会参与"资金筹措机制

社会救助作为政府的一项重要职能,其资金直接由政府借助财政支出。为了保证各项社会救助政策的落实,提高社会救助的水平,中央财政应当设立社会救助基金,调整财政支出结构,加大社会救助资金支出比例。强化政府主导地位,形成以需求为导向的资金投入格局,根据当地的人口、生活水平等因素来决定社会救助

资金的投入总量。地方各级政府应当按照公共财政的要求进一步调整和优化财政支出结构,将社会救助经费按照相关救助项目列入当年财政预算,提高社会救助资金投入在财政支出中的比重。完善社会救助资金分级分担机制,建立财政评估体系。可以借鉴美国的经验,美国的救助资金由联邦政府、州政府、地方政府共同承担,分担比例由各州对该项目的实际支出和州人均收入来决定。人均收入较低的州联邦政府负担的比例较高,反之负担的比例就低。针对财政分担比例中出现的问题,我们更要重视对基层财政状况的评估。在严格评估体系的基础上,确定各级财政分担的比例,然后实行动态管理,每隔 3～5 年进行一次评估。目前,可以在部分地区建立试点,待时机成熟后在全国进行推广;在分配低保补助资金时,财政部要会同民政部研究"以奖代补"的办法和措施,对工作绩效突出地区给予奖励,引导各地进一步完善制度,加强管理。

建立社会化的多元筹资体制,除了开展各种形式的扶贫帮困捐赠活动,还要进一步落实社会捐赠的税收优惠政策,充分调动个人、企事业单位、社会团体捐赠的积极性,特别是要通过大力发展慈善事业、福利彩票事业筹集社会救助资金,逐步拓宽社会救助资金渠道,为社会救助提供必要的补充。进一步开放社会救助渠道,鼓励国外的慈善机构和社会团体,在遵守中国法律、法规的前提下,在境内开设各种形式的慈善救助机构。特别是应当加强与联合国救助机构之间的合作与联系,争取更多的外部资源来支持社会救助事业的发展。

(四)严格监管社会救助基金的使用

基层民政部门和街道办事处、居委会在发放救助基金时,要坚持政策公开、金额公开、对象公开的原则,健全手续。对申领救助基金的人员要严格把关。定期对领取救助基金人员的家庭收入情况进行复核,完善低保退出机制,发现高于当地救助标准的应停发社会救助基金。各级民政部门要对下一级的救助金发放、使用情况进行监督、核查,做好对账工作,并积极配合财政、审计等部门对社会救助基金的使用情况进行监督、检查;民政部门要规范管理,努力建设比较完善的社会救助基金管理体系,提高基金管理的水平和效果。严格执行相关条例,不断规范和恪守操作程序,妥善解决新问题、新矛盾。加快信息化建设步伐,积极推进社会救助系统的电子政务公开化,建立监督检查、统计报告和社会公示制度,不断提高管理和服务的信息化、社会化水平,完善社会救助基金的监督与管理。

(五)加快推进信息化建设,全面部署全国社会救助信息管理系统

加大中央支持力度,加快信息化建设步伐,针对目前各级社会救助信息系统建设投入不足的现状,坚持"国家指导、地方负责、中央适当补助"的原则,合力推进社会救助信息化建设。以需求分析为先导,通过信息化建设提升服务水平。推进社

会救助信息系统建设,完善和优化业务流程,达到实现业务、支撑业务和提升业务的目标,提高经办业务的服务水平。社会救助信息系统开发涉及中央、省、市、县四个层级,服务延伸到了街道、乡镇,要进一步分清各个不同层次社会救助信息平台的定位和主体需求,明确建设目标和建设重点,处理好决策支持、资金监管和经办服务的关系,有侧重地推动各级信息化平台建设。加快推动目前比较薄弱的基层信息化建设,填补部分地区信息化建设的空白。运用现代信息技术手段和科学的研究方法,建立完善的贫困指标监测和评估网络,通过严格的家庭收入调查和计算,准确核实贫困家庭的经济状况和实际生活水平,制定科学的最低生活保障线和救助标准,为准确实施社会救助提供保障。建立自然灾害管理系统和救灾辅助决策支持系统,制定灾害评估、统计、紧急救援办法,探索灾情科学预报、评估、合理分配救灾款物的新途径,不断提高灾害救助的科学化管理水平。

(六)健全社会救助监管机制,加强社会救助经办服务能力建设,落实管理责任

民政部、财政部组织开展重点抽查;建立低保经办人员和近亲属享受低保备案制度;地方各级政府要定期开展专项检查;通过政府购买服务等方式,鼓励社会组织参与、评估、监督低保工作,财政部门通过完善相关政策给予支持。建立健全低保投诉举报核查制度,公开监督咨询电话;民政部和省级民政部门对重大信访事件可直接督办。

省级政府要切实加强社会救助工作能力建设,统筹研究制定按照保障对象数量等因素配备相应工作人员的具体办法和措施;地方各级人民政府要结合本地实际和全面落实社会救助制度的要求,科学整合县级、乡镇(街道)管理机构及人力资源,充实加强基层工作力量,确保事有人管、责有人负;加强社会救助工作人员业务培训,保障工作场所、条件和待遇,不断提高社会救助管理服务水平。要切实保障基层工作经费,社会救助工作所需经费要纳入地方各级财政预算。基层工作经费不足的地区,省市级财政给予适当补助;乡镇政府(街道)要切实履行社会救助申请受理、调查、评议等审核职责,充分发挥包村干部的作用。各地要将救助政策落实情况纳入地方各级人民政府绩效考核,考核结果作为政府领导班子和相关领导干部综合考核评价的重要内容,作为干部选拔任用、管理监督的重要依据。民政部要会同财政部等部门研究建立社会救助工作绩效评价指标体系和评价办法,并组织开展对各省(区、市)社会救助工作的年度绩效评价。

案例分析

一个成功的社会救助管理案例——上海市奉贤区西渡社区的社会救助管理

一、上海市奉贤区西渡社区基本情况

西渡社区位于上海市南部,北倚黄浦江,与闵行区隔江相望,占地2.1平方公里,户籍人口 90426 人,所辖 6 个居委会。相对其他社区来看,西渡社区社会救助工作所面临的新情况、新问题更加集中、更加复杂。随着经济体制的变革,逐渐成为困难群体的聚集区,社区人口渐渐呈现出"四多"特点:生活困难群体多(低保775 户,1537 人;协保 458 人;煤卫合用① 8000 余户,占普陀区煤卫合用户的50%);老年人多(60 岁以上老人 20176 人,占户籍人口 22.3%);残疾人多(1598人);外来人口多(2.3 万人)。为保障本社区困难群体的基本生活,维护本社区的稳定和谐,西渡社区居民委员会作为社区社会救助工作的基本落脚点,积极立足于本社区开展大量具体的社会救助管理工作,发挥着社会救助的基础性作用。

二、基本内容

1. 经常性救助

救助对象为社区常住人口,低保以最低生活保障线 640 元为基准,采取差额补助法。此外,低保对象还享有城市医疗救助、廉租住房租赁补贴等专项优惠政策。

2. 特殊群体救助

对于社区内失业人员推荐就业,针对"40、50 困难群体"的政策优惠等;该社区的空巢老人,除享受经常性救助措施外,还可获得义工上门服务、免费查体、"爱心门铃"等社区服务;对社区内贫困生进行学期初学费补助等。

3. 临时性救助

该救助形式涵盖了社区的常住人口和流动人口,困难家庭均可申请。此外,街道办事处及居委会还负责联系社会慈善组织,为困难家庭提供社会慈善救助。

4. 其他形式救助

社区还通过设立救助岗位、法律援助站等形式为弱势群体提供全方位的帮扶、救助服务。

5. 城市居民最低生活保障

确定了城市居民最低生活保障对象、保障标准及资金来源。

三、执行体制

遵循"区政府统筹、街道办领导、居委会执行"的三级管理体制。社区居民委员会作为基层群众自治组织,在社会救助方面接受街道办事处相应部门的工作指导,起到具体执行与服务的作用,在居民和街道办事处之间架构起信息沟通的桥梁。资金则主要来源于区政府的财政拨款。

四、西渡社区创新社会救助的新办法

面对救助工作需求量大、救助对象结构复杂、帮困资源匮乏等问题,西渡社区坚持以"三个代表"思想和科学发展观为指导,以"以民为本、为民解困"为宗旨,以

---

① "煤卫合用"是指没有独立的厨房和卫生间,不独立成套的旧住房。

开展创建民政文明行业为动力,以拓展救助服务项目为载体、规范社会救助内部和外部服务管理方法和健全完善社会救助工作机制为手段,全面贯彻落实《救助管理办法》,全面提高救助管理工作水平,切实保障特殊困难群众的基本生活权益,为构建和谐社区作出应有的贡献。

1.开拓创新,树立社会救助工作新理念

西渡新村街道在民政为民、服务百姓、共创和谐的过程中,围绕普陀区建设"百姓民政"的目标,在工作理念方面,凸显以人为本,更加自觉地把百姓的需求作为工作的出发点和落脚点,做到百姓民政服务百姓。从群众最关心、最直接、最现实的问题入手,不断实现好、维护好、发展好最广大人民的根本利益,做好老百姓感情上的贴心人、思想上的知情人、呼声上的代言人、利益上的维护人、党和政府温暖的传递人。

2.以民为本,构筑社会力量参与救助工作新载体

由于现行救助政策的"悬崖效应",使得部分处在政策边缘的困难群众无法得到政府的帮助。为此,该社区积极探索整合社区资源,动员社会力量参与救助工作的新载体,逐步形成政府的政策救助、社会各界人士的募捐和民间组织的捐助的西渡社区救助工作体系。如建立"慈善爱心物流站",它是指在拓展社区经常性捐助接收点的运作模式的基础上,开设的一系列贴近民生需求的慈善服务窗口的总称。目前,"慈善爱心物流站"已形成了一系列常规化的救助服务项目,如"慈善食品银行""慈善发屋""慈善浴室""慈善药柜""慈善鞋柜""慈善超市"等。吸引了近百家经营日常生活用品和服务项目的门店加入到慈善爱心的"潮流"中,西渡社区的居民可以像逛"衣被银行"[①]那般方便地选择所需的项目,可以满心温暖地享受面包、食油、鞋袜以及理发、沐浴等服务。

3.务求实效,探索社会救助工作新方法

(1)逐步建立西渡社区社会救助数据库。该数据库是作为现有"上海市民政信息系统救助管理系统"的补充数据库,具体记录常规性救助以外的临时性救助,涵盖政策救助、社会各界人士募捐、各类民间组织捐助三大类,包括现金、实物及其他,如廉租房、居家养老、"慈善爱心物流站",等等。通过社会救助事务所、机关各科室、居民区委员会"三级信息采集网络",每月进行数据更新。凡是西渡社区内的困难家庭,无论通过何种救助途径,采取何种救助方式,享受到了何种救助内容,均

---

① 衣被银行又称衣被储备银行,主要是以经常性社会捐助站(点)为依托,以解决城市特困居民临时生活困难为目的,以开展经常性的募集和发放为主要形式的经常性社会捐助和社会救助机构。居民或社会团体、机关及企事业单位可将捐赠的衣被等交由储备银行接收发放,衣被储备银行的救助服务对象包括最低生活保障家庭、低收入社会扶助家庭、"三无人员"、优抚对象、特困职工家庭、特困残疾人、孤儿、70岁以上特困老人、因病因灾致贫人员以及进城务工人口中的困难家庭。

详细记录在该数据中,街道办事处准确、及时、全面地掌握社区救助工作情况,便于统筹管理、协同综合,按照"一口上下"的要求,切实发挥好各类帮困政策、资金和实物的功能,保证救助工作"主动帮、全覆盖、不遗漏、少重复"。

(2)就业与救助联动保障。失业是造成家庭经济困难的最直接因素之一,因此帮助失业人员重新上岗是最好的保障。2004年以来,推出"就业与救助"联动的社区救助模式,着力为"低保"人员送岗位、送技能。

(3)"两劳"人员回归帮扶。社区中的"两劳"人员多,成了影响社区安定的主要不稳定因素之一。为此,将此类人员一并纳入救助范围,坚持"三个扶持",即生活上扶贫,工作上扶业,精神上扶志,联合劳动保障所、综治办,多方位、全角度保障其基本生活权利,为构建和谐社区消除不稳定因素。

(4)低保窗口直接受理制。在低保申请受理中,坚持"窗口直接受理制",要求"两次办理完结制"。第一次,由申请人携带居委会开具的联系单直接到事务所办理申请,工作人员以书面形式告知其必须提供的申请材料及注意事项;第二次,一次收齐所需的申请材料,三十日之内必须告知申请人受理结果。"窗口直接受理制"使救助所直观地了解申请人的实际情况,并弥补了由于居委会干部政策不熟造成的误解,提高了办事效率。

4.科学管理,形成救助机构管理新机制

(1)强化组织领导机制。成立创建文明行业工作领导小组,由街道办事处分管主任担任组长,把这项工作纳入各级相关干部年度考核项目中,把任务目标分解落实到人,层层签订目标责任书,与业务工作一起部署,一起落实,一起检查,一起奖惩。

(2)强化员工管理机制。制定《社保科员工作守则》,从行为规范、个人仪表等方面严格要求窗口接待的同志做到服务标准化、接待规范化;年终开展岗位述职,对从业人员的整体素质、职业道德、业务技能和实际工作进行考核;管理岗位实行竞聘上岗,打破年龄、资历的限制,以竞聘演说的形式,竞争上岗,增强从业人员竞争意识、效率意识、开拓创新意识,实现权力向能人集中,财富向能人集中。

(3)强化社会监督机制。加强社会监督,把群众作为民政服务工作质量的最终评判者,聘请离退休干部、群众代表担当行风监督员、测评员,定期进行巡察,发现问题立即进行整改。公开服务承诺,设立监督电话,每周四领导直接信访接待,随时接受群众监督。

(4)强化科学激励机制。实行业绩考核,制定考勤、值班、学习、考核、奖励、惩处制度,把创建工作纳入员工业绩考核项目之中。每月以《差错评估表》为依据,月度考核,凡有群众投诉、工作差错,扣除当月服务质量奖。

(5)强化救助档案维护机制。设置专用保管救助档案室,配备专职档案管理员一名,做到救助对象分类归档、一户一档,资料齐全完整,使救助工作档案管理更加科学、规范、有序。

5.开拓进取,塑造社会救助工作队伍新形象

(1)学习制度化。多年来,始终坚持周五学习制度,严格纪律与点名签到相结合,确保学习出席率。由社保科党支部书记总负责政治学习,各条线分管科长进行业务学习,学习文件、传达会议精神,使每个同志都了解科内其他部门的业务分类,从而为"首问责任制"的落实创造了条件。

(2)内容多元化。将理论联系实际作为干部职工学习的抓手,每年初制订学习计划,培训方案针对机关同志、窗口人员、居委会民政干部实施分类培训,培训内容涵盖思想政治、职业道德、服务规范、行业技能等。

(3)形式多样化。在培训的形式上,采取课堂培训、讲座、多媒体教学、外出参观等多种方式相结合;集中学习与个人自学相结合,确保学习时间到位;个别交流与组织讨论相结合,确保学习效果到位。

(4)活动丰富化。坚持用丰富活动创建工作内涵,提高队伍综合素质。通过实施凝聚力工程、学习型组织创建为抓手,开展"双推优"、"青年岗位能手"、"三优一满意"评选、推选"五心工程"、"双百佳"等,在队伍中树立起争先创优,弘扬西渡十六字精神——"惜时守信、甘为人先、无私奉献、再铸辉煌"。

思考:

社会救助的基层管理为什么要以社区为中心?上海市西渡社区的社会救助管理的做法可以为完善社区层面的社会救助管理提供哪些经验借鉴?

复习思考题

1.什么是社会救助管理?结合实际,谈谈你对社会救助管理的认识。

2.试分析不同社会救助基金管理模式的优缺点。

3.我国社会救助管理存在哪些问题?如何进一步完善我国政府的社会救助管理?

参考文献

[1]中国社会救助制度的变迁与评估[EB/OL].[2005 - 12 - 31].http://www.gov.cn/ztzl/2005 - 12/31/content_143826.htm.

[2]中国农村扶贫开发的新进展(2011年11月).

[3]郭健美,邓大松.新中国60年社会救助制度的演变与评估[J].改革与开放,2009(12):41 - 144.

[4]唐钧.完善社会救助制度的思路与对策[J].社会工作,2004(9):24 - 29.

[5]田丽娜,任晓林,毛铖.论多元化主体参与社会救助[J].湖北财经高等专科学校学报,2012(1):22 - 24.

[6]满新英.福利转型下社会救助制度的实践困境及完善思路[J].山东行政学院学报,2012 (6):7 - 9.

[7]汪朝霞.论社会救助制度的福利经济学思想渊源[J].理论观察,2007(6):31 - 33.

[8]米尔顿·弗里德曼.弗里德曼文萃[M].北京:北京经济学院出版社,1991.

[9]易艳玲,蒲晓红.用负所得税原理改革我国低保制度的现实性分析[J].生产力研究,2008(7):37 - 122.

[10]彭华民,黄叶青.福利多元主义:福利提供从国家到多元部门的转型[J].南开学报(哲学社会科学版),2006(6):40 - 48.

[11]顾昕.贫困度量的国际探索与中国贫困线的确定[J].天津社会科学,2011(1):56 - 65.

[12]杨立雄,谢丹丹."绝对的相对",抑或"相对的绝对"——汤森和森的贫困理论比较[J].财经科学,2007(1):59 - 66.

[13] Amartya Sen. Poor , Relatively Speaking [J]. Oxford Economic Papers, New Series, 1983,35(2):153 - 169.

[14]亚太发展中心,I.P.盖托碧,卡利德·山姆斯.有效的摆脱贫困[M].陈胜华,等,译.北京:经济管理出版社,1996.

[15]汪三贵.贫困问题与经济发展政策[M].北京:农村读物出版社,1994.

[16]康晓光.中国贫困与反贫困理论[M].南宁:广西人民出版社,1995.

[17]林闽纲.中国农村贫困标准的界定[J].中国农村经济,1994(2):56 - 59.

[18]关信平.中国城市贫困问题研究[M].长沙:湖南人民出版社,1999.

[19]唐钧,等.中国城市贫困与反贫困报告[M].北京:华夏出版社,2003.

[20]刘建平,王选选.贫困程度测度方法与实证分析[J].暨南学报,2003(2):53-57.

[21]杨立雄.贫困线计算方法及调整机制比较研究[J].经济社会体制比较,2010(5):52-62.

[22]曹清华.瑞典现代社会救助制度反贫困效应研究[J].社会主义研究,2008(2):51-55.

[23]乐章.社会救助学[M].北京:北京大学出版社,2008.

[24]刘继同.英国社会救助制度的历史变迁与核心争论[J].国外社会科学,2003(3):60-66.

[25]王艳霞,田梦云.英国社会救助研究[J].石家庄职工大学学报,2008(1):99-102.

[26]钟玉英.当代国外社会救助改革及其借鉴[J].中国行政管理,2012(12):74-77.

[27]张莉.英法德美四国社会性弱势群体救助安排比较研究[J].国外社会科学,2009(3):77-81.

[28]陈倩.英国社会救助对我国城市低保政策的借鉴研究[J].安徽商贸职业技术学院学报,2009(3):49-52

[29]祖玉琴.美国社会救助制度的探析与启示[J].决策咨询通讯,2009(1):4-7.

[30]陈爱云.我国城市最低生活保障制度的问题及对策探讨——兼论美国社会救助制度的借鉴[J].特区经济,2011(4):243-244.

[31]祖玉琴.美国社会救助制度探析[J/OL].http://www.dibao.org/hwsc/info-8244.shtml.

[32]高园.从救济到救助:新中国城市社会救助的发展历程及其启示[J].河北科技师范学院学报,2011(1):58-62.

[33]郑功成.中国社会保障制度变迁与评估[M].北京:中国人民大学出版社,2002:212-213.

[34]安徽省财政厅课题组.完善城乡居民最低生活保障制度的政策建议[J].政策研究,2011(1):29-33.

[35]王春丽.我国城市低保政策实施中存在的问题及政策建议[J].天水行政学院学报,2011(5):72-76.

[36]杨立雄,胡姝.城镇居民最低生活保障制度调整机制研究[J].中国软科学,2010(9):33-46.

[37]战建华.农村五保供养制度的历史演变[J].经济与社会发展,2010(5):86-89.

[38]杜毅.农村最低生活保障资金筹集机制研究[J].兰州商学院学报,2010(6):110-115.

[39]钟仁耀.社会救助与社会福利[M].上海:上海财经大学出版社.2005.

[40]乔世东.城市低保退出机制中存在的问题及对策研究——以济南市为例[J].

东岳论丛,2009(10):34-38.

[41]孙晓锦.城市最低生活保障退出机制研究[J].南京人口管理干部学院学报, 2013(01):9-12.

[42]朱志培.城市低保退出机制存在的问题与对策研究[J].科技信息,2012(15): 446-447.

[43]王俊刚,袁高鹏.城市居民最低生活保障制度的问题与对策分析[J].经济问 题,2007(7):63-65.

[44]左晴.城市低保退出机制研究[J].特区经济,2010(10):124-125.

[45]得秋慧.城市居民最低生活保障制度退出机制研究[D].武汉:华中师范大 学,2012.

[46]马宗晋,郑功成.灾害管理学[M].长沙:湖南人民出版社,1998:147.

[47]郑功成.社会保障学[M].北京:中国劳动社会保障出版社,2005:286.

[48]刘华平.社会救助与社会福利新论[M].西安:陕西人民出版社,2010.

[49]孙婧.灾害救助方式的政府决策分析[J].中国减灾,2006(10):32-33.

[50]江兰.灾后恢复重建项目管理创新研究[D].南京:南京大学,2012.

[51]黄敏.我国灾害救助中政府与非政府组织协作机制研究[D].北京:北京交通 大学,2011.

[52]郭建平.从汶川地震看我国自然灾害救助体系的健全[J].河海大学学报,2009 (11):29-31.

[53]熊贵彬.美国灾害救助体制探析[J].湖北社会科学,2010(1):59-62.

[54]刘建义.我国灾害救助中的应急志愿服务机制研究[D].长沙:中南大 学,2011.

[55]郭剑平,邵国栋.完善我国自然灾害救助体系的对策研究——兼论日本自然灾 害救助体系对我国的启示[J].科技管理研究,2009(9):85-87.

[56]新华社.深入开展生产救灾工作 董副总理在中央救灾委员会成立会上的报告 [N].人民日报,1950-03-07(2).

[57]蒋积伟.1978年以来中国救灾减灾工作研究[D].北京:中共中央党校,2009.

[58]胡务.社会救助概论[M].北京:北京大学出版社,2010:40.

[59]民政部政策研究室.民政工作文件选编(1985)[M].北京:华夏出版社, 1986:104.

[60]民政部法规办公室.中华人民共和国民政工作文件汇编(1949—1999)[M].北 京:中国法制出版社,2001:1472.

[61]胡洋.我国自然灾害救助工作存在的问题及对策[J].中共太原市委党校学报, 2012(3):46-48.

[62]2012 年社会服务发展统计公报[EB/OL]. http://cws. mca. gov. cn/article/tjbg/201306/20130600474746. shtml.

[63]张映光. 300 天后汶川地震死亡人数仍难公布[EB/OL]. 财经网,2009 - 03 - 08.

[64]吴晶晶. 汶川地震造成直接经济损失 8451 亿元[EB/OL]. 新华网,2008 - 09 - 04.

[65]王三秀. 英国促进贫困人群可持续就业政策及其借鉴[J]. 中国行政管理,2011(2).

[66]刘清荣,程燕,康亮. 试论我国扶贫开发的历程、模式及创新[J]. 老区建设,2013(8).

[67]中华人民共和国国务院新闻办公室.《中国农村扶贫开发的新进展》白皮书[EB/OL]. [2011 - 11 - 16]. http://www. gov. cn/gzdt/2011 - 11/16/content_1994683. htm.

[68]关键. 中国贫困问题研究综述[J]. 资料通讯,2001(9).

[69]张文燕. 美国医疗救助新机遇[J]. 中国医院院长,2009(23):18 - 19.

[70]杨玲,刘远立. 美国医疗救助制度及其启示[J]. 武汉大学学报(哲学社会科学版),2010(5):698 - 704.

[71]毕芳,任苒. 美国医疗救助制度沿革及其对我国的启示[J]. 中国卫生资源,2007(1):41 - 43.

[72]张焘,马翠花. 美国医疗救助制度的得与失[J]. 人民论坛,2011(8):176 - 177.

[73]刘琴琴. 美国医疗保险与医疗救助研究[D]. 武汉:武汉科技大学,2007.

[74]李小华,董军. 美国医疗救助及启示[J]. 市场与人口分析,2006,6(12):67 - 72.

[75]任月,陈科. 英国、美国医疗救助制度对中国医疗救助制度的启示[J]. 理论界,2008(7):206 - 207.

[76]石祥,周绿林. 国外弱势群体医疗救助制度对我国的启示[J]. 中国卫生经济,2007(11):78 - 80.

[77]余臻峥. 国外典型国家医疗救助制度经验及其借鉴[J]. 现代商贸工业,2010(19):97 - 98.

[78]中国卫生统计年鉴[M]. 北京:中国协和医科大学出版社,2012.

[79]李新伟,吴华章. 医疗救助制度的历史发展与现状[J]. 中国卫生经济,2009,12(29):32 - 36.

[80]吴忠民. 中国社会政策的演进及问题[M]. 济南:山东人民出版社,2009:212.

[81]杨立雄. 我国医疗救助管理制度改革探析[J]. 学术研究,2012(12):6 - 9.

[82]高和荣. 论建立健全我国城乡弱势群体医疗救助制度[J]. 中国社会科学院研究生院学报,2007(1):133 - 137.

[83]宋悦,韩俊江,郭晖艳. 我国医疗救助制度存在的问题及对策研究[J]. 税务与经济,2013(1):46 - 49.

[84]任丽明,刘俊荣. 城市医疗救助与城镇居民基本医疗保险制度相衔接模式的分

析及建议——以广州市为例[J].中国卫生事业管理,2010(8):526-528.

[85]张莹,王俊华,姜忠.基于公平视角下医疗救助与基本医疗保险制度衔接的必要性与路径研究[J].中国卫生事业管理,2011(12):912-914.

[86]薛秦香,王玮.城镇居民基本医疗保险与城镇贫困人群医疗救助制度衔接刍议[J].中国医学伦理学,2010(6):50-53.

[87]World Bank. Learning for All:Investing in People's Knowledge and Skills to Promote Development World [EB/OL]. www.worldbank.org.

[88]庄丽君.美国大学生资助政策研究及对我国的启示[J].国家教育行政学院学报,2006(4):91-95.

[89]冉育彭.美国高等教育资助之"资助包"制度的运作及理念[J].学理论·下,2012(7):167-169.

[90]Student Loans[EB/OL]. http://www.finaid.org/loans.

[91]Robin Alexander. Plowden, Truth and Myth:A Warning[EB/OL]. www.robinalexander.org.uk.

[92] http://www.direct.gov.uk/en/EducationAndLearning/UniversityAndHigherEducation/StudentFinance/index.htm.

[93]李文英,史景轩.日本义务教育均衡发展的实现途径[J].比较教育研究,2010(9).

[94]张玉琴.日本:高收费制度下的资助政策[N],中国教育报,2006-09-22.

[95]吴晶,叶建平,张莺.国家助学体系建构:五年飞跃发展 数亿学生受助[EB/OL].[2012-09-03].http://news.jyb.cn/china/gnxw/201209/t20120903_508821.html.

[96]焦新.不让一个学生因家庭经济困难而失学 [EB/OL].[2012-08-31].http://www.chsi.com.cn/gjzxdk/news/201208/20120831/339180148.html;jsessionid=FB07DBE863824CE4FC6BDD471E0395A7.web32_8017.

[97]张晓凯.贫困大学生教育救助问题探析[D].天津:天津财经大学,2012.

[98]王琛.国外如何解决低收入家庭住房问题[N].中国经济时报,2006-09-25.

[99]郭伟伟."居者有其屋"——独具特色的新加坡住房保障制度及启示[J].当代世界与社会主义,2008(6):162-167.

[100]惠博,张琦.美国、新加坡保障性住房发展经验及对我国的借鉴[J].海南金融,2011(5):55-59.

[101]杨敏锐.新加坡住房保障制度研究及其对中国的启示[J].现代商贸工业,2012(4):21-22.

[102]朱亚鹏.住房制度改革政策创新与住房公平[M].广州:中山大学出版社,2007.

[103]2011 年国家对农村、农垦危房改造政策[EB/OL]. http://www.chinabdh. com/bdhxdhny/Articleshow.aspx? id=243666.

[104]杜宇.2014 年中央安排补助资金 230 亿元支持 266 万贫困农户改造危房 [EB/OL].[2014－06－13].http://news.xinhuanet.com/politics/2014－ 06/13/C_1111139272.htm.

[105]李凌翌.开启全国先河 成都农村居民享受住房保障[EB/OL].[2012－07－ 29].http://www.cdrb.com.cn/html/2012－07/29/content_1646882.htm.

[106]洛涛,毛海峰,李佳鹏.西安廉租房六年无人住,惠民政策为何一拖再拖? [N].经济参考报,2007－01－29.

[107]西安廉租房政策打折[EB/OL].[2013－11－10].http://xajiwu.com/news/ 1795689.html.

[108]司法部法律援助中心.各国法律援助法规选编[M].北京:中国方正出版社, 1999:27.

[109]王军益.美国法律援助制度简况及启示[J].中国司法,2011(02):99－102.

[110]孙建.美国法律援助制度专题研究[EB/OL].[2010－08－18].http:// www.legalinfo.gov.cn/moj/yjs/content/2010－08/18/content_2247296. htm? node=384.

[111]王舸.日本法律援助制度综述[J].中国司法,2010(09):106－110.

[112]徐张玲.国外法律援助制度比较研究——以英、美、日三国为例[D].南昌:江 西农业大学,2010.

[113]赵阳.《办理法律援助案件程序规定》答记者问[EB/OL].[2012－05－10]. http://www.moj.gov.cn/index/content/2012－05/10/content_3560303.htm.

[114]贾午光,高贞.农民工法律援助工作现状、问题及对策建议[J].中国司法, 2006(11):82－87.

[115]徐宏伟.农民工法律援助的障碍及对策[J].特区经济,2007(12):177－179.

[116]陈良谨.社会救助与社会福利[M].北京:中国劳动社会保障出版社,2009.

[117]杨立雄.中国老年贫困人口规模研究[J].人口学刊,2011(4).

[118]白桦,张同春,王珣等.贫困老年人救助模式研究[EB/OL].[2008－03－09]. http://ww.dibao.org/llyj/info－5074.shtml.

[119]王思斌.从管制到救助:流浪乞讨人员救助制度分析[J].中国党政干部论坛, 2003(7).

[120]陈微.当代中国流浪乞讨救助制度研究[M].北京:社会科学文献出版 社,2007.

[121]廖益光.社会救助概论[M].北京:北京大学出版社,2009.

[122]赵映诚.社会福利与社会救助[M].大连:东北财经大学出版社,2010.

[123]中华人民共和国民政部.中国慈善事业发展指导纲要(2011—2015 年)[EB/OL].[2011 - 07 - 15].http://www. gov. cn/gzdt/2011 - 07/15/content_1907330. htm.

[124]黎友焕,龚成威.中国企业家社会责任感探析——比尔·盖茨慈善捐赠案例及启示[J].生产力研究,2009(20).

[125]张秀兰,朱勋克.对《中华人民共和国社会救助法(征求意见稿)》的修改建议——兼论社会救助法的基本特征及定位[J].社会保障究,2009(01):111 - 124.

[126]哈尔滨检出 1615 人不符社会救助资格[EB/OL].[2012 - 06 - 27].http://www. hljtv. com/2012/0627/200934. shtml.

[127]焦克源,胡晓婷.“双向系统性”模式:社会救助管理水平提高的新思路[J].云南社会科学,2009(02):115 - 118.

[128]关信平,郑飞北,肖萌.社会救助筹资及经费管理模式的国际比较[J].社会保障研究,2009(01):98 - 110.

[129]杨思斌.英国社会保障法的历史演变及其对中国的启示[J].中州学刊,2008(3):79 - 81.

[130]徐凤亮,马彦.社会保障信息化若干问题分析[J].图书情报工作,2012(10):71 - 75.

[131]马龙泉.城乡一体化背景下社会救助管理服务体系构建研究——以兰州市为例[D].兰州:兰州大学,2012.